W0062392

Hrsg. von Reinhard Habeck

Magier
Dunkle & Mächte

In Gedenken an

**Dr. Johannes Fiebag
(1956–1999),**

dem außergewöhnlichen Weggefährten,
der sein Leben lang bemüht war,
das Unbegreifliche sichtbar zu machen,
sich kühn dem Unfassbaren stellte
und die Erforschung des Unerklärlichen
immer für notwendig und wichtig befand.

Hrsg. von Reinhard Habeck

Magier & Dunkle Mächte

Geheime Bünde zwischen Licht und Finsternis

tosa

Über den Herausgeber:

Reinhard Habeck

wurde 1962 in Wien geboren und arbeitet als freier Schriftsteller und Illustrator. Sein bevorzugtes Thema als Autor, Co-Autor und Herausgeber sind die Grenzbereiche unseres Wissens. Ägypten, Italien, England, Süd- und Mittelamerika waren bevorzugte Reiseziele seiner grenzwissenschaftlichen Forschungen. Neben Beiträgen in zahlreichen Anthologien veröffentlichte er bisher 13 Sachbücher, die in mehrere Sprachen, darunter ins Japanische, übersetzt wurden. Zu den wichtigsten Buchpublikationen zählen *„Das Licht der Pharaonen"* (Co-Autor: *Peter Krassa*; München 1992, derzeit in der 9. Auflage) und *„Die Palmblattbibliothek"* (Co-Autor *Peter Krassa*; München 1993). Bei Tosa erschienen die Bestseller *„Die letzten Geheimnisse"* (Wien 2003), *„Das Unerklärliche"* (Wien 2004) und *„UFO – Das Jahrhundertphänomen"* (Wien 1997).
Habeck ist außerdem Mitinitiator und Autor der Groß-Ausstellung *„Unsolved Mysteries"*, die im Jahre 2001 der Kulturmanager Klaus Dona realisierte. Erstmals wurden hunderte mysteriöse archäologische Sammlerstücke aus aller Welt in Wien im Original präsentiert. 2004 wanderte die Ausstellung zum Mystery Park nach Interlaken in die Schweiz und 2005 nach Berlin-Kreuzberg in Deutschland. Danach sollen Italien und Japan folgen. Habeck schrieb dazu mit dem Co-Autor Klaus Dona das umfassende Begleitbuch *„Im Labyrinth des Unerklärlichen"* (Rottenburg 2004), das die aufregende Entstehungsgeschichte von *„Unsolved Mysteries"* spannend in Wort und Bild dokumentiert.

Infos: www.unsolved-mysteries.info, www.reinhardhabeck.com

Inhaltsverzeichnis

Vorwort des Herausgebers Reinhard Habeck......... 11

Was ist Wahrheit? 11

1. Teil

Peter und Johannes Fiebag

Artus, Avalon und der Gral

I. Im Grenzland des Mythos 19

Sage und Erinnerung............................. 19
Artus und die Ritter der Tafelrunde.................. 21
Das Königsdrama von Camelot...................... 24
Entschlüsselung einer Sage 26
Der historische Artus............................. 30
Artus. Zwischen Fakten und Sehnsucht............... 33
Tintagel und Camelot 36
Avalon, das Paradies im Meer...................... 39

II. Magier der tausend Masken................... 43

Merlin der Zauberer.............................. 43
Merlin der Geheimnisvolle 45
Der zweite Merlin – der Graf von St-Germain 48
Fantastischer Realismus 53
Der dritte Merlin – Michael Scotus.................. 56
Der vierte Merlin – Nathan 60
Der fünfte Merlin – Imhotep....................... 62

III. Das Geheimnis des Grals................... 69

Die Sage vom Gral 69
Die Suche nach dem Gral 72
Die Realität im Mythos 75

Wolfram von Eschenbach 76
Chrétien de Troyes 78
Robert de Boron 79
Vorstoß zu den Quellen 82

IV. Die Entdeckung des Grals 85

Der Schlüssel: das Manna-Wunder 85
Die Bundeslade 89
Das Wissen vom Gral 91
Die Geschichte des Grals. 95
Gralswächter 99
Gralskönige 106

V. Die Suche nach dem Stein der Weisen 115

Die Alchemisten und der Stein der Weisen 115
Die Kraft Gottes 118
Der Gral und der Stein. 123
Die Manna-Maschine und der Stein 127

VI. Das Versteck des Grals 133

Das Oak-Island-Geheimnis 133
Schatzfieber. 136
Der verfluchte Schacht 139
Rätselhafte Messungen, rätselhafte Fotos 143
Die Lösung 146

Resümee: Alles hat seine Zeit 149

2. Teil

Peter Krassa

Geheime Forschungen &
verdeckte Experimente

Vorweg gefragt: Was wird uns verschwiegen? 155

Sonderbare Dinge 159

Zu viel Wissen ist gefährlich 165

Experimente mit der Zeit? 181

Wofür musste Kennedy sterben? 187

Die Gobi-Katastrophe 207

Wer schuf das „Weltgedächtnis"? 213

Das Orakel des Unglaublichen 219

Der Mönch und die Zeitmaschine 242

Wunder oder Psycho-Test? 275

Roswell und die Politik der Geheimhaltung 283

3. Teil

Viktor Farkas

Geheime Bünde & Verschwörungen

Einleitung: Glanz und Elend der Verschwörungen 293

Analyse einer Verschwörung 301

Lügen oder Mythenbildung? 301
KENNEDY – der Jahrhundertmord 305
Zerlegung des Attentates 305
DIE WAFFE 306
DIE VERNEBELUNG 308
DIE ZAUBERKUGEL 310
DER ZAPRUDER-FILM 310
DER SÜNDENBOCK 311
Der paradoxe Lee Harvey Oswald 311
Mehrere Oswalds 313
„ES WAR GANZ ANDERS!" 315
DIE FÄDEN WERDEN GEKAPPT 317
Massenwanderung ins Jenseits 317
Einzeltäter zuhauf 319
RESÜMEE 320
Titelseitenzauber für einen Staatsstreich? 320

Kehraus für die „Neue Weltordnung" 323

Geld regiert die Welt 323
Die Bankiersverschwörung 323
Eine mächtige Privatbank 324
Eine seltsame Dollarnote 325
Gewaschene Gehirne – manipulierte Menschen 326
Gewünschte Tumultgesellschaft? 326
MK-Programme:
Menschliche Ratten im (CIA-?) Labyrinth 328
Von Aldous Huxley zur Manson-Family 332

Keine Alltagsfamilie 336
Rauschgiftgesellschaft 337
„Hausfrauen-Agenten" 339
Rätselhafte Implantate 341

Vorausgeplante Schreckenszukunft? 345

Eine reale Alternative 3? 345
Flucht in den Weltraum 345
Eine Aufsehen erregende Dokumentation 346
Vom fiktiven Horrorszenario 348
... zur möglichen Albtraumwirklichkeit 351
Im Fernsehen die Vertuschung zugegeben 354
Läuft der Countdown bereits? 355
AIDS – der fünfte apokalyptische Reiter 357
Eine neue Pest aus dem Labor? 357
Makabre Fakten 358
Dem Todesvirus auf der Spur 361
Ein unheimliches Puzzle 365

Verbündete aus dem Anderswo 369

Der Klub der unsichtbaren Verstümmler 369
Grausige Vorarbeiten 369
Aus dem Metzgerladen ins Zentrum der Macht 374
Das UFO-Geheimnis 376
CIA und Aliens – UFOs und das Weiße Haus 376
Von Roswell nach Langley 378
Sign/ATIC 379
Lücken in der Mauer des Schweigens 379
CIA und UFO-Invasionen 379
Eine enthüllende Prognose 381
Keyhoe 382
Hangar 18 386
Area 51 386
UFO-Forschung an der Leine 389
Das majestätische Dutzend 391
Geheimhaltungs-Stafette 391

Brisantes für jeden US-Präsidenten 398
Dem ewigen Dutzend auf der Spur 402
Die Vertuschung wird löchrig 406
MiB – Agenten der Finsternis 408
Testgebiet oder Brennpunkt? 410

Fazit und Denkanstoß 415

Nachwort und Dank des Herausgebers 417

Literaturhinweise 418

Autorenbiographien

Dr. Johannes Fiebag 428
Peter Fiebag 429
Peter Krassa 430
Viktor Farkas 431

Eine Bitte des Herausgebers 432

Vorwort des Herausgebers

Was ist Wahrheit?

„Die Wahrheit wird oft verdunkelt, aber sie erlischt nie."
Livius (röm. Geschichtsschreiber um 250 v. Chr.)

Wissen ist Macht. Nichtwissen macht auch nichts, behaupten Spötter. Sie irren. Wer nichts weiß, macht sich Abhängigkeit von jenen, die mehr wissen. Und wer will das schon? Doch kaum jemand kann sich in unserer hochtechnisierten Gesellschaft solchen Situationen entziehen. Das beginnt bereits beim simplen Versuch, das Formular der Steuererklärung auszufüllen. Angeblich kein Problem. Nicht für jedermann. Obwohl mit Rätselhaftem seit Jahren befasst, ist es mir bis heute nicht gelungen, die Gesetzes-Hieroglyphen zu begreifen. Ich bin auf die kompetente Hilfe meiner Steuerberaterin angewiesen.

Oder man denke an das „Fachchinesisch" mancher Ärzte. Einen Befund dem Patienten verständlich zu machen, scheitert meist bereits kläglich beim Versuch. Ohne Übersetzer ist jeder Nichtmediziner ratlos und den „Göttern in Weiß" ausgeliefert. Ganz abgesehen davon, dass man bei der Befragung von zehn Fachexperten zehn unterschiedliche Antworten erhält. Und sollte jemand heute immer noch nicht mit Laptop und Internet umzugehen wissen, muss er sich die Titulierung „Analphabet" gefallen lassen.

Damit hätten wir die Grundlage für tatsächliches oder angebliches Wissen, das im Verborgenen liegt. Jede Vereinigung, jede Organisation, die Geheimnisse besitzt, die nur ihre Mitglieder verstehen, weil in die Materie eingeweiht, darf man als „Geheimgesellschaft" bezeichnen. Zur Geheimhaltung kann das Bestehen der betreffenden Gruppe ebenso gehören wie der Versammlungsort, die Namen ihrer Mitglieder, die Vereinsstatuten, Geisteshaltung oder Daten und Informationen, die nicht für Dritte bestimmt sind.

Die Ursprünge geheimen Wissens reichen weit in die Anfänge

der Menschheitsgeschichte zurück und führen zu den Uranfängen der Mythen und Mysterien. Damals galten die himmlischen „Götter" als die Hüter unerreichbaren Wissens. Dem gegenüber stand das unwissende „Volk". Dazwischen als „Vermittler" die Wissenden, die Schamanen, Magier, Priester und Eingeweihten. Die Verehrung nach „oben" führte zu Ritualen, Kulten und Brauchtum. Dem folgte, dass die wissenden „Vermittler" über eine Vormachtsstellung verfügten, die nicht nur geistige, sondern ebenso tatsächliche Macht bedeutete.

In der Antike gab es die griechischen und ägyptischen „Mysterienbünde". In der Neuzeit sind vor allem die Freimaurer, Rosenkreuzer, Illuminaten und, in unmittelbarer Gegenwart, auch dubiose Organisationen wie Mafia, Camorra, Cosa Nostra, Geheimdienste wie CIA, aber auch diverse Sekten von den Mormonen bis zu Scientology, am bekanntesten geworden.

Wenn wir selbst etwas nicht wissen, sind wir gezwungen, darauf zu vertrauen, dass uns der „Eingeweihte" die Wahrheit erzählt. Doch genau das könnte ebenso gut eine Lüge sein. Sogar mit voller Absicht, weil es dafür Motive gibt, die wir gar nicht durchschauen sollen. Freilich, man kann sich leicht in eine fixe Idee hineinsteigern. Vieles von dem, was wir sicher zu wissen glaubten, wurde inzwischen entzaubert. Wir wissen natürlich längst, dass die Erde keine Scheibe ist, der „Mann im Mond" nicht existiert, auf den Berggipfeln keine Götter wohnen und Hitlers Tagebücher gefälscht sind.

Und doch, es gibt Dinge, die zu denken geben: Wir kennen aus der Weltgeschichte zahlreiche Ereignisse, die trotz höchstem staatspolitischem Interesse nie aufgeklärt wurden. Was hat man uns bei diversen Attentaten, Anschlägen und mysteriösen Todesfällen von John F. Kennedy (1963) bis Prinzessin Diana (1997) alles verschwiegen? Sind die amtlichen Aufschlüsse glaubhaft? Oder zogen einflussreiche Drahtzieher im Hintergrund die Fäden? Haben „Bankiersverschwörungen" mit der Gründung einer „neuen Weltordnung" zu tun? Kontrollieren geheime Gesellschaften den Lauf der Geschichte? Was wurde im Zusammenhang mit UFOs und anderen außerirdischen Phänomenen vertuscht? Wer hat den Durchblick dafür, was Fakt ist und was Fiktion? Ist das Augenscheinliche wirklich die Wahrheit? Oder ist die Welt, die wir zu kennen glauben, eine ganz andere?

Dort, wo gesicherte Antworten fehlen, wird die Lust geweckt, das Verborgene zu entdecken. Es ist der Nährboden für entstehende Gerüchte, Spekulationen und scheinbar verrückte Verschwörungstheorien. Das Interesse an dieser Thematik boomt. Kaum jemand kann sich dem Wunsch entziehen, an die Quellen geheimen Wissens vorzudringen. Gleichermaßen fasziniert der Reiz, die Welt anders zu sehen, als „offizielle Versionen" vorgeben.

In jüngster Zeit hat der amerikanische Bestsellerautor Dan Brown mit seinen Werken „Sakrileg", „Diabolus" und „Illuminati" für neuen Diskussionsstoff gesorgt. In Leonardo da Vincis berühmtes Gemälde „Abendmahl" glaubt er in der Figur des Apostels Johannes eine Frau zu erkennen. Das Fehlen eines Kelches wird als Hinweis gewertet, dass mit dem sagenumwobenen „Heiligen Gral" kein Gefäß gemeint ist, sondern die Linie königlichen Blutes, die aus der Verbindung von Jesus und Maria Magdalena hervorging. Und in dem Bildtitel „Mona Lisa" sieht Brown ein Anagramm von „Amon L' Isa", eine Bezeichnung der altägyptischen Götter Amon und Isis, die die Verbindung männlicher und weiblicher Prinzipien versinnbildlichen.

Die Zusammenhänge, die der Autor herstellt, klingen logisch, lassen sich aber durch stichhaltige Quellen nicht beweisen. Doch das gilt umgekehrt genauso. Die Thesen können nicht zweifelsfrei widerlegt werden. Tatsache ist, dass der Geheimnisvorrat alter Gemälde sehr groß ist. Immer wieder versteckten Maler in ihren Bildern Botschaften, die nur einen kleiner Gruppe von Eingeweihten zugänglich waren. Gleiches gilt für unlesbare Geheimschriften, unbekannte Symbolik, kryptische Texte und merkwürdige Überlieferungen. Unsere Vorfahren trieben gerne eine geistreiches Spiel – und hinterließen der Nachwelt viele Rätsel. Hier knüpft die Erzählung um die geheimnisvollste Reliquie der Menschheit an – dem „Heiligen Gral". Was der Gegenstand war, ist umstritten. Kelch, Schüssel, Stein, Juwel oder Maschine? Wohin er gelangte, ob vergraben, zerstört oder bereits gefunden, ist unter Gelehrten ebenso Gegenstand heftiger Kontroversen.

Ich freue mich sehr, dass ich in diesem vorliegenden „Mysterienbuch" interessante Beiträge vier namhafter und international erfolgreicher Autorenkollegen präsentieren darf: Beginnend im ersten Teil mit den Studien von Naturwissenschaftler *Dr. Johannes Fiebag* (1956-1999) und von Germanist *Peter Fiebag*. Die beiden Brüder sind mit wissenschaftlicher Akribie den Spuren des Grals gefolgt und haben verblüffende Entdeckungen gemacht. Demnach begann der Ursprung der Gralssymbolik nicht erst im 12. Jahrhundert, sondern bereits vor 3200 Jahren. Mehr noch: Der Gral war nicht irdischer Herkunft! Die Tempelritter waren die Hüter dieser Hinterlassenschaft, die nachhaltig die Geschichte der Menschheit beeinflusste. Was haben die Bundeslade, König Artus und seine sagenumwobene Tafelrunde, Magier Merlin, und die kleine kanadische Insel Oak Island damit zu tun? Das Kapitel von Johannes und Peter Fiebag zeigt bislang kaum bekannte Zusammenhänge auf und macht deutlich, dass der Mythos vom Gral eine abenteuerliche Suche nach Macht und Einfluss, nach Gott und dem ewigen Leben ist.

Im zweiten Kapitel wird den Spuren verschiedener Gerüchte, die um provokante Fragen kursieren, mutig gefolgt. Sind unsere Wissenschaftler im Stande, die Zeit zu manipulieren? Betreiben sie in ihren Labors und auch von den Medien unbemerkt, geheime Forschung? Riskieren sie da oder dort und abseits ihrer Regierungen verdeckte Experimente? Prominenter Autor und Spurensucher ist *Peter Krassa*, der sich als Spezialist für grenzwissenschaftliche Phänomene und als „österreichischer Däniken" mit vielen erfolgreichen Büchern einen Namen gemacht hat. Krassa hat bei seinen Recherchen überraschende Verbindungen und verborgene Quellen entdeckt. Es gibt sie wirklich – diese unter Verschluss gehaltenen „Top Secrets". Schwerpunkt seiner Studien sind die ungelösten Geheimnisse um die phantomartigen „Herren in Schwarz", kurz MIB genannt. Beherrschen diese fremden Wesen die Abläufe unserer Zeit? Krassa zieht hier eine kühne Beziehung zum Tod von John F. Kennedy und widmet sich den Verschwörungstheorien um Roswell, wonach im US-Bundesstaat New Mexico 1947 ein außerirdisches Raumschiff abgestürzt sein soll.

Mehr zu den Hintergründen dieser UFO-Vertuschung, dem Terror der unheimlichen „Schwarzen Männer" sowie dem Kennedy-Mord erfahren wir im dritten und letzten Teil. *Viktor Farkas*, der bekannte Erfolgsautor und Experte für „Unerklärliche Phänomene", verborgene Umtriebe und Manipulationen, berichtet spannend und kompetent über die fragwürdigen Machenschaften geheimer Bünde, über bewusste Geschichtsfälschungen, gezielt herbeigerufene Wirtschaftskrisen und über den seit langem laufenden Plan zu einer neuer Weltordnung. Für den Leser besonders reizvoll: Manche Themen, vor allem das Jahrhundertattentat an John F. Kennedy, werden von zwei renommierten Autoren – Krassa und Farkas – unter verschiedenen Blickwinkeln aufgedeckt.

Für alle vier Autoren dieses Buches gilt: Ihre Recherchen bringen Erstaunliches ans Tageslicht. Sie zeigen uns auf packende Weise Geschichte, Gegenwart und Hintergründe geheimer Mächte, verborgenen Wissens und verdeckter Experimente, die zum Nachdenken anregen und todsicher für neuen Gesprächsstoff sorgen werden.

Überzeugen Sie sich selbst, lieber Leser, liebe Leserin! Wer hingegen die unzähligen Verschwörungstheorien für Humbug und Schwindel hält, dem sei ein bekanntes geflügeltes Wort auf der skeptischen Lesereise mitgegeben: *Bloß weil Du nicht paranoid bist, heißt das lange noch nicht, dass sie nicht hinter Dir her sind.*

So oder so, mit gewissen Unsicherheiten werden wir leben müssen.

Reinhard Habeck, Wien im Juli 2005

1. Teil

Peter und Johannes Fiebag

Artus, Avalon und der Gral

I. Im Grenzland des Mythos

Das sind schlechte Entdecker,
welche denken, da ist kein Land,
wenn sie nur das Meer sehen.

Francis Bacon, englischer Staatsmann und Philosoph, 1561–1626

Sage und Erinnerung

Undurchdringlich scheint ein Schleier, gewoben aus Geheimnis und Fantasie, über der geheimnisvollsten Reliquie der Menschheit zu liegen: dem Heiligen Gral. Es hat den Anschein, er sei wie eine höhere religiöse Wahrheit dem Verstande entzogen. Und dennoch begaben sich über die Jahrhunderte hinweg immer wieder neue Gralsucher auf seine Spuren. Von König Artus bis zum Filmhelden Indiana Jones, vom Literaten über den Historiker und von Anthroposophen bis zu Anhängern der New-Age-Bewegung spannt sich der Bogen derer, die hofften, diesen wunderbaren Gegenstand zu finden.

Der Heilige Gral zählt zu den großen Welträtseln und zeigt eine Vielfalt von wundersamen Aspekten: Ist der Heilige Gral das Gefäß, in dem das Blut Christi aufgefangen wurde, als er den Kreuzestod starb? Hält er das Mysterium des Göttlichen verborgen, das himmlische Wesen in einem steinernen Gegenstand zur Erde brachten? Ist er ein Symbol von mittelalterlichen Ketzern, die im Süden Frankreichs lebten? Oder ist das Geheimnis des Grals inspiriert von der Vision des „Steins der Weisen", der Vision, ein allumfassendes Wissen zu gewinnen und das ewige Leben zu erhalten?

Die eigentümliche Faszination der mittelalterlichen Parzivalsage, in der wir den grundlegenden Stoff der Erzählung vom Gral finden, hat auch am Beginn des 21. Jahrhunderts nichts von seiner Anziehungskraft eingebüßt. Denn die Gralsuche ist eben nicht nur symbolischer Zielpunkt einer inneren Vereinigung des Menschen mit dem Göttlichen. Gleichzeitig hält es den Reiz nach einem real existierenden Artefakt bereit, das mit unseren modernen kriminalistischen und archäologisch-literaturwissenschaftlichen Methoden aufgefunden werden kann. Diese Hoffnung ist keineswegs unbegründet, wenn es uns gelingt, den Mythos von der geschichtlichen Überlieferung zu trennen.

Die Gralserzählung ist eng verbunden mit einer der großen abendländischen Persönlichkeiten, die ebenso im Reich der Fantasie wie in der Realität anzutreffen ist: König Artus, der berühmte Keltenkönig. Gab es ihn wirklich? Und wenn ja, wo und wann hat er gelebt? Was von seinen überlieferten Taten beruht auf Wahrheit und was auf einfallsreichen Erfindungen?

Ein Jahrtausend lang hat auch die magisch anmutende Insel Avalon den Geist vieler Geschichtsdetektive herausgefordert, auf die der Held Artus am Ende seines Lebens entrückt wurde. Ist auch sie nur ein frei erfundenes Wunschgebilde früherer Zeiten? Repräsentiert Avalon unsere Sehnsucht nach dem verlorenen Paradies, dem Ort des Glücks, des Friedens und des ewigen Lebens?

So erstaunlich es klingen mag: Was uns die Dichter und Sänger des Hochmittelalters in Form von Sagen, Legenden und Liedern überliefert haben, birgt mehr in sich als nur ein Trugbild der Ritterzeit oder verschwommene christliche Symbolik. Mit unseren heutigen wissenschaftlichen und technischen Möglichkeiten sind wir tatsächlich in der Lage, die geheimnisvolle Geschichte des Grals sowie König Artus' und seiner sagenhaften Tafelrunde zu rekonstruieren. Wenn wir den mystischen Schleier entfernen, kommt darunter eine neue, ebenso dramatische wie historische Sensation zum Vorschein. Es ist eine Geschichte, die vor 3200 Jahren in der Wüste der Sinai-Halbinsel begann, im sechsten nachchristlichen Jahrhundert in Britannien neue Aspekte hinzugewann, mit den Kreuzrittern vor 1000 Jahren wieder eine Brücke zurück nach Palästina schlug und sein Geheimnis erst in unserer Zeit langsam zu enthüllen beginnt. Die Legende vom Gral hat ihren größten Trumpf noch nicht ausgespielt. Aber dieser ist von einer ungeheuren wissenschaftlichen Sprengkraft.

Artus und die Ritter der Tafelrunde

„Dann nahm der Kampf auf beiden Seiten an Härte zu. Als König Artus sah, dass die Schlacht kein Ende nehmen wollte, wurde er zornig wie ein Löwe und lenkte sein Ross hierhin und dorthin, nach rechts, nach links, und hielt nicht an, bis er zwanzig Ritter erschlagen hatte."

So kennen wir sie, die unsterbliche Gestalt von König Artus. Inmitten seiner Getreuen, den Rittern der legendären Tafelrunde von Camelot, kämpft der wagemutige Herrscher Britanniens für Recht und Ordnung, für Ehre, Liebe und christliche Werte.

Und da ist der Magier Merlin, der Artus in größter Not mit Zauber, List und Weisheit zur Seite steht. Mit ihm beginnt auch die Sage von Artus und der Suche nach dem Heiligen Gral, wie sie uns der Kleriker und spätere Bischof von St. Asaph in Wales Geoffrey von Monmouth in der um das Jahr 1136 verfassten „Historia Regum Britanniae" (Geschichte der Könige Britanniens) aufzeichnete.

Als Uther Pendragon (Drachenhaupt) vor weit mehr als tausend Jahren König von Britannien war, verliebt er sich in die anmutige Igraine (bzw. Ygerna). Diese aber ist verheiratet mit Herzog Gorlois von Cornwall. Gorlois bleiben die Begehrlichkeiten seines Königs nicht verborgen und er bringt seine schöne Ehefrau in die Festung Tintagel, die an Cornwalls Westküste liegt. Uther Pendragon, blind vor Liebe, ruft sein Heer herbei, um Herzog Gorlois zu besiegen. Bei einem Ausfall wird Gorlois von einem alten Feind zum Zweikampf gefordert und fällt. Heimlich wird er bestattet.

Zur selben Zeit trifft Merlin, den ein Höfling des Königs herbeigeholt hat, bei Uther Pendragon ein. Durch einen Zauber verwandelt er den britischen König und gibt ihm die genaue Gestalt von Gorlois. So getarnt reitet der Verliebte zur uneinnehmbaren Burg Tintagel. Freudig wird er von Igraine in die Arme geschlossen. In der folgenden, ebenso stürmischen wie betrügerischen Liebesnacht wird Artus gezeugt. Neun Monate später erblickt der Knabe auf Burg Tintagel das Licht der mittelalterlichen Welt.

Uther, der wieder seine eigene Gestalt angenommen hat, heiratet die verwitwete Igraine. Doch ihr Glück wird überschattet. Der Preis für die Liebesnacht, die Merlin durch seinen Zauber Uther ermöglicht hatte, ist hoch, denn der König hatte dem Magier seinen Erstgeborenen versprochen. So übergibt der tragische Herrscher seinen Sohn heimlich dem listigen Merlin. Dieser besaß die Gabe der Prophetie und wusste sehr genau, was und warum er dies verlangte.

Merlin übergibt den Jungen in die Obhut des rechtschaffenen Ritters Ector und seiner Frau, die Artus eine gewissenhafte, christliche Erziehung zuteil werden lassen und ihn auch in den ritterlichen Tugenden unterweisen.

Als Uther, vergiftet von seinen sächsischen Gegnern, stirbt, brechen stürmische Zeiten über England herein. Die Sachsen bereiten eine Invasion in sein Königreich vor. Zudem beanspruchten Ritter aus allen Teilen des Landes nun für sich die Krone. Der von Uther bestellte Reichsverweser, Truchsess Ulfin, fällt in einem harten Gefecht. Auf den Rat Merlins hin lässt der Erzbischof von Canterbury alle Edelleute nach London rufen, um den Würdigsten unter ihnen zum neuen Herrscher auszurufen. Aber sie müssen eine Aufgabe vollbringen, die sie als neuen König auszeichnet. Merlin hatte vor der St.-Pauls-Kathedrale zu London ein Schwert in einen Amboss aus Erz geschlagen. Nur dem neuen König ist es bestimmt, die Klinge aus dem Gestein herauszuziehen.

Viele hohe Ritter versuchen sich an dem Schwert, müssen aber ermattet aufgeben. Keinem gelingt es, den Stahl aus dem Amboss zu befreien. Zufällig reitet jedoch Artus an der blitzenden Klinge vorbei. Und da er seinem Stiefbruder Keye ein Schwert holen soll, springt er von seinem Ross und zieht mit Leichtigkeit das eingeklemmte Schwert heraus. Auf diese Weise sichert Merlin dem fünfzehnjährigen Artus den Thron.

Mit Umsicht ebenso wie mit dem Willen zur Macht errichtet der junge König seine Herrschaft. Doch sein Reich weckt Begehrlichkeiten bei den Nachbarn. Die drei Könige von Orkney, Schottland und Cameliard wittern einen schnellen Sieg und reiche Beute. Sie verbünden sich und fallen mit ihren Heeren in England ein.

Nun tritt zum ersten Mal Merlin gegenüber Artus in Erscheinung. Er nimmt ihn mit zu einem nahen Gewässer. Im fahlen Licht des Mondes taucht aus den Wellen des Sees eine Jungfrau auf. Merlin bittet um ihre Hilfe. Sie solle dem bedrängten Ritter eine passende Schwertscheide überreichen. Das magische Schwert Artus', das den Namen „Escalibur" („Schneidestahl") erhält, bekommt eine ebenso zauberwirkende Scheide. „Die Scheide dort ist von besonderer Art", klärt Merlin seinen Schützling auf. „ Wenn du das Schwert darin birgst, gewinnt die Klinge die Leuchtkraft von hundert Fackeln und der helle, gleißende Strahl, der davon ausgeht, vermag das Auge des Feindes völlig zu blenden. Doch damit nicht genug, haftet der Schwerthülle noch ein anderer mächtiger Zauber an. Solange du sie um den Leib gegürtet trägst, wird kein Tropfen Blut deine Adern verlassen, so tief auch die Wunde sein mag."

Im Morgengrauen versammelt Artus sein Heer um sich und sprengt mit wallendem Mantel, geziert vom Löwenwappen, voran in eine blutige Schlacht. Hier trifft Artus auf einen ebenbürtigen Gegner. Gawan gelingt es, den königlichen Helden zu verwunden. Als Gawan jedoch sieht, dass selbst dieser Schwertstreich seinem Feind nichts anhaben kann, drängt er zum Friedensschluss. Damit gewinnt Artus einen der ruhmreichsten Helden für seine spätere Tafelrunde.

Mit auserwählten Rittern unterwirft Artus nun viele Länder, setzt nach Irland und Island über und erobert mit seiner Streitmacht selbst Teile des Kontinents: Dänemark und Norwegen, Gallien, die Normandie und Anjou sind seine Ziele.

Der mittelalterliche Historiker Geoffrey verkündet: „Schließlich drang der Ruf von Artus' Großmut und Kühnheit bis in die letzten Winkel der Erde; und die Könige von Ländern jenseits des Meeres zitterten allein bei der Vorstellung, dass sie von ihm angegriffen und überfallen werden könnten."

Jedoch hat der britische Monarch noch andere Triebkräfte als den Eroberungsdrang. Er zieht hinaus in die Welt, um den zaubermächtigen Heiligen Gral zu suchen, der ewiges Leben verleiht.

Das Königsdrama von Camelot

Aber Artus verliebt sich auch. Es wird eine Liebe, die mit zu seinem Untergang führen wird. Seine Auserwählte ist die bildhübsche Tochter des Königs Leodegrance, die Prinzessin Guinevere, deren Ahnenreihe bis in römische Zeiten zurückreicht. Obwohl von Merlin gewarnt, die Liebe werde mit Betrübnis und Tod enden, lässt sich Artus nicht von seinem einmal gefassten Entschluss abbringen. Auch die Warnung Ritter Laufals, eine Frau mit einem „lasziven" Vorleben zur Gemahlin zu nehmen, schlägt er in den Wind. Ausgerechnet den Mann schickt Artus zu Guinevere, um um ihre Hand anzuhalten, der sich ebenfalls in die reizende Königstochter verliebt. Es ist Lancelot, einer der vortrefflichsten Ritter und Freunde Artus'.

Königin Guineveres sündige Liebe zu Lancelot erregte über Jahrhunderte hinweg die Fantasie. Guinevere – die „weiße Elfe" – heiratet zwar den edelmütigen Artus. Gleichwohl zieht es sie zu seinem Waffengefährten Lancelot. Von vielen begehrt, stellt selbst ihr Stiefsohn ihr nach. Trotz einer erstaunlichen sexuellen Freizügigkeit begegnen ihr die Artusritter mit Respekt. Ihre Anmut wird gerühmt und sie wird die „Quelle alles Guten" genannt.

Als Hochzeitsgeschenk bringt Guinevere den legendären runden Tisch mit in die Ehe, an dem Artus künftig seine vierundzwanzig Ritter der Tafelrunde versammelt. Nur ein Platz bleibt leer. Es ist der „Gefährliche Sitz", der nur dem vollkommen Reinen vorbehalten ist, während alle Unberufenen auf diesem Stuhl tot zusammenbrächen.

Die Tafelrunde wird zum Gleichnis werden für die Erfüllung des Menschendaseins, für tiefstes Leiden einerseits, andererseits für innere Erleuchtung. Von hier aus brechen künftig die Ritter auf, um Abenteuer zu erleben und um den Heiligen Gral zu suchen. Drei der Ritter werden sich ihm schließlich nähern: Gawan, Galahad und Parzival.

Doch der Glücksstern über dem Reich Artus' beginnt bereits zu sinken. Zwietracht zieht ein in die Reihen der Helden am Königshof Camelot. Lancelot, der ideale Ritter, der Tapferkeit und Güte in sich vereint, gerät in einen Loyalitätskonflikt. Hier ist seine Verehrung für Artus, dem er sogar das Leben gerettet hat, dort seine Liebe zu der verführerischen Guinevere. Er wird sich schließlich für seine Geliebte entscheiden und mit dem Schwert seinen Freund, den Tafelritter Gawan, umbringen. Ein anderer Artusritter, Balyn der Wilde, tötet aus Versehen seinen Bruder Balan.

Selbst Artus bleibt nicht unschuldig. Unwissentlich hatte er in seiner Jugend die Schuld der Blutschande auf sich geladen, als er mit seiner Halbschwester Morgause sexuell verkehrte. Sie,

König Artus. Holzschnitt um 1475. Bern, Bürgerbibliothek.

die auch die Mutter Gawans werden sollte, gebar aus dieser inzestiösen Liebesbeziehung einen Sohn, Mordred. Dieser rebelliert gegen den König, der sein Vater ist. Artus, der mit seinen Helden über das Meer zu neuen Abenteuern aufbricht, überträgt Mordred in der Zeit seiner Abwesenheit die Herrschaft über sein Inselreich. Auf diese Chance hatte Mordred hingearbeitet. Mordred ruft sich selbst zum neuen Herrscher aus und versucht Artus' Landung an der Küste zu verhindern.

Unter blutigen Opfern gelingt die Rückkehr des Königs, aber viele seiner Ritter fallen in der Schlacht. Schließlich einigen sich Vater und Sohn darauf, dass Mordred über zwei der Länder herrschen soll, nach dem Tode seines Vaters würde ihm die Macht auch über das restliche Reich zufallen.

Da kommt es zu einem schicksalsschweren Zwischenfall. Eine Schlange ringelt sich an Mordreds Bein hinauf. Ein Ritter zieht sein Schwert, um die Natter zu töten; weitere Knappen springen mit gezogenen Klingen herbei. Die beiden Heere, die in einiger Entfernung der Verhandlung beigewohnt hatten, missdeuten die Szenerie und unter Trompetengeschmetter entbrennt eine entsetzliche Schlacht.

Als am Abend dieses Tages Lancelot auf dem Kampffeld eintrifft, der seinem König aus alter Treue zu Hilfe eilt, findet er eine grauenvolle Todesstätte vor. Der heimtückische und diabolische Mordred liegt dahingerafft im Zweikampf tot neben dem tödlich verwundeten Artus. Lancelot, dem Artus vergibt, soll das Schwert Excalibur, mit dem der Vater den Sohn tötete, für immer im tiefen Moor versenken.

Dann bringt man den sterbenden König zum Strand des Meeres, wo bereits eine schwarze Barke auf ihn wartet. Das Boot, in dem schwarzgekleidete Frauen sitzen, wird ihn zur Feeninsel Avalon übersetzen. Dort, so schließt die Erzählung, werde Artus auf wundersame Weise errettet werden und von dort werde der britische Heron eines Tages wiederkehren und ein neues Friedensreich errichten.

König Artus: Legende oder Wirklichkeit? Artus, ein körperloser Schatten, verhüllt von einem silbernen Nebelschleier aus Zauberhand? Oder entstammt er dem tiefen Dunkel frühester Geschichte?

Facettenreich tritt uns Artus als mutiger Krieger und als gerechter Herrscher gegenüber. Wie kaum ein anderer ist er Repräsentant mittelalterlicher Werte wie Ehre, Treue, Gerechtigkeit, Nächstenliebe, Heldenmut, Tapferkeit und Abenteuerlust. Er ist ein exzellenter Protagonist christlicher Sozialethik. Aber: Hat er wirklich gelebt, dieser ritterliche Held?

Artus, darüber sind sich die Historiker einig, ist keineswegs nur ein literarisches Phantom. Er hat real existiert!

Entschlüsselung einer Sage

Vom siebenten Jahrhundert an wird der englische Held Artus in britischen und französischen Chroniken, deutscher und niederländischer Versepik und in skandinavischen Balladen erwähnt. Als Geoffrey von Monmouth in der ersten Hälfte des 12. Jahrhunderts seine „Geschichte der Könige Britanniens" verfasst, ist König Artus bereits eine beliebte Heldengestalt, dessen Leben mit romantisierenden und fantasiereichen Begebenheiten ausgeschmückt wird.

Schon 1125 forderte daher der englische Chronist William of Malmesbury einen authentischen Bericht über diesen Nationalhelden, der eines Tages wiederkehren sollte. Damit hoffte er das Grab des Königs finden, und allen derartigen Spekulationen entgegentreten zu können. In Frankreich und anderen Ländern ist Artus bereits bekannt und wird z. B. in Modena (Italien) zusammen mit Gawan und Guinevere als Skulptur am Tor der Kathedrale abgebildet.

Als man das Jahr 1113 schreibt, trifft in Cornwall eine beeindruckende Gesandtschaft französischer Geistlicher ein. Die Chronik des Herman van Doornik (1143) berichtet uns von einem ganz erstaunlichen Vorfall, der sich wenig später in dem Städtchen Bodmin zutrug. Die Prozession der frommen Pilger führte einen wundertätigen Schrein mit Reliquien der Heiligen Jungfrau Maria mit sich. Vor einem Jahr war die Gruppe in Laon in Frankreich aufgebrochen, weil ihre Kirche von einem Feuer heimgesucht wurde. Nun wollten sie durch die erwarteten Wunder der Marienreliquien Geld für einen Neubau sammeln.

Schon hatten die französischen Reisenden gehört, dass sie das Land König Artus' erreicht hätten. Unglücklicherweise war ein Dienstbote der Mönche mit Namen Haganellus skeptischer, als für ihn gut war. Als ihm ein Einheimischer begann von Artus zu berichten und auch noch behauptete, dieser sei noch am Leben, gab er dem begeisterten Kleinstädter zu verstehen, dass er dies für eine närrische Erfindung halte. Unvermittelt brach ein Sturm der Empörung unter den Anwesenden los, der die weit gereisten Laoner Domherren in arge Bedrängnis brachte. Der Volkszorn richtete sich nun gegen die frommen Pilger und ihren Schrein. Schon drangen bewaffnete Einheimische in die Kirche vor und nur dem couragierten Eingreifen des Priors, Algardus, verdankte es die Reisegruppe, dass sie keine Blessuren oder noch Ärgeres davontrug.

Dieses Ereignis zeigt uns sehr deutlich, wie real Artus für die Zeitgenossen des 11. und 12. Jahrhunderts gewesen ist, wie fest verwurzelt seine herausragende Gestalt schon damals war. In der Tat lassen sich seine Spuren noch weiter zurück in die Vergangenheit verfolgen. Aus dem 10. Jahrhundert datiert ein Gedicht, das von Artus' Fahrt über das Meer in das Land der Toten berichtet, von wo der Held ein magisches Gefäß mitbringt, das vielleicht später mit dem Gral zu einem Bild verschmolz.

Im Jahre 950 entstand vermutlich die *„Annales Cambriae"*. Solche Annalen waren Eintragungen in Tabellen, um die genauen Termine für die beweglichen Festtage aufzuzeichnen. In den Klöstern nutzte man sie gleichzeitig, um wichtige Ereignisse des Jahres stichwortartig festzuhalten. Die Veröffentlichung der *„Annales Cambriae"* erfolgte zwar im 10. Jahrhundert, es lässt sich jedoch vermuten, dass sie tatsächlich aber über mehrere Jahrhunderte hinweg fortlaufend aufgeschrieben wurde. Darin lesen wir nun folgende erstaunliche Anmerkungen:

„518 – Die Schlacht von Badon, in welcher Artus drei Tage lang das Kreuz Christi auf den Schultern trug und die Briten den Sieg davontrugen."

„518 – Die Schlacht von Dadon, in welcher Artus und Mordred fielen: Der Tod wütet in England und Irland."

Nüchtern, ohne mythologische Verzerrung haben in diesem Buch Mönche festgehalten, was sie für wichtig erachteten. Eine Epidemie (vermutlich ist die Beulenpest gemeint) und zwei Schlachten, in denen ein Mann namens Artus sowie ein Mann mit Namen Mordred kämpften. Diese Notizen einfach nur als spätere Fälschungen abzutun, ohne hierfür einen Beweis antreten zu können, ist mehr als problematisch, zumal dann sämtliche Eintragungen angezweifelt werden müssten, was aber keinen historischen Sinn macht. Zudem wird kurze Zeit später, definitiv vor dem Jahre 600, in einer walisischen Elegie, dem so genannten *„Goddodin von Ameirin"* (Vers 1141–1142), erneut Artus erwähnt. Und zwar indirekt, was die Glaubwürdigkeit unterstreicht. Eine Schlacht, in der ein „Kriegsmann" so viele Feinde erschlagen habe, dass sich „die Raben an ihnen sättigen konnten", ist Gegenstand der Mitteilung. Ausdrücklich verweist der

Dichter darauf, die Zahl der Erschlagenen sei sehr groß gewesen, „obwohl es nicht Artus war", der hier kämpfte. Dem Schreiber aus Wales muss also zu diesem Zeitpunkt zum einen die Person und die Taten von Artus in lebhafter Erinnerung gewesen sein, zum anderen musste er davon ausgehen können, dass auch seine Zeitgenossen mit diesem Vergleich auf Anhieb ein plastisches Bild vor Augen hatten, mit dem sie etwas anfangen konnten.

Eine weitere frühe Quelle ist das Buch des walisischen Verfassers der *„Historia Brittonum", Nennius. Der frühmittelalterliche Kleriker, der auch walisische Geschichten ins Lateinische übertrug und nachweislich authentische Begebenheiten berichtete (allerdings neben einigen Wunderereignissen), nennt den legendären Heroen im 9. Jahrhundert einen dux bellorum,* der gegen die eindringenden Sachsen ankämpfte. Prof. Geoffrey Ashe, einer der bekanntesten britischen Historiker der Gegenwart, hat akribisch nachgewiesen, dass sich hinter Artus somit ein britisch-römischer Offizier des 5. Jahrhunderts verbirgt, der in das von den Römern zurückgelassene Machtvakuum vorstieß und die Kelten in großen Schlachten gegen die heidnischen Angelsachsen führte. So blieb er als Erneuerer der alten Ordnung in Erinnerung.

Es mag erstaunen, aber König Artus ist nicht der ritterliche Kämpfer des hohen Mittelalters, einer Welt, wie sie uns in den Sagenbüchern der Kindheit vorgestellt wird, in Bestsellerromanen fantasiereich ausgeschmückt und in Filmepen von der Leinwand flackert. Artus' Regierungszeit fällt in die ausgehende römische Ära Britanniens. Schon Geoffrey datierte das Todesjahr des Monarchen auf 542 n. Chr., wobei er sich allerdings um knapp 100 Jahre vertat. Allein der Aufbau der Erzählung bestätigt das Bestehen eines römischen Westreiches, gegen das Artus in einem konkreten Fall sogar kämpfen muss. Auch die vorgestellten Familienbeziehungen und etliche Details verweisen die Geschehnisse sehr deutlich in das 5. Jahrhundert. Die Erzähler des 12. Jahrhunderts vermittelalterlichten den altertümlichen Stoff lediglich sehr geschickt, so wie sie es auch mit griechischen und römischen Legenden taten. Befreien wir die Heldendichtung von ihrem pseudo-historischen Ballast, zeichnet sich eine authentische Figur aus der römischen Spätantike ab.

Der historische Artus

Die Geschichte der Herrschaft Artus' beginnt eigentlich am 24. August 410 n. Chr. An diesem Tag fällt das Römische Reich in sich zusammen. Alarich besiegt das letzte Aufgebot der römischen Legion und erobert die Hauptstadt des Reiches. Plündernd zieht sein Heer durch Rom.

Vier Jahre zuvor überschritten bereits die Wandalen die von den römischen Legionen entblößte Rheingrenze und stießen bis Gallien und Spanien (409) vor. Quaden, Sweben, Franken und Alanen, Sachsen und Burgunder versuchen die Chance zu nutzen und gewinnen immer neues Land, gründen ihre eigenen Reiche. Bedrohlich drängen auch die Hunnen über die östlichen Ebenen auf Europa zu. Eine ganze Welt ist in Aufruhr und Chaos versunken.

In Britannien sieht die Lage nicht besser aus. Nachdem Julius Cäsar bereits in vorchristlicher Zeit zwei Vorstöße zur Eroberung der Insel unternommen hatte, begann die eigentliche Besetzung erst um 43 n. Chr. Das Imperium dehnte seine Macht über England und Wales aus, Teile Schottlands waren zwar von Truppen besetzt, aber nie gänzlich erobert worden. Wegen anhaltender Angriffe der nördlichen Stämme hatte Kaiser Hadrian quer durch das Land einen befestigten Grenzwall ziehen lassen. Der romanisierte britische Teil wurde von Gouverneuren und Beamten regiert, aber auch Nachfahren der ehemaligen Adeligen wurden an der Machtausübung beteiligt. Nach römischer Art wurde die Oberschicht erzogen, man gab den Kindern römische Namen und die männlichen Kinder wurden Bürger des Kaiserreiches.

Mit dem ausgehenden 4. Jahrhundert beginnt die Autorität Roms jedoch zu schwinden. Die barbarischen Stämme der Pikten, der Iren und der Skoten ziehen plündernd, raubend, mordend und brandschatzend durch Britannien. Die römische Macht wankt, aber nirgends zeichnet sich ein neues Herrschaftsgebilde ab, das das entstandene Machtvakuum füllen könnte. Städte beginnen zu verfallen, Sklaven fliehen, Unsicherheit und Angst sind an der Tagesordnung.

406 werden die letzten Rettungsversuche des Römischen Reiches unter Kaiser Theodosius und Honorius endgültig zunichte

So stellte man sich Artus und die Ritter seiner Tafelrunde im Mittelalter vor. In Wirklichkeit lebte der britische Hochkönig im 5. Jahrhundert. Holzschnitt von Antoine Verard. Paris 1506.

gemacht. Durch die einfallenden Germanenstämme auf dem europäischen Kontinent wird Britannien von jeder Verbindung zum Reich abgeschnitten. In dieser Situation rufen die zurückgebliebenen römischen Truppen einen Briten zum Herrscher aus. Er gibt sich den Namen Constantin III. Auch sein Sohn, Constans, der in einem Kloster lebte, folgt dem neuen Monarchen. Eben diese Episode schildert auch Geoffrey in seiner Geschichte Britanniens.

Aber Constantin, der auf den Kontinent übersetzt und mit dem Inhaber der römischen Kaiserwürde, Honorius, um die Hoheit über Spanien verhandelt, wird ermordet. Honorius, der den Briten keine Hilfe gegen die furchtbar wütenden Sachsen entsenden kann, erteilt den Befehl zur Selbstbewaffnung aller Briten. Ein Jahrhundert lang wird Britannien nun selbstständig regiert.

In dieser Situation wird ein Restitutor sichtbar, einer, der den alten römischen Werten treu geblieben ist und die eingetretene Katastrophe – zumindest für einige Zeit – abwendet. Die Nachwelt wird ihn unter dem Namen Artus (Arthur) in ihrem Kollektivgedächtnis behalten.

Um 450 lässt sich tatsächlich quellenkundlich ein britisches Hochkönigtum belegen. Jordanes, der 551 die „*Geschichte der Goten*" verfasste, erwähnt diesen „König der Briten" sogar namentlich: Riothamus, der auf dem Seewege mit 12.000 Mann dem römischen Kaiser Anthemius zu Hilfe eilte.

Diese Episode wurde lange Zeit von den Historikern übersehen und man hatte angenommen, es habe sich nur um einen Ortshäuptling der Bretonen (Frankreich) gehandelt. Doch Wegbeschreibung („über See"), Heeresstärke und Feldzug zeigen, dass die Truppen tatsächlich aus England übersetzten. Das bislang selbst hilfebedürftige Britannien war wieder zu neuem Glanz aufgestiegen, woraufhin der römische Kaiser den regierenden Hochkönig um Hilfe bittet, als letzte Rettung und Hoffnung des römischen Imperiums. Doch ein Verrat auf römischer Seite, der ebenfalls historisch belegt ist, führt Riothamus in eine aussichtslose Lage. Das Fiasko der Engländer auf dem europäischen Kontinent können wir auch in der *„Geschichte der Franken"* nachlesen, die Gregory von Tours im 6. Jahrhundert verfasste. Riothamus selbst kann zwar in das benachbarte Burgund entkommen. Seine geschichtlichen Spuren verwischen mit dieser Niederlage jedoch.

Hinzu kommt ein direktes Beweisstück – ein Brief des Schreibers Sidonius, in dem er den König mit Riothamus anspricht.

„Die Fiktion ist in Fakten verankert", fasst der Historiker Geoffrey Ashe zusammen. In Artus floss die Figur des ersehnten Retters zusammen, er wurde „zu einem archetypischen Helden jenes Zeitalters, der einen Lieblingstraum jener Zeit verkörpert. Er ist ein *Restitutor* innerhalb seines eigenen Wirkungskreises".

Wie legitim ist es – trotz dieser Übereinstimmungen –, Artus mit Riothamus gleichzusetzen? Die historische Artus-Forschung hat mit detektivischer Kleinarbeit zahlreiche Verbindungen zwischen diesen beiden Namen herstellen können und sie als ein und dieselbe Person identifiziert. Die mittelalterlichen Chronisten Geoffrey und Nennius beschreiben zwölf Schlachten des „dux bellorum", des britannischen Feldherrn.

1986 rekonstruierte Dr. Norma Goodrich (Claremont, USA) mit modernsten Mitteln der Geschichts- und Militärwissenschaft das Leben eines historischen Königs Artus in den *„Borders"*, der Grenzregion zwischen Schottland und England. Die Orte der Schlachten, sämtliche militärische Strategien, religiöse Praktiken und die Sprache weisen den Artus-Zyklus als absolut authentische Berichte aus. Das Resümee der Professorin für vergleichende Literaturwissenschaft: „So finden sich denn auch in der arthurischen

Literatur Stellen, die auf Relikte der römischen Herrschaft in Britannien hinweisen, was für die Authentizität jener Textzeugen spricht ... Artus' Vater Uther Pendragon erleidet eine schwere Niederlage bei dem römischen Kastell Trimontium in Schottland. Artus schlägt mit seinem Hammer auf die Steine der römischen Mauern. Lancelot überquert den Hadrianswall bei Carlisle, nachdem er die Besatzung einer der Grenzgarnisonen überwältigt hat. Derselbe Held reist auf der großen Römerstraße, die Stirling und Edinburgh verbindet, nach Süden und kommt durch die verlassene, öde römische Befestigungsanlage vom Camelon. Diese Episode und die Ortsbeschreibung, die der Text gibt, hat die Autoren mit ihrem Realismus so sehr beeindruckt, dass sie bis in die späteste französische Übersetzung hinein erhalten blieb ..." Und schließlich kommt N. Goodrich zu der Überzeugung: „Das Studium der Annales Cambriae, den Jahrbüchern von Wales, hat etwas unvergleichlich Wertvolles erbracht – den vielfachen und detaillierten Beweis für die Existenz eines historischen Königs Artus."

Sehen wir uns noch einmal Geoffreys von Monmouth Dokument an. Er führt hierin eine Vorgängerliste Artus' an, die weitgehend nachvollzogen werden kann und auf Constantin III. zurückgeht. Der Chronist nennt den tatsächlich zu jener Zeit regierenden Kaiser Leo I. von Konstaninopel korrekt und ermöglicht somit eine exakte chronologische Einordnung seines königlichen Helden, die noch durch die Erwähnung von Papst Simplicius (Sulpicius) auf die Jahre 468 bis 474 n. Chr. eingegrenzt werden kann. Weitere Namensbeziehungen verdichten diesen Zeitpunkt. Hinzu kommt, dass Riothamus der einzige König Britanniens ist, der genau in diesem Zeitraum auf den Kontinent übersetzt. Wie Artus wird er in Frankreich verraten (Artus von Mordred) und stirbt kurz vor oder nach seiner Niederlage.

Artus. Zwischen Fakten und Sehnsucht

In einem Vorwort zu der „Legende von St. Goeznovius" schreibt sein Verfasser William im Jahre 1019 über das 5. Jahrhundert folgende verblüffende Zeilen:

„Im Lauf der Zeit rief der usurpierende König Vortigern kriege-
rische Männer aus dem Lande der Sachsen zu Hilfe, die ihm bei
der Verteidigung des Königreichs Britannien helfen sollten, das er
unrechtmäßig besetzt hielt, und machte sie zu seinen Verbündeten
im Königreich. Da sie Heiden und von teuflischem Charakter waren und von Natur aus danach lechzten, menschliches Blut zu ver-
gießen, brachten sie großes Unheil über die Britannier. Ihrem
Stolz wurde jedoch alsbald durch den großen Arthur, den König
der Britannier, für eine Weile Einhalt geboten. Sie wurden fast völlig von der Insel vertrieben und zur Unterwerfung gezwungen.
Aber als dieser selbe Arthur nach vielen Siegen, die er in Britannien und Gallien glorreich errang, zuletzt von menschlichem Wirken abberufen wurde, war der Weg für die Sachsen frei, sich erneut auf die Insel zu begeben, und die Britannier wurden hart un-
terdrückt, ihre Kirchen zerstört und ihre Heiligen verfolgt."

E. K. Chambers, der diesen Text erstmals 1927 transkribierte,
und spätere Historiker – wenn auch nicht alle – waren sich der
Wichtigkeit dieses Dokumentes durchaus bewusst. Präzise, ohne
Legendenbildung, wird Artus genau in dem geschichtlichen
Rahmen erwähnt, der mit modernen Forschungsmethoden bestä-
tigt werden konnte. Artus wird mit dem historischen Datum des
Rückzugs der Sachsen verbunden, was nach 450 geschah, Artus'
Gallien-Siege bilden ein weiteres fixes Datum Ende der 60er-
Jahre jenes Jahrhunderts. Alsdann das erneute Vordringen der
Sachsen in Britannien nach ihrer Niederlage in Gallien in dem
folgenden Jahrzehnt wird richtig erwähnt. Auch wird sein Ende
nicht verklärt dargestellt, sondern auf „menschliches Einwirken"
zurückgeführt. Dem mittelalterlichen Chronisten William standen offenbar viel genauere Quellen zur Verfügung als zum Beispiel Nennius oder Geoffrey. Richtig nennt er die Ereignisse und
ordnet sie chronologisch korrekt an.

Übrigens gibt der Zisterziensermönch Alberic in seiner Chronik, die er zwischen 1227 und 1251 auf der Grundlage französischer Quellen verfasste, für das Jahr 459 an: „Arthur, der sehr berühmte König der Britannier, regierte sechzehn Jahre"; und für
475: „Der tödlich verwundete König Arthur zog sich auf die Insel Avalon zurück."

Auch in den „*Salzburger Annalen*" wird von einem späteren Verfasser für das Jahr 461 verzeichnet, dass zur Zeit von Papst Leo und seinem Nachfolger Hilarius „Arthur regierte, über den viele Geschichten erzählt werden in Britannien". Wenn dem so war und die verschiedenen Chronisten stimmen darin überein, dann kann Artus niemand anderes als Riothamus gewesen sein.

Warum wird dieser Mann dann aber mit zwei so unterschiedlichen Namen bezeichnet? Prof. Ashe zeigt, dass es durchaus zu jener Zeit üblich war, zwei Namen zu tragen, nämlich einen römischen und einen britischen. Im übrigen: Wahrscheinlich war Riothamus gar kein Eigenname, sondern eine Ehrenbenennung für den Herrscher und setzt sich aus dem Adjektiv „königlich" sowie einer englischen Superlativendung zusammen. Seine Bezeichnung wäre also „der Königlichste" oder der „oberste König" gewesen.

Goeffrey Ashe argumentiert schlüssig, wenn er schreibt: „In dem als Riothamus bezeichneten Hochkönig haben wir endlich eine dokumentarisch belegte Persönlichkeit als Ausgangspunkt der Legende. Er ist die einzig historisch verzeichnete Persönlichkeit, die sich wie Arthur verhält. Oder, um es genauer zu sagen, er ist der Einzige, zu dem ein großer Teil der Geschichte in Beziehung gesetzt werden kann. In den unanfechtbaren Beweisen seiner Existenz, dem Brief von Sidonius und der Geschichte von Jordanes, wird er unter seinem Titel oder seiner Ehrenbenennung angesprochen bzw. erwähnt. Aber wir haben jetzt Beweise aus völlig unterschiedlichen Quellen. Jeder dieser Hinweise hat eigene Charakteristiken. Selbst abgesehen von Fragen der Datierung könnte keine der vier Quellen die anderen drei hervorgebracht haben. Hier scheint die Lösung zu liegen."

Die Frage, ob Artus wirklich gelebt hat, ist beantwortet. Er ist nicht der Romanheld späterer Epochen, aber er besitzt ein historisches Vorbild, den britischen Hochkönig Riothamus. Er war der Verteidiger Britanniens gegen die Sachsenheere, der Erneuerer alter römischer Tugenden und des Rechts und er kämpfte auf der britischen Insel wie auf dem europäischen Festland auch für den christlichen Glauben, welcher schon früh nach Britannien gelangt war. Seine Taten zogen ein in das Gedächtnis der Völker, man glaubte in ihm den „Übermenschen" zu sehen, der ein „Ritterutopia" errichten werde, wenn er erneut erscheine, um das christliche Abendland glanzvollen Zeiten entgegenzuführen.

König Artus ist es gelungen, aus seinem verwunschenen Märchenland in die Gegenwart des 21. Jahrhunderts zurückzukehren. Aber was an der Erzählung von Artus, den Rittern von Camelot und der Suche nach dem Heiligen Gral ist Fabel und was ist wahrheitsgetreuer Bericht? Schriftliche Zeugnisse bestätigen, wie wir gesehen haben, die historische Persönlichkeit des britischen Königs im 5. Jahrhundert. Seiner Geburt aber schon haftet die Aura des Überirdischen an und scheint ihn, obwohl geschichtlich greifbar, sogleich wieder in einen magischen Realismus einer fiktionalisierten Heldendichtung zu entrücken.

Tintagel, sein Geburtsort, Camelot, die prächtige Königsburg, und Avalon, das ferne Feenland, umschließen sein irdisches Leben wie ein Zirkel aus Zauberhand. Der geheimnisumwitterte Magier Merlin verstärkt noch die mythische Anziehungskraft der Geschichte und natürlich der Heilige Gral, jenes unfassbare Wundergefäß romantischer Ritterträume.

Wenn aber Artus so real aus all dem mittelalterlichen Beiwerk hervortritt, er nicht nur Archetypus des Wunsches nach einem Goldenen Zeitalter ist, wäre dann nicht die Überlegung gerechtfertigt, dass auch die rätselhaften Erzählungen von Tintagel, Camelot und Avalon, Merlin und der Suche nach dem Gral, den etliche für den Stein der Weisen halten, mehr Wahrheit enthalten als fantasievoll Erdachtes?

Tintagel und Camelot

Tintagels wehrhafte Mauern und mächtige Türme blickten einst unerschrocken von den hohen Felsen von Cornwalls Küste weit über den anbrandenden Atlantik hinaus. Hier, so will es die Legende, lag der Geburtsort des jungen Prinzen Artus. Ist dies wirklich nur eine idealisierende Legende? Oder lassen sich konkrete Anhaltspunkte finden, dass Tintagel einst von realen Personen durchschritten wurde?

Vor 200 Jahren legten Archäologen an einer Landzunge in Nordcornwall, die den Beschreibungen Geoffreys von Monmouth aufs Haar gleicht, eine uralte Befestigung frei, die früher auf einer Felsempore die Halbinsel beherrscht hatte. Ein tiefer Graben lag vor der Verteidigungsanlage, ein schmaler Pfad führte zu ihr hin, in ihrer Nähe lag eine große Steinhalle und eine kleine Kapelle. Alles schien hervorragend zu den Artuserzählungen zu passen. Doch bald stellte sich heraus, dass die Festung sechshundert Jahre nach Artus' Zeiten erbaut wurde – um 1150 ungefähr. Doch Ausgrabungen ab 1930 brachten neue Ruinen ans Tageslicht, Steingebäude des 5. Jahrhunderts sowie mehrere Klostergebäude. Bis in die römische Zeit reichen die Funde zurück, darunter ein Kreuz, das offenbar von frühen Christen verehrt wurde. Zudem gehört der Baukomplex zu einem der größten des keltischen Britannien.

Allerdings haben wir hier keine endgültige Sicherheit. Manches spricht auch für Caerlaverock, die „Burg im weißen Felsen". Sie liegt am Nordufer des Solway Firth, am westlichen Ende des Hadrianwalls (südlich der Stadt Dumfries). Auch diese Festung stammt aus arthurischer Zeit und liegt eingebettet in einer Landschaft, die Ähnlichkeit mit einigen mittelalterlichen Beschreibungen aufweist. Wichtig ist aber: die Historiker, die sich mit König Artus befassen, sind fest davon überzeugt, dass sein Geburtsort tatsächlich zu finden ist.

Vorausgesetzt, Artus war eine historische Person, und an dieser Schlussfolgerung kann es keine begründeten Zweifel mehr geben, müssten sich auch all die anderen überlieferten Orte und Burgen der Artuserzählung „dingfest" machen lassen.

Mit philologischem Sachverstand hat bereits 1959 Prof. K. Jackson einige sagenhaft überlieferte Schlachten, Orte und Ereignisse historisch und damit auch örtlich identifiziert und ins 5. Jahrhundert datieren können. Norma Goodrich hat sich sehr nachhaltig mit den geografischen Angaben Goeffreys auseinandergesetzt, sie hat minutiös sowohl die historischen wie literarischen arthurischen Quellen in ihren jeweiligen Originalsprachen untersucht, hat prähistorische, archäologische und kunsthistorische Wissenschaften für ihre Analyse herangezogen und alte Landkarten mit modernen Luftaufnahmen verglichen. In ihrem

Werk „Die Ritter von Camelot" belegt sie, dass die Küstengegend von Nordwestengland und Westschottland eine entscheidende Rolle in den Artuserzählungen spielt. Die Befestigungsanlage von Dumbarton, der Wald der Kaledonier, Loch Lomond, das Grenzkastell Camboglanna sowie der Hadrianswall werden literarisch im Zusammenhang mit dem Britenkönig erwähnt. Alles weist somit auf die „Borders", die Grenzregion zwischen dem heutigen Schottland und dem heutigen England, in dem das Reich König Artus' zu suchen ist.

Allen Orten und Burgen voran interessiert uns natürlich sein prächtiger Königssitz Camelot: „Es gibt in Britannien, im Land der Pikten, einen Palast des Kriegers Artus", schreibt zu Beginn des 12. Jahrhunderts der Enzyklopädist Lambert de Saint-Omer aus Frankreich, „einen mannigfach wunderbar kunstvollen Bau, in dem plastische Darstellungen aller seiner großen Eroberungs- und Kriegstaten zu sehen sind." Und das walisische *Mabinogion* ergänzt, die Königspfalz sei mit vielen schönen Räumen ausgestattet.

Viele schriftliche Quellen, die Artus' Residenz schildern, beschreiben Camelot zu genau, als dass wir es nicht ohne gute Begründung als Fälschung abtun könnten. Eine solche Begründung gibt es aber faktisch nicht. Vielmehr existieren sehr interessante Hinweise auf eine solche königliche Stätte. Eine Wortanalyse, die auf das Altfranzösische und das darin aufgehende Keltische und Lateinische abzielt, führt zu folgender Entdeckung: Camelot müsste im Anlaut mit „Ch" (K) gesprochen werden, das „a" entsprach einem „ae" und das „e" in der Aussprache einem „a", sodass die Silbe „Ca" ursprünglich „Chae" lautete und „mel" ursprünglich „mall" hieß.

Das Wortkompositium hat sich somit aus „Caer", also „Burg", und „malleus", also „Hammer", bzw. „Mann mit dem Hammer", zusammengesetzt. „Die Burg des Mannes mit dem Hammer" aber ist nichts anderes als eine Bezeichnung für die Residenz König Artus'. König Artus trug schon in Schriften des 10. Jahrhunderts den Beinamen „malleus ferreus", also „Eisenhammer". Später wurde der Hammer das Symbol für den „dux" (Herzog). Artus wird in den ältesten Schriften mit „dux" betitelt. Camelot als Burgname ist somit keine Fantasiebezeichnung, sondern deutet direkt auf den Dux Riothamus hin.

O. G. S. Crawford zeigt unseres Erachtens sehr schlüssig, dass mit Camelot zwei benachbarte Herrschersitze des britischen Monarchen bezeichnet wurden, genau so, wie es schon der mittelalterliche „Perlesvaus" behauptete: Carlisle und King's Knot an der Westklippe von Stirling. Die landschaftlichen Beschreibungen von Flüssen, moorigen Landschaften, Straßen, Pässen und Hohlwegen passen exakt auf diese Gegend. In diesem „Korridor" nach Schottland standen prähistorische Festungen aus strategischen Gründen genauso wie militärische Anlagen von heute. Eben hier wurde zur Zeit Artus' eine der typischen Palisadenfestungen angelegt, heute King's Knot genannt. Dieser Schanzhügel muss, nach allem was wir heute wissen, Camelot gewesen sein. Genau zu dieser Erkenntnis war bereits William von Worcester (1415–1482) aufgrund alter Dokumente gelangt. Er schreibt: „König Artus führte den Vorsitz an der Tafelrunde in der Festung Stirling, auch bekannt unter dem Namen Westkastell Snowdon."

Dieses Snowdon wird übrigens in fünf unabhängig voneinander entstandenen Werken französischer Autoren, unter ihnen der berühmte Chrétien, als Hauptstadt oder Residenz Artus' bezeichnet. Hier also hat des Königs hoch geschätzte Tafelrunde gestanden, hier war der Treffpunkt der kühnsten Recken, der Helden ohne Tadel, der großen Fürsten jener Zeit.

Camelot und Tintagel sind demnach zwei geschichtlich verankerte Plätze, die seit 1500 Jahren zu Recht in aller Munde geblieben sind. Was aber ist mit dem geheimnisvollsten der drei wichtigen Schauplätze der Artusliteratur? Der mythischen Insel Avalon?

Avalon, das Paradies im Meer

Im 12. Jh. fragte der Gelehrte Alanus: „Wo ist ein Ort innerhalb der Grenzen des Christenreiches, zu dem die beflügelten Lobpreisungen des Briten Artus nicht gelangt sind? Geht und verkündet, dass Artus tot sei. Ihr werdet kaum unbeschädigt davonkommen, ohne von den Steinen eurer Zuhörer zerschmettert zu werden."

Die Insel „der Glückseligen", auf der Artus auf seine Rückkehr in die Welt der Menschen wartet, wird in der Tiefenpsychologie als der „Archetypus (Urbild) des erschlagenen Helden" gedeutet. In ihm konzentriere sich die Hoffnung, dass der König in einem Goldenen Zeitalter die Ideale verwirklichen könne, die er zu Lebzeiten nicht erreichte. – Können wir es uns wirklich angesichts der vielen Fakten, die uns zu Artus' königlichem Leben vorliegen, mit seinem Tode so einfach machen und jede weitere Suche nach Avalon abbrechen? Angesichts der vorliegenden Forschungsergebnisse sicherlich nicht.

N. Goodrich ist zwar der Ansicht, Avalon sei identisch mit der Gralsburg des Parzival. Diese habe sich auf einer Insel irgendwo im Meer um Britannien verborgen gehalten. Doch habe der Gralskönig in einer seiner ersten Amtshandlungen die Gebeine seiner Vorfahren an einen fernen Ort bringen lassen, um sie nicht den vordringenden Eroberern auszuliefern. Deshalb „wurde Artus' Leichnam, das scheint gewiss, nie gefunden und wird nie gefunden werden".

Aber mit solchen „Gewissheiten" operierte schon so manch anderer Artus-Forscher und musste sich dann eines Besseren belehren lassen. Goodrichs sonst sehr beachtenswerten und gewissenhaften Forschungen stehen hier doch eher auf schwachem Fundament, zumal ihr Vorschlag, mit Avalon könne ein König namens Avalach gemeint gewesen sein, zu dem man den sterbenden Artus brachte, wenig Widerhall fand.

Eine andere These, und sie dürfte wohl die bekannteste sein, besagt, die alte Abtei von Glastonbury im nördlichen Somerset sei Arturs' letzte Ruhestätte. Dafür spräche die einstige Lage der christlichen Kirche bei einem flachen See, von dem heute indes nichts mehr zu sehen ist. Auf alten Landkarten wird Glastonbury sogar mit Avalon identifiziert. Diese Ansicht ist auf eine Chronik des Caracos of Llancarfan von 1150 zurückzuführen. Ab 1190 glaubte dann das Volk bereits, Avalon und Glastonbury seien identisch, da Mönche des Klosters angeblich die Gebeine von Artus und Guinevere fanden. Gerald of Wales beispielsweise behauptet, er habe die sterblichen Überreste selbst gesehen. Eine goldene Haarlocke der Königin sei dabei zu Staub zerfallen, als man sie berührte.

Artus und seine Palatine haben sich in Camelot versammelt, als ihnen
der Gral erscheint. Mittelalterliche Darstellung.

Ralph von Coggeshall berichtet 30 Jahre später über die Ex-
humierung und ebenso der Mönch Adam von Domerham. Bei allen Abweichungen stimmen sie doch darin überein, man habe
zwischen zwei alten Pyramiden das Grab gefunden und ein Blei-
kreuz habe das Grab gekennzeichnet. Laut Ralph habe darauf die
lateinische Inschrift gestanden: „Hier liegt der berühmte König
Arthur, auf der Insel Avalon begraben."

Die Mönche setzten die Gebeine wieder in einem Doppelgrab
in der Abtei bei. 1298 ließ König Edward I. noch einmal die
Gruft öffnen. 1540 sah John Leland erneut das Kreuz, das bis ins
18. Jahrhundert existiert haben muss. Im Zuge der Reformation
wurden die Gräber jedoch zerstört, auf die man bei Grabungen
1931 erneut stieß.

Auch das ursprüngliche Grab, das man 1190 wieder aufgefüllt
hatte, konnte 1962 von Archäologen wiederentdeckt werden.
Das recht genaue Datum konnte durch Reste von Abfall bestimmt werden, den Bauleute hinterlassen hatten. Dennoch gibt
es Zweifel, ob nicht die Mönche selbst einen Betrug, wenngleich
einen heiligen, inszeniert haben, um auf diese Weise Pilgern milde Gaben für ihre Abtei zu entlocken, die im Jahre 1184 durch
ein Feuer in Mitleidenschaft gezogen wurde.

Einen dritten Vorschlag legt Geoffrey Ashe in seinem Buch „König Arthur. Die Entdeckung von Avalon" vor. „Die mystische Insel, auf die Arthur geht, ist ein paradiesischer ‚Ort der Äpfel' oder ‚Apfelgarten' genannt … Sie ist von der Schreibweise eines wirklichen Ortsnamens, Avallon, beeinflusst. Avallon ist ein gallischer Name mit der gleichen Bedeutung und das wirkliche Avallon liegt in Burgund – wo Arthurs gallische Laufbahn endet. Es scheint, als sei Arthur früher und anders verschieden, und zwar auf dem Kontinent und nicht in Britannien."

Damit freilich könnte Ashe richtig liegen. Riothamus/Artus führte eine britische Armee nach Gallien. Nachweislich drang er dabei bis in die Gegend von Burgund vor, wo er von einem Unterführer verraten wurde. „Er verschwindet nach einer vernichtenden Schlacht, ohne dass sein Tod verzeichnet wird. Die Richtung seines Rückzugs zeigt, wenn man sie auf einer Landkarte verlängert, dass er sich auf das reale Avallon zu bewegte." Es wäre wohl angebracht, im burgundischen Avallon konkrete Ausgrabungen vorzunehmen.

Gut möglich ist, dass sich in der späteren Legendenbildung mit dem Herrscher, der nicht mehr zurückkehrte, auf den aber sein Volk so sehnsüchtig wartete, Erinnerungen an das homerische Elysium, das auf den Azoren lag, verbunden sind.

Eines steht fest: Das Geheimnis, das König Artus und seine Tafelrunde umgibt, ist nicht nur in der Fantasie der Menschen lebendig geblieben. Der wohl berühmteste und lebendigste Mythos Englands basiert auf einer nachprüfbaren Wirklichkeit, die vor fünfzehn Jahrhunderten Menschen in einer Zeit der Not und der Bedrängnis einen neuen starken Glauben an eine bessere Zukunft gab.

Mit dieser Feststellung aber wird es erst richtig spannend. Denn, so müssen wir uns fragen, wenn König Artus gelebt hat, wenn seine Tafelrunde existierte, wenn auch seine Lebensumstände und seine Lebensorte weitgehend überprüfbar sind, was ist dann mit dem mysteriösen Magier Merlin? Verbirgt sich auch hinter ihm eine reale Person? Nun, sein Geheimnis mag sogar noch größer sein, als bislang angenommen. Nehmen wir also seine Spur auf und folgen wir ihr hinweg über vergangene Epochen.

II. Magier der tausend Masken

Merlin der Zauberer

Merlin, der einer urtümlichen Welt zu entstammen scheint, gilt als Artus' Erzieher, Mentor und Berater. Merlin, das ist der Meister des Okkulten und die graue Eminenz der Tafelrunde, der Regisseur eines Geschehens, das von ihm bis ins Detail vorgeplant wurde.

Gezeugt wurde Merlin durch den erzwungenen Beischlaf eines Dämons (Inkubus/Buhlteufel) mit einer Nonne. Des Teufels Absicht war es, den Antichristen in die Welt zu bringen, um so den Untergang der Menschheit und die Apokalypse vorzubereiten. Indes überwog der genetische Anteil der Mutter die höllischen Elemente und machten ihn zum weißen Magier. Diese ungeheuren weißmagischen Fähigkeiten setzte er ein, um die Unschuld seiner Mutter zu beweisen und um Gutes für die Menschen zu tun.

Der Überlieferung nach vermochte sich der Zauberer unsichtbar zu machen, die Zukunft zu prophezeien und das Verborgene der Gegenwart zu sehen. Letztlich ist Merlin unsterblich und besitzt einen Palast auf dem Grund des Meeres.

Ist Merlin also nur eine Sagengestalt aus einem Niemals- und Niemandsland? Keineswegs. Obgleich über Merlin weit weniger verifizierbare Daten vorliegen als über Riothamus/Artus, den römisch-keltischen Heerführer mit der britischen Hochkönigswürde, weist auch diese Gestalt einen geschichtlichen Gehalt auf. Darauf wies unter anderem der britische Historiker Nikolai Tolstoy in seinem Buch „Auf der Suche nach Merlin" hin. Er zeigt, „dass es einerseits keinen vernünftigen Grund gibt, den frühen mittelalterlichen Glauben zurückzuweisen, ein bedeutender Prophet namens Merlin habe im sechsten Jahrhundert n. Chr. in Nordbritannien gewirkt; und dass andererseits ein so großer Teil der ihm zugeschriebenen Bräuche und Anschauungen schamanistische Züge des keltischen Heidentums widerspiegelt, dass es folgerichtig und vernünftig sei, anzunehmen, die späteren Berichte beruhten auf authentischen historischen Überlieferungen".

Als einer der Ersten berichtete der Angelsachse Geoffrey von Monmouth zu Beginn des 12. Jahrhunderts über die Merlin-Gestalt in seiner „Historia Regum Britanniae", der „Prophetiae Merlini" und der „Vita Merlini". Lange Zeit nahmen die Literaturforscher an, er sei der Erfinder einer lediglich literarischen Figur, aber heute gehen sie eher davon aus, „dass es schon vor Geoffrey eine Merlin-Tradition gegeben haben muss, die der britische Bischof wahrscheinlich aus mündlichen Überlieferungen kannte", schreibt der Artus-Forscher Manfred Kluge. Geoffrey selbst behauptet, er habe diese Geschichte in Nordwales und im südlichen Schottland vorgefunden und sie dann erstmals in lateinischer Sprache niedergelegt.

In der Tat hat schon 1853 der Germanist Albert Schulz durch sein Quellenstudium alter Texte herausgefunden, dass dem Merlin-Motiv verschiedene walisische Überlieferungen zu Grunde liegen. Auch in der „Historia Brittonum" des nordwalisischen Geistlichen Nennius vom Anfang des 9. Jahrhunderts finden sich bereits Spuren der Merlin-Sage.

Auf dieser Basis argumentiert auch N. Tolstoy, wenn er die Historizität Merlins als wahr annimmt und in ihm einen Menschen erfasst, der durch prophetische Schauungen bei seinen Zeitgenossen Berühmtheit erlangte: „Der historische Merlin hat eine schattenhafte, aber in Umrissen erkennbare Rolle inmitten der Ereignisse im Nordbritannien des sechsten Jahrhunderts gespielt. Ihm kam eine entscheidende Rolle in den weltlichen Angelegenheiten zu und er hat über das Schicksal der britischen Monarchie gewacht, die der Oberhoheit Gottes auf Erden entsprach. Er war Dichter und Prophet."

In altertümlichem Walisisch werden beispielsweise im „Four Ancient Books of Wales" Verse wiedergegeben, die man Merlin zuschreibt. Die Gedichte heißen „Die Apfelbäume" (Yr Afallenau), „Grüße" (Yr Oianau) und das „Lied, das Myrddin im Grabe sang" (Gwasgarerrd Myrddin yn y Bedd).

Geschichtswissenschaftler halten es daher für durchaus wahrscheinlich, dass sich in Merlin der kymrische Barde *Myrddin Wyllt* (Merlin der Wilde) widerspiegelt, der von dem frühmittelalterlichen Dichter Taliessin in einem Bardenverzeichnis erwähnt wird und der erste getaufte Druide war.

Die walisischen Überlieferungen kommen immer wieder auf die Furcht Merlins/Myrddins vor einem gewissen König Rhydderch Hael zu sprechen und den Hass, den der Magier auf ihn hatte. Merlin/Myrddin sei vor ihm in die Wildnis geflüchtet, nachdem in der Schlacht bei Arderydd (dem heutigen Arthuret in der Nähe von Carlisle) sein König erschlagen wurde. In Geoffreys Abhandlungen „verschwindet" Merlin aus dem Leben Artus', als der König ins Erwachsenenalter kommt. In späteren französischen Epen kehrt er als Beschützer Artus' und seiner Paladine, die sich an der Tafelrunde versammeln, zurück.

Merlin der Geheimnisvolle

Merlin ist gewiss eine derjenigen Gestalten europäischer Sagenwelt, die am meisten von Geheimnissen umwittert ist. Er erinnert an andere Persönlichkeiten der Geschichte, die als Ratgeber und Freunde großer Herrscher auftraten und über ein Wissen und eine Macht verfügten, die nur schwerlich mit unserer Vorstellung damaliger Zeiten in Einklang gebracht werden können.

Schauen wir uns einmal einige Details des seltsamen Lebens des weisen Merlins an. Die Legende berichtet, er habe seinen Wohnsitz in „einem Palast auf dem Grund des Meeres" gehabt. In diesem Zusammenhang wird man an jenen Mythos erinnert, den die Sumerer vom Beginn ihrer Kultur überliefert haben: Sie leiteten ihr Wissen von einem mysteriösen Wesen namens Oannes ab, das einst mit einer riesigen glänzenden „Perle" von den Sternen herab im Ozean versunken und von dort aus an Land gekommen sei, um die Menschen zu belehren.

Und nun erneut ein Mann, der von einem „Palast" auf dem

Grund des Meeres kommt und in die Geschichte eingreift: Merlin. Er lässt den jungen Artus auf seine zukünftige Aufgabe vorbereiten, steht ihm als Berater hilfreich zur Seite und ist maßgeblich am Zustandekommen der berühmten „Tafelrunde" beteiligt. Der Tafelrundentisch, an dem alle, die an ihm Platz nehmen, aufgrund der Sitzordnung gleichrangig sind, zeigt selbst den König als Gleichen unter Gleichen. Hier wird eine sehr fortschrittliche, moderne Sicht eines Monarchen vorgestellt. Gleichwohl bilden die zur Tafelrunde Berufenen so etwas wie eine elitäre Gesellschaft, die von hohen humanen Zielen inspiriert wird. Glaubt man der mittelalterlichen Dichtung, dann lagen die Wurzeln der späteren ritterlichen Ideale bereits in dieser frühen Zeit: Mäßigung in der eigenen Lebensweise, Beständigkeit im Erreichen eines Zieles, Zuverlässigkeit, Milde (Freigebigkeit, Gastfreundschaft) und Schutz der Schwachen, innere Freude, mit der alle Widerwärtigkeiten des Alltags überwunden werden konnten, sodann „saelde", was wir heute mit dem überirdischen Erreichen der Seligkeit bezeichnen würden, und der Erwerb von Ehre.

Symbol und Mittelpunkt dieser Ideale stellte der runde Tisch dar, der von Merlin entworfen wurde und sich bereits im Besitz von Artus' Vater Uther Pendragon befand.

Die Kräfte, die Merlin besessen haben soll, ließen ihn in den Ruf kommen, ein „Sohn des Teufels" zu sein. Ihm wurde die Fähigkeit zugeschrieben, sich unsichtbar machen zu können oder sich aus dem Nichts heraus zu materialisieren. Ebenso wurde ihm nachgesagt, die verschiedensten Gestalten perfekt annehmen zu können.

Die Legende berichtet, er habe Stonehenge erbaut. Vermutlich spiegelt sich hier lediglich die in der Tradition fortwirkende Mythologisierung eines Mannes wider, dem man grundsätzlich alles zutraute.

Merlin, der einen ausgeprägten Hang zu Späßen hatte, die mitunter an den berühmten schwarzen englischen Humor heranreichen, versteht offensichtlich auch einiges von der Ingenieurwissenschaft. Mehrfach wird berichtet, er habe einen eigenen Sekretär gehabt, dem er sein Leben diktierte. Sein ganzes Verhalten kennzeichnet ihn als einen überragenden Intellektuellen.

Merlin trauten die Menschen des Mittelalters fast alles zu. Man meinte, er habe mit überirdischen Zauberkräften den Steinkreis von Stonehenge erbaut. Mittelalterliche Buchillustration.

Übrigens sollen sich viele seiner Vorhersagen bewahrheitet haben. Welche politische Brisanz seine Prophetien selbst noch im Zeitalter der Renaissance besaßen, zeigt, dass die „Merlini angli liber obscurarum praedictionum" vom Tridentinischen Konzil (1564) auf den Index der verbotenen Bücher der katholischen Kirche gesetzt wurden.

Nicht uninteressant für uns ist jene Waffe, die König Artus durch Merlin erhält: Escalibur, das „Wunderschwert". Dazu gehörte eine Schwertscheide, die nicht minder mysteriös ist. Sehen wir uns noch einmal die entsprechende Stelle der Sage an:

„Die Scheide dort ist von besonderer Art. Wenn du das Schwert darin birgst, gewinnt die Klinge die Leuchtkraft von hundert Fackeln, und der helle, gleißende Strahl, der davon ausgeht, vermag das Auge des Feindes völlig zu blenden. Nichts anderes brauchst du zu tun, als von Zeit zu Zeit Stahl und Hülle zu vereinen, damit die im Kampf sich erschöpfenden Wunderkräfte Excaliburs von neuem erstarken."

Dies liest sich wie die Charakterisierung einer „Energiewaffe", die in der „Scheide" nachgeladen werden musste – ein völlig verständlicher, logischer und vor allem technisch interpretierbarer Vorgang, der mit „Zauberei" nur wenig gemein hat. – Wenn es damals schon Energietechnik gegeben hätte. Aber vielleicht …

Und was wissen wir über Merlins Tod? Es existiert eine Überlieferung, wonach er in einer Höhle verschüttet worden sein soll. Aber sein Grab kennt niemand und es ist auch recht unwahrscheinlich, dass – vorausgesetzt, dieses Unglück habe ihn tatsächlich ereilt – ausgerechnet er keinen Weg mehr gefunden haben sollte, sich zu retten. So bleibt er weiterhin ein Mann der Rätsel, der in der Vergangenheit auftaucht und wieder verschwindet, von zahllosen Geheimnissen umgeben. In den Legenden Englands lebt er fort bis auf den heutigen Tag – und vielleicht ist dem tatsächlich so. Merlin, ein Unsterblicher, der tausend Gestalten annehmen kann.

Der zweite Merlin – der Graf von St-Germain

Seltsamerweise steht die mysteriöse Person des Merlin nicht allein in der Geschichte der Menschheit. Er scheint einem anderen Mann zu gleichen, der Jahrhunderte später die Gemüter seiner Zeitgenossen bewegen sollte. Es ist der ebenso umstrittene wie geheimnisvolle Graf von St-Germain.

Wir kennen seinen wahren Namen nicht und auch das Urteil seiner Zeitgenossen fiel recht unterschiedlich aus. – Die wenigen wirklichen Freunde des Grafen jedoch bezeichnen ihn als aufrichtig, von seelischer Güte und nahezu allwissend, so der österreichische Gesandte in Brüssel, Graf Cobenzel. Oft hatte man ihn auch im Verdacht, ein Spion des einen oder anderen Landes zu sein, doch geht aus einem Brief von Lord Holdernesse an einen britischen Diplomaten in Preußen hervor, dass „Seine Überprüfung nichts Wesentliches" erbracht hätte.

Das Können Saint-Germains bezog sich vor allem auf alchemistisches Gebiet. Obwohl man ihn nirgends einer Erwerbstätigkeit nachkommen sah, hatte er immer reichlich Geld, Schmuck

Der Graf von Saint-Germain.
Kupferstich von N. Thomas, 1783.

und standesgemäße Kleidung. Baron Henry de Gleichen, dänischer Diplomat in Frankreich, schreibt über ihn:

„Er zeigte mir Wunderdinge – eine große Anzahl von Edelsteinen und farbigen Brillanten von ungewöhnlicher Größe. Ich glaubte die Schätze der Wunderlampe zu erblicken."

Auch der „London Chronicle" vom Mai 1760 äußert sich dazu wie folgt: „Alles, was wir voller Recht sagen können, ist, dass dieser Herr als ein unbekannter, harmloser Fremder zu betrachten ist, der die Mittel für große Ausgaben besitzt, deren Quellen uns unklar sind. Aus Deutschland brachte er den Ruf eines großen, souveränen Alchemisten mit nach Frankreich, der im Besitz des Geheimpulvers und damit der Universalmedizin war. Es wurden auch Gerüchte laut, der Fremde könne Gold machen. Die Kosten, die ihm durch seinen Lebenswandel entstanden, scheinen diese Auffassung zu bestätigen." Besaß dieser Mann, der sich als Graf von Saint-Germain bezeichnete, vielleicht den berühmten Stein der Weisen, den manche für den Gral der Artus-Legende halten?

Wir denken, dass es gute Gründe dafür gibt, diese beiden Artefakte nicht miteinander zu vermengen. Wir werden in den nächsten Kapiteln darauf zurückkommen. Aber es wäre möglich, dass dieser Mann ein Geheimnis besaß, welches allgemein mit dem Begriff des „Steins der Weisen" charakterisiert wird. Vieles deutet darauf hin, dass er tatsächlich unsterblich sein könnte, dass er tatsächlich bestimmte Materie in Gold verwandeln konnte.

Die Gräfin de Genlis vermerkt beispielsweise: „Er wusste gut in Physik Bescheid und war ein sehr großer Chemiker. Mein Vater, der alle Voraussetzungen dazu mitbrachte, ihn zu beurteilen, hat seine Fähigkeiten in dieser Hinsicht sehr bewundert."

Über seine Rolle in politischer Hinsicht ist schwer zu urteilen. Sein Einfluss am Hofe Ludwigs XV. darf jedoch nicht unterschätzt werden. Manchmal führte er zusammen mit dem König tagelang Experimente auf dem ihm zur Verfügung gestellten Schloss Chambord durch, bei denen neue Farbstoffe entdeckt wurden. Auch zu Friedrich dem Großen hatte er guten Kontakt. Im russischen Zarenreich, so berichtet uns das Historikerpaar Orlow, hat er offenbar eine entscheidende Rolle bei der sogenannten Palastrevolution gespielt, die Katharina der Großen zur Macht verhalf.

Sicher ist auch, dass er sich trotz seiner Kontakte zu Ludwig XV. der Revolution verschrieben hatte, obwohl er Gewalt verabscheute und eine dermaßen radikale und plötzliche Wende, wie sie sich später tatsächlich abspielte, ebenfalls. Die gleichen Ziele strebte übrigens sein Zeitgenosse, der Alchemist Cagliostro, an. Cagliostro, der sich als Schüler Saint-Germains bezeichnete, wurde von Saint-Germain selbst wegen dessen oft betrügerischen Aktivitäten angegriffen.

Die Bildung des Grafen muss ans Übernatürliche gegrenzt haben. Er beherrschte nicht nur die Kunst des Malens, war nicht nur Meister auf dem Cembalo und der Geige, er schrieb auch Konzerte, war ein geschätzter Kunstkenner und wusste zudem in wirtschaftlichen und sozialpolitischen Dingen gut Bescheid. Er sprach fließend zahlreiche Sprachen, darunter Französisch, Deutsch, Englisch, Italienisch, Lateinisch, Russisch, Spanisch, Portugiesisch, Griechisch, Arabisch, Chinesisch und das altindische Sanskrit. Saint-Germain war ein stetig Reisender und seine Wege führten ihn durch ganz Europa, aber auch nach Ägypten und Indien.

Über seine Herkunft ist wenig bekannt. Einige behaupten, er

sei der Sohn einer ungarischen Fürstenfamilie gewesen, andere, er stamme aus Portugal. Über seinen Tod weiß man nichts Genaues. 1784 und 1795 werden als mögliche Todesjahre angegeben. Wahrscheinlich stimmt jedoch weder das Land seiner Herkunft noch das Jahr seines Todes mit der Wirklichkeit überein.

Denn nicht die Tatsache, dass er sich in Alchemie auskannte, nicht, dass er ein geradezu unglaubliches Wissen besaß und nicht, dass er für die damalige Zeit gewaltige Reisen unternahm, machen ihn zum rätselhaftesten Mann der letzten vier Jahrhunderte. Noch fantastischer ist das Alter des Grafen von Saint-Germain.

Im Jahr 1760 trifft die Gräfin de Gergy den seltsamen Mann in Versailles. Zu ihrer Überraschung erkennt sie in ihm den Mann, den sie bereits fünfzig Jahre zuvor, 1710, in Venedig getroffen hatte. Sie kann sich dies nicht erklären und fragt Saint-Germain, ob sie damals vielleicht dessen Vater kennengelernt habe. „Nein, Madame", entgegnet der Graf darauf, „ich selbst lebte Ende des letzten Jahrhunderts in Venedig und hatte die Ehre, Ihnen dort zu Beginn des jetzigen vorgestellt zu werden."

Verständlicherweise ist die Gräfin ungläubig und betont, der Mann, den sie damals getroffen habe, sei etwa fünfzig Jahre alt gewesen, und Saint-Germain sei dies noch keineswegs. Aber dieser lächelt nur und bemerkt: „Ich bin in der Tat sehr alt."

Die Gräfin ist erschrocken, denn unter diesen Umständen müsste ihr Gegenüber fast einhundert Jahre alt sein, doch den Eindruck eines Greises macht dieser keineswegs. Und erst als er sie daran erinnert, wie gut ihr damals einige seiner Lieder und Kompositionen gefallen hätten, bleibt Madame de Gergy nichts anderes übrig, als den Worten des Grafen Glauben zu schenken.

Diese Episode wurde von mehreren Zeugen bestätigt. De Fosse nahm sie in seine Zeitchronik auf. Doch war alles nur ein abgekartetes Spiel? Hatte der jugendlich wirkende Saint-Germain eine ältere Dame der Gesellschaft betört oder bestochen?

So einfach ist es sicherlich nicht. Denn auch andere Quellen berichten über derartige Merkwürdigkeiten, wonach Saint-Germain um das Jahr 1700 den Eindruck eines fünfzigjährigen, gut aussehenden Mannes machte. Wir sind somit in der Lage, von diesem Zeitpunkt an das abenteuerliche und geheimnisvolle Leben des Grafen zu verfolgen, und zwar, so fantastisch das klingen mag, bis zum Jahr 1896!

Hier einige Stationen seines Lebens:

- 1737 ist er am Hof des Schahs von Persien.
- 1745 wird er in London unter dem Verdacht, der verbotenen politischen Gemeinschaft der Jakobiner anzugehören, verhaftet, später jedoch wieder freigelassen. Noch im selben Jahr fährt er nach Wien, wo er sich bis 1748 aufhält.
- 1749 ist er in Paris und trifft erstmals mit Ludwig XV. zusammen.
- 1756 reist er nach Indien.
- 1760 berichtet der „London-Chronicle" über ihn: „Jetzt zweifelt niemand mehr an dem, was man anfänglich als Hirngespinst abgetan hatte, man sagte ihm nach, dass er zusammen mit dem anderen großen Geheimnis ein Heilmittel für alle Krankheiten besitze und sogar für die Gebrechen, durch die die Zeit über das menschliche Gewebe triumphiert."
- 1770 nimmt er an der Palastrevolte in Petersburg teil.
- Das Jahr 1776 verbringt er bei seinem Freund Prinz Karl von Hessen-Kassel.
- Vier Jahre später, 1780, publiziert man in London sein Werk für Violine.
- 1784 ist er wieder in Deutschland und soll im Schloss seines Freundes, des Grafen von Hessen-Kassel, gestorben und auf einem Friedhof bei Eckernförde an der Weser beigesetzt worden sein.
- Doch 1789, nur ein Jahr nach seinem angeblichen Tod, taucht Saint-Germain wieder in Paris auf und nimmt am großen Freimaurer-Kongress als Gast teil, wie in Band II, S. 9, der Freimaurer-Bruderschaft von Frankreich nachzulesen ist.
- 1793 besucht der Graf Königin Marie Antoinette persönlich im Gefängnis.
- 1842 wird Saint-Germain im Zusammenhang mit dem Engländer Lord Lytton erwähnt, und
- 1869 wohnt er dem Treffen der Großen Loge von Mailand bei.
- Das letzte Mal gibt sich Saint-Germain 1896 zu erkennen, ge-

genüber der Theosophin Dr. Annie Besant, die ihn als ungefähr Fünfzigjährigen beschreibt.

Wir können also, wenn wir die Geburt Saint-Germains etwa auf das Jahr 1650 festlegen, davon ausgehen, dass er im Jahre 1896 das fantastische Alter von 250 Jahren erreichte!

Er selbst behauptete, mehrere tausend Jahre alt zu sein. War es nur Aufschneiderei, wenn er Einzelheiten aus dem Leben der Königin von Saba, Heinrich VIII. oder Dantes und Zusammenkünften mit ihnen zu berichten wusste?

Der große französische Philosoph und Aufklärer Voltaire sagte von ihm: „Er ist ein Mann, der alles weiß und niemals stirbt." Sollte Saint-Germain selbst den kritischen Voltaire, der alles andere als leichtgläubig war, hinters Licht geführt haben?

Fantastischer Realismus

Fast ebenso rätselhaft wie sein Alter erscheinen uns zwei Aussprüche Saint-Germains, festgehalten in einem Manuskript über die Trinosophie, das noch heute in der Bibliothek von Troyes aufbewahrt wird:

„Wir jagten mit einer Geschwindigkeit durch den Raum, die durch nichts als sich selbst ihre Deutung findet. Im Bruchteil eines Augenblicks hatte ich die Sicht auf die unten liegenden Ebenen verloren. Die Erde erschien mir nur noch als eine verschwommene Wolke. Man hatte mich emporgehoben und in unendlichen Höhen zog ich für geraume Zeit durch das Weltall. Himmelskörper drehten sich und Erdkugeln versanken unter mir."

Hat dieser geheimnisvolle Alchemist einen Flug in den Weltraum unternommen? Wer vor allem ist „man"? Wer hatte ihn „emporgehoben"?

In anderen Büchern haben wir dargelegt, wie heute die Theorie eingeschätzt werden kann, außerirdische Wesen könnten schon seit langer Zeit in die Entwicklung der Menschheit eingegriffen haben. Wer unvoreingenommen diese Thematik betrachtet, wird zu dem Schluss kommen müssen, dass derzeit kein logischer Grund existiert, der gegen eine solche Annahme spräche.

Unsere Wissenschaftler gehen mehrheitlich davon aus, Lebensentstehung sei nicht nur an die Erde gebunden. Seit wenigen Jahren wissen wir nun auch definitiv über die Existenz von Planeten außerhalb unseres eigenen Sonnensystems. Selbst große Distanzen im All lassen sich bereits heute mit Raumschiffen überwinden, wenngleich unsere irdischen Sonden sehr lange Zeit dafür benötigen, um einen anderen Stern zu erreichen. Aber auch dies ist kein Argument gegen die Annahme, andere Intelligenzen könnten eine Technik entwickelt haben, die unserer weit überlegen ist. Und außerdem liegt keine Notwendigkeit für einen schnellen Raumflug vor. Auch langsame Flugkörper, z. B. Generationsraumschiffe, die über Jahrtausende durch den Raum driften, bis sie eine Welt des Lebens erreichen, sind denkbar, ja bereits seit Ende der 70er-Jahre technisch geplant.

Ein weiteres Argument greift ebenfalls nicht mehr. Bislang wurde angenommen, überlichtschnelle Geschwindigkeiten seien nicht zu erreichen. Wissenschaftliche Experimente der letzten Jahre zeigen jedoch sehr konkrete Möglichkeiten, diese als absolut postulierte Barriere zu durchbrechen. Einsteins Relativitätstheorie, die ihre Gültigkeit ja nur für Licht oder elektromagnetische Wellen postuliert, würde dabei noch nicht einmal in Frage gestellt. An der Universität Köln hat Prof. Günter Nimtz mit Mikrowellen, die er in einen Hohlleiter mit einer Engstelle sandte, 4,7-fache Lichtgeschwindigkeit messen können. Er verwendete hierfür übrigens eine Symphonie von Mozart. Dr. Dirk Kreimer von der Universität Mainz hat zwischenzeitlich auch einen theoretischen Lösungsansatz für dieses Experiment liefern können.

An der Technischen Universität Wien hat als nächster Prof. Ferenc Krausz Experimente mit ultrakurzen Laserimpulsen in einem Tunnel vorgenommen, die seine abgesandten Impulse in Null-Zeit zum anderen Ende der Röhre beförderten. In den USA wurden hingegen Versuche mit Photonen durchgeführt, bei denen Prof. Raymond Y. Chiao in Berkeley zweifache Lichtgeschwindigkeit erzielte. Kurz: Eine Visite außerirdischer Wesen in der Vergangenheit oder der Gegenwart mit sehr schnellen Reisemöglichkeiten wäre durchaus im Bereich des Denkbaren.

Als Götter mögen sie von den frühen Völkern wahrgenommen worden sein und immer wieder scheinen sie sich einzelne Personen ausgewählt zu haben, die in ihrem Auftrag eine Mission ausführen sollten: Ob die Propheten Moses oder Ezechiel, Henoch oder der visionäre sumerische Heldenkönig Gilgamesch, sie sollten ein irgendwie geartetes Programm erfüllen, etwas, das zweifellos dazu angetan war, dem Fortschritt der Menschheit zu dienen.

Ein Programm erfüllen – wozu? Die Lösung muss vorerst Hypothese bleiben. Jemand oder etwas operierte hinter einer göttlichen „Maske". Anfänglich erfolgten solche Manipulationen noch relativ offen. Götter fuhren in Rauch und Feuer hernieder und in beeindruckenden Erscheinungen wurden direkte Anweisungen erteilt. In späteren Zeiten, in denen das Kritikbewusstsein auch gegenüber den „himmlischen Befehlsgebern" gewachsen ist, dürfte dies nicht mehr so einfach gewesen sein. Nun musste verstärkt im Geheimen gearbeitet und getarnt operiert werden.

Zu diesem Zweck bieten sich „Mittelsmänner" an, Menschen, die – möglicherweise ohne es selbst zu wissen – im Auftrag dieser Befehlsgeber handeln und ihr Programm durchzusetzen versuchen. Es ist nicht leicht, solche hypothetischen Mittelsmänner ausfindig zu machen. In fernerer Vergangenheit mag dies verhältnismäßig einfach gewesen sein, weil die außerirdischen Operateure noch offen auftraten, in der Maske der „Götter", die ihnen Sicherheit, Respekt und Unantastbarkeit garantierte. In den Jahrhunderten danach wird die Suche nach diesen „kosmischen Eingeweihten" hingegen schwieriger.

Könnte Merlin, könnte der Graf von Saint-Germain zu diesem Personenkreis gehört haben?

Ein Zeitgenosse Saint-Germains, Franz Graffer aus Wien, zitiert den mysteriösen Grafen mit folgender Äußerung. Nicht selten nämlich verblüffte er die Zuhörer mit Berichten über Dinge, die zu ihren Lebzeiten noch gar nicht erfunden waren. Im Beisein von Graffer sagte er:

„Ich werde in Konstantinopel sehr gebraucht, dann in England, um dort zwei Erfindungen vorzubereiten, die man im nächsten Jahrhundert haben wird: Eisenbahnen und Dampfschiffe."

Wer war dieser Graf von Saint-Germain? Unwillkürlich stellt

sich die Frage, ob er vielleicht sogar identisch mit Merlin sei und die Frage, ob er auch heute noch unter uns weilt. – Wenn ja, unter welcher Identität?

Schon im 18. und 19. Jahrhundert wurde davon gesprochen, er tauche unter anderen Namen an verschiedenen Orten im Laufe der Geschichte immer wieder auf. Er selbst nannte sich „Abenteurer im Reich der Zeit" und mehrere Quellen sprechen in seinem Zusammenhang von einem „Elixier des ewigen Lebens". Wer war also dieser Mann? Ein Angeber? Dann ließen sich kaum über 250 Jahre seine Spuren so konkret verfolgen. Ein Zeitreisender vielleicht? Einer, der mit außerirdischen Besuchern im Kontakt stand, wie seinen Raumflugschilderungen entnommen werden könnte?

Der dritte Merlin – Michael Scotus

Schauen wir, welche Gestalten noch in der Geschichte durch ungewöhnliche Lebensläufe auffallen. Der Stauferkaiser Friedrich II. dürfte jedem ein Begriff sein. Er wird am 26. Dezember 1194 in der Nähe des italienischen Ancona als Sohn Kaiser Heinrichs VI. geboren. Im Alter von zwei Jahren wird er bereits von den deutschen Fürsten zum König gewählt, mit dreieinhalb zum König von Sizilien. Mit 14 Jahren wird Friedrich gegen den herrschenden Kaiser, Otto IV., zum neuen Kaiser des *Heiligen Römischen Reiches deutscher Nation* ausgerufen. Diesen Anspruch wird er in den folgenden Jahren geschickt durchzusetzen wissen. Der englische Mönch Matthäus von Paris wird wenig später über ihn in seiner *Chronic* schreiben: „Von des Erdenrundes Fürsten der Größte, das Staunen der Welt und ihr wunderbarer Verwandler."

Papst Innozenz III. und Papst Honorius III. waren ihm wohlgesonnen. Doch die darauf folgenden Bischöfe Roms weniger – was auf Gegenseitigkeit beruhte. Sie verhängten den Kirchenbann, weil er sich geweigert hatte, einen Kreuzzug ins Heilige Land anzuführen. Und obwohl er 1229 durch Verhandlungen mit Sultan Elkamil von Ägypten Jerusalem zum letzten Mal für die Christen-

Kaiser Friedrich II. Mittelalterliche Plastik.

heit zurückgewinnen konnte, blieb er ein von Rom Geächteter; er wurde als Ketzer verschrieen und als Antichrist betitelt.

Friedrich freilich scheinen all diese Querelen wenig bedeutet zu haben. Bereits von frühester Kindheit an beschäftigte er sich mit den Wissenschaften seiner Zeit. Er beherrschte zahlreiche Sprachen, darunter Italienisch, Deutsch, Französisch, Arabisch, Latein und Griechisch. Sein in Sizilien errichtetes Reich gilt noch heute als erster moderner politischer Staat des Abendlandes. Er las den jüdischen Talmud ebenso wie islamische Texte, ließ deren Klassiker ins Italienische übersetzen, rief Gelehrte aus aller Welt an seinen Hof und unterstützte eine neue Mathematik, die auf der Einführung der Null beruhte, die man bis dahin in Europa nicht verwendete. Er betrieb zoologische Untersuchungen und Züchtungen, ließ einen Tiergarten anlegen, ein Unterwasseraquarium, schrieb eine wissenschaftliche Abhandlung über die Jagdfalken. Mit besonderem Interesse wandte er sich der Mathematik, der Chemie und der Metallurgie zu.

Friedrichs Leben und Wissen ist sicherlich als weit über dem Durchschnitt selbst gebildeter Kreise anzusiedeln. Ungewöhnlich, aber nicht mysteriös.

Doch da taucht eine zweite Gestalt aus dem Nebel der Vergangenheit auf. So wie König Artus von Merlin beraten und angeleitet wurde, so scheint auch Friedrich II. einen bedeutenden Lehrer gehabt zu haben: den Magier Michael Scotus (auch: Michel Scot). Eminente Gelehrte vieler Disziplinen umgaben Friedrich, aber an ihrer Spitze stand zwischen 1225 und 1235 unangezweifelt der Mönch Michael Scotus.

Niemand wusste, woher dieser Mann eigentlich kam. Schottland, Irland, Italien und Frankreich stehen als Herkunftsländer zur Diskussion. Seine Spur verliert sich in den Übersetzerschulen von Toledo. Als Mönch hatte er eine Position inne, die es ihm als Einzelgänger ermöglichte, sich dem nahezu allmächtigen Zugriff der Kirche geschickt zu entziehen. Schon bald bezeichnete man ihn als „seelischen Zwillingsbruder" Friedrichs II. Er reiste mit ihm durch die deutschen Lande und hielt sich später zusammen mit ihm an den italienischen Höfen auf.

Michael Scotus ist noch rätselhafter als der Kaiser. Der Überlieferung zufolge soll er die Möglichkeit besessen haben, von Salamanca in Spanien aus allein durch die Kraft seiner „Magie" zu einem vorherbestimmten Zeitpunkt die Glocken von Notre Dame in Paris ertönen zu lassen. Ein anderer Vorgang wird wie folgt berichtet: Spontan lud er alle „seine Freunde zu einem Festessen ein. Er versammelte sie vor einem völlig leeren Tisch". Plötzlich jedoch seien Speisen und Getränke auf den Tellern erschienen und Michael Scotus habe gesagt: „Dies hier kommt von der Tafel des Königs von England, das von der Tafel des Königs von Frankreich!" Haben wir es auch hier mit einem Aufschneider zu tun, einem Lügner im Mönchsgewand?

Fest steht, er hatte einen extrem hohen Bildungsstand und ohnehin ein Ansehen besessen, das ohngleichen war. Zauberkunststücke hätte er nicht nötig gehabt und diese hätten ihm bei einer Entlarvung nur geschadet.

Und fest steht auch, dass seine Übertragungen arabo-griechischer Literatur ins Lateinische das abendländische Denken in umstürzender Weise beeinflusste. Europa veränderte sich nachhaltig durch arabisch-aristotelische Philosophie.

Vermutlich war es dieser Michael Scotus, der den Herrscher für die Welt des Okkulten begeisterte. Okkult wurde damals alles genannt, was sich außerhalb des „Normalen" bewegte.

Friedrich II. soll der Legende nach in „Merlins Zaubergarten" auf Sizilien geboren sein. Nur ein Zufall? Der Stauferkaiser zeigte ein übergroßes Interesse an den Sagen um König Artus und den Magier Merlin. Wähnte er sich in einer vergleichbaren Situation? Sein größtes, leider nie erreichtes Ziel war die Einigung Europas.

Seine Liebe zum Geheimnisvollen, zum Mystischen, kommt auch in der Erbauung seines Schlosses Castel del Monte in Süditalien zum Ausdruck, einer achteckigen Burg, der eine geheime Zahlensymbolik zu Grunde liegt. Der italienische Geograf Prof. Vlora, der Kunsthistoriker Dr. Mongelli und die Astronomin Dr. Resta glauben nun, in der um 1250 n. Chr. entstandenen Festungskonstruktion versteckte Hinweise auf die Kathedrale von Chartres, auf Jerusalem und auf die Cheops-Pyramide gefunden zu haben. Die geometrisch-exakte Bauweise hat schon seit Jahrhunderten Anlaß zu verschiedenen mathematischen Spekulationen gegeben. Friedrich II. soll, so glauben die italienischen Forscher, die Burg als einen gigantischen Sonnenkalender errichtet haben, und zwar auf einer Diagonalen, die haargenau Chartres in Frankreich mit Jerusalem verbindet. Der *Spiegel* schreibt dazu: „Sie erklären nicht, wie mittelalterliche Baumeister das landvermesserische Kunststück vollbracht haben sollten, diese Luftlinie zwischen Frankreich, Italien und dem Heiligen Land zu ziehen."

Doch nicht nur dies ist ein Rätsel, das umso größer erscheint, stellt man es in Relation zu den damals gebräuchlichen Landkarten. Landkarten, die weder maßstabsgerecht noch annähernd die Wirklichkeit widerspiegelten. Noch bedeutender ist offensichtlich, dass Friedrich in seinem Bauwerk auch konkrete Hinweise auf unentdeckte Kammern in der Cheopspyramide der Nachwelt übermittelte, Daten, die in der mathematischen Konzeption der Festung enthalten sind.

War der letzte der großen Stauferkaiser dazu ausersehen, ein modernes Europa zu schaffen – sowohl in politischer als auch in wissenschaftlich-technologischer Hinsicht? War dies die eigentliche Aufgabe des Mönchs Michael Scotus? Scheiterten aber die „Mächte im Hintergrund" erneut, weil Missgunst und unversöhnlicher Hass der Gegner sich auch mit hochgezüchteten Computern nicht vorausberechnen lassen?

Vielleicht nicht vollständig. Der Historiker Prof. Bosl schreibt:

„Am Hofe des Staufers waren neben die Bibel die Klassiker, neben den Glauben die Vernunft, neben Gott die Natur, neben Vorsehung das unabänderliche Notwendige getreten; hier verwandelten sich Gläubigkeit und strenge Kirchlichkeit zu Humanismus und Philosophie der Renaissance. Trotzdem war Friedrich II. nur ein Vorläufer, der weit vorauseilte. Scheinbar gescheitert, war er doch Künder eines neuen Lebens- und Herrschaftsstils voll tiefer Anregung für die Zukunft."

Friedrich II. starb am 13. Dezember 1250 in Apulien. Das Datum des Todes seines Freundes und Beraters Michael Scotus ist dagegen nicht bekannt. Es heißt, er sei 1291, also mehr als vierzig Jahre später, ums Leben gekommen, während er in der englischen Abteikirche von Holme Cultram betete. Interessant ist, dass der Gelehrte die Umstände seines angeblichen Todes vorhergesagt hatte – wie übrigens auch die des Kaisers. Seine Leiche – verwundert es uns noch – wurde nie gefunden. Und die Berichte über sein Ende hier auf Erden hören sich nicht minder seltsam an:

„Es war während einer feierlichen und furchtbaren Nacht, als das Grab sich über ihm auftat. Eigenartige Klänge ertönten und alle Kirchenbanner flatterten, ohne dass der geringste Windhauch zu spüren war. Sein allmächtiges Buch bleibt im Schoß der Erde, damit kein Sterblicher es je lesen kann."

War der Magier Michael Scotus identisch mit dem Magier Merlin und identisch mit dem Magier Saint-Germain? Alle drei verbindet ihr Einfluss auf bedeutende Herrscher ihrer Zeit, alle drei verbinden seltsamste Lebensumstände, alle drei verbindet ihr nicht nachprüfbarer Tod.

Der vierte Merlin – Nathan

Es ist schon erstaunlich, auch in der Bibel gibt es eine Person, die diesen dreien ähnelt. Wie Friedrich II. und Artus, so hatte auch der weise König Salomo einen rätselhaften Berater: Nathan.

Nathan ist der erste namentlich bekannte Prophet des Alten Testaments, der Gottes Urteile überbringt. Er sorgt dafür, dass König David, also Salomos Vater, nicht den vorgesehenen Tempelbau durchführen lässt, sondern ein spezielles Haus entwerfen lässt, in dem später die Bundeslade aufbewahrt werden soll. Nathan ist der Erzieher Salomos – und wie Merlin um Artus' Königschaft besorgt ist, so versteht es auch Nathan, seinen Zögling zum König salben zu lassen, obwohl drei seiner Brüder mehr Anrechte auf den Thron gehabt hätten.

Nathan verfasste ein Geschichtswerk über die Regierungen Davids und Salomos, wie uns die Bibel berichtet. Demnach hätte er nicht nur die Herrschaftszeit Davids, sondern auch die Salomos überlebt. Sein Alter dürfte daher in der Tat ein biblisches gewesen sein.

Sein Günstling Salomo war nicht nur ein Friedensherrscher, er gliederte auch die Verwaltung des Landes neu, förderte die Wissenschaften und die Künste und führte ein bäuerlich geprägtes Land hinein in ein hochzivilisiertes Staatswesen. Der innovative Fortschritt boomte; Archäologen stießen bei Ausgrabungen auf hochmoderne Schmelzöfen, wie sie erst seit dem 19. Jahrhundert wieder eingesetzt werden (Bessemer-System).

Auch muss Salomo ein Luftschiff zur Verfügung gestanden haben. Verschiedene Sagen sowie das äthiopische Geschichtsepos „Kebra Negest" beschreiben dieses Fluggerät, das Salomo auch der Königin Makeda von Äthiopien schenkte. Dieses hatte er „gemäß der ihm von Gott verliehenen Weisheit angefertigt". Die Flugeigenschaften werden in den Texten genauso verdeutlicht wie die Beladung einer Plattform, „die sich beim Startvorgang um eine Mannesspanne erhebt".

Der deutsche Forscher Dr. Algund Eenboom und der Luftwaffenoffizier Peter Belting haben sich mit diesem Fluggerät intensiv befasst und schreiben: „Wir finden im Text auch den Hinweis, dass bei diesem Gefährt das lästige Hin- und Herschwanken – wie auf den damaligen Straßen üblich – entfällt. In der Tat ein präziser Bericht mit äußerst aufschlussreichen Vergleichen, die ausnahmslos für ein Luftschiff zutreffend sind."

Sodann macht der Schriftsteller Hans-Werner Sachmann darauf aufmerksam, dass in der Bibel das Prinzip einer Rolltreppe dargestellt wird: „Wenn Salomo seinen Thron besteigen wollte, den Fuß auf die erste Stufe setzte und ihn der ‚goldene Stier‘ auf die zweite Stufe, und von der zweiten zur dritten, von der dritten zur vierten" usw. beförderte. Überhaupt scheint dieser Thron des Salomos eine riesige technische Apparatur gewesen zu sein:

„Es war aber in dem Werk noch ein goldener Drache enthalten in Gestalt eines kreisenden Rades. Hatte Salomo auf dem Thron Platz genommen, so kam der mächtigste Adler, die Königskrone tragend, und setzte sie ihm aufs Haupt. Hernach begann der Drache sich zu drehen mit den Rädern, die künstlich gefertigt waren, und auch die Löwen und Adler drehten sich mit dem Räderwerk."

Diese „Tiere" konnten sogar schreien, nachdem die „magischen Räder" sich erneut in Bewegung setzten. Darüber hinaus besaß sein Tempel vermutlich moderne Blitzableiter, was den Umgang mit Hochspannungen nahelegt.

Nathan scheint bei all dem aus dem Hintergrund als die „graue Eminenz" die Fäden gesponnen zu haben.

Der fünfte Merlin – Imhotep

Eine andere Gestalt, die wie Michael Scotus, wie Merlin, wie Saint-Germain als Berater eines Königs ins Licht der Geschichte tritt, ist der Ägypter Imhotep.

Gelebt hat er etwa um das Jahr 2600 v. Chr. und war der Ratgeber des damaligen Pharaos Djoser. Es standen noch keine Pyramiden am Nil, als Djoser als erster Gott-Monarch ein solches Bauwerk errichten ließ. Die Initiative für dieses gewaltigste Bauprojekt der Menschheit bis zu diesem Zeitpunkt ging von Imhotep aus, der als Architekt und Baumeister der ersten Groß-Pyramide fungierte. Sie wurde zur Vorgängerin aller späteren ähnlichen Wunder der Architektur: die Stufenpyramide von Sakkara. Im Zeremonienhof verkündet eine Schrifttafel von seinem Ruhm:

„Wesir des Königs von Unterägypten, Erster nach dem König von Oberägypten, Großer Haushofmeister, Inhaber der erblichen

Adelswürde, Hoherpriester von Heliopolis, Baumeister, Bildhauer und Oberster Vasenhersteller."

Welche gigantische Leistung dieses Bauwerk darstellt, kann man nur dann ermessen, wenn man weiß, dass dies das erste Großbauprojekt der Geschichte ist, das ganz aus Stein errichtet wurde. Ohne vorherige Anregung ließ Imhotep die wichtigsten Gebäude der königlichen Residenz von Memphis für die Benützung des verstorbenen Pharaos im Jenseits durch Scheinbauten mit Blendfassaden entstehen. Alles, was bislang nur mit Holz, Schilf und Lehm erbaut worden war, setzte er in Stein: Türen, Balken, Zäune, Wände. Den Friedhofbereich umgrenzt eine weiß leuchtende Kalksteinmauer mit Vor- und Rücksprüngen. Allein sie gilt als Wunder der Baukunst. Fugenlos, ohne Mörtel, pressen sich Stein für Stein aneinander, trotzen so der Zeit und verleihen den Bauten Ewigkeitswert. Der Gesamtkomplex bildet den symbolischen Rahmen für die *Heb-sed*-Zeremonie, eine Jubiläums- und Verjüngungsfeier.

Im Zentrum aber steht das eigentliche Wunder, die Stufenpyramide. Ihr Grundriss beträgt 119 mal 141 Meter. 62 Meter hoch stiegen die sechs Stufen in den blauen Himmel Ägyptens. Aber dieser gigantische Bau ist nur die Spitze des künstlichen Berges. Unter ihr ließ Imhotep ein Labyrinth aus Stollen und Schächten, Durchgängen und Kammern anlegen, die bis heute nicht vollständig erforscht sind. Ein 28 Meter tiefer Schacht führte zur Grabkammer des Gottkönigs.

An der nordöstlichen Seite der Pyramide wurde ein Raum vermauert, in dessen Dunkel eine steinerne Statue Pharao Djosers Wache hielt über sein irdisches Reich. Nur zwei Sehschlitze lassen die Besucher, die noch nach 4600 Jahren hierher kommen, einen Blick auf sein Bildnis werfen. Fast magisch zieht es die Blicke an. Diese Darstellung wurde verbindlich für die Kunst der folgenden Jahrhunderte. Auch hierbei scheint Imhotep seine Hände im Spiel gehabt zu haben. Von Ägyptologen wird er als der Michelangelo der damaligen Zeit bezeichnet. Sicher nicht zu Unrecht.

Auch das atemberaubende Folgeprojekt für Djosers wahrscheinlichen Nachfolger, Sechem-chet, geht möglicherweise auf Imhotep zurück, da man eine entsprechende Graffiti an der Mauer dieser Pyramide fand. Die Freilegung des pyramidalen Komplexes benötigte mehrere Jahre, da die siebenstufig geplante, nach den Himmelsrichtungen orientierte Pyramide völlig vom Wüstensand verschlungen worden war. Der Eingang der Nordseite war noch versiegelt. Die Archäologen standen vor einem abschüssigen Korridor. Zu ihrem großen Erstaunen war die Decke gewölbt. Es ist die älteste bekannte Bogenkonstruktion. Gewaltige Steinblöcke versperrten am Gangende die Grabkammer. Als man sie zur Seite geräumt hatte, fand man einen Zauberstab und Mengen an goldenen Armreifen und Perlen. Kein Grabräuber war hierhin vorgedrungen. Im Inneren der Kammer befand sich ein wunderschön gemaserter Alabastersarkophag mit einer Schiebetür anstelle eines Deckels. Obenauf lagen noch Pflanzenreste, Blumen vielleicht, die hier vor 4500 Jahren niedergelegt worden waren. Doch der Sarg war leer, er war auch nie benutzt worden. Zu welchem Zweck also hat Imhotep diese Pyramide erbauen lassen. Ein Rätsel, das nie gelöst wurde.

Imhotep war ein „Allroundgenie", ausgebildet in Medizin und Naturwissenschaften, in Technik und Dichtkunst, er war Philosoph, Astronom, Mathematiker und ein Staatsmann von größter Bedeutung für das alte ägyptische Reich. Mit dem Amt des Wesir beginnt sich unter Djoser die Staatsform zu wandeln und die pyramidalen Bauten verleihen der neuen Gesellschaftsordnung optische Präsenz. Der Wesir leitet das Reich zentralistisch. Imhotep ist Kanzler, Kriegs- und Kultusminister und zugleich oberster Richter. Die Bevölkerung sieht in ihm den gütigen Anwalt der Armen. Wenn er durch Ober- und Unterägypten reist, regelt er die Besteuerung, verhindert Amtsübergriffe, deckt Erpressungen auf und kontrolliert die Bewässerung.

Imhoteps Ruhm wächst so stark, dass noch Jahrtausende später die Griechen in ihren Überlieferungen Imhotep als mächtigen Magier verehren werden und als Schutzherrn der Schreiber. Die Ägypter werden für ihn nicht nur im Alten Reich, sondern bis hin zum Untergang des Neuen Reiches zur Zeit Cleopatras eigene Tempel errichten, in denen sie ihm Weihrauchopfer darbringen. Späte Pharaonen, wie Ptolemäus II., weihen ihm ganze Tempelterrassen wie in *Der el-Bahari*. Dort wurden in einem kleinen Raum

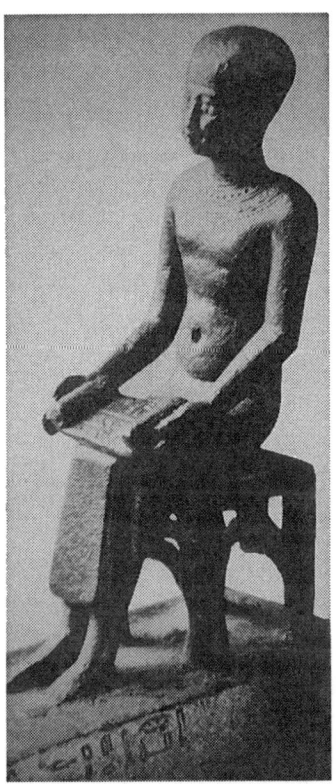

Das einzige ägyptische Standbild, das von dem rätselhaften Baumeister der Pyramiden, Imhotep, überliefert wurde.

Kranke nach seinen Methoden behandelt. Noch heute können wir Inschriften in den Wänden des Raumes lesen, die Kranke hier einst einkratzten, die die Götter baten, ihre Leiden von ihnen zu nehmen. Eine von ihnen lautet: „Andromachos, ein Makedonier, der sich als Handwerker verdingt hat, kam zum Gott Amun-Aton: Er war krank und der Gott heilte ihn am selben Tag."

Wir wissen heute nicht mehr genau, worin die Behandlungsmethode, die auf Imhotep zurückgeführt wird, bestand. Sehr wahrscheinlich aber sind zwei Vorgehensweisen, die wir noch im gut erhaltenen Tempel von Dendera ansatzweise studieren können: Wasser floss hier in unterschiedlich große und tiefe Becken. Darin badeten die Kranken. Die Frage ist, haben wir es hier nur mit einem magischen Vorgang oder einer Art heilenden Wasserkur zu tun. – Die zweite Methode könnte man als einen therapeutischen Schlaf bezeichnen. Der Patient begab sich in einen fast dunklen Raum. Besondere Lampen brannten dort. Vielleicht jene glühlampenähnlichen, technisch anmutenden Gebilde, die in Dendera in den Krypten wiedergegeben werden. Die Raumatmosphäre scheint nun bei dem Kranken eine Art hypnotischen Zustand hervorgerufen zu haben.

Dass wir es bei Imhotep mit einem wissenschaftlich denkenden Menschen und hervorragenden Arzt zu tun haben, wird auch durch ein Papyrus deutlich, das ihm von vielen Ägyptologen zugeschrieben wird. Vergegenwärtigen wir uns einmal das Umfeld seiner Zeit. Die Priester- und Laienärzte (Wabu und Sunu) setzten häufig Magie als Heilmittel ein. Beschwörungen und Zaubertränke waren nicht dazu angetan, medizinische Erfahrungen wissenschaftlich zu überprüfen.

Ganz anders tritt uns der Verfasser des sogenannten Edwin Smith Papyrus entgegen. Dieses Medizinbuch wurde um 1600 v. Chr. niedergeschrieben, ist aber nur die Kopie eines verloren gegangenen Papyrus aus dem Alten Reich. Es werden hierin hauptsächlich Knochenbrüche abgehandelt. Nicht Magie wird beschworen und nicht die üblichen Dämonen und Gottheiten verantwortlich gemacht für die Verletzung. Nüchtern und sachlich und auf einem hohen Niveau wird uns hierin altägyptische Knochenchirurgie präsentiert.

Systematisch werden 48 Fälle vorgestellt. Es wird vom behandelnden Arzt verlangt, sich zuvor eingehend die Fraktur anzusehen und zu entscheiden, ob er sie zu heilen vermag. Dann folgen therapeutische Anweisungen über Gipsverbände, Schienen, Bandagen, das Vernähen von Wunden. Sie alle gelten auch für heutige Chirurgen noch. Im übrigen existieren Berichte, die darauf schließen lassen, dass Imhotep mit antibakteriellen Substanzen große Erfolge erzielte.

Es gibt nur eine Ausnahme in dem sonst so wissenschaftlichen Papyrus. Bei einem Bruch des Stirnbeins wird empfohlen, die Wunde mit einem Umschlag aus Fett und Straußenei zu umwickeln. Dies, so die Ägyptologen unserer Tage, sei reine Magie. Die magische Erwartung bestünde darin, dass der Knochen, im Bestreben, sich der Form des Eies anzugleichen, zusammenwüchse. – Hat sich Imhotep in diesem einen Fall auf Magie verlassen? 1994 machten Mediziner eine grandiose Entdeckung. Antike Maya-Ärzte haben mit einem Brei aus Perlmuttmuschelkalk Gehirnfrakturen überbrückt und eine absolut stabile Verbindung erzeugt. Zeigt die Kalkschale des Straußeneies ähnliche Erfolge, wäre Imhotep ein genialer Coup gelungen.

Wir können auf alle Fälle festhalten, dass Imhotep ein Universalgenie mit modernsten Kenntnissen war. Ohne ihn wäre die Geschichte des Volkes am Nil völlig anders verlaufen. Wurde Imhotep nun von Außerirdischen beeinflusst? Er wurde von den späteren Geschlechtern Ägyptens als Gott angesehen. Dieses Privileg gehörte sonst ausschließlich den Pharaonen. Und selbst die Griechen und Römer setzten ihn mit Asklepios, dem Gott der Heilkunst, gleich.

Aufschlussreich ist hier eine Überlieferung der Ägypter. Ptah galt als einer der mächtigsten ägyptischen Schöpfergötter. Er wurde als göttlicher Handwerker, geschickter Ingenieur, Techniker und Metallarbeiter beschrieben. Oft hält er den berühmten technisch wirkenden Djet-Pfeiler in seinen Händen. Imhotep, so berichtet die Überlieferung, sei der Sohn dieses Ptah gewesen, den er mit einer irdischen Frau gezeugt habe.

Ein direkter Beweis wird schwer zu führen sein – es sei denn, man findet eines Tages im Wüstensand von Sakkara doch sein Grab, das der Überlieferung zufolge nicht nur seinen Leichnam, sondern auch die „Geschenke der Götter" enthalten soll. Was mögen dies für Geschenke sein? Aus Sakkara stammt das berühmte hölzerne Segelflugzeug und aus Sakkara stammt ein impellerartiges Artefakt, wie es in Düsenjets oder als Schiffsschraube verwendet wird . – Allerdings: das Grab Imhoteps wurde bislang nicht gefunden. Und erstaunlicherweise haben die Ägypter keinen Hinweis auf seine letzte Ruhestätte hinterlassen, eines Mannes, den sie so hoch verehrten.

Der berühmte englische Archäologe Sir Walter Emery forschte Mitte unseres Jahrhunderts sehr intensiv in Sakkara nach seinem Grab. Er entdeckte die Gräber etlicher anderer Würdenträger; das des Wesirs war nicht darunter. Auch die Ausgrabungen der letzen Jahre haben keine neuen Erkenntnisse über sein Grab gebracht. Sollte es vielleicht ebenso wenig existieren wie das des Michael Scotus, Merlin oder des Grafen von Saint-Germain?

Wir haben einen neuen Lösungsvorschlag für ein altes Geheimnis vorgelegt. Diese Lösung mag für manche fantastisch klingen. – Aber: Benötigen wir nicht einen fantastisch erscheinenden Schlüssel für ein fantastisches Rätsel? Karl Immermann legte vor etwa 200 Jahren Merlin die folgenden Zeilen in den Mund:

„Ich hab' das Wort des Rätsels,
Und ach, sie hören's nicht!

Das Wort, an dem die Zukunft,
Die Gegenwart sich kennt;
Nur einen Tag um andern
Zu sagen ist's vergönnt.

Die Weisen aber kommen
Stets an dem falschen Tag,
Und fragen viel hinunter
Den letzten Dingen nach.

Dann horchen sie vergeblich
Am Rand der Zaubergruft;
Des andern Tages ruf' ich's
Vergeblich in die Luft.

Ach, käm' am rechten Tage
Der rechte Held daher,
Empfinge mein Vermächtnis
In meiner tiefen Lehr'!"

Hören wir allmählich doch das Wort des Rätsels, das Merlin umgibt? Ihn und Michael Scotus und den Grafen von Saint-Germain und Imhotep?

III. Das Geheimnis des Grals

Das Wort Gral war schon frühzeitig dunkel.
Diese Unklarheit nicht nur über die Form,
sondern auch über die Herkunft des Namens
weist nachdrücklich darauf hin, dass das Heiligtum
eine Vorgeschichte hatte, in welcher er noch
eine greifbare Größe war, die auch „Gral" hieß.

Franz Kampers (1868–1929)

Die Sage vom Gral

Als wir die Sage von Parzival und dem Heiligen Gral zum ersten
Mal hörten, waren wir noch Kinder. Wie viele Leser dieses Buches sicherlich auch, so waren wir fasziniert von diesen Rittern
der Tafelrunde des Königs Artus, seinen Abenteuern und seiner
Suche nach dem „geheimnisvollen Gefäß". Wir konnten damals
nicht ahnen, dass wir selbst viele Jahre später dieser Überlieferung nachspüren und zu „Gralssuchern" werden und uns damit in
einem großen wissenschaftlichen Abenteuer wiederfinden würden, das schon seit mehr als 3000 Jahren andauert.

Eine der wichtigsten schriftlichen Dokumente des Mittelalters, das die Geschichte des Grals wiedergibt, ist der „Parzival",
den der deutsche Minnesänger Wolfram von Eschenbach in insgesamt 16 Büchern seiner Nachwelt hinterlassen hat. Dieses bedeutende Werk der Weltliteratur ist etwa zwischen 1195 und
1219 verfasst worden. In ihm überschneiden sich zwei Erzähl-
stränge: der des Artus-Ritters Gawan (Gauwein) und der des
gralsuchenden Parzival.

Im Prolog schildert uns Wolfram den Tod des Königs von Anschouwe (das französische Anjou liegt an der Loire) und den damit verbundenen Aufbruch seines zweiten Sohnes Gahmuret.
Diesen zieht es ins ferne Afrika, wo er sich in die wunderhübsche
Königin Belancane verliebt und mit ihr einen Sohn namens Feirefiz bekommt. Doch hält es den Abenteurer nicht lange bei sei-

ner Geliebten. Zurück in Europa heiratet er die Königstochter Herzeloyde. Sie schenkt ihm einen Sohn, dem sie den Namen Parzival geben. Gahmuret stirbt jedoch und die junge Witwe Herzeloyde nimmt Abschied von der höfischen Welt, um ihren Sohn weit weg von jeglicher Zivilisation und kriegerischer Mentalität aufzuziehen.

Als Parzival zu einem jungen Mann herangewachsen ist, kommt es zu einer unerwarteten Begegnung. Drei prächtig geschmückte Ritter in glänzender Rüstung auf bunt geschmückten Pferden gewähren ihm Einblick in eine bislang nicht gekannte Welt. Angelockt von Glanz und Ruhm bricht Parzival gegen den Willen seiner Mutter auf, um das verheißungsvolle Unbekannte zu erobern. Ein wenig einfältig, ein wenig tölpelhaft gelangt er tatsächlich an den Hof König Artus'. Dort jedoch stellt sich ihm ein Ritter in roter Rüstung zum Kampf, den Parzival trotz seiner jugendlichen Unerfahrenheit überwältigen kann.

Der König ist beeindruckt. Großzügig stellt er Parzival den Ritter Gurnemanz als Lehrer zur Seite, der ihn von nun an in seine Obhut nimmt. Nach Beendigung seiner Ausbildung in den ritterlichen Tugenden heiratet der junge Held. Wie seinen Vater zieht es ihn aber alsbald wieder hinaus in die weite Welt.

An einem Fluss begegnet der Reisende einem seltsam gewandeten Fischer. Da die Nacht hereinbricht, fragt ihn Parzival nach einer Herberge. Der Mann am Fluss beschreibt ihm den Weg zu einer nahen Burg, da sonst weit und breit nur Einöde herrscht.

Als Parzival die herrliche Feste erreicht, liegt Trauer über ihren Mauern. Man führt ihn in einen geräumigen Saal, in dem 100 Tische für je vier Ritter vorbereitet sind. Der alte, gebrechliche Burgherr bietet ihm einen Platz an.

„Da trug man etwas Schmerzliches herbei. Ein Knappe sprang zur Tür herein, der trug eine Lanze – ein Brauch, der dort jedes Mal Wehgeschrei hervorrief. An ihrer Scheide entquoll Blut und rann am Schaft hernieder bis auf die Hand, sodass es schließlich im Ärmel versickerte. Da erhob sich ein großes Weinen und Schreien im weiten Saal.

Er trug die Lanze in seinen Händen an den vier Wänden ringsherum, bis zur Tür. Der Knappe ging wieder hinaus. Still war des

Volkes Klage, zu der sie von dem Jammer getrieben worden waren, an den die Lanze sie erinnerte."

Sodann treten etliche junge Mädchen, geordnet in Zweierreihen, in den Saal. Kerzen, Platten aus Edelsteinen und silberne Messer tragen sie herein. Gefolgt werden sie von der Königin der Burg:

„Von ihrem Antlitz ging ein Schein aus, dass alle meinten, es beginne zu

Galahad, Percival und Bors verehren den Gral. Bibliothèque Nationale, Paris.

tagen. Man sah die Frau gekleidet in Pfellel von Arabien. Auf einem grünen Achmardi trug sie die Wunscherfüllung vom Paradies, Wurzel war es zugleich und Reis. Das war ein Ding, das hieß der Gral, allen Erdenwunsches Überschwang. Die aber, von welcher der Gral sich tragen ließ, war Repanse de Schoye. Es war des Grales Art, dass er von reiner Hand verwahrt werden musste; die ihn in rechte Obhut nehmen sollte, die musste ohne Falsch sein."

Und nun beginnt ein festliches Mahl, bei dem alle Anwesenden durch den wundertätigen Gral gespeist werden:

„Man sagte mir, und ich sage es auch Euch, dass vor dem Gral bereit lag, wonach ein jeder die Hand ausstreckte, und dass er vor sich bereitet fand warme Speise, kalte Speise, neue Speise und alte Speise, von zahmen und von wildem Getier. Etwas Derartiges hat es nie gegeben, möchte mancher wohl sprechen. Aber

er irrt: Denn der Gral war die Frucht der Seligen, eine solche Fülle irdischer Süßigkeit, dass er fast all dem glich, was man sagt vom Himmelreiche."

Parzival ist sprachlos vor Verwunderung. Dieses Stummbleiben wird ihm zum Verhängnis werden. Das Mahl neigt sich seinem Ende. Erneut treten die Jungfrauen ein und decken den Tisch ab – einschließlich dem Gral.

Parzival wird ein Nachtlager zugewiesen. Nach einem unruhigen Schlaf wacht er am nächsten Morgen auf. Doch er kann keine Menschenseele finden. Ein Schwert, das ihm der Burgherr geschenkt hatte, und sein Pferd stehen für ihn aber bereit und so reitet der junge Recke hinaus zum Tor.

Die Suche nach dem Gral

Sigune, die Parzival bereits von früher kennt, kreuzt seinen Weg. Ihr erzählt er von seinem eigenartigen abendlichen Erlebnis.

„Nur eine einzige Burg, die steht allein, die ist an irdischer Vollkommenheit reich", klärt sie ihn auf. *„Wer sie mit Fleiß sucht, der findet sie nicht. Gleichwohl sieht man viele Leute sich darum bemühen. Es muss ohne Wissen geschehen, wer immer die Burg sehen soll. Ich glaube, Herr, Ihr kennt sie nicht. Sie wird Munsalvaesche genannt. Der alte Titurel vererbte sie seinem Sohne, dem König Frimutel – so hieß der edle Recke ... Er hinterließ bei seinem Tod vier Kinder. Trotz ihres Reichtums lebten drei von ihnen im Jammer. Der vierte aber trägt freiwillig die Armut. Das tut er um Gottes Willen, um Sünde zu sühnen. Dieser heißt Trevrizent. Sein Bruder Anfortas muss immerzu in einem Sessel sitzen, da er weder reiten noch gehen noch liegen noch stehen kann. Ihn, den Herrn von Munsalvaesche, verschont die Ungnade nicht. Herr, wäret Ihr dorthin gekommen zu der leidvollen Schar, so wäre der Herr das viele Elend, das er schon so lange trägt, losgeworden."*

Nun wird sich Parzival seiner Schuld bewusst. Er hatte es versäumt, nach der Lanze und dem wunderbaren Gefäß zu fragen. Entsetzen schwingt in Sigunes Antwort mit:

„‚O weh! Dass mein Auge Euch sieht!', sprach die leidvolle Frau. ‚Da Ihr nicht den Mut zur Frage hattet! Ihr sahet doch so große Wunder – dass Euch das Fragen unangenehm war, dort, wo Ihr doch schon beim Grale ward! – Ihr sahet viele untadelige Frauen, die edle Garschiloye und Repanse de Schoye und schneidendes Silber und den blutenden Speer! O weh, was wollt Ihr denn nun hier bei mir? Verstoßenes Leben! Verfluchter Mann! Ihr hättet Erbarmen mit dem Herrn haben sollen, den Gott mit einem schrecklichen Wunder heimgesucht hat, und hättet nach seiner Not fragen sollen! Ihr lebt, aber Ihr seid tot an Glück!'"

Parzival ist verwirrt und betroffen. Verunsichert und unglücklich zieht er weiter. Aber auch seine künftigen Abenteuer machen ihn nicht recht froh. Endlich kehrt er nach Camelot zurück, wo er von Artus und seinem Gefolge herzlich begrüßt wird.

Doch in die Willkommensfeier bricht das Entsetzen ein, als eine hässliche Frau mit tierischem Gesicht, einer Hundenase, Eberzähnen und Schweineborsten, aber mit einem prachtvollen Kleide mitten in die Versammlung reitet. Kundrie, die Gralsbotin, geht auf Parzival zu und verflucht ihn.

Parzival, erneut mit seiner Schuld konfrontiert, bricht überstürzt auf, um eine völlig aussichtslose Suche nach dem Gral erneut zu beginnen. Jahre vergehen, in denen der seelisch getroffene Held ruhelos umherzieht. Doch an einem Karfreitag trifft er einen einsam lebenden Eremiten, der ihn als Gast empfängt. Es ist der Bruder des Gralskönigs Anfortas: Trevrizent. Von ihm erfährt Parzival, dass seine eigene Mutter Herzeloyde die Schwester dieser Gralsbrüder ist.

Trevrizent weiht seinen Neffen nun in das eigentliche Gralsgeheimnis ein. Er beschreibt den Gral als einen wundertätigen, edlen Stein. An jedem Karfreitag lasse sich eine weiße Taube mit einer Hostie auf ihm nieder. Durch dieses Wunder erhalte er die Kraft, den Menschen Nahrung und ewiges Leben zu spenden. Einst hätten Engel ihn gehütet, jetzt dagegen ein hohes Rittergeschlecht.

Der Gralskönig wurde aber durch eine Sünde verletzt. Aber die Frage eines Ritters würde ihn von seinen Schmerzen erlösen können.

Parzival teilt seinem ebenso überraschten wie anfangs entsetzten Onkel mit, dass er selbst bereits diese seltene Chance erhalten hat, sie aber ungenutzt ließ. Trevrizent bietet dem Sohn seiner Schwester daraufhin an, an seiner Stelle Buße für diese Schuld zu tun.

Erneut warten zahlreiche Abenteuer auf Parzival. Dabei trifft er auf seinen afrikanischen Halbbruder Feirefiz. Zusammen machen sie sich auf den Weg zur Tafelrunde. Kaum sind sie in der Artus-Burg eingetroffen, erscheint auch die Gralsbotin Kundrie und verkündet, dass Gott nun Gnade walten lassen wolle:

„Wohl Dir, da Du so hoher Ehre teilhaftig geworden bist! Du Krone des Menschenheils! Das Epitaphium wurde gelesen: Du sollst des Grales Herr sein und Dein Weib Kondwiramurs und Dein Sohn Lohengrin sind beide dorthin mit Dir berufen. Als Du das Land Brobarz verließest, trug sie zwei schon lebendige Söhne. Kardeiß wird sein Erbe dort in Brobarz erhalten. Würdest Du nie eine größere Seligkeit erfahren als die, dass Dein wahrhaftiger Mund den edlen und lieben Herrn nun mit Worten grüßen soll – Deines Mundes Frage wird den König Anfortas erretten, wird das Seufzen und den Jammer von ihm abwehren – wo ist jemand, der Dir an Seligkeit gleichkäme?"

So also endet die Erzählung. Parzival wird die Gnade zuteil, ein zweites Mal die sonst dem menschlichen Auge entrückte Gralsburg zu sehen.

„Man brachte ihnen manch kostbare Schale von Gold, nicht nur von Glas. Feirefiz und Parzival tranken und gingen darauf zu Anfortas, dem traurigen Mann. Er sagte: ‚Ich habe schmerzlich darauf gewartet, ob ich wohl je noch einmal durch Euch wieder fröhlich würde. Als Ihr damals hier waret, nahmet Ihr einen solchen Abschied, dass es Euch, sofern Ihr Treue im Herzen traget, reuen muss. Wenn Ihr je Ruhm errungen habt, so bewegt die Leute hier, dass ich sieben Nächte und acht Tage lang den Gral nicht sehen muss! Dann wäre all mein Schmerz zu Ende. Mehr darf ich Euch nicht sagen. Wohl Euch, wenn man Euch wird rühmen können, dass Ihr mir geholfen habt!'

Heftig weinend sagte Parzival: ‚Sagt mir, wo in der Burg hier der Gral sich befindet. Wenn Gottes Güte an mir den Sieg behält, so werden es diese erfahren.'

Dann fiel er, zum Gral gewendet, auf die Knie – dreimal zu Ehren der Dreifaltigkeit. Er betete um die Hinwegnahme des traurigen Mannes Verzweiflung. Er richtete sich auf und sagte dann: ‚Oheim, was schmerzet Dich?‘"

Damit hat Parzival die erlösende Frage gestellt. Alle Gebrechlichkeit, alle Krankheit fällt von König Anfortas ab:

„Dann schritt man zur Wahl und wählte den, den die Schrift am Gral zum Herrn bestimmt hatte: Parzival wurde zum König und Herrn erklärt …"

Die Realität im Mythos

Kaum ein anderer abendländischer Mythos hat die Fantasie so beflügelt wie die Legende vom Gral. Sehen die einen in ihm den Abendmahlskelch, in dem sich das Blut Christi befand, sehen andere in ihm einen wundertätigen Stein, der unbegrenzt Nahrung gewährt und das ewige Leben verleiht: den Stein der Weisen.

Wieder andere sehen in dem Weg zum Gral eine symbolische „Suche nach dem letzten Ursprung" und erhoffen von ihm die unmittelbare „Kommunion mit Gott". Durch das Licht, das der Gral ausstrahlt, erhoffen sie die absolute Erleuchtung. Der beschwerliche Weg zur Gralsburg wird als Durchgangsritus vom Profanen zum Heiligen interpretiert, vom Menschsein zur Göttlichkeit.

Zum Abbild des Mikrokosmos des Universums wurde der Gralstempel deklariert. Und die Rolle der keuschen Gralsjungfrau wurde als Metapher für das unterdrückte weibliche Prinzip und die Integration des Weiblichen in die männliche Hierarchie der Religion gedeutet.

Doch hat dieses magische Gefäß überhaupt materiell existiert? Besaß es die wunderbaren Kräfte, von denen die Schriftsteller des Hochmittelalters berichten? Wird man diesem schillernden Artefakt gerecht, wenn man es nur auf der metaphorisch-symbolischen Ebene deutet?

Geoffrey Ashe vertritt – wie viele andere Altertumswissenschaftler ebenfalls – die Auffassung, bei der Erzählung vom Gral „handle es sich nicht einfach um eine heilige Reliquie wie viele andere, die in Kirchen verwahrt sind. Tatsächlich scheint im Mittelalter niemand ernsthaft behauptet zu haben, den Kelch des Letzten Abendmahls zu besitzen. In einer Zeit, da Reliquien ungeheuer populär waren und häufig höchst unglaubwürdige Ansprüche auf Echtheit erhoben wurden, ist dieses Schweigen merkwürdig. Es lässt vermuten, dass es da tatsächlich etwas Unerklärliches gegeben hat".

Immer wieder haben sich Gralssucher aufgemacht, jenen geheimnisvollen Gegenstand zu finden. Kann es uns gelingen, das Mysterium des Grals zu enthüllen? Es scheint, dass wir mit modernen Strategien in seine scheinbar magisch-religiöse Sphäre einzudringen vermögen. Denn hinter dem religiös-mythischen Schein lässt sich in der Tat ein überraschendes, faszinierendes Geheimnis entdecken.

Schauen wir uns als Erstes einmal die Autoren der Gralserzählung an und was sie über den Ursprung ihres Geschichtsstoffes wussten oder wissen konnten.

Wolfram von Eschenbach

Wolfram von Eschenbachs Geburtsjahr datiert auf 1170, um 1220 verstarb er. Sein Geburtsort war vermutlich Ober-Eschenbach (heute Wolframs-Eschenbach) südlich von Ansbach in Mittelfranken. Urkundliche Belege über Wolframs Leben haben sich nicht erhalten, doch aus Abbildungen und den Niederschriften anderer Dichter lässt sich seine Biografie recht gut erschließen.

Wolfram gehörte nicht zu den „fahrenden Minnesängern" des Hochmittelalters, auch wenn er mehrmals seinen Wohnsitz wechselte, entsprechend seiner jeweiligen Mäzene, wie den Grafen von Wertheim, den Landgrafen von Eisenach oder den Herren von Durne in Wildbach (Odenwald).

Aus Bescheidenheit mag er sich als „ungebildeten Laien" bezeichnet haben, doch seine Werke sprechen eine andere Sprache. Er scheint umfassende Kenntnisse auf vielen Gebieten besessen zu haben, unter anderem recht gute Geschichtsbildung und einen hervorragenden Überblick über die Literatur seiner Zeit. Für

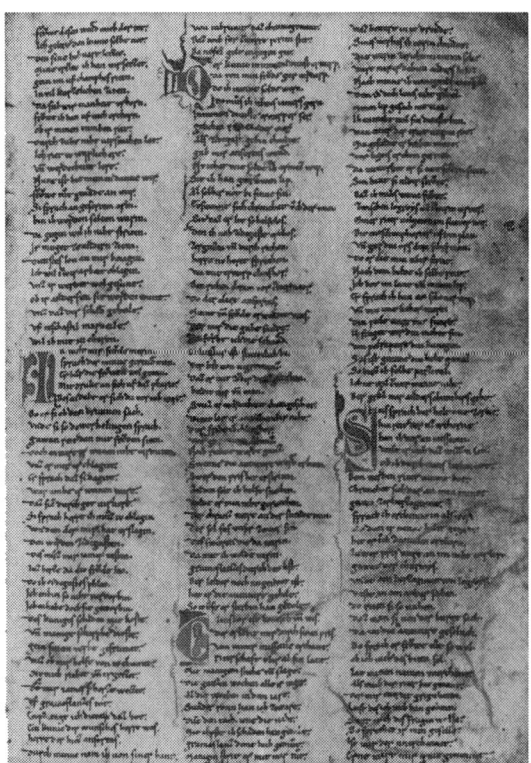
Originalhandschrift des Parzival von Wolfram von Eschenbach.

Fremdartiges war er schnell zu begeistern und so verwundert es kaum, dass ihn die Welt des Orients faszinierte.

Die Anfänge seines *Parzival* müssen noch vor 1200 gelegen haben. Vermutlich arbeitete er mit zahlreichen Unterbrechungen an die 20 Jahre an seinem Lebenswerk, das er 1210 abschloss.

Der *Titurel*, eine Familiengeschichte der Gralskönige, oder der *Willehalm* ergänzen und erweitern die Gralsgeschichte.

Wolfram von Eschenbach wurde schon bald selbst zu einer legendären Figur und seine Nachwelt sah in ihm einen der Gründer der Meistersinger. Der Überlieferung nach soll er in Maßfeld bei

Meiningen von einem Grafen von Henneberg zum Ritter geschlagen worden sein.

Schon 200 Jahre nach seinem Tod war Wolfram zu einem Idol junger Dichter geworden, sein Grab zu einer Pilgerstätte. So beklagt 1462 Jakob Püterich, der im Frauenmünster zu Eschenbach auch Wolframs Grab gesehen hatte, dass die Schrift und das Wappen verblichen seien. Aus dem 17. Jahrhundert liegt uns eine Abschrift seiner Grabplatte vor: „Hie ligt der Streng Ritter Herr Wolfram von Eschenbach, ein Meister Singer." Das 1861 von König Maximilian II. auf dem Marktplatz von Eschenbach errichtete Denkmal zeugt noch heute von der Beliebtheit dieses großen deutschsprachigen Schriftstellers.

„Die Germanistik hat sich mit keinem anderen Dichter des Mittelalters so vielfältig beschäftigt wie mit Wolfram von Eschenbach und seinen Werken, dem ‚Parzival' vor allem", schrieb 1966 Dr. Heinz Rupp und kennzeichnete damit treffend die Entwicklung der Parzival-Forschung bis zum heutigen Tage.

Chrétien de Troyes

Fast zeitgleich mit Wolfram von Eschenbach, vielleicht noch einige Jahre früher, bearbeitete der berühmte französische Dichter Chrétien de Troyes das Gralsthema. Sein Werk erhielt den Titel: *Conte del Graal*. Noch vor Abschluss seiner Arbeiten verstarb er jedoch. So blieb sein Werk unvollständig und spätere Autoren versuchten immer wieder seine Geschichte zu vollenden, was jedoch kaum gelang, da sie nicht mehr auf sein Quellenmaterial und seine Vorentwürfe zurückgreifen konnten.

Da wir weder die Geburts- noch Sterbeurkunde besitzen, hätte Chrétien für die Nachwelt gar nicht existiert, wäre da nicht sein umfangreiches literarisches Werk. Als Begründer einer völlig neuen Richtung des höfischen Kunstromans verbreitete sich sein Ruf weit über die Grenzen seiner Heimat.

Chrétien, der den Namenszusatz „de Troies" trug, stammte wohl aus Troyes in der Champagne. Seine Erziehung muss hervorragend gewesen sein, denn ihn zeichnete eine überdurchschnittlich hohe Bildung aus. Sein Weg führte ihn an den Hof Heinrichs I., des Grafen der Champagne. Als Auftragsarbeit für Heinrichs Gattin Marie entstand so zwischen 1164 und 1173 der *Lancelot*.

Wenig später holte ihn der Graf von Flandern, Philippe d'Alsace, an seinen Hof. Und hier schrieb Chrétien die folgenden Jahre (ab 1174) sein Perceval-Epos, den *Conte del Graal*.

Die Erzählhandlungen verlaufen sehr ähnlich. Aber einige Unterschiede fallen dennoch auf.

Die Protagonisten tragen manchmal andere Namen, sie haben andere Funktionen und einige Abenteuer werden verfremdet wiedergegeben. Der Gral wird nicht näher beschrieben, auch nicht als Stein oder – wie später oft eingefügt – als Kelch. Abrupt bricht die Handlung mitten in einer Frage ab. Chrétien verstarb über seinem Werk.

Robert de Boron

Nur eine einzige Handschrift der Gralsgeschichte, die Robert de Boron verfasste und die er „Le Roman du Graal" nannte, hat die Zeit seit dem 13. Jahrhundert überdauert. Sie wird heute in der Bibliothèque Nationale in Paris verwahrt. Wie die Fassung Chrétiens, so ist auch Roberts Geschichte unvollständig geblieben.

Robert wurde in der zweiten Hälfte des 12. Jahrhunderts vermutlich in dem Dorf Boron zwischen Montbéliard und Delle, also dem Gebiet von Belfort, geboren. Seine Bildung ist geprägt entsprechend seiner ländlich-frommen Umwelt. Auch seine Sprache ist nicht so elegant wie die eines Chrétien. Dennoch scheint der Landedelmann von seinen Herren geschätzt worden zu sein. Vorausgesetzt er war identisch mit einem Ritter Robert de Burun, so erhielt er in Hertfordshire, Südengland, 1186 von König Heinrich II. für seine geleisteten Dienste Grund und Boden. Seine literarischen Entwürfe zeigen zudem, dass er mit der Abtei von Glastonbury in Verbindung gestanden haben muss und von hier auch Impulse für seinen Prosa-Gralsroman erhielt.

In Diensten stand er bei einem Herrn Gautier aus Montbéliard, der zur Zeit der Entstehung des Gralszyklus Herr der Grafschaft Montfaucon (Frankreich) war. Von ihm ist bekannt, dass er 1199 flämische Truppen zur Eroberung des Heiligen Landes, Palästina, anführte. Als Gouverneur starb er auf Zypern 1212. Da wir keinerlei Anhaltspunkte über das Todesjahr und die näheren Umstände des Todes von Robert überliefert bekamen, wird vermutet, er könne zusammen mit seinem Dienstherrn während des vierten Kreuzzuges verstorben sein.

Robert verfasste seinen Roman zwischen 1191 und 1202 und gliederte ihn in die drei Bücher „Joseph d'Arimathie", „Merlin" und den so genannten „Didot-Perceval". Er beginnt mit weit zurückliegenden Ereignissen, erzählt von Vorvätern in der Hölle, von der Geburt der Jungfrau Maria, von Christus und der Dreifaltigkeit; den Südenfall Adams und Evas setzt er in unmittelbare Beziehung zu dem Erscheinen Christi auf Erden, zum Tauf- und Bußsakraments, zu Judas Verrat und zum Letzten Abendmahl. Robert schafft eine zutiefst christliche Atmosphäre, in der die Erlösungstat Christi im Mittelpunkt steht. Gegenüber Chrétiens idealem Artus- und Gralshof schafft er eine ideale christliche Gemeinde, die, wie schon der Philologe Richard Heinzel darlegte, mitunter verdächtig an Ketzertum erinnert.

„Ein solcher Handlungsstrang, der die Rechtgläubigen mit heiligem Zorn erfüllt haben muss, ist die Geschichte des Joseph von Arimathia, dem die Verkündung der letzten Botschaft Christi anvertraut wurde, und nicht etwa den von der Kirche sanktionierten Aposteln. Die Verkündung der Botschaft Christi in der Gemeinschaft der Heiligen am Tisch des Letzten Abendmahls ist für die Lehre der Kirche von zentraler Bedeutung. Die Gralslegende interpretiert den Tisch des Letzten Abendmahls als einen von drei bedeutenden Tischen, wobei die anderen beiden die Tafelrunde und der Gralstisch sind. An diesen Tischen konnte der wahrhaft Suchende in direkten Kontakt mit Gott treten. Und obgleich Joseph von Arimathia beim Letzten Abendmahl nicht anwesend war, wurde er dennoch von Christus erwählt, der erste Gralshüter zu sein. Auf diese Weise wandelte sich der Gral in einen Kelch, der aufs engste mit dem heiligen Sakrament der Eucharistie verknüpft ist", fasst Malcolm Godwin zusammen.

Hierin also unterscheidet sich Robert de Boron grundlegend von den beiden anderen Gral-Autoren. Für ihn ist der Gral der Kelch, in dem Joseph das Blut Christi am Kreuz auffängt. Dieses Gefäß gebe somit eine innere Seligkeit, da in dem aufbewahrten Blute die göttliche Wesenheit des Christus gegenwärtig ist.

Als zweiter Gralshüter tritt ein Mann namens Bron in Erscheinung, Josephs Schwager. Nach harten Zeiten, die sie durchstehen müssen, verkündet ihnen eine Stimme aus dem Gral, dass einige Mitglieder der christlichen Gemeinde sündigen werden. Joseph von Arimathia soll einen Tisch im Gedenken an das Letzte Abendmahl suchen und eine Gralstafel gründen. Bron erhält den Auftrag, einen Fisch zu fangen, der künftig alle zum Gral Erwählten sättigen wird. Nur ein Sitz solle an der Tafel frei bleiben; es ist der symbolische Platz des Verräters Judas.

Joseph gelangt schließlich von Jerusalem mit dem Kelch nach England, wo er den christlichen Glauben predigt und eine Art Überkirche gründet. Die letzten Verse Roberts, die unvollendet blieben, deuten an, dass der Sohn Brons und Josephs Schwester, Alain, ebenfalls Gralsträger wird. Dessen Sohn muss später einmal den Gral wiederfinden, nachdem dieser zwischenzeitlich entrückt wurde.

Eine gedankliche Beziehung zum Artus-Kreis wird angesprochen, indem Robert de Boron erzählt, wie Petrus, Bron und Alain sich das Versprechen geben, auf verschiedenen Wegen in die wilden „Täler von Avaron" zu ziehen und sich dort zu treffen. Mit Avaron wird wohl Avallon gemeint gewesen sein. Damit lag für die Fortsetzer des unvollendet gebliebenen Geschehens und viele Leser des Romanes der Verdacht nahe, der Gral sei in die Abtei von Glastonbury gelangt, das man zu dieser Zeit mit Avallon zu identifizieren begann.

Die Perceval-Episoden, die in manchen populären Sagenbüchern Roberts nicht vollendetem Epos angefügt wurden, sind allesamt Erfindungen späterer Dichter. Sie allerdings haben – zu Unrecht – das gängige Bild des Grals und seiner Geschichte geprägt. Zu den späteren Dichtern gehört der anonyme Autor des „Perlesvaus", der um 1205 seinen Fortsetzungsroman schrieb, ferner ein Autorenteam von zisterziensischen Mönchen oder

Laiengeistlichen, die den fünfteiligen Vulgate-Zyklus dichteten (vollendet etwa um 1235), sowie eines weiteren unbekannten Autors, der den „La Haute Escriture del Saint Graal" verfasste.

Es hat also nie „die" Parzival-Erzählung oder „die" Geschichte vom Gral gegeben. Aus offensichtlich vorhandenen Versatzstücken bedienten sich die unterschiedlichen Autoren und schufen ihre jeweils eigene Version. Wenn wir also das Rätsel, das den Gral umgibt, lösen wollen, müssen wir uns von dem bisherigen Bild des Grals trennen, alles Beiwerk ausblenden und zum ursprünglichen Kern der Erzählung vordringen. Nur so und nur dann haben wir eine Chance, hinter den Schleier zu schauen, hinter dem sich der Gral schon seit Jahrhunderten verborgen hält.

Vorstoß zu den Quellen

Der Gralsmythos, der wohl mit Fug und Recht als die bekannteste und lebendigste abendländische Mythe tituliert wird, ist keine singuläre (einheitliche) Überlieferung. Ein ganzes Erzählbündel wurde um das zentrale Motiv, eben den Gral, gruppiert.

Als Erstes müssen wir uns in diesem Zusammenhang der Artus-Tradition zuwenden. Der angesehene Mediävist Prof. Paul Piper erarbeitete schon vor 100 Jahren das bis heute im Prinzip gültige Ergebnis: „Der Parzival Wolframs ist seinem Inhalt nach einer der zahlreichen Artusromane, d. h. der Gedichte, welche Artus selbst oder einen der Helden seiner Tafelrunde zum Gegenstand haben."

Aber: eben nur im Prinzip. Denn wir haben ja bereits gesehen, dass die Artus-Riothamus-Episoden im 5. Jahrhundert anzusiedeln sind und uns die Taten eines britischen Hochkönigs in der untergehenden römischen Ära schildern. Der Gral spielt in den ursprünglichen, frühen Berichten über den Herrscher und seine Recken noch keine Rolle. Erstmalig schreiben Chrétien, Wolfram und Robert von dem heiligen Gegenstand. Auffällig ist aber, dass alle drei um das Jahr 1200 den Gralsmythos mit König Artus und den Rittern seiner Tafelrunde in einen Zusammenhang bringen. Warum dies so gewesen sein könnte, darauf kommen wir im folgenden Kapitel noch einmal zurück. Festzuhalten ist zunächst: Grals- und Artus-Erzählung entstammen unterschiedlichen Quellen, die erst im Mittelalter zusammengeführt wurden.

Als Zweites können wir den keltischen Überlieferungsstrang herausanalysieren, der in den Wiedergeburts- und Erneuerungsmotiven zu finden ist, außerdem in der Sage von einem rechtmäßigen Königtum über ein Land; dieser Rechtsanspruch geht eng zusammen mit der Fruchtbarkeitssymbolik. Sodann lässt sich das Thema der zerstörten Harmonie isolieren.

Recht genau können wir einen Teil dieser Motive in der älteren keltischen Peronik-Sage wiederentdecken. Der junge Peronik trifft auf einen Ritter, der ihm von der Burg Ker Glas des bösen Zauberers Rogear erzählt. Dort befänden sich Wunderdinge: eine diamantene Lanze, die alles vernichte, was sie treffe, und ein goldenes Becken, dessen Inhalt von allem Übel heile. Von einem Eremiten erfährt Peronik weitere Details, wie er zu dieser Burg gelangen könne, was ihm endlich auch glückt. Am Ende der Geschichte löst sich jedoch alles in Schall und Rauch auf und Peronik wird vom König für seine Taten reich belohnt. Die Parallelen sind verblüffend und von philologischer Seite untersucht und bestätigt worden. Dennoch fehlt das eigentliche Gralsmotiv.

Dr. Jessie A. Weston machte ferner christianisierte und nicht mehr verstandene Überbleibsel altvorderasiatischer, phönizischer oder syrischer Riten in der Parzivalslegende aus und auch die „Alexandersage" könnte mit ihren Erzählungen vom Paradies auf die Schöpfung der Gralsdichter eingewirkt haben.

Alchemistische Traditionen, die sich im Transformationsgedanken niederschlugen, also der inneren Umwandlung des Einzelnen, scheinen ebenso wie ägyptische Mythen eingeflossen zu sein. Insbesondere Roberts Vorstellung vom Blute eines Gottes oder dessen leibliche Überreste könnten aus dieser vorchristlichen Zeit stammen.

Auf apokryphe Texte (also Schriften, die von der Kirche als nicht authentisch angesehen wurden) stützte sich offensichtlich Robert de Boron. Prof. Burdach hat die Einflüsse des so genannten Evangelium Nicodemi nachgewiesen, in dem Joseph von Arimathia die Hauptrolle spielt. Seit dem 8. Jahrhundert war dieses Apokryphon Grundlage verschiedener christlicher Dichtungen in England. Zu Beginn des 11. Jahrhunderts kam ein weiterer apokrypher Text, die „Vindicta Salvatoris", hinzu, in dem Joseph erneut eine zentrale Rolle bei der Missionierung Englands zugewiesen wird. Diese Geschichte, die Joseph aus der Ich-Perspektive schildert, beinhaltet fast das gesamte Repertoire Roberts: das Auffangen des Blutes Christi, die Grablegung, eine Gefangenschaft Josephs, den Kontakt mit dem auferstandenen Jesus. Eine Art Grals-Tafel ist ebenfalls schon vorhanden. Prof. Konrad Burdach kommt somit zu dem Schluss, dass ein Vergleich beider Schriften dazu zwinge, „anzunehmen, dass die in England früh bekannte und beliebte Joseph-Legende aus syrischer Quelle stammt". Aber – und das ist entscheidend – auch in dieser frühen syrischen Schriftquelle gibt es kein Gefäß, das dem Gral gleicht.

Letztlich sind esoterische und ketzerische, möglicherweise provenzialisch-katharisch-christliche Strömungen auszumachen sowie Heils- und Erlösungslegenden.

Fassen wir alle Einflüsse zusammen, seien es keltische, christliche, orientalische und esoterische, so wird eines gleichsam sehr klar: die Erzählung vom Gral stammt aus einer anderen, völlig unabhängigen Quelle.

Genau an dieser Stelle unserer Nachforschungen waren wir angekommen, da stellten wir fest, dass wir uns unversehens in einem außergewöhnlich spannenden Geschichtskrimi wiederfanden, wie er abenteuerlicher nicht hätte erdacht werden können.

Als wir mit unserer Arbeit an die Öffentlichkeit traten, schrieb ein Kritiker: „Es ist ein faszinierendes Bild, das Johannes und Peter Fiebag aufgrund langjähriger Studien ausbreiten. Und es ist ein atemberaubendes Szenario von brisanter religionswissenschaftlicher Sprengkraft, das sich aufgrund der Recherchen der beiden Autoren ergibt: Ein außerirdisches Gerät, vor 3200 Jahren zur Erde gebracht, beeinflusste nachhaltig die Geschichte der Menschheit!" – Dieses Gerät ist der Gral.

Sie sind überrascht? Wir waren es nicht minder. Aber wir haben sehr gute Gründe, anzunehmen, dass sich genau dies in unserer Vergangenheit ereignet hat.

IV. Die Entdeckung des Grals

Wer ist der Gral?
Das sagt sich nicht,
Doch bist du selbst zu ihm erkoren,
Bleibt dir die Kunde unverloren.

Richard Wagner

Der Schlüssel: das Manna-Wunder

Unsere intensive Beschäftigung mit der Erzählung von dem Heiligen Gral hatte eine denkwürdige Vorgeschichte. Sie begann im Jahre 1979. In diesem Jahr veröffentlichten die beiden britischen Forscher George Sassoon und Rodney Dale ihr Aufsehen erregendes Buch „Die Manna-Maschine". George Sassoon ist Elektronikingenieur und Linguist, Rodney Dale Maschinenbauingenieur. Beide hatten durch Zufall die „Kabbalah" gelesen, eine lange Zeit geheimgehaltene jüdische Überlieferung. Ihnen war dort die Beschreibung des sogenannten *Othiq Iumin* aufgefallen, einer ominösen „Gottesgestalt", von der überliefert ist, sie habe das biblische Manna hervorgebracht. Eine genaue Untersuchung der beiden Briten ergab, dass hier aber offensichtlich kein Gottes- oder Götzenidol, sondern eine Maschine charakterisiert wurde mit Schlauchsystemen, hydraulischen Behältern und einer Energiequelle. Diese Maschine war den Israeliten anscheinend nach ihrem Auszug aus Ägypten, also zu Beginn der jahrzehntelangen Wüstenwanderung durch das Sinai-Gebiet, zur Verfügung gestellt worden und versorgte sie während dieser Zeit mit Nahrung. Da das Gerät das Produkt einer ausgereiften Technologie repräsentierte, blieb als logische Schlussfolgerung nur die, dass die ursprünglichen Eigentümer außerirdische Intelligenzen waren, die die Israeliten führten und lenkten und von ihnen als Gott und Engel angesehen wurden.

Als wir das erste Mal von dieser Hypothese der beiden Briten hörten, waren wir über ihre Schlussfolgerungen nicht wenig ver-

Rekonstruktion der Manna-Maschine nach Sassoon und Dale.
Foto: Ch. Forrer.

wundert. Aber ihre wissenschaftlich präzise vorgetragenen Forschungsergebnisse überzeugten uns von der Richtigkeit ihrer Annahme. Demnach war das *Othiq Iumin* (das heißt wörtlich übersetzt: „der Transportierbare mit den Behältern") ein Gerät, das auf der Grundlage der Vermehrung einer Algenkultur arbeitete, die durch die Zufuhr von Tau – also aus der Luftfeuchtigkeit gewonnenen Wassers – und die Bestrahlung durch eine starke, nuklear betriebene Lichtquelle am Leben erhalten wurde.

Die Beschreibung in der Kabbalah ist so genau, dass Sassoon und Dale die Maschine in allen Einzelheiten rekonstruieren konnten. Die Apparatur besaß demnach an der Spitze einen Tau-Destillierapparat, der eine abgekühlte, gebogene Oberfläche besaß. Über ihn floss Luft, aus der Wasser kondensierte. Dieses Wasser war Grundstoff für den Behälter im Zentrum, der die Algenkultur beherbergte. Durch verschiedene biochemische Prozesse wurde aus dem Algenschaum ein malzartiger Stoff hydrolysiert und schließlich als „Manna" abgezapft.

Eines der ersten Argumente gegen die Existenz der Manna-

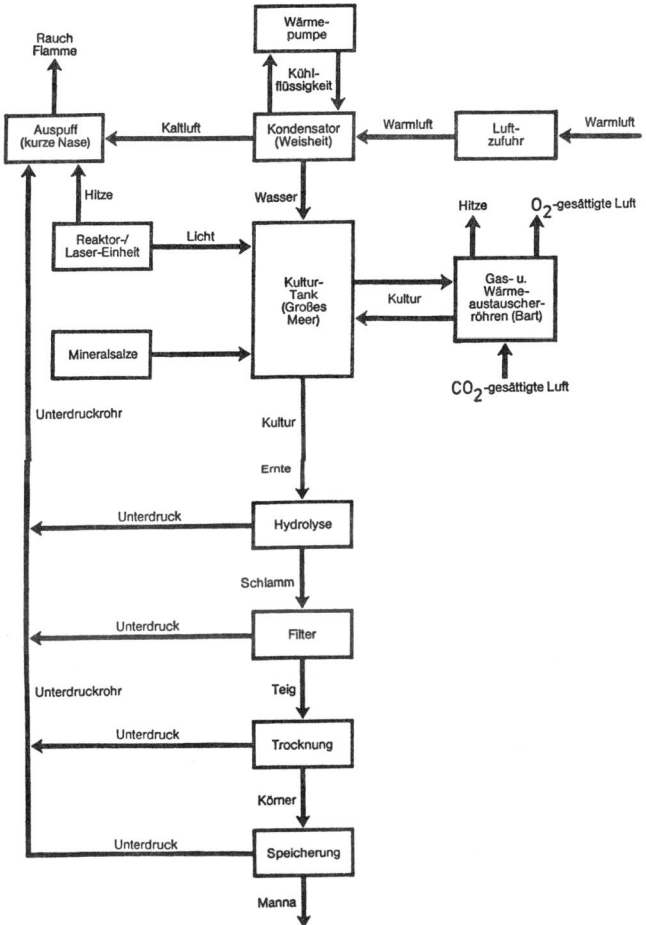

Flussdiagramm der Manna-Herstellung. Aus einem Algenschlamm wird ein nährstoffreiches Grundnahrungsmittel hergestellt.

Maschine war übrigens: In der trockenen Wüstenluft könne sich niemals so viel Wasser befinden, dass es ausgereicht hätte, dem Bedarf der Maschine zu entprechen. Ein Irrtum. Anfang der Neunzigerjahre entwickelte der britische Ingenieur Steve Clyens

– völlig unabhängig von Sassoon und Dale, von deren Arbeiten er erst durch uns erfuhr – eine Apparatur, die mit dem gleichen Prinzip wie die Manna-Maschine aus der Nachtluft in Wüstengebieten Trinkwasser gewinnt.

Im August 1998 gab dann das Institut für Umweltverfahrenstechnik der Universität Bremen bekannt, auch sie hätten „ein neuartiges Verfahren der Trinkwassergewinnung entwickelt, das sich insbesondere für den Einsatz in Dürregebieten und in arabischen Ländern anbietet. Durch die gezielte Auswahl so genannter Adsorbentien, die das Wasser aus der Luft ziehen, lässt sich das Verfahren optimal an die Bedarfsländer anpassen. Die Trinkwassergewinnung ist damit ebenso in heißen Ländern wie in kalten Regionen möglich, das Verfahren ergiebig: Ist die Anlage beispielsweise einen Kubikmeter groß, so können damit rund 1000 Liter Wasser am Tag gewonnen werden".

Eine erstaunliche Bestätigung für die Annahmen von Sassoon und Dale. Auch die optische Ähnlichkeit ist frappant. Zwei große Rohre saugen die Luft an. Im Kohlefilter der Anlage sammelt sich die Luftfeuchtigkeit. Sie wird mit Solarenergie verdampft und im Kondensator zu Wasser verwandelt. Selbst die Zapfanlage sieht aus wie in der Rekonstruktion der Manna-Maschine.

Damit aber nicht genug. Seit 1985 laufen in Ägypten Versuche, eiweißreiche Algenkulturen in Becken zu züchten. Das Biotechnologie-Institut in Jülich sieht darin langfristig die Möglichkeit, den Proteinbedarf der 50-Millionen-Bevölkerung zu sichern. Denn die unscheinbaren Einzeller, die alle fünf Tage geerntet werden, enthalten bis zu 70% Eiweiß, dazu Fettsäuren, Kohlehydrate, Mineralien und Vitamine.

Die Kombination dieser Verfahren, der Trinkwasseranlage und des Algenkulturbeckens, ergibt die Manna-Maschine.

Freilich hatten Sassoon und Dale in der Kabbalah keine technischen Bedienungspläne vorliegen. In der Beschreibung waren die verschiedenen Teile und deren Funktionen mit Begriffen versehen, die den Menschen der vorchristlichen Zeit vertraut waren. Die Priester des alten Israel verfügten ja nicht über eine „technische Sprache" wie wir heute. So setzten sie beispielsweise anstelle von „Plexiglaskuppel" Begriffe wie „durchsichtige Äther-

haut", aus den „Algenkultivierungsbehältern" wurden „ausgehöhlte Köpfe", „Schädel" und „Gesichter", aus einem Schlauch-
zirkulationssystem durchsichtige „Bärte", durch die sich das „Öl
der großen Güte" bewegte, und Kontrolllampen wurden zu
„strahlenden Augen".

Die Bundeslade

Eine solche anschauliche Umschreibung von technischen Arte-
fakten ist durchaus nichts Ungewöhnliches. Sie kann in allen
Kulturen verglichen werden, die keine technischen Gerätschaften kennen. Die Indianer Nordamerikas mit dem „Feuerross",
also der Eisenbahn, oder den sprechenden/singenden Schnüren
(Telegrafenleitungen) sind ein bekanntes Beispiel. Uns ist es
aber aus dem Kontext heraus möglich, zu schlussfolgern, welches technische Detail der Sprecher benennen wollte.

Den alten jüdischen Berichten zufolge wurde die Manna-Maschine – bzw. der Reaktor der Maschine – in der Bundeslade aufbewahrt. Sie diente als Transportbehälter für die unter Wüsten-
bedingungen sehr störanfällige, offenbar nuklear betriebene Maschine. Zuvor fungierte sie wahrscheinlich an Bord eines
Raumschiffs als Nahrungsproduktionsgerät. Hier haben wir vermutlich auch den Ursprung der Auffassung, Manna sei das „Brot
der Engel" gewesen. – Übrigens auch hierzu gibt es wieder eine
moderne Parallele. Experimente mit Algenkulturen werden heute mit dem Ziel vorgenommen, daraus Nahrung für lange Raum-
flüge herzustellen.

Unter David und Salomo fand das Gerät seinen Platz im Allerheiligsten des zu diesem Zweck erbauten Jerusalemer Tempels,
der auch der Salomonische Tempel genannt wird. Der letzte alt-
testamentarische Hinweis findet sich im Makkabäer-Buch, wonach der Prophet Jeremias die Bundeslade am Berg Nebo versteckte. Dann schweigt die Bibel sich aus und nirgends in ihr findet sich eine weitere Spur.

Das war der Stand der Dinge, nachdem Sassoon und Dale
1979 ihr Buch veröffentlicht hatten. Beeindruckt von ihrer Ar-

Die Bundeslade wird auf einem Wagen transportiert. Befand sich in ihr der Reaktor der Manna-Maschine?

beit, begannen wir daraufhin, uns intensiver mit der Geschichte der Manna-Maschine zu befassen. Uns war ein Gedanke, ein Verdacht gekommen: Uns fiel eine alte Sage wieder ein, eine Erzählung, bei der es um ein „Ding" ging, das wie die Manna-Maschine Nahrung produziert hatte: die Legende von Parzival und dem Heiligen Gral.

Wir hatten uns gefragt, ob ein Gerät wie die Manna-Maschine, ein so außergewöhnlicher Gegenstand, tatsächlich ohne weiteres „verschwinden" kann oder ob es nicht im Verlauf der folgenden 2500 Jahre wieder aufgetaucht sein könnte. Unsere Vermutungen verstärkten sich, als wir nun unser altes, schon ein wenig ramponiertes Sagenbuch aus Kindertagen wieder aus dem Speicher hervorkramten und die Geschichte nachlasen. Dann stießen wir auf einige Originalpassagen der Legende, die im 12. Jahrhundert von Wolfram von Eschenbach aufgezeichnet worden war.

Wir spürten mehr und mehr, dass wir hier möglicherweise einer ganz großen Sache auf die Spur gekommen waren. Aber wir wussten von Anfang an, dass wir nur mit wissenschaftlichen Methoden an dieses Problem herangehen konnten, dass man unsere

Ideen nur akzeptieren und unsere Gedanken würde nachvollziehen können, wenn unsere Theorie abgesichert werden konnte. Als Erstes mussten wir also an die Originaltexte der Gralslegende gelangen. Einer von uns hatte sich damals gerade für ein Studium der Germanistik eingeschrieben und so begann er, Vorlesungen und Seminare in Mediävistik, der Erforschung mittelalterlicher Literatur, zu besuchen. Wir wollten die mittelhochdeutschen Texte der Parzivallegende selbst lesen können und die ganze Bandbreite literaturwissenschaftlicher Abhandlungen darüber ausschöpfen. Und wie in einer Detektivstory begannen sich die Indizien zu verdichten, die Spuren zu konkretisieren, entwickelte sich eine Hypothese.

Das Wissen vom Gral

Schon bald stellten wir fest, dass wir unsere bisherigen Vorstellungen von der Parzivallegende als einheitliches literarisches Gebilde über Bord werfen mussten: In Wirklichkeit stellt die Erzählung ein Sammelsurium unterschiedlichster Texte dar.

Was nun war dieser Gral eigentlich? Aus alten, zum Teil schon arg verstaubten Manuskripten erfuhren wir, dass die Autoren des Mittelalters bei der Beschreibung im Grunde sehr vorsichtig vorgegangen waren. Schließlich hatten sie das „heilige Gerät" nie selbst gesehen. Die Franzosen charakterisieren es meist schlicht als Gefäß oder als „metallene Schale", nur für Robert de Boron, der zahlreiche christliche Elemente in den Stoff einarbeitete, ist es der Abendmahlskelch. Wolfram von Eschenbach hingegen erzählt lediglich von einem „Ding", zuweilen auch von einem „Stein" im Sinne eines Edelsteins oder Juwels, also eines kostbaren Gegenstandes.

Aber so kamen wir nicht recht weiter. Wir schlugen daher einen zweiten Weg ein: Im Deutschen Seminar der Universität Göttingen und in den Universitäts-Bibliotheken von Würzburg und München suchten wir aus hohen Regalen Berge an wissenschaftlichen Abhandlungen über das Gralsthema heraus. Dabei stießen wir auf die verschiedensten Herleitungsformen des

Die Gralsprozession erinnert an den Transport der Bundeslade.
Mittelalterliche Buchillustration.

Gralsbegriffs: „Becher", „Napf", „Annehmlichkeit", „Gnade",
„Brot" und – wir trauten unseren Augen kaum – von „gangandi
greidi": „Gerät der umherwandelnden Wegzehrung"!

Neue Spuren taten sich auf, als wir der Beschreibung Wolframs nachgingen. Er hatte wiederholt im Zusammenhang mit
dem Gral von einem „Stein" gesprochen, den er „lapsit exillis"
nannte. Aus der umfangreichen Begleitliteratur erhielten wir
eine große Anzahl der Deutungsmöglichkeiten: „Stein der Weisen", „Stein des Exils" oder – aus „lapis lapsus ex illis stellis":
„Stein, der von jenen Sternen herabgekommen ist", wie es Prof.
Bodo Mergell übersetzt.

Aus der Kabbalah war uns eine Stelle bekannt, in der es über
die Manna-Maschine heißt: „Und von diesem Tau mahlen sie das
Manna der Gerechten für die kommende Welt. Damals ernährte
Othiq Iumin sie von dieser Stelle aus. Und es wird auch gesagt:
Seht, ich will euch Brot vom Himmel regnen lassen. Und auch:
Gott gebe dir vom Tau des Himmels."

Da verfügten die Israeliten also über eine Maschine, die von
ihren Priestern Othiq Iumin genannt wurde und die sie mit Man-

Der Gralaltar mit dem Gefäß als Kelch, in den himmlischer Tau tropft. Illustration von E. Burnes-Jones, London 1898.

na, also mit Nahrung, versorgte. Fast eine identische Aussage trifft Wolfram von Eschenbach auch über den Gral:

„Nun vernehmet eine andere Kunde: Hundert Knappen wurden aufgeboten, die nahmen auf weißen Linnen ehrfürchtig Brot von dem Gral. Darauf gingen sie und verteilten sich an die Tische. Man sagte mir und ich sage auch euch, dass vor dem Grale bereit lag, wonach ein jeder die Hand ausstreckte. Denn der Gral war die Frucht der Seligen, eine solche Fülle irdischer Süßigkeit, dass er fast all dem glich, was man sagt vom Himmelreich."

Eine nicht unwichtige Frage war für uns, ob das Brot, von dem Wolfram und Chrétien sprechen, tatsächlich mit dem biblischen Manna zu vergleichen ist. Schließlich erwähnt weder Chrétien noch Wolfram dieses Wort. Dennoch können wir heute mit einiger Berechtigung sagen, dass die Parallelität Gralsbrot – Manna durchaus gegeben ist. Dies schon deshalb, weil eine solche Assoziation auch in der wissenschaftlichen Literatur selbst vorgetragen wird. Dies erscheint uns vor allem deswegen von Bedeutung, weil die entsprechenden Forscher ja niemals an eine Verbindung von Gral und Manna-Maschine gedacht haben und daher als völlig unverdächtige Zeugen gelten können. In einem 1952 von Prof. Bodo Mergell niedergelegten Buch fanden wir beispielsweise folgende Stelle: „Für Wolfram ist festzuhalten, dass für ihn das Motiv der Speisung durch den Gral durch die Erinnerung an die biblische Speisung mit Manna nahelag."

Das war wirklich ungeheuerlich, bekamen wir doch unvermittelt „Schützenhilfe" aus dem literaturwissenschaftlichen Lager. Weitere Parallelen fanden sich bei Prof. Faugére und Dr. Gelbhaus. Letzterer schreibt: „Die Eigenschaft des Grals, allerlei Speisen zu gewähren, erinnert an die Eigenschaft des Manna, jeden gewünschten Geschmack anzunehmen." Und vollends bestätigt wurde unser Verdacht durch Dr. Emma Jung, die hinsichtlich der etymologischen Bedeutungsanalyse des Wortes Gral folgende Verbindung aufzeigt: „Dem Wort grés = nahe stehen, gréle = Hagelstein und gressil = Reif oder Tau, die als vom Himmel kommende weiße Steine die Vorstellung von Manna erwecken."

All diese Übereinstimmungen hätten freilich dann wenig Aussagekraft gehabt, wenn sich durch die Texte der Parzivalliteratur hätte belegen lassen, der Gral sei ein irdisches „Ding" gewesen, d. h. aus den Werkstätten eines Goldschmiedes oder Steinmetzen hervorgegangen. Das Gegenteil jedoch hat sich als richtig erwiesen. Bei Wolfram von Eschenbach fanden wir eine Textstelle, die dieser im 13. Jahrhundert niedergelegt hatte.

Dort steht: „Ihn (den Gral) brachte einstmals eine Schar, die wieder zu den hohen Sternen flog, weil ihre Unschuld sie heimwärts zog."

Die verstreuten Steine eines Mosaiks begannen sich zusammenzufügen. Denn mit diesen Sätzen schloss Wolfram von Eschenbach jede andere Deutungsmöglichkeit aus: Es waren nichtirdische, von den Sternen herabgekommene Wesen, die den Gral einst zur Erde gebracht hatten, bevor sie in ihre Heimat zurückkehrten.

Wir konnten nun eine Zwischenbilanz ziehen: Es hatte sich bestätigt, dass die Manna-Maschine und der Gral die gleiche Art von Nahrung produzierten, dass Manna-Maschine und Gral mit den gleichen Attributen charakterisiert wurden und dass Manna-

Maschine und Gral künstlichen, außerirdischen Ursprungs waren. Es handelte sich lediglich um zwei verschiedene Namen für ein und dasselbe Objekt!

Die Geschichte des Grals

Wie aber war die Überlieferung von der Manna-Maschine eigentlich in ein Sagenepos des Mittelalters gekommen? Denn zunächst schien die Spur dieses extraterrestrischen Gerätes ja im sechsten Jahrhundert vor Christi abzureißen.

In der Gralsüberlieferung selbst fanden wir den entscheidenden Hinweis. Robert de Boron und Chrétien de Troyes betonen, sie hätten ihre Informationen aus einem „großen Buch, in dem die erhabenen Mysterien beschrieben sind, die nach dem Gral benannt sind". Doch ausgerechnet Robert, auf den die so populäre Deutung des Grals als der Kelch des Letzten Abendmahles zurückgeht, muss am vorläufigen Ende seiner Erzählung gestehen, dass er das große Gralsbuch noch gar nicht bekommen habe und deshalb nicht weiterarbeiten könne.

Dies gilt auch für die zweite christianisierte Gralsversion, den französischen Ritterroman „Perlesvaus". Autor dieses Werkes war wahrscheinlich ein Geistlicher in Nordfrankreich oder Belgien, der zu wertvollen Bibliotheken Zugang gehabt hat. Ihm scheinen mehrere Quellen über Artus vorgelegen zu haben. Auch griff er auf archaisches Material aus Wales zurück, das er alten Manuskripten entnommen haben wird. Seine Schrift wird zwischen 1192 und 1225 eingeordnet und stellt somit eine der frühen Gralserzählungen dar. Dieser Dichter behauptet nun gleichfalls, es gebe ein lateinisches Buch in einem „heiligen Haus" (vielleich ist Glastonbury damit gemeint), in dem seine Geschichte schon zuvor überliefert wurde.

Ein anderer Autor, der Chronist des „Helinand", ging ebenfalls auf die Suche nach der Originalquelle der Geschichte des Grals. Er schließt sich Roberts Auffassung einer Vision Josephs von Arimathia an, muss aber seinen Lesern mitteilen: „Ich habe jene Geschichte nicht in der lateinischen Fassung finden können, sondern nur das, was auf französisch niedergeschrieben ist und sich im Besitz gewisser vornehmer Herrschaften befindet; der vollständige Text aber, sagt man, ist möglicherweise gar nicht zu bekommen. Es ist mir noch nicht gelungen, mir von jemandem eine Abschrift auszuleihen, sodass ich mich hätte hinsetzen können, um das Ganze in Ruhe gründlich zu studieren." Auch dieser christliche Autor kann somit seine Annahme, bei dem Gral handele es sich um den Kelch des Letzten Abendmahls, nicht belegen und gibt dies – ganz im Gegensatz zu späteren Schriftstellern – auch offen zu.

Chrétien geht gleich zu Beginn seines „Conte del Graal" auf dieses rätselhafte Buch ein: „So wird also Chrétien seine Mühe nicht umsonst gehabt haben, wenn er auf Geheiß des Grafen sich mühet und strebt, die beste Geschichte zu dichten, die jemals an einem Königshofe erzählt wurde. Das ist die Erzählung vom Gral, zu der der Graf ihm das Buch übergab."

Mit dem Grafen ist Philipp von Flandern gemeint, bei dem Chrétien in Diensten stand. Zwei Aspekte sind hier besonders beachtenswert. Chrétien scheint Zugang zu wohlgehüteten Quellen besessen zu haben, wahrscheinlich auch schottischen Urkunden, denn der Graf von Flandern war gerade erst aus Schottland zurückgekehrt, als Chrétien mit seinem Werk begann. Detailkenntnisse Chrétiens über Verhältnisse in Schottland bestätigen diesen Verdacht.

Interessant ist zum Zweiten, dass Philipps Vater von seinem Kreuzzug eine Blutsreliquie mit zurück nach Flandern gebracht hatte. Sie wird noch heute in Brügge als das wirkliche, materiehafte Blut Christi verehrt. Diese Reliquie muss auch Chrétien gekannt haben. Dennoch erwähnt er sie nie im Zusammenhang mit dem Gral. Folglich sah er auch keine Verbindung zum Blut Christi, wie Robert diese später konstruiert – ohne das ursprüngliche Gralsbuch zu besitzen. Und das ist entscheidend. Robert de Boron kannte weder die wirkliche Überlieferung noch wusste er, was der Gral bedeutete. Er war auf reine Spekulation angewiesen, die er aus apokryphen Texten schöpfte. Auf der anderen Seite steht Chrétien, dem die Originalschrift vorlag. Und genau dieser Mann zieht die Verbindung zum Kelch Christi nicht.

Beachtung verdient ferner, dass auch ein Gönner Wolfram von Eschenbachs, nämlich Rupert von Durne, der Herr der Wildenburg im Odenwald, zusammen mit Philipp, der Chrétien das Original zum Gralsbuch übergab, zum Gefolge Heinrichs VI. gehörte. Vielleicht kannten beide somit dieselbe schriftliche Quelle.

Wolfram schreibt ausführlicher: „Kyot, der wohlbekannte Meister, fand zu Toledo verworfen, in heidnischer Schrift, die Urfassung der Aventüre." Und er wirft dem immerhin sehr berühmten und angesehenen Dichterkollegen Chrétien vor, die Geschichte vom Gral unrichtig weitergegeben zu haben. Er, Wolfram, aber besitze nun die Urfassung, wie sie in Toledo gefunden wurde: „Wenn der Meister Chrétien von Troyes dieser Geschichte Unrecht getan hat, so darf das Kyot wohl erzürnen, der uns die rechte Geschichte überliefert hat", so betont Wolfram zu Beginn seines Epilogs. Diese dem eigentlichen Buch nachgestellte Ausführung besitzt in einem mittelalterlichen Epos besondere Aussagekraft, was auch bei Wolfram deutlich wird, da er noch einmal zum Ausklang wie in einem Aufruf das Lebensziel des Christenmenschen zusammenfasst. Wir müssen also davon ausgehen, dass ein Mann namens Kyot eine alte Originalschrift besaß, in der die Erzählung vom Gral enthalten ist – ohne all die Zusätze arthurischer und mittelalterlicher Zeit. Chrétien scheint dies sogar selbst zu bestätigen, wenn er den Terminus „se delivrer" für sein Werk verwendet, was mit „sich befreien, losmachen" übersetzt werden kann, d. h. er hat sein Buch von der Originalquelle „befreit" im Sinne der Schaffung einer eigenständigen Idee.

Toledo (Spanien) wurde somit Angelpunkt unserer weiteren Erkundigungen. Hier nämlich fand ein gewisser Kyot die Urfassung der Gralssage, und zwar – erstaunlicherweise – in „heidnischer Schrift". Doch ein Blick auf das mittelalterliche Spanien genügt, um zu erkennen, dass die Iberische Halbinsel lange Zeit von den Moslems besetzt war, Toledo sogar das Zentrum der Wissenschaften der islamischen Welt darstellte.

Dort also hat der von Wolfram genannte Kyot eine möglicherweise arabische Schrift entdeckt, die die eigentliche Gralsüberlieferung zum Inhalt hatte. Über den ursprünglichen Autor dieses

Textes schreibt Wolfram:

„Ein Heide Flegetanis, einst hoch berühmt durch seine Künste, dieser Kenner der Natur, war mütterlicherseits geboren von Salomo, aus israelitischer Sippe. Väterlicherseits war er ein Heide, der ein Kalb anbetete, als wäre es sein Gott. Der schrieb von der Aventure des Grals."

Generationen von Wissenschaftlern haben gerätselt, wer damit gemeint gewesen sein könnte, denn ein Moslem betet ja bekanntlich kein Kalb an. Doch für uns begann sich ein weiterer Kreis zu schließen. Wolfram gab uns einen zeitlichen Anhaltspunkt: Salomo! Und in der Tat lebte zu dessen Zeit ein Mann, auf den die oben genannten Beschreibungen exakt zutreffen. Im Ersten Buch der Könige erfahren wir eine ganze Menge über ihn. Er stammte aus dem jüdischen Stamm Naphtali, sein Vater aber war ein Phönizier und betete im Gott Baal das Kalb an. Er war, so schreibt die Bibel, „voll Weisheit, Verstand und Kunst", genauso wie Wolfram sagt, er sei ein Kenner der Natur und hoch berühmt für seine Künste gewesen. Sein Name: Hiram-Abi. Sein Status: Architekt, Astrologe und Berater des Königs von Phönizien. Sein Lebenswerk aber: Die Erbauung des Salomonischen Tempels!

Es gibt zuweilen seltsame Zufälle, aber hier konnten wir nicht mehr an einen solchen glauben. Hiram-Abi – als Konstrukteur des Jerusalemer Gotteshauses – war der einzige nichtisraelitische Außenstehende, der wissen musste, um was es wirklich ging, nämlich um die Konstruktion eines Gebäudes mit einem sehr seltsamen Inhalt. Für die Annahme, dass er wusste, was er da baute, spricht auch die jüdische Legende, wonach Hiram-Abi nach Abschluss der Arbeiten von unbekannter Hand ermordet wurde. Irgendjemandem in Jerusalem war die Angelegenheit offensichtlich zu „heiß" geworden und politisch motivierte Morde lösten für die Herrschenden im Laufe der Geschichte schon so manches derartige Problem.

Fraglos ist es Hiram-Abi aber zuvor gelungen, einen schriftlichen oder mündlichen Bericht an seinen König in Tyrus abzufassen, einen Bericht über die Manna-Maschine, der auf diese Weise zunächst in die heidnische, später moslemische Welt und nach der Einnahme Spaniens durch die Araber schließlich – vermut-

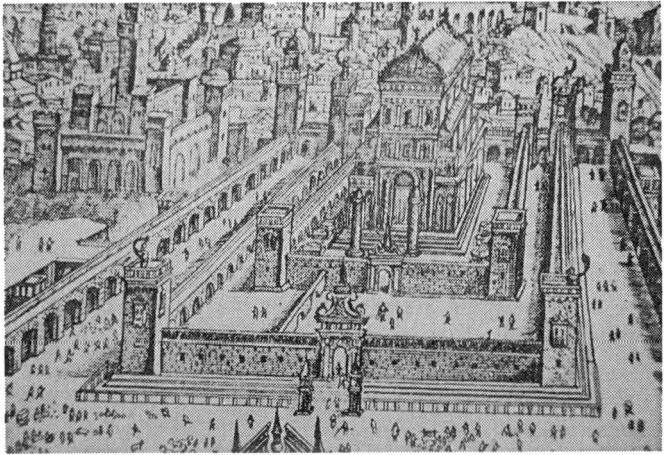

Der Salomonische Tempel. Er diente primär als Aufbewahrungsort der Bundeslade und der Manna-Maschine. Stich, 18. Jh.

lich als Abschrift von Abschriften – ins dortige Zentrum der Wissenschaften, nach Toledo, gelangte.

Gralswächter

Wie ging es weiter? In der Parzival-Legende wird der Gral von einer so genannten „Gralsritterschaft" bewacht. Wolfram von Eschenbach gibt ihr den Namen „Templeisen". Dieser Name erinnerte uns an den Mönchsritterorden der Templer und in der Tat wird eine solche Verbindung auch in der Literaturwissenschaft angenommen. Der Templer-Orden wurde 1128 offiziell gegründet und 1312 durch den damaligen französischen König Philipp den Schönen im Verbund mit Papst Clemens V. und der katholischen Inquisition zerstört. Da die Verbindung Gralsritter – Templeisen – Templer also offensichtlich besteht, stellte sich für uns die Frage: Waren die Templer im Besitz der Manna-Maschine, waren sie die Hüter des Grals?

Über viele Jahrhunderte hinweg hatten wir die Spur der Man-

Ein Ritter des Tempelherrenordens zieht in den Kreuzzug. Mittelalterl. Darstellung.

na-Maschine oder des Heiligen Grals verfolgt, in biblischen Zeiten ebenso wie auf ihrem Weg durch die Literatur des Mittelalters. Würde es uns auch gelingen, den vermutlich nicht minder verschlungenen Weg dieses seltsamen Gegenstandes historisch aufzuspüren und nachzuvollziehen? Würde sich der Nebel der Vergangenheit lichten?

Bis heute rätselhaft – weil im Grunde unerforscht – sind jene Ereignisse, die sich im Vorfeld der Templer-Ordensgründung abspielten. Die beiden führenden Männer waren Graf Hugo de Champagne und sein Offizier Hugo de Payens. 1099 und 1104 waren sie im Heiligen Land gewesen und als sie nach Frankreich zurückkehrten, nahmen sie Kontakt mit dem neu gegründeten Orden der Zisterzienser auf, deren Mönche mit einem langwierigen Studium alter hebräischer Texte begannen. Für diese Zeit sehr ungewöhnlich: Zu Übersetzungsarbeiten wurden auch jüdische Rabbiner der berühmten Kabbalah-Schule von Troyes herangezogen. 1119 treibt die ganze mysteriöse Angelegenheit ihrem Höhepunkt zu:

Während der junge Mönch Bernhard von Clairvaux (der spä-

Durch ihre wagemutigen Kampfeinsätze gelangten die Templer zu
Ruhm und großen Reichtümern. Mittelalterl. Fresko.

tere heilige Bernhard) mit der Fortsetzung der Übersetzungen
betraut und ihm dafür von Graf Hugo de Champagne ein neues
Kloster gebaut wird, ziehen Hugo de Payens und sieben Getreue
erneut nach Jerusalem. Sie nennen sich dort „Arme Ritterschaft
vom Salomonischen Tempel", und das nicht ohne Grund.

Ihr Quartier befindet sich nämlich genau über den Ruinen des
alten Gotteshauses. Bis 1127 bleiben sie dort. Entgegen der ursprünglich bekundeten Absicht, den Kreuzrittern bei ihren
Kämpfen gegen die Sarazenen beistehen zu wollen, beteiligen
sie sich an keiner einzigen Schlacht. Stattdessen nehmen sie
Ausgrabungen im Tempelbereich vor oder streifen wochenlang
durch Palästina – bis heute weiß niemand, wohin. Dann, nach
acht Jahren des Suchens und Forschens, ist die Entscheidung offenbar gefallen:

Zwei Templer reisen zurück nach Frankreich, informieren
Bernhard von Clairvaux, der diese ganze Operation offenbar von
Europa aus dirigierte. Dieser schreibt daraufhin Briefe an den

Papst, den König von Frankreich und die Templer in Jerusalem. Vom Heiligen Land aus setzen sich diese in Bewegung. Nach ihrem Eintreffen wird zum ersten und einzigen Mal in der Kirchengeschichte ein Konzil einberufen, dessen einziger Zweck die Bestätigung der Ordensgründung ist. Und dennoch lässt Bernhard bereits jetzt in die Ordensstatuten schreiben: „Mit Gottes Hilfe ist das große Werk vollendet worden."

Was ist hier eigentlich geschehen, in diesen Jahren zwischen 1105 und 1128? Es gibt nur eine Erklärung: die Templer waren nicht nach Palästina gereist, um sich an den dortigen Kämpfen der Kreuzzugkriege zu beteiligen, sondern um etwas besonders Wichtiges, etwas außergewöhnlich Wertvolles zu finden, etwas, das sich in Israel befand und das sie erst nach achtjähriger Suche entdeckten: die Manna-Maschine, den Heiligen Gral.

Um diese Annahme abzusichern, brauchten wir aber eindeutigere Hinweise. Und wir fanden sie! Wir wurden dadurch nicht nur in die Lage versetzt zu belegen, dass die Templer im Besitz des Grals waren, sondern dass es sich bei diesem Gral mit einem hohen Grad an Wahrscheinlichkeit tatsächlich um die in der Kabbalah beschriebene Manna-Maschine gehandelt hat.

Als die Inquisition auf Betreiben Philipps des Schönen nämlich Anklage gegen die Templer erhob, beschuldigte man den Orden, ein Idol zu verehren, ein „Bild wie ein Gott", das „Köpfe", „Gesichter" und „ausgehöhlte Schädel" gehabt haben soll. Bei der Durchsuchung der Templer-Klöster und Burgen wurde dieses Idol nicht gefunden. Dennoch haben die Ordensführer dessen Existenz nie in Abrede gestellt. Aus der Anklageschrift, den Berichten über die Verhöre und den Aussagen der Templerführer geht unzweideutig hervor, dass es sich bei diesem „Baphomet" genannten Idol um nichts anderes handelte als um die Manna-Maschine.

Wie in der Kabbalah wird das Idol auch hier als helldunkle Einheit der göttlichen Gegensätze beschrieben, als „männlich und weiblich" zugleich, und genauso wie dort werden dieselben Umschreibungen für technische Details verwendet. Der „seltsame Bart", der an verschiedenen Stellen des Körpers heraus- und wieder hineinwuchs und den Sassoon und Dale als Schlauchsys-

*Gnadenlos verfolgte die Inquisition im 14. Jh. die Templer, um an ihre
Schätze und ihr höchstes Heiligtum, den Gral, zu gelangen.*

tem identifizieren konnten, die „Köpfe", die ineinanderge-
schachtelt waren und verschiedene Behälter darstellten, die
„leuchtenden Augen", die in Wirklichkeit Lampen waren – all
dies taucht auch hier wieder auf. Und das Verblüffendste:
Dr. Emma Jung sah 1960, als sie weder von der Rekonstruktion
der Manna-Maschine noch von unserer Hypothese etwas ahnen
konnte, bereits deutliche Verbindungen zwischen dem Idol der
Templer und dem Heiligen Gral. Erneut hatte sich ein Kreis geschlossen.

Nun kann man natürlich einwenden: wenn die Templer tatsächlich dieses Gerät besaßen, dann muss es doch irgendwelche
Hinweise schriftlicher oder sonstiger dokumentarischer Art geben. Nun, zum einen ist der gesamte Templerschatz bis heute
nicht entdeckt, einschließlich aller wichtigen Aufzeichnungen
und Unterlagen. Und zum anderen gibt es ein solches bildhaftes
Dokument vielleicht wirklich.

Im österreichischen Burgenland erhebt sich noch heute die gut
erhaltene Festung Lockenhaus. Wir besuchten sie erstmals im

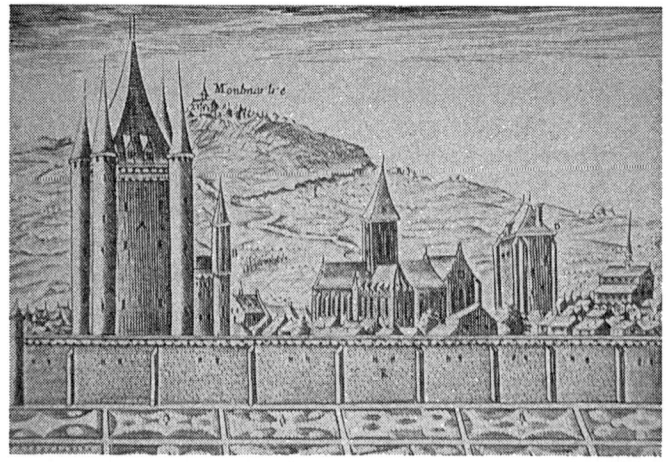

Der Tempel von Paris, das Hauptquartier des Ordens nach dem Verlust von Jerusalem. Hier war der Gral vermutlich 200 Jahre untergebracht.

Herbst 1990. Uns interessierte vor allem der so genannte Kultraum, ein mathematisch-astronomisch ausgerichteter Saal, den die Templer zu ihren geheimen Riten nutzten. Bedeutend ist dabei jener seltsame Symbolstein, der in der vorderen Apsis steht und eine Tabernakelkammer gewesen sein soll. Es handelt sich um einen ca. 1,20 m hohen Block, innen z. T. ausgehöhlt, aber ohne jede christliche Symbolik. Stattdessen findet sich auf der Vorderseite eine sehr eigentümliche Ritzzeichnung, die wir etwas näher betrachten wollen.

Man erkennt ein Rechteck, das von einem Halbkreis gekrönt wird. Unterhalb dieses Halbkreises und gewissermaßen in ihn eingeschlossen findet sich ein weiterer Halbkreis, der nach unten in zwei sich berührende Kreise übergeht. Im unteren Bereich des Rechtecks sind nochmals zwei sich berührende ovale Kreisstrukturen dargestellt. Nach offizieller Interpretation handelt es sich „beim oberen Symbol um eine doppelköpfige Schlange, die durch den heiligen Knoten verbunden ist". Auch mit lebhaftester Fantasie fällt es uns aber ehrlich gesagt schwer, diese „doppelköpfige Schlange" zu erkennen. Zu den zwei unteren Kreisen

heißt es hingegen – und damit kommen wir der Wahrheit vielleicht ein Stückchen näher –: „Das Symbol auf dem Stein bedeutet das Wort Brot. Das Wort vom Brechen des Brotes ist die alleralteste Bezeichnung: Ich bin das Brot des Lebens, das vom Himmel kommt, auf dass, wer davon isset, nicht sterbe."

Auch wenn dieser Satz aus dem Neuen Testament entlehnt ist, schimmert in dieser Deutung vielleicht doch eine vage Erinnerung an das wieder, was hier auf zwar recht einfache, aber doch erkennbare Weise dargestellt zu sein scheint: das Idol der Templer, „Baphomet", die Manna-Maschine. Es ist auffällig, dass im oberen Teil der Zeichnung mehrere Kreise und Halbkreise ineinander geschachtelt sind – nichts anderes wird im Sohar über die Maschine gesagt, beispielsweise in KHV 59:

„Drei Köpfe sind ausgehöhlt; dieser befindet sich in jenem und dieser über dem anderen. Ein Kopf ist Weisheit; er ist der verborgenste …"

Oder in KHV 175: „Es gibt drei obere Köpfe; zwei Köpfe und einen, der sie beinhaltet."

Ist mit den Kreis- und Halbkreisdarstellungen tatsächlich der obere Bereich der Manna-Maschine gemeint, ergibt sich nahezu zwangsläufig, dass die beiden unteren Kreise die Auffangbehälter für das Manna symbolisieren.

Ein Vergleich mit der Rekonstruktion der Maschine durch Sassoon und Dale zeigt ihre richtige Positionierung in Bezug auf die Gesamtfiguration.

Ein Beweis für die Existenz der Manna-Maschine? Nein, leider nicht, dafür enthält die Abbildung zu wenig Details. Aber immerhin, wie wir meinen, ein interessantes und wichtiges Indiz. Es muss einer weiterreichenden Forschung vorbehalten bleiben zu entscheiden, welche Version wahrscheinlicher ist: die einer doppelköpfigen Schlange mit heiligem Knoten oder die der Manna-Maschine.

Gralskönige

Kommen wir noch einmal zurück zum „Parzival". Neben den Gralsrittern ist ein weiterer interessanter Aspekt der Gralserzählung das erwähnte Königsgeschlecht, dem – so wie es Wolfram beschreibt – Anfortas und Parzival entstammen. Robert führt die „Gralsdynastie" auf Joseph von Arimathia, dessen Schwester und dessen Schwager, Bron, zurück und wird über Alain fortgesetzt. Robert scheint damit auf die biblische Familie Kohath anzuspielen, deren dritter Sohn Hebron (Bron) die Bundeslade betreute. Womit er bewusst oder unbewusst gar nicht so falsch lag.

Die unterschiedlichen Gralserzähler gehen jeweils von einer Erblinie aus, die – parallel zu den Rittern des Grals – wie Könige regierten. Dies hat zum Teil zu recht abenteuerlichen Spekulationen geführt. Die bekannteste dürfte die der drei britischen Autoren Lincoln, Baigent und Leigh sein, die in ihrem Buch „Die Erben des Heiligen Grals" auf eine ominöse und in keiner Weise verifizierbare „Blutslinie" von Jesus von Nazareth, der Maria Magdalena geheiratet haben soll, über das Haus Anjou (heute Frankreich) bis hin zu Adelshäusern unserer Tage gegangen ist.

Ihre Annahme beruht auf einer bedauerlicherweise nur oberflächlichen Auseinandersetzung mit dem Begriff „Gral", den sie

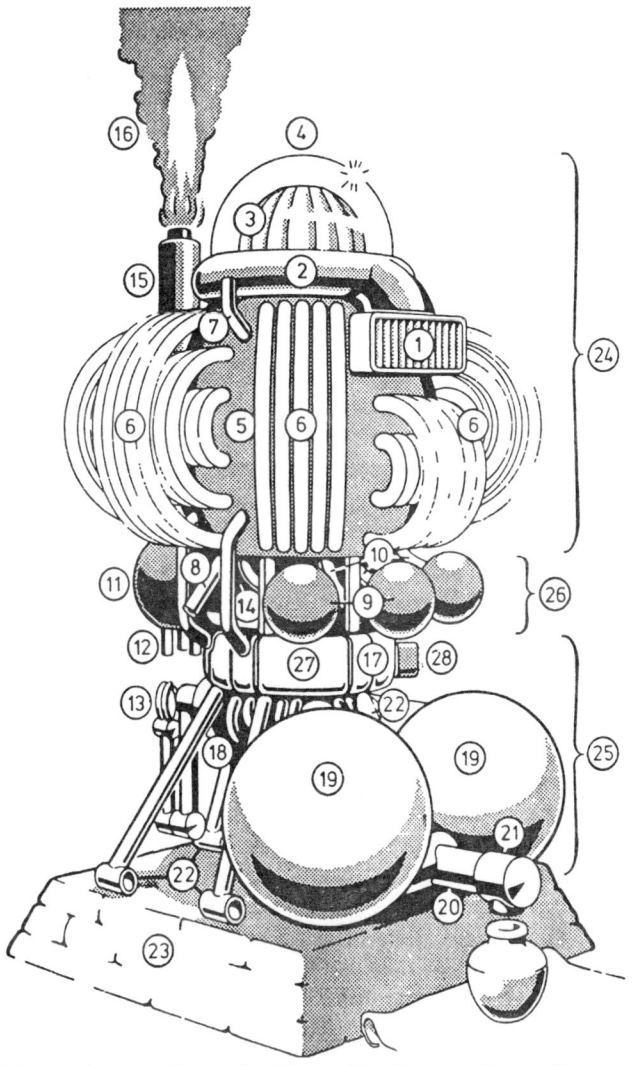

Rekonstruktionszeichnung der Manna-Maschine von George Sassoon und Rodney Dale (Zeichnung Martin Riches, Berlin), ohne Beschreibung.

von „sangreal", also „königliches Blut", abgeleitet sehen möchten. Oberflächlich ist ihre These, weil ihnen offenbar die vorliegende Argumentation mediävistischer Forscher völlig unbekannt ist. Denn bereits vor 100 Jahren (!) hat Professor Paul Piper belegen können, dass diese Annahme auf das späte Mittelalter zurückzuführen ist, als sich schon eine Identifizierung des Grals mit dem Abendmahlskelch vollzogen hatte. An dieser Sachlage hat sich bis heute nichts, aber auch gar nichts geändert. Sämtliche Interpretationen der angeblichen Blutslinie von Jesus zu den französischen Königen und die damit verbundenen Verschwörungstheorien sind somit von vornherein als hinfällig zu betrachten.

Damit muss ebenso das von einigen Autoren angenommene Gralsversteck im französischen Rennes-le-Château *ad acta* gelegt werden, da man davon ausging, hier könnten Geheimdokumente über eine entsprechende Jesus-Nachkommenschaft liegen. Das Geheimnis des kleinen Pyrenäendorfes wird wohl ein anderes sein.

Weiterhelfen bei der Suche nach den Gralskönigen könnte uns aber der von Wolfram erwähnte Kyot, von dem Wolfram seine Informationen zum Gral erhalten hat und von dem der deutsche Dichter glaubte, dass er auch Chrétien die Vorlage für seinen „Perceval" geliefert habe.

Kyot ist heute zu einem philologischen Problem geworden. Von den einen wird er völlig in seiner Existenz bestritten und als literarische Erfindung dargestellt; die anderen machen sich auf, seine Spuren zu finden. Dabei kommen sie zu sehr unterschiedlichen Resultaten, wer sich hinter diesem Namen verbergen könnte.

Sehen wir uns an, was Wolfram über diesen Kyot zu berichten weiß. Es ist erstaunlich:

> *„So schrieb davon Flegetanis.*
> *Kyot, der weise Meister,*
> *begann nach (einer) Überlieferung zu suchen,*
> *in lateinischen Büchern,*
> *wo gewesen wäre ein dazu geborenes Volk,*
> *dass es sich annähme des Grales Pflege*
> *und redlich genug dazu sei.*

Er las in den Chroniken der Länder,
zu Britannien und anderswo,
in Frankreich und in Irland.
Zu Anschouwe fand er die Überlieferung ...
Über sein ganzes Geschlecht
stand da das Rechte geschrieben,
und außerdem, wie Titurel
und dessen Sohn Frimutel
den Gral auf Anfortas vererbten,
dessen Schwester Herzeloyde war,
von der Gahmuret ein Kind
bekam, von dem diese Geschichte handelt. "

Kyot, das wird aus dieser Textstelle deutlich, war ein wissenschaftlich hervorragender Forscher, der in vielen europäischen Ländern nach Ansatzpunkten dafür suchte, wie die Geschichte, die er in einem uralten Manuskript in Toledo gefunden hatte, weitergegangen war. Er fand offensichtlich die gesuchten Texte in „Anschouwe".

Der Name „Anschouwe" lässt zwei örtliche Varianten zu. Die meisten Forscher gingen bislang von der Annahme aus, damit sei Anjou am Unterlauf der französischen Loire gemeint. Dies liegt nicht sehr weit entfernt von dem berühmten Benediktinerkloster Cluny. Die dort lebenden Mönche betrieben ein für damalige Zeiten ungewöhnlich intensives Studium der Wissenschaften und übersetzten zahllose ältere Texte – auch jüdische – ins Lateinische. Kyot könnte hier die gesuchten Dokumente gefunden haben.

Der Satz: „Über sein ganzes Geschlecht stand da das Rechte geschrieben" kann bedeuten, Kyot habe die Wahrheit über die Herkunft von Flegetanis/Hiram erfahren. Es kann aber auch heißen, er habe über ein Adelsgeschlecht etwas herausgefunden, das in besonderer Weise für die Aufbewahrung des Grals bestimmt sein könnte.

Es ist auffällig, dass bei Wolfram von Eschenbach Gahmuret ein „Anschevîn" ist und sein Erbland „Anschouwe" heißt. Damit aber hätte für einen mittelalterlichen Leser eine Verbindung des Helden zum englisch-französischen Fürstenhaus nahegelegen.

Prof. Joachim Bumke schreibt dazu: „Die Vermutung, dass eine bestimmte Person aus dem Haus Anjou-Plantagenet als Vorbild für die Gahmuretgestalt gedient hat, ist mehrfach geäußert worden, lässt sich aber nicht beweisen; die Ähnlichkeit mit Richard Löwenherz reicht über ein paar Äußerlichkeiten nicht hinaus. Man muss auch beachten, dass Wolframs Angaben der historischen Wirklichkeit zum Teil widersprechen: Anschouwe ist bei ihm ein Königreich mit der Hauptstadt Bealzenan und auch die Namen der Anschevins: Gandin, Galoes und Gahmuret haben im Haus Anjou keine Parallele."

Andererseits existiert eine sehr deutliche Verbindung zum Haus von Anjou. Philipp von Flandern, der Chrétien den Quelltext zum Gral übergab, war der Sohn des Grafen Dietrich von Elsaß und einer Tochter des Grafen Fulco V. von Anjou, des späteren Königs von Jerusalem, der eng mit den Templern in Verbindung stand. War die Originalgeschichte, die einst der Mitbegründer des Templerordens Kyot/Hugo entdeckt hatte, über Philipps Großvater Fulco an den Hof von Flandern gekommen? Philipp selbst besuchte 1177 und 1191 das Heilige Land; Philipps Vater lebte sogar sieben Jahre dort. Gut denkbar also, dass Chrétien auf diese Weise den ursprünglichen Bericht erhalten hat. – Wolfram lag dann eine Zweitschrift vor. Die Frage ist, wo beide verschollenen Exemplare sich heute befinden. Ihr Wiederauffinden wäre eine Sternstunde der Gralsforschung.

Die Andeutung einer englischen Verbindung könnte ein Hinweis darauf sein, warum der Artus-Stoff mit in die Grals-Parzival-Geschichte verwoben wurde. Wenn ein britisches Herrscherhaus hätte idealisiert werden sollen, wäre ein Rückbezug auf den ruhmreichen Artus naheliegend. Auch das von Wolfram gelieferte Gesellschaftsbild würde hierzu passen. Auffällig ist, dass der Artushof keineswegs den Erwartungen entspricht, die Wolframs Zeitgenossen an die Ritter der Tafelrunde hatten. Er bricht mit der Gattungstradition des Artusromans und zeichnet eher das Bild eines negativen Hofes – genau wie Chrétien. Es wäre dann eine geschickt verkleidete Kritik an einem bestimmten Fürsten- oder Königshaus ihrer eignen Zeit.

Dennoch – oder gerade deshalb – soll das alte höfisch-ritterli-

Die Ritter des Templerordens hielten engen Kontakt zum Hause Anjou.
Grabmal, Templerkirche, London.

che Vollkommenheitsideal wieder angestrebt werden. Die Grals-
gesellschaft wird von Wolfram möglicherweise daneben als eine
fast schon utopische Gesellschaftsordnung entworfen, die sich
auf jüdische Quellen zu beziehen scheint. So übt der Dichter im
Vergleich beider Gesellschaftskreise Kritik an den Zuständen der
eigenen Epoche und zeigt, wie eine gerechtere Ordnung unter
Gralskönigen und Tempelrittern aussehen könnte.

Doch folgen wir einmal der zweiten Anschevîn-Fährte.

Der im „Parzival" erwähnte König Gandin ist nach der Stadt „Gandîne" benannt. Damit aber wäre er der Herr der Steiermark (Österreich) gewesen. J. Bumke dazu: „Trevrizent erzählt im neunten Buch, dass er als junger Mann auf seinen Ritterfahrten von Aquileja aus über Cilli dorthin gereist sei und er nennt in diesem Zusammenhang eine Reihe von Orts-, Fluss- und Bergnamen, die sich in der Südostecke der mittelalterlichen Steiermark (heute Jugoslawien) nachweisen lassen (Gandîne = Haidin, Zilje = Cilli, Trâ = Drau, Greian = Grajena, Rôhas = Rohitscher Berg). Wie sich diese sehr genauen Lokalkenntnisse in einer weit entfernten Gegend erklären, wird bis heute als ,das steirische Rätsel diskutiert.'" – Eigenartig ist, dass unweit dieser Gegend die Burg Lockenhaus steht, in der die mögliche Steinzeichnung der Manna-Maschine anzutreffen ist.

Wie dem auch sei, Kyot wurde fündig. Und zwar nicht nur, was das Gralsgeschlecht angeht, sondern „außerdem", so lesen wir, habe er die Geschichte von Parzival entdeckt. Es sind also zwei verschiedene Hinweise, die Kyot in „Anschouwe" fand und in seinem „Ur-Parzival" literarisch vereinigte.

Es gibt übrigens einen Mann, auf den die Beschreibung Wolframs sehr gut zutreffen würde: Hugo de Payens, einen der Gründer des Templerordens. Die „Angelsächsische Chronik" vermeldet, dass Hugo de Payens dieselben Länder wie Kyot besuchte und gleichzeitig neue Tempelritter anwarb. Er tat genau das, was Wolfram über Kyot schreibt: „... ein Volk finden, das sich annähme des Grales Pflege." Der neu gegründete Mönchsritterorden entsprach in der Realität exakt dem, was Wolfram über die Gralsritter berichtete. Und: Hugo (sprich *Ü-gó*) und Kyot (sprich *Kü-o*) sind in ihrer Aussprache sehr ähnlich.

Manche meinen, Kyot könne seine Gralsdynastie in der Adelslinie von Anjou gefunden haben. Es macht zumindest stutzig, dass Graf Fulko V. von Anjou einer der ersten Fürsten war, der sich für den neuen Templerorden interessierte und es Hugo de Payens war, der ihm die Königskrone von Jerusalem antrug. Fulko wurde der dritte König auf dem Thron von Jerusalem und wurde damit in seiner Zeit als legitimer Nachfolger König Salomos angesehen, jenes Königs also, der einstmals einen eigenen

Die älteste jüdische Darstellung der Bundeslade (Synagoge von Dura-Europos). Sie wird nicht wie gewöhnlich als Kasten dargestellt, sondern in einer Verhüllung, die die kuppelförmigen Konturen der Manna-Maschine verraten.

Tempel für die Manna-Maschine, den Gral, hatte errichten lassen. Es mag also sein, dass die Adelsfamilie von Anjou in enger Beziehung zum Gral stand.

Aber es gab noch eine andere Familiendynastie, die im Zusammenhang mit dem Gral immer wieder in Erscheinung tritt. Es sind die schottischen Sinclairs bzw. St. Clairs. Hugo de Payens, der nur zehn Kilometer von Troyes entfernt geboren wurde, also in unmittelbarer räumlicher Nähe zu dem französischen Gralsdichter Chrétien, war verheiratet mit der Schottin Catherine St. Clair. Er blieb als einziger Templer verheiratet – auch nach Gründung des Ordens. Das erste Präzeptorium der Templer außerhalb des Heiligen Landes ließ er auf dem Grundbesitz ihrer Familie in Schottland bauen. Vielleicht ist die Äußerung Wolframs: „Über sein ganzes Geschlecht stand da das Rechte geschrieben" ja gar nicht auf Flegetanis, sondern auf die Familiengeschichte Kyots/ Hugos und seiner Frau bezogen.

Doch mit alldem wollten wir uns nicht zufrieden geben. Uns

interessierte vor allem, wohin die Manna-Maschine bei der Zerschlagung des Templer-Ordens gebracht worden war, wo man sie vielleicht vor dem Zugriff Philipps und der Kirche versteckt hatte. Die Frage war, ob wir Hinweise auf ein solches Versteck finden würden, eine Spur, die uns vielleicht zum derzeitigen Aufenthaltsort der Maschine führen könnte.

Nun – heute sind wir der Auffassung, diese Spur gefunden zu haben. Sie führt uns weit weg von Frankreich, weg von Europa – hinüber nach Amerika zu einer kleinen Insel vor der Küste Neuschottlands, vor der Küste Kanadas, nach Oak Island. Und in diesem Zusammenhang werden wir auch wieder auf das Adelsgeschlecht derer von St. Clair stoßen ...

V. Die Suche nach dem Stein der Weisen

Wie sich Verdienst und Glück verketten,
das fällt den Toren niemals ein;
wenn sie den Stein der Weisen hätten,
der Weise mangelte dem Stein.

Goethe, Faust II, Mephistopheles

Die Alchemisten und der Stein der Weisen

Bevor wir den Spuren des Grals hinweg über den Ozean folgen, wollen wir einer anderen, gleichsam metaphysischen Linie nachgehen. Der Gral wurde immer wieder auch mit dem „Stein der Weisen" in Zusammenhang gebracht. Der „Stein der Weisen", das ist der „Inbegriff allen Wissens und aller Wahrheit", wie es Allison Coudert formulierte.

Heute sucht niemand mehr ernsthaft nach dem „Stein der Weisen". Aber es gab Zeiten, da war die Suche nach ihm nicht nur zu einem Sprichwort degradiert. Es war eine lange Suche, die gekennzeichnet wurde von tiefen Enttäuschungen, von Folter und von Tod. Und bereits in dieser Hinsicht scheinen sich Gralssucher und alchemistische Adepten ähnlich zu sein. „Die echten Alchemisten jagten nicht weltlichen Reichtümern und Ehren nach. Ihr einziges Ziel war die Vollkommenheit oder wenigstens die Läuterung der Menschen", so der amerikanische Forscher in Sachen Alchemie (bzw. Alchimie), E. A. Hitchcock, 1865 in seinen „Bemerkungen über die Alchimie und die Alchimisten".

Weiter schreibt er: „Nach ihrer Anschauung besteht eine solche Vollkommenheit in einer gewissen Einheit, oder besser, in dem lebendigen Gefühl einer Einheit der menschlichen Natur mit der göttlichen, deren Erlangung sich am besten mit dem Erlebnis vergleichen lässt, das im Bereich der Religion als Wiedergeburt bezeichnet wird. Die erstrebte Vollkommenheit oder Einheit ist ein Zustand der Seele, eine Weise des Seins, und nicht nur eine Weise des Wissens."

Diese Perspektive zeigt die Alchemie nicht nur als einen Vorläufer der modernen Psychologie (wie z. B. aus dem Werk „Psychologie und Alchimie" von C. G. Jung deutlich wird), sie zeigt auch die Parallele zum Parzivalgeschehen. Der junge Held Parzival sucht Ehre, sucht materiellen Reichtum, doch erst als seine Seele ganz nach dem Göttlichen verlangt, gelingt es ihm, den Gral zu finden und ein neues Leben zu beginnen.

Aber die Verbindung zum Gral scheint noch enger zu sein. Um dies nachvollziehen zu können, müssen wir jedoch einen kleinen Exkurs in die Welt der Alchemie unternehmen.

Der „Stein der Weisen" hat viele Bezeichnungen:

„Prima materia", die Essenz aller Substanzen, die als „das eigentliche Wesen immer identisch und einst bleibt", die Weltseele, Weltgeist und Quintessenz war, aus der alle Elemente hervorgegangen waren. Die Suche nach diesem „Stein" hinterließ an ihrem Weg zahlreiche Entdeckungen, die zu den großen Denkmälern der modernen Wissenschaftsgeschichte gehören. Auch wenn es unseren heutigen Wissenschaftlern oft peinlich ist, zu erfahren, dass die Wurzeln der Chemie und Physik in jenen alchemistischen Kreisen lagen, die sie doch so sehr verachten, lassen sich die Erfolge der Alchemisten nicht wegdiskutieren.

Albertus Magnus (1193–1280), der große deutsche Kirchenlehrer des 13. Jahrhunderts, fand bei seinen alchemistischen Studien das Kaliumkarbonat (Pottasche). Er beschreibt als Erster die chemische Verbindung von Zinnober, Bleiweiß und Mennige. Sein Zeitgenosse Raimundus Lullus (1235–1315) war nicht nur ein Feinschmecker, dessen Ruf bis heute anhält, er stellte auch alchemistische Experimente an, um den „Stein der Weisen" zu finden. Dabei gewann er Kaliumbikarbonat. Basilius Valentinus entdeckte im 15. Jahrhundert den Schwefeläther, die Salzsäure und beschrieb das Antimon. Zink, ein bis dahin unbekanntes Element, wird zuerst von dem berühmten Arzt und Alchemisten Theophrastus Paracelsus (1493–1541) beschrieben und er verwendete chemische Verbindungen zu medizinischen Zwecken. Das Gas wird von Johann Baptist van Helmont (1577–1644) auf der Suche nach dem Chaos entdeckt. Blaise Vigenère

(1523–1596), Alchemist mit Leib und Seele, entdeckte die Benzoësäure.

Der Alchemist Johann Rudolf Glauber (1604–1688) fand das Glaubersalz (Natriumsulfat) und hielt es für den „Stein der Weisen". Der Hamburger Brandt gewann im 17. Jahrhundert Phosphor und Giambattista della Porta (1541 bis 1615) analysierte aufgrund seiner alchemistischen Experimente Zinnoxyd. Johann Friedrich Böttger, der von 1681 bis 1719 lebte, suchte ebenfalls nach dem „Stein der Weisen" und fand das „Weiße Gold", das Porzellan.

Wenn auch diesen Forschern nach dem „Stein der Weisen" unsere moderne Methodik und nüchtern-wissenschaftliche Sprache und Betrachtungsweise fehlte, Erfolge hatten sie dennoch zu verzeichnen. Ihre theoretische Basis baute sich auf zwei Säulen auf: die Analyse der Zusammensetzung der Metalle zum einen, zum anderen die Herstellung dieser Metalle.

Ein Alchemist mit dem „hermetischen Gefäß" bzw. dem „Stein der Weisen". Aus der Luft versucht er, der Natur ihre überschäumende Kraft zu entziehen, um daraus den „göttlichen Stoff zu destillieren". MS Harley 3469, British Library, London.

Die Alchemisten gingen von der Annahme aus, alle Metalle seien aus verschiedenen Substanzen zusammengesetzt. Doch immer enthielten sie im Grunde genommen Schwefel und

Quecksilber. Wer so denkt, braucht „nur" noch das richtige Verhältnis der Mengen herauszufinden. Gold, nahmen sie an, müsse überwiegend aus Quecksilber und nur in geringem Maße aus Schwefel zusammengesetzt sein. So hatte es schon der arabische Alchemist Abu Mussah Dschafar al Sofi (702–765) gelehrt und bezog sich dabei auf noch frühere Quellen.

Eine weitere Voraussetzung, von der die Alchemisten ausgingen, war die Theorie, dass auch anorganische Materie belebt sei. Alles Leben strebe unter geheimen Einflüssen (z. B. der Gestirne) nach Vollkommenheit, die höchste Verwandlung sei diejenige in Gold. Damit wäre der Prozess abgeschlossen. Einige von ihnen nahmen an, die Natur würde nie mit dieser Transformation enden und immer aufs Neue vom Unedlen ins Edle, vom Edlen ins Unedle sich fortsetzen. Diesen Kreislauf der molekularen Verwandlung ins Unendliche symbolisierten sie mit einer sich in den Schwanz beißenden Schlange.

Die Kraft Gottes

Wie aber konnte die Umwandlung von unedlen Stoffen erfolgen? Ab dem 12. Jahrhundert begannen die Alchemisten nach einem bestimmten Agens, also einem wirkenden Mittel, nach einem tätigen Prinzip zu suchen, das ihnen diese Verwandlung ermöglichen sollte. Sie nannten es das „philosophische Pulver", die „Quintessenz", das „große Elixier" und den „Stein der Weisen".

Diese „Quintessenz" war neben den vier Elementen des Universums, nämlich Feuer, Wasser, Erde und Luft, das fünfte. Sie wohnte den Sternen wie der Erde und ihren Geschöpfen inne und belebte sie als „Welt-Geistseele". Diese Zeugungskraft, die zwar allgegenwärtig ist, aber dennoch unsichtbar, galt es, von ihrer Gebundenheit an die Materie zu befreien. Wem dies gelänge, der hielte die schöpferische Kraft Gottes in Händen, der hätte den „Stein der Weisen" gefunden.

Der „Stein der Weisen" besaß wunderbare Kräfte. Berühre man mit ihm, so die Alchemisten, flüssige Metalle, verwandle er sie augenblicklich in Gold. Isaac Hollandus schätzte im 16. Jahr-

Viele Forscher verloren wegen unzureichender Sicherheitsmaßnahmen durch Gase und Explosionen ihr Leben, wie möglicherweise auch der bekannte Alchemist Dr. Johannis Faustus.

hundert, er könne aus Blei die millionenfache Menge Gold herstellen. Der Engländer Germspreiser war dagegen bescheidener, ihm reichte die fünfzigfache Menge Gold aus Blei. Wie das „philosophische Pulver" ausgesehen haben soll, beschreibt der Araber Khalid: „Dieser Stein vereinigt in sich alle Farben. Er ist wie rot, gelb, himmelblau und grün."

Nun gab es Menschen, die behaupteten, sie hätten diesen „Stein der Weisen" selbst gesehen und seine Wirkung ausprobiert. Zu ihnen gehört Johann Friedrich Schweitzer, der als einer der leidenschaftlichsten Gegner der Alchemie gilt. Aber seine heißblütigen Tiraden gegen die Alchemisten bescherte ihm am Vormittag des 27. Dezember 1666 einen eigenartigen Besucher. Er war, wie Schweitzer schriftlich festhielt, schlicht gekleidet, aber besaß ein ebenso ernstes und offenes wie gebieterisches Wesen. Ob Johann Friedrich Schweitzer an die Existenz des „Steines der Weisen" glaube, wurde er gefragt. Schweitzer wies einen solchen Gedanken barsch von sich. Daraufhin habe der Fremde ein Elfenbeindöschen geöffnet, in der „drei Stücke eines Stoffes enthalten waren, der Glas oder hellem Schwefel ähnlich sah". Dies, so erklärte der Mann, sei der „Stein der Weisen". Eine solch kleine Menge würde ausreichen, um 20 Tonnen Gold herzustellen.

Verständlicherweise blieb Schweitzer skeptisch und bat um

ein kleines Stückchen des vorgeblich goldwandelnden Steines. Der Fremde lehnte ab, versprach aber, drei Wochen später seine Behauptung unter Beweis zu stellen. Zwar kam er auf den Tag pünktlich zurück, musste jedoch seinen Gastgeber enttäuschen, da es ihm nicht erlaubt worden sei, ein Experiment vorzuführen. Aber er ließ sich doch überreden, Schweitzer ein kleines Stück des geheimnisvollen Steines zu überlassen. Es war „nicht größer als ein Rapssamenkorn", notierte der Gelehrte.

Wenige Tage später nahm Dr. Schweitzer auf die Bitte seiner Frau hin selbst das Experiment vor. Dazu schmolz er drei Drachmen Blei, umgab das Steinchen mit Wachs und fügte es dem verflüssigten Metall zu. Gold! Tatsächlich – das Blei hatte sich verwandelt. Hätte Schweitzer nicht einen tadellosen Leumund besessen und wäre er nicht als ein vehementer Gegner aller alchemistischen Kunst bekannt gewesen, kein Mensch hätte ihm geglaubt. Schweitzer, durch und durch Wissenschaftler, fertigte indes nicht nur ein genaues Protokoll an, er suchte auch unverzüglich einen Goldschmied auf, „der ohne Bedenken erklärte, es sei das feinste Gold, das er je gesehen habe, und der bereit war, fünfzig Gulden für eine Unze zu zahlen".

Johann Friedrich Schweitzer, Wissenschaftler, Gegner der Alchemie und gläubiger Christ, schließt seinen Bericht mit den Worten: „Mögen die heiligen Engel Gottes ihn (den unbekannten Besucher) beschützen, als eine Quelle des Segens für die Christenheit! Dies ist ein ernstes Gebet für ihn und für uns."

Natürlich verbreitete sich diese Nachricht schnell. Verschiedene Forscher suchten Schweitzer auf, um den Fall persönlich zu studieren. Unter ihnen der ebenso scharfsinnige wie kritische Spinoza. Dieser ging zuerst zu dem Goldschmied. Es war kein Geringerer als der Münzmeister des Herzogs von Oranien, Brechtel, der die Goldprobe vor Zeugen vorgenommen hatte. Anschließend besuchte Spinoza Johann Friedrich Schweitzer. Spinoza konnte nicht nur das Gold selbst untersuchen, auch im Inneren des Schmelztiegels fand er noch Spuren der Goldverwandlung. Sein Urteil: die Umwandlung der Metalle hatte stattgefunden.

Dieser Bericht ist nicht der einzige seiner Art. Professor Marti-

Alchemist bei der Suche nach der goldmachenden Wundersubstanz.
Mittelalterl. Kupferstich.

ni von der Universität Helmstedt (Deutschland) hatte während einer Vorlesung im Jahre 1621 heftig gegen die Alchemie gewettert, woraufhin einer seiner Studenten um einen Tiegel und Blei bat. Vor den Augen Martinis und der anwesenden Studenten führte er eine Verwandlung in Gold durch. In seiner „Abhandlung über die Logik", in der Martini diesen Vorfall beschreibt, zitiert er den Studenten mit den Worten: „Domine, solve mihi hunc syllogismum." – „Mein Herr, lösen Sie mir diesen Syllogismus!" (Scheinlogik.) Bleibt nachzutragen, dass Professor Martini seit diesem Zeitpunkt sich mit Ausfällen gegen die Alchemie zurückhielt.

Genauso erging es dem Freiburger Professor Wolfgang Dienheim 1602. Während einer Fahrt durch die Schweiz traf er in Zürich auf den Alchemisten Alexander Sethon. Der schottische Reisende behauptete, das Geheimnis der Goldverwandlung zu kennen. Natürlich glaubte ihm Dienheim nicht. Als sie in Basel angekommen waren, suchten sie gemeinsam den bekannten Professor der Medizin an der Baseler Universität, Zwinger, auf. Zu dritt besorgten sie von einem Goldschmied einen Schmelztiegel und Schwefel bei einem Apotheker. Bei einem Grubenarbeiter erhitzten sie auf dessen Herd ebenfalls mitgebrachtes Blei. Nach einer viertel Stunde ließ Sethon wenige Körnchen eines gelben Pulvers in die Schmelze fallen, worauf sich das Blei in Gold verwandelte. „Nun", kommentierte Sethon, „was habt ihr dazu zu sagen? Seht ihr nun, dass es Tatsache ist und stärker als eure Sophismen?"

Das Gold wurde geteilt und noch über mehrere Generationen im Familienbesitz aufbewahrt. Professor Wolfgang Dienheim endet seinen Bericht über dieses ungewöhnliche Ereignis mit den Worten: „Ich lebe und bin jederzeit bereit, zu bezeugen, was ich gesehen habe. Und Zwinger lebt auch noch. Er wird nicht stumm bleiben, sondern das bezeugen, was ich behaupte".

Bleibt nachzutragen, dass Sethons Leben nicht mit Reichtum, sondern tragisch endete. Nachdem Sethon mehrfach sein Können unter Beweis gestellt hatte, wurde er von dem Kurfürsten von Sachsen, Christian II., eingekerkert. Mit Eisenstangen und flüssigem Blei traktiert, wollte der Fürst ihm sein Geheimnis erpressen. Zwar gelang Sethon die Flucht mit Hilfe des polnischen Adligen und Alchemisten Sendivogius, doch kurze Zeit später verstarb er an den Folgen der grausamen Folterung.

Michel Sendivogius, dem Sethon aus Dank ein wenig des gelben Pulvers vermacht hatte, gelangte zu größeren Ehren. Er zeigte den Einsatz des „Steins der Weisen" bei Herzog Friedrich von Württemberg in Stuttgart und Kaiser Rudolf II. verfolgte selbst eines der Experimente in seinem Schloss in Prag. Er ließ zum Gedenken daran eine Marmortafel anbringen, worauf stand: „Möge jeder das vollbringen, was der Pole Sendivogius vollbracht hat."

Waren diese Vorgänge allesamt nur Trick, Täuschung oder Spaß? Oder gibt es tatsächlich einen Stoff, der Blei in Gold verwandeln kann? Dass dies prinzipiell möglich ist, wissen die Chemiker unserer Tage, aber der Verfahrensablauf ist dermaßen teuer, dass es den gewonnenen Wert um ein Vielfaches übersteigt.

Lassen wir es dahingestellt, ob die Alchemisten ihren „Stein der Weisen" fanden. Uns interessiert natürlich in erster Linie die Frage, was denn der Gral mit all diesen Überlegungen zu tun haben könnte.

Der Gral und der Stein

Dem „Stein der Weisen" wurde noch eine zweite außerordentliche Wirkung zugeschrieben. Er konnte alle Krankheiten heilen und das Leben fast in die Unsterblichkeit hinein verlängern.

Damit kommt der „Stein der Weisen" den Eigenschaften des Grals sehr nahe. Auch über den Gral heißt es ja bei Wolfram:

> *„Auch wenn es einem Menschen noch so schlecht geht,*
> *so wird er, sollte er eines Tages den Gral sehen,*
> *die Woche darauf nicht sterben.*
> *Auch bleibt sein Aussehen dasselbe,*
> *das er hatte, als er den Stein erblickte,*
> *und zwar so, wie er – Mann oder Frau –*
> *in seiner besten Zeit aussah.*
> *Und wenn sie den Stein zweihundert Jahre sähen,*
> *nur das Haar würde ergrauen.*
> *Solche Kraft gibt den Menschen der Stein,*
> *dass Fleisch und Gebein*
> *sofort Jugend empfanden.*
> *Der Stein wird auch der Gral genannt."*

Der Gral verleiht folglich jugendliches Aussehen und gewissermaßen sogar die Unsterblichkeit. Diese Vorstellung geht vermutlich auf das „Brot des ewigen Lebens", also die Heilige Kommunion des Neuen Testaments, zurück. Denn im Alten Testament finden wir nichts von einer lebensverlängernden Kraft des Mannas, welches ja die Manna-Maschine, die späterhin mit dem Gral identifiziert wurde, produzierte. Im Gegenteil: Keiner der Menschen, die aus Ägypten aufbrachen, erreichte das Gelobte Land. Nicht einmal Mose.

Allerdings besagt eine Stelle im Sohar (KVH 437): „Und von diesem Tau mahlen sie das Manna der Gerechten für die kommende Welt. Durch es werden die Toten zum Leben erweckt."

Wie mag es zu einer solchen Vorstellung gekommen sein? Der Sohar ist schriftlich erst zu einer Zeit niedergelegt worden, als die Wüstenwanderung schon längst der Geschichte angehörte und nur noch die völlig „tote" Maschine existierte. Man hatte keine Möglichkeit mehr, das „Manna" auf seine wahren Eigenschaften hin zu untersuchen. So ist es gut denkbar, dass sich Legenden von einer „Lebensverlängerung" oder „Totenerweckung" um das Himmelsbrot bildeten.

Der zweite Aspekt ist, dass Wolfram von Eschenbach den Gral mit der Bezeichnung „lapsit exillis" belegt, das sich von „lapis elixir", also vom „Stein der Weisen" bzw. „Stein des Elixiers", ableiten lässt. Wolfram mag hier neben dem Aspekt des kostbaren Himmelsgeschenks auch Überlieferungen aus der frühen christlichen Kirche aufgenommen haben. Dr. L. E. Iselin vertritt dazu die Ansicht: „Es existierte in den Kreisen der morgenländischen Christenheit … die Vorstellung von einem wunderkräftigen Stein, der die Wirkung besaß, Menschen am Leben zu erhalten und wunderbar zu erquicken mit Speise und Trank, durch geheimnisvolle Schrift die Zukunft zu enthüllen und Recht und Wahrheit an den Tag zu bringen … und der gewissermaßen seine Geschichte hatte durch das ganze Alte Testament hindurch."

Eine weitere Parallele ist der Glauben der Alchemisten, das unvergängliche Gold sei die vollkommenste Substanz dieser Welt. Wenn nun aus der Retorte des Experimentators das geschaffene Gold erscheine, würde es in herrlichstem Licht strahlen.

Chrétien beschreibt den Gral wie folgt:

„Als sie mit dem Grale, den sie trug, eingetreten war, da kam damit ein so großer Glanz herein, dass die Kerzen ihre Helligkeit ebenso verloren wie die Sterne, wenn die Sonne oder der Mond aufgeht. Der Gral, der vorausging, war aus reinem, feinem Golde. Kostbare Steine der verschiedensten Art waren an dem Grale. Die Steine am Gral übertrafen ohne Zweifel alle anderen Steine."

Diese Beschreibung ist insofern interessant, als sie Ähnlichkeit mit der Manna-Maschine des Sohar aufweist. Auch diese war aus hochwertigem Metall gefertigt und strahlte Licht aus. Lesen wir dazu im Sohar, dessen Verfasser einen für sie völlig unverständlichen, technischen Vorgang beschreiben mussten (GHV 123):

„Das erste Weiß scheint und geht nach oben und unten … Überlieferung: Dieses Weiß scheint und flackert und erhellt die

Die legendäre Alchemistin Maria Prophetissa mit dem wundersamen „hermetischen Gefäß". Interessant die Darstellung zweier Krüge, zwischen denen sich Wasserströme bewegen. Die fünfblättrige Rose ist das Symbol der lebensspendenden Passion. Aus: „Symbola aureae mensae", 1617.

drei Lampen ... Und diese scheinen in Freude und Vollkommenheit. Das zweite Weiß scheint nach oben und unten und flackert und geht zu drei weiteren Lampen ... und auch sie scheinen in Freude und Vollkommenheit. Das dritte Weiß leuchtet auf und leuchtet nach oben und unten und geht aus dem verborgenen Teil des Hirns ... Und ein Weg führt hinaus zum unteren Hirn. Und alle unteren Lampen werden zum Leuchten gebracht."

Wenn sich die Manna-Maschine in Betrieb befand, muss sie in der Tat von einem hellen Lichtschein umhüllt gewesen sein; die verschiedensten Kontrollleuchten haben gefunkelt und gestrahlt. Der „große" Glanz, „der mit dem Gral hereinkam", ist ebenso wie die „kostbaren Steine", die „alle anderen Steine übertrafen", eine durchaus zutreffende Charakterisierung dieser Eigenschaft der Maschine.

John Matthews verweist auf eine weitere Verbindung: „Den Alchemisten war die Schaffung des Steins der Weisen ein wesentlicher Schritt zur Vollendung des Großen Werkes. Manchmal erschien der *lapis* als ein Smaragd, der verborgen in einer Burg aufbewahrt wurde, oder als Mittelpunkt eines Irrgartens, zu dem nur die Eingeweihten finden konnten. Hier enthüllt der Tod das Geheimnis des Sonnensteines (Lichtsteines); der Stein ist am Fuß eines Berges in der Erde verborgen. In genau der gleichen Weise wird Joseph von Arimathia der Gral auf einer Ikone unserer Zeit gezeigt."

Gedanklich mögen manche auch diese Burg mit der Gralsburg identifizieren, die ebenfalls nur der Auserwählte nach langen Irrfahrten finden konnte.

Und weiter führt Matthews aus: „Die Idee des alchemistischen *Großen Werkes* war die Versöhnung der Gegensätze, die Schaffung einer göttlichen Harmonie im Himmel und auf der Erde, die tatsächliche wie auch symbolische Verwirklichung der liturgischen Formel ‚wie im Himmel, so auf Erden‘, die sich auch auf der Smaragdtafel des Hermes Trismegistos findet, des halblegendären Gründers der Alchemie. Weil diese Tafel wie der Gral als Smaragd beschrieben wurde, entstand möglicherweise die enge gedankliche Verbindung zwischen den Legenden um das mystische Gefäß und der alchemistischen Suche. Alchymya, die Verkörperung der Alchemie, hält auf der Abbildung das hermetische Gefäß empor, in dem das Werk vollzogen wird. Wie der Gral sollte es den Schlüssel zu allen Geheimnissen enthalten."

Die Beschreibung des Grals als Smaragd geht auf eine Fassung des mittelalterlichen „Wartburgkrieges" zurück. Dort wird berichtet, wie Luzifer aus dem Himmel Gott verdrängen wollte. Luzifer krönte sich selbst mit einer Krone, doch Sankt Michael wendete sich in heiligem Zorn gegen diesen Übermut:

> „Er brach ihm [Luzifer] die Krone vom Haupt,
> sodass ein Stein heraussprang,
> der auf Erden Parzivals Stein wurde.
> Den Stein, der aus der Krone sprang,
> den fand, der mit hohem Preis nach Würde rang."

Das Ganze ist eine späte Quelle und stammt aus einer Zeit, als

Wolfram von Eschenbach selbst schon legendär geworden war. Aber solche „feinen Unterschiede" machten Leser früherer Zeiten nicht.

Der Vergleich der ursprünglichen Gralsautoren mit den funkelnden Steinen kann gut auf das flackernde Licht der Manna-Maschine zurückzuführen sein. Das alchemistische Pendant ist der Stein, der die Farben Rot, Gelb, Blau vereinigt.

Die Manna-Maschine und der Stein

Eines der Symbole des „Steins der Weisen" ist das des Androgynen, also eines Wesens, das halb Mann und halb Frau ist. Dieses Mischwesen hält das „philosophische Ei" in den Händen, das das All symbolisiert.

Interessant hieran sind zwei Rückbezüge zum Gral und zur Manna-Maschine. Erstens wird der „Stein der Weisen" unmittelbar mit dem Weltall in Verbindung gebracht – genauso wie der Gral (bzw. die Manna-Maschine), der ja aus dem All zur Erde kam. Zweitens wird der „Stein der Weisen" mit androgynen Zügen ausgestattet. Erinnern wir uns: Auch die Manna-Maschine wurde als ein Gegensatz aus „männlichen" und „weiblichen" Komponenten beschrieben, genauso wie das Idol der Templer.

Fassen wir noch einmal zusammen, welche Korrelationen es zwischen dem „Stein der Weisen" und dem Gral im Verständnis der mittelalterlichen Alchemisten gegeben haben könnte:

1. Der Weg zum Gral wie zum „Stein der Weisen" ist beschwerlich und kann sogar tödlich enden.
2. Nur innerlich geläuterte, reine Menschen können ihr Ziel nach langer Irrfahrt erreichen.
3. Ihre Suche nach dem Gral und dem „Stein der Weisen" ist letztlich eine Suche nach der Einheit von Mensch und Gott.
4. Wer den Gral bzw. den „Stein der Weisen" findet, ist ein anderer Mensch geworden, ist wie ein Neugeborener.
5. Dem „Stein der Weisen" wohnt die schöpferische Kraft Gottes inne, dem Gral – durch die materielle Gegenwart des Blutes Christi (so Robert de Boron) – ebenfalls Gott.

6. Der „Stein der Weisen" wird in einem hermetischen Gefäß aufbewahrt. Der Gral bewahrt laut Robert das Blut Christi auf.

7. Die Alchemisten zogen Parallelen zwischen dem „Stein der Weisen" und dem Sohn Gottes und nannten ihn das „irdische Gegenstück zu Christus" oder „das wahre Abbild des wirklichen geistigen und himmlischen Steins, Jesus Christus".

8. Gold wird von den Alchemisten als die vollkommenste Substanz betrachtet, die aus dem „Stein der Weisen" geschaffen werden kann. Christus ist der Vollkommene selbst.

9. Der Gral kann gleich dem „Stein der Weisen" Krankheiten heilen und Unsterblichkeit gewähren.

10. Wolfram bezeichnet den Gral auch als „lapis exillis", also als „Stein der Weisen".

11. Der Gral leuchtet und strahlt ebenso wie der „Stein der Weisen".

12. In späteren mittelalterlichen Schriften wird der Gral als ein Smaragd beschrieben. Gleiches gilt für den „Stein der Weisen".

13. Gral und „Stein der Weisen" zeigen enge Bezüge zum All.

Auch wenn die Alchemisten nicht den Gral suchten, und das müssen wir an dieser Stelle mit Nachdruck sagen, gab es zumindest Bezugspunkte, die auch den Alchemisten nicht entgangen sein werden, zumal sie sich ihr Leben lang mit alten Schriften unterschiedlichster Art befassten. Eine analytische Trennung der einzelnen Gralserzählungen, wie wir sie mit modernen mediävistischen Methoden vornehmen können, war ihnen nicht möglich. Sie mögen aber die Hoffnung gehabt haben, den einen oder anderen Hinweis für ihre alchemistischen Studien zu erhalten, zumal Wolfram in seinem Werk über den Gral hinaus mit Steinsymbolik arbeitete.

Durch ihre Beschäftigung mit kabbalistischen Texten und geheimen Schriften mögen einige von diesen Adepten unserem Ziel näher gewesen sein als dem ihren. Denn, so eigenartig es scheinen mag, hatte einer von ihnen vielleicht wirklich irgendwo eine Beschreibung oder Zeichnung der Manna-Maschine gesehen und diese ganz richtig in einen Zusammenhang mit dem „la-

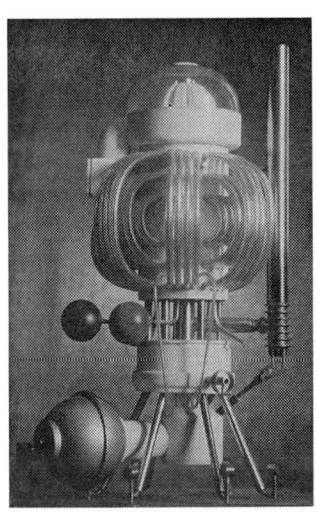

Die Manna-Maschine mit ihren kugelförmigen Elementen, dem Energieaggregat im unteren Bereich und einem Auspuffrohr (Modell: Martin Riches).

pis exillis" gebracht. – Sollte unsere Annahme zutreffen, dass Merlin und der Alchemist Saint-Germain sehr ähnliche Charaktere hatten, wenn nicht sogar identisch waren, wäre dies dann noch verwunderlich?

Zur Erzeugung von Hitze, die nach dem Verständnis der Alchemisten unabdingbar zur Trennung der Elemente war, benötigten sie einen Ofen, den sie „Athanor" nannten, den „kosmischen Ofen". Diesen stellten sie sich aus einem dualistischen Prinzip bestehend vor. Im unteren, männlichen Teil wurde die nötige Temperatur erzeugt. Darüber befand sich die Retorte, der weibliche Bereich. Von dem auf dem Feuer befindlichen kugelförmigen Behälter wird der „Same" in das obere Aufnahmegefäß geschleudert. Dort kühlt er ab, kondensiert und verflüssigt.

Die Alchemisten verwendeten für einen solchen Vorgang gewöhnlich den höchst vielseitigen Begriff „Separatio", worunter sie „Operationen wie Filterung, Dekantation (Abschlämmung) oder Destillation einer Flüssigkeit … beschrieben. Im Zuge der *ceratio* sollte das Material weich, flüssig und wachsähnlich werden", verdeutlicht Allison Coudert. Auch die Gärung (Fermentation) gehörte zur Transmutation. Die Multiplikation war der Vor-

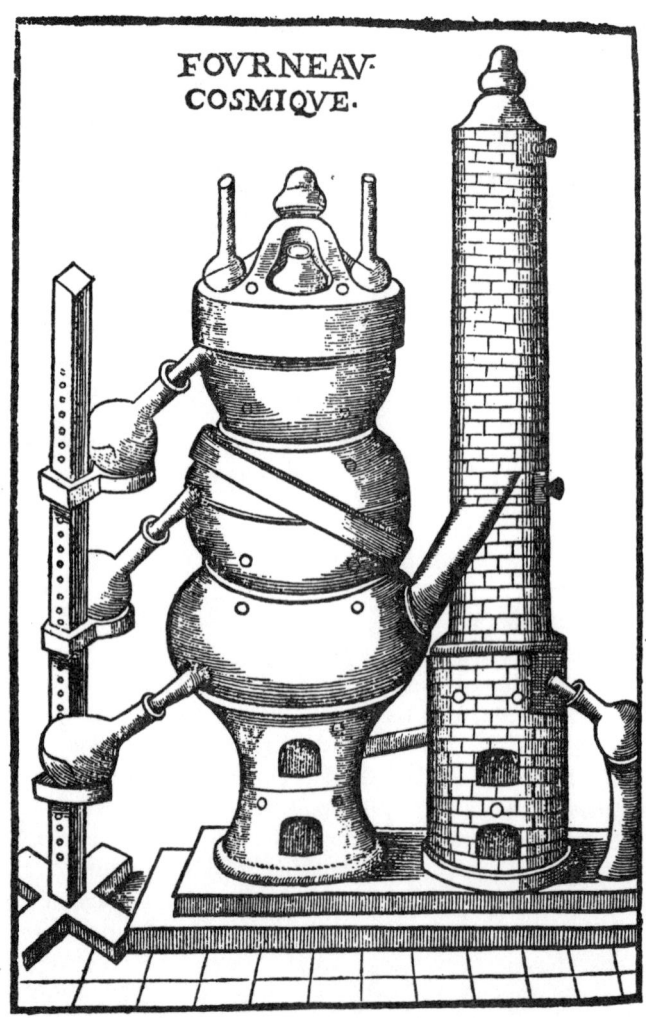

Der „Kosmische Ofen" Athanor der Alchemisten, um die Substanz des ewigen Lebens zu destillieren. Wie die Manna-Maschine weist dieser Gegenstand verschiedene bauchige Tanks, kleinere Zuleitungsbehälter, einen wärmeerzeugenden Herd und ein Auspuffrohr auf. Holzschnitt von A. Barlet, 1653.

gang, in dem sich der Stein um ein Vielfaches vermehren sollte, ohne jemals in seiner Kraft nachzulassen.

Auf einem Holzschnitt aus dem Werk „La théotechnie ergocosmique", das Annibal Barlet 1653 in Paris veröffentlichte, wird der „Kosmische Ofen" mit drei bauchigen Kugeln dargestellt, die auf dem eigentlichen „Energielieferanten", dem Feuerherd, stehen. Drei kleine Retorten sind mit den größeren Behältern verbunden. Obenauf befinden sich verschiedene Glaskolben. Ein Rohr führt den Dampf nach außen.

Vergleichen wir hierzu die Manna-Maschine, wie sie von George Sassoon und Rodney Dale rekonstruiert wurde, so sind die Parallelen mehr als verblüffend. Sie gingen bei ihrer Darstellung des „Transportierbaren mit den Behältern" von verschiedenen rundlichen Behältern aus, in denen Wasser kondensierte, Algen bewässert wurden, diese nach oben gepumpt und in einem Zirkulationssystem weiterverarbeitet wurden. Der Sohar beschreibt dies mit „drei ausgehöhlten Köpfen", durch die „Öl" und andere Substanzen flossen. Filterungsvorgänge, Abschlämmung und Destillation waren weitere Arbeitsgänge, um das weiche Algenmaterial zu verflüssigen und anschließend so zu verfestigen, dass es als Manna abgezapft werden konnte.

Dazu war natürlich ein Multiplikationsvorgang der Algen unabdingbar, der sich wie in einem Kreislauf täglich erneuerte. Übrigens kannten die Alchemisten auch eine Substanz, die sie als „Ros coeli" oder „Himmelstau" bezeichneten, also Manna.

Angetrieben wurde das Gerät durch eine starke Energiequelle, was man ohne weiteres als „Ofen" interpretieren kann. Selbst die im Sohar als Ätherhaut beschriebene Plexiglaskuppel kann mit den gläsernen Kolben an der Spitze des „kosmischen Ofens" verglichen werden. Die kleineren drei Behälter der Manna-Maschine, in denen sich Zusatzstoffe befanden, lassen sich gleichfalls in der alchemistischen Zeichnung erkennen. Und selbst das Rohr für den Dampfabzug fehlt nicht.

Mag sein, wir haben es hier mit einem Zufall zu tun, aber im Gesamtzusammenhang Gral, Manna-Maschine, Idol der Templer und dem „Stein der Weisen" ergebe dies durchaus einen Sinn. Und schließlich griffen die Alchemisten gern auch auf König Salomo zurück, der ja in einem sehr engen Zusammenhang auch mit der Manna-Maschine stand, wenn sie in seinem „Siegel" (dem Davidsstern) die vier Elemente und den universalen Stoff, aus dem der „Stein" bestand, symbolisch wiedererkannten.

Festzuhalten ist jedenfalls so manche gedankliche – wenn auch nicht reale – Parallele von Gral und „Stein der Weisen", der sozusagen „durch die Hintertür" in die Jahrtausende während Geschichte des Grals „hineingerutscht" ist. Ob mittelalterliche Alchemisten ihren Traum vom „König aller Substanzen" haben verwirklichen können, wir wissen es nicht. Die frühen Forscher waren allesamt Meister der Metapher und der Allegorie, sodass es gut möglich wäre, dass eine entsprechende Formel oder Anweisung in ihren Aufzeichnungen steht, doch niemand mehr in der Lage ist, diese zu verstehen. Schon vor Jahrhunderten konnten nur die großen Gelehrten, die sowohl philosophisches Wissen besaßen als auch Latein – meist aber noch weitere Sprachen – beherrschten und Freude am Experimentieren hatten, sich dem „Stein der Weisen" nähern. Ihre Ergebnisse in eine moderne, wissenschaftliche Sprache übersetzt, hielte vielleicht einige Überraschungen bereit.

Ein elementarer Grundsatz jedoch war nicht nur eine gute Ausbildung und Geduld, sondern zumeist auch ein größeres finanzielles Startkapital. Im „Theatrum Chemicum Britannicum" lesen wir dazu:

> „In seinem Herze soll er ruhig bleiben,
> Wenn die Notwendigkeiten seiner Kunst die Kosten
> in die Höhe treiben;
> Und hat er sich gesetzt dies Ziel, dann braucht er Geld,
> Und zwar sehr viel."

Was der Herausgeber dieser Zeilen, Elias Ashmole, im London des Jahres 1652 nicht wissen konnte, war, wie genau dieser Satz nicht nur für die Sucher nach dem „Stein der Weisen" zutraf, sondern auch für die Sucher nach einem Schatz im fernen Kanada 143 Jahre später. Und hier haben wir eine letzte Parallele zwischen dem „Stein der Weisen" und dem Gral. Aber das konnte damals beim besten Willen niemand ahnen ...

VI. Das Versteck des Grals

*„Die wahre Geschichte von Oak Island hält noch mehr bereit,
und eines Tages wird sie alles erzählen."*

Reginald Harris, Großmeister der Loge von Nova Scotia, 1997

Das Oak-Island-Geheimnis

200 Meter vor dem kanadischen Festland, unweit Halifax', liegt
eine eineinhalb Kilometer große legendenumrankte Insel. Wenn
kein Eichenbaum mehr auf Oak Island (Eicheninsel) stünde, so
besagt eine alte Sage, und sieben Menschen auf ihr umkämen,
würde der Schatz der Insel gefunden. – Die Eichenbäume gibt es
schon eine ganze Weile nicht mehr. Und bislang fanden bei der Suche nach dem geheimnisvollen Schatz sechs Männer den Tod ...

Ein uraltes Geheimnis umgibt dieses unscheinbare Eiland.
Doch wie in einem verwunschenen Märchen gibt es nicht mehr
frei, wen es in seinen mitunter tödlichen Bann zieht. So wurde
die Geschichte von Oak Island zu der längsten, größten und teu-
ersten Schatzsuche, die es jemals gegeben hat. Tausende von
Menschen waren an ihr beteiligt, Abenteurer und Techniker, Historiker und Mystiker. Bis heute wurde dieser Schatz, dessen Rätsel von Jahr zu Jahr nur immer größer wurde, nicht gehoben.
Aber sollte dies geschehen, dann können wir uns auf eine Sensation gefasst machen, wie sie größer nicht sein könnte.

Es war das Jahr 1627, als Sir William Alexander, der britische
Eroberer, Philosoph und Poet, kanadischen Boden betrat und in
Nova Scotia (Neu Schottland) die Fahne seiner Majestät, König
James I. von England, hisste und eine neue Kolonie gründete.
Doch schon wenige Jahrzehnte später war Nova Scotia eine Ge-
gend, in der es alles andere als friedlich zuging. Engländer und
Franzosen kämpften um die Vorherrschaft in Kanada, die einhei-
mischen Micmac-Indianer wurden insbesondere von den vor-
dringenden englischen Siedlern bekämpft oder durch die Tuber-
kulose dahingerafft. Auch die Neuankömmlinge aus der Alten

Oak Island. Auf dieser Insel liegt der Gral vergraben, hier laufen die Spuren eines 3500 Jahre andauernden Geschichtskrimis zusammen.

Welt lagen häufig genug miteinander in Fehde. Manche wollten ihr neues Land selbst regieren und formen, andere wieder hielten loyal zum britischen König. Unternehmer und Flüchtlinge, vom Leben Enttäuschte und Abenteurer trafen hier zusammen – und Piraten kreuzten vor der Küste, um neue Beute zu machen.

1755 gelang es England, in Nova Scotia die erstrebte Vorherrschaft zu erreichen. Neue Siedler aus Frankreich, Irland und Deutschland strömten in das verlockende Land. Und so kam es, dass auch der junge Daniel McGinnes zusammen mit königstreuen Familien in Nova Scotia eintraf und sich in der Mahone Bay niederließ.

Eines Tages im Sommer 1795 ruderte der Zwanzigjährige hinaus auf das Meer, wo es hunderte von Inseln zu erkunden gab. In der Mahone Bay ging er auf einem schmalen Eiland unweit des Festlandes vor Anker. Hier sah alles etwas anders aus, denn auf der kleinen Insel wuchsen uralte Eichen, wie es sie sonst nirgends in dieser Gegend gab. Er sah sich das Land näher an und stieß zum Ostteil der Insel vor. Und nun machte er ganz in der Nähe einer großen knorrigen Eiche eine verblüffende Entdeckung, die sein

Daniel McGinnes und seine Freunde graben sich in den Money Pit vor. Zeitgenössischer Kupferstich.

Leben verändern sollte. In der Mitte einer Lichtung gab es eine kreisförmige Senke, etwa drei Meter im Durchmesser. Es schien, als sei die Erddecke über einem Hohlraum eingebrochen. „Das Versteck eines Piratenschatzes", schoss es McGinnes durch den Kopf, denn von einer ehemaligen Besiedlung der Insel hatte er nie gehört, wohl aber von den vielen Piratengeschichten, die man sich entlang der Küste zu erzählen pflegte.

McGinnes kehrte zurück zu seinem Boot und informierte seine beiden Freunde John Smith und Anthony Vaughn. So schnell sie konnten kehrten die drei zu der Schatzinsel zurück, um den Fund ihres Lebens machen zu können. Was sie nicht ahnen konnten: an dieser Stelle würden noch über 200 Jahre später Menschen ihren Träumen von Gold und Silber nachjagen. Erfolglos – wie sie.

Sie stießen auf Schieferplatten, die die gesamte Mulde ausfüllten. Schiefer gab es auf dem Eiland nicht. Wer mochte es hierher transportiert haben und warum? Die drei Teenager gruben tiefer. Bald erkannten sie, dass sie sich in einem zwei Meter durchmessenden Schacht nach unten bewegten.

Nach drei Metern stießen sie auf eine Schicht aus Eichenstämmen, die auf beiden Seiten des Schachts verankert waren. Sie wuchteten die Holzlage heraus und gruben weiter, um nach drei Metern abermals auf sorgfältig eingefügte Baumstämme zu stoßen. Ohne Hilfe, das wurde den Jungen klar, kamen sie hier nicht weiter. Enttäuscht kehrten sie dem Schacht den Rücken, hoffend, bald mit Verstärkung zurückkommen zu können.

Doch die Kolonisten hatten Besseres zu tun, als den Schatzträumen dreier junger Männer Glauben zu schenken. In einer puritanisch geprägten Gesellschaft mochte man keine Glücks- und Schatzsucher.

Schatzfieber

Erst neun Jahre später, man schrieb das Jahr 1804, erhielten die Entdecker eine neue Chance. Zwei Jahre zuvor hatte Simon Lynds von der geheimnisvollen Insel gehört. Infiziert von dem „Schatzfieber" gelang es ihm, in seiner Heimatstadt Onslow (bei Truro) zusammen mit einem Dutzend Geschäftsleuten eine Gesellschaft zu gründen, mit dem Ziel, den Schatz von Oak Island zu heben.

Die engagierten Arbeiter der „Onslow Campany" gingen an die Arbeit. Nun endlich konnte die zweite Schicht Rundhölzer entfernt werden. Drei Meter tiefer stießen sie jedoch auf eine dritte Holzlage, nochmals drei Meter tiefer: eine vierte Schicht, deren einzelne Stämme mit einem bläulichen, fast kittartigen Lehm verbunden waren. Im Kitt befanden sich Kokosfasern. Aber Kokos wächst nur in tropischen Gebieten, mehr als 2000 Kilometer von Oak Island entfernt im Süden.

Statt auf einen Schatz stießen sie im Abstand von jeweils drei Metern auf weitere fachmännisch verankerte Bohlenlagen. In einer Tiefe von 27 Metern fanden sie einen flachen Stein. Als man ihn nach oben befördert hatte, entdeckten sie darauf seltsame Zeichen einer völlig unbekannten Schrift.

In 27 Metern Tiefe kam eine weitere Schicht aus Holz. Die Arbeiter stießen mit einer Eisenstange hindurch und erfühlten einen ungewöhnlichen Widerstand. Vielleicht waren sie auf die Schatzkiste gestoßen? Der nächste Tag war ein Sonntag und so ging man erst in den Gottesdienst, bevor man gespannt auf den Fund wieder zu der Insel zurückkehrte. Doch zu ihrer Überraschung war der Schacht voll Wasser gelaufen. Die Arbeiter versuchten das Wasser abzuschöpfen, doch der Pegel blieb konstant.

Eine Pumpe wurde herbeigeschafft und auf einer Holzplattform montiert, die man direkt über der Wasseroberfläche anbrachte. Als die Männer mit kräftigen Zügen die Pumpe in Betrieb nehmen wollen, zerbricht sie jedoch.

Mit Wintereinbruch kamen die Arbeiten zum Erliegen und konnten erst im folgenden Jahr fortgesetzt werden. Der neue Plan war: Ein Parallelschacht sollte in den Boden getrieben werden, um in diesen das Wasser ableiten zu können. Gedacht, getan. Je tiefer aber der neue Tunnel in die Erde getrieben wurde, desto schlammiger wurde das Erdreich, bis hereinbrechende Wassermassen die Schatzgräber zu einer regelrechten Flucht trieben.

Damit war das Schicksal der Onslow Company besiegelt. Die finanziellen Mittel waren aufgebraucht. Erst 1850 konnten die Arbeiten fortgesetzt werden. Die neu gegründete Truro Company hatte es sich zum Ziel gesetzt, mit neuester Technik das Geheimnis der Insel zu lüften. Schweres Bohrgerät wurde auf der Insel installiert. Fünf Bohrungen wurden ohne Erfolg um den Schacht herum angesetzt. Das alte mit Wasser vollgelaufene Loch wurde mittlerweile der „*Money Pit*", also Geldgrube, genannt. Aber das erhoffte Geld und Gold blieben aus. So setzte man direkt über seine Wasseroberfläche erneut eine Plattform, um von dort aus tiefer zu bohren.

Der Bohrer versank im trüben Wasser und grub sich, am Grund angekommen, durch die vor über 40 Jahren entdeckte

Eichenschicht. Dreißig Zentimeter tiefer lag erneut Holz. Außer drei Kettengliedern förderte der Bohrer nichts zu Tage. Wieder wurden weitere zwanzig Zentimeter Eichenholz durchbohrt, das man für den Boden und den Deckel zweier Truhen hielt. Dann folgte Metall.

Abermals mussten die Arbeiten wegen des bevorstehenden Winters unterbrochen werden. Im Frühjahr wurde ein weiterer Entwässerungsschacht angelegt. Doch auch diesmal ließ sich der Wasserstand des *Money Pits* nicht eine Handbreit senken. Dafür machte man eine andere Entdeckung: das Wasser im *Money Pit* ist salzhaltig. Folglich musste es einen unterirdischen Zugang vom Meer geben. Nach einiger Suche entdeckte man, dass an einer Stelle am Strand Wasser versickerte. Man trug den Sand ab und stieß auf eine Matte aus Kokosfasern, fünf Zentimeter dick und ganze fünfundvierzig Meter lang. Unter der Matte lagen säuberlich aufgeschichtete Steine.

Das war fantastisch – aber noch nicht alles. Die Männer fanden insgesamt fünf Eingänge zu etwa zwanzig Zentimeter durchmessenden Tunneln. Der gesamte Strand der Bucht war künstlich bearbeitet! Die Tunnels führten schräg nach unten und vereinigten sich in einem größeren Kanal, der tief unter die Oberfläche der Insel führte, direkt zum *Money Pit*.

Was dies bedeutete, wurde schnell klar. Hier war ein genialer Baumeister am Werke gewesen. Dieser musste zuerst quer durch die Bucht einen Fangdamm errichtet haben, der das Wasser abhielt, so lange bis das Schatzversteck fertiggestellt war. Dann wurden die Spuren des künstlichen Dammes wieder abgetragen, damit niemand mehr etwas ahnen könnte, was sich hier abgespielt hatte.

Die logische Konsequenz für die Truro Company war, ebenfalls einen solchen Damm zu ziehen, um das Drainagesystem trocken zu legen. Kurz vor Fertigstellung des Bauwerkes brauste ein Orkan über die Insel hinweg. Die aufgepeitschten Wellen des Atlantiks zerbrachen den Damm in einer einzigen Nacht.

Nun drohte das Geld auszugehen. Aber man wollte noch einen allerletzten Versuch wagen. Erneut wurde ein Parallelschacht in die Tiefe von 36 Meter vorgetrieben. Von hier aus arbeitete man

Eines der zahlreichen Bohrlöcher auf Oak Island.

sich in einem gefährlichen Unterfangen schräg nach oben zum *Money Pit* vor. Doch die Idee – und damit auch das gesamte Truro-Company-Projekt - misslang. Die vermuteten Kisten rutschten ab und lagen nun noch tiefer als zuvor. Der „Tressor von Oak Island" bewahrte eifersüchtig sein Geheimnis.

Fünf Jahre später erhielt die Insel erneut von Schatzsuchern Besuch. Dreißig Pferde sollten diesmal eine große Pumpe antreiben. Doch ohne Erfolg. Zwei Jahre darauf wurde eine dampfbetriebene Pumpe errichtet. Sie explodierte.

1863 gründeten reiche Geschäftsleute die *Oak Island Association*. Man trieb mehrere Schächte in die Insel. Sie alle liefen voll Wasser, sobald Kontakt mit dem Money Pit hergestellt worden war.

Der verfluchte Schacht

Andere machten weiter. Die *Oak Island Eldorado Company* legte einen neuen, diesmal neunzig Meter langen und dreieinhalb Meter hohen Fangdamm. Endlich schien sich ein Erfolg einzustellen. Der Wasserspiegel im *Money Pit* sank. Dreiunddreißig Meter tief konnte er leergepumpt werden. Nun fand man auch den Eingang zum unterirdischen Flutkanal. Doch die Vorfreude verwandelte sich in Entsetzen, als der Schacht abermals voll Wasser lief.

1893 setzte Frederick Blair von der *Oak Island Treasure Company* die Arbeit auf der Insel fort. Es sollte eine lebenslange Suche nach dem Schatz werden. Zusammen mit einem erfahrenen Ingenieur ließ er Sprengungen vornehmen. Er hoffte, den unterirdischen Flutungskanal „zu treffen" und ihn zu versperren. Im Verlauf der Ausschachtungsarbeiten kam es zu einem tödlichen Unfall: Während einer der Arbeiter in einem Korb nach oben gezogen wurde, riss das Seil. Ein böses Omen, wie viele glaubten.

Blair hörte von einer jungen Farmersfrau, dass sie 15 Jahre zuvor, als sie noch ein Kind war, zusammen mit einem Ochsen in ein sich plötzlich auftuendes zirka fünf Meter tiefes Loch gestürzt war. Blair untersuchte die Stelle und erkannte einen Flutungstunnel, der über eine Entfernung 250 Meter Seewasser zum *Money Pit* heranführte. Man konnte ihn vorübergehend stilllegen.

Eine erneute Bohrung im *Money Pit* stieß in vierzig Metern Tiefe auf Metall. In 47 Metern traf man auf eine harte Schicht. Proben offenbarten ein sehr widerstandsfähiges, zementartiges Material. Die Schicht hatte eine Mächtigkeit von etwa einem Meter und darunter, in 52 Metern Tiefe, lag erneut Metall. Dieses war für den verwendeten Bohrer undurchdringlich.

Das war unglaublich! Es bedeutete nicht mehr oder weniger, als dass die Planer des Schachts nicht nur das umfangreiche Flutungssystem angelegt, sondern in einer Tiefe von 50 Metern auch noch unterirdische Kavernen ausgebaut hatten. Was immer diese ganze Anlage verbarg, es musste etwas ungeheuer Wertvolles sein.

Während der Bohrungen wurde auch ein kleiner Pergamentfetzen an die Oberfläche befördert. Ein Schriftzeichen – mit Tinte aufgetragen – konnte man als die römische Ziffer „*VI*" identifizieren. Die Tatsache, dass die Tinte noch gut zu erkennen war, zeigte, dass dieses Pergament nicht im Wasser gelegen haben konnte, dass also die Hohlräume unterhalb des Schachtes noch wasserfrei waren. Allerdings würden sie spätestens durch die Bohrarbeiten nun vollgelaufen sein. Immerhin offenbarte dieses Pergament, dass auch Dokumente in der „Schatzkammer" gelagert sind.

Auch etwas anderes entdeckte Blair. Er ließ Farbe in den *Money Pit* schütten und beobachten, wo diese am Ufer wieder austrat. Und tatsächlich: auf der anderen Seite der Insel färbte sich nach kurzer Zeit das Wasser rot. Es musste somit tiefer gelegen einen *weiteren* Kanal geben! Doch seine Company war am Ende ihrer Finanzen und obwohl Fred Blair die nächsten 15 Jahre weiter seinem Traum vom Schatz nachging, hatte er ihn am Ende seines Lebens noch immer nicht gefunden.

1909 erreichte der amerikanische Ingenieur Henry Bowdoin die Insel. Er ließ den *Money Pit* auspumpen und vom Schutt freiräumen, um eine neue Bohrung anzusetzen. Enttäuscht musste auch er die Insel schließlich verlassen – erleichtert um etliche tausend Dollar.

Erst nach Ende des Ersten Weltkrieges wurden 1931 die Versuche fortgesetzt: Weitere Schächte wurden von William Chappell in den Boden getrieben und mit Elektromotoren betriebene Pumpen eingesetzt. Aber Erfolg hatte auch er nicht. 15 Jahre später verstarb er in der Überzeugung, dass jeder, der den Schatz suche, verflucht sei.

Mit systematischer Methodik ging Gilbert Hedden aus New Jersey in den folgenden Jahren an die Arbeit. 1939 entdeckte einer seiner Arbeiter einen seltsamen Stein, der im Gestrüpp des Ufers verborgen war. Auf dem Stein befanden sich zwei eingravierte Zeichen: ein Kreis mit einem Punkt in der Mitte und ein Kreuz, außerdem ein „steinerner Pfeil", ein aus Steinblöcken gelegtes Dreieck, das mit der langen Spitze genau auf den *Money Pit* zielte. Auch wenn diese Entdeckung keinen unmittelbaren Nutzwert hatte, so wurde doch deutlich, dass derjenige, der das grandiose hydraulische Tunnelsystem auf der Insel angelegt hatte, einen Hinweis zurückgelassen hatte, um es wieder auffinden zu können.

Die Palette der Theorien, wer auf der Insel ein solches Ver-

Die Spitze dieses steinernen Dreiecks
weist genau in Richtung Money Pit.

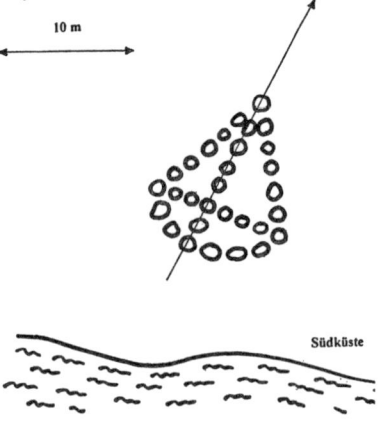

Richtung Money Pit

10 m

Südküste

steck hätte anlegen können – reichte vom berühmten Piratenkapitän Kidd bis zum Erfinder Sir Francis Bacon. Mit den Spekulationen nahm auch die Anzahl der Suchschächte beständig zu. Um 1945 zählte man achtunddreißig. Das Gelände war derart verwüstet, dass es fast aussichtslos erschien, hier noch etwas zu finden. Schlimm genug. Doch schlimmer noch: Die genaue Position des *Money Pit* war gar nicht mehr bekannt.

Der Ingenieur George Greene ließ 1955 erneut bohren und stieß bei dreiunddreißig Metern in der vermuteten Nähe des *Money Pit* auf einen Hohlraum. Der Erdölgeologe Robert Dunfield setzte die Arbeiten fort und ließ eine zweihundert Meter lange Verbindung vom Festland hinüber zur Insel aufschütten. Jetzt konnte schweres Baugerät eingesetzt werden. Eine Bohrung stieß auf eine vierzehn Meter hohe, wassergefüllte Aushöhlung, die 42 Meter unter der Oberfläche begann.

Die eingesetzten Maschinen Dunfields zerstörten indes sowohl die Eingänge der Flutungskanäle als auch das steinerne Pfeildreieck. Nachdem er eingesehen hatte, dass er trotz allem nichts finden konnte, gab er enttäuscht auf.

1965 kam es zu einem tragischen Unglück. Bob Restall, der sechs Jahre zuvor zusammen mit seiner Familie dem Ruf der Schatzinsel gefolgt war, stürzte aus nie geklärten Gründen bei einem Kontrollgang in den Schacht Nummer 27. Sein Sohn Bobbi, der sich nach seinem Vater umschaute, durchfuhr ein angstvoller

Schreck. Laut um Hilfe schreiend rannte er hinüber zu dem Schacht und versuchte nach unten zu klettern. Zwei weitere Arbeiter folgten ihm. Wenig später wurden alle vier tot aus der Grube geborgen.

Rätselhafte Messungen, rätselhafte Fotos

1967 gründete sich die „Triton"; dieses Unternehmen besteht noch immer. Erste Bohrungen erreichten 60 Meter Tiefe. Mehrere Hohlräume wurden ausgemacht und Holz-, Metall-, Zementproben wurden geborgen. Die Untersuchungen erbrachten erstaunliche Werte: jünger als 300 Jahre, 300 Jahre, 1100 Jahre und – als absolut kuriosestes und unmögliches Datum – 3100 Jahre nach Christus! Widersprüchlicher scheint es nicht mehr zu gehen.

Seismologische Messungen bestätigten: die gesamte Insel war von Höhlungen und Tunneln durchzogen, die geflutet waren. Einzige Möglichkeit: Ein neuer und größerer Fangdamm musste

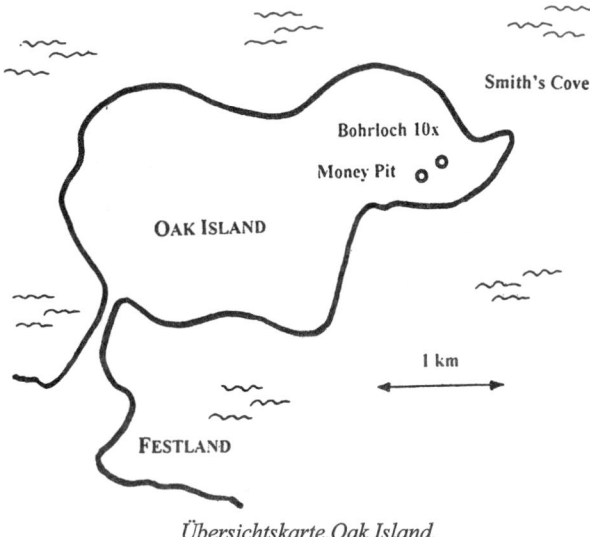

Übersichtskarte Oak Island.

konstruiert werden, um so dem Meerwasser die Verbindung zum Schacht abzuschneiden. Fast fertig, fiel auch dieses Bauwerk Wellen und Sturm zum Opfer.

1970 setzte *Triton* 55 Meter vom vermuteten *Money Pit* entfernt erneut eine Bohrung an: Bohrloch 10 x. Man stieß in 70 Metern Tiefe auf eine Höhle von zwei Metern Höhe. Eine Unterwasserfernsehkamera wurde hinabgelassen. Völlig unerwartet war, was sie an die Oberfläche übertrug. Keine Schatztruhen wurden sichtbar, sondern seltsame graue, unförmige Gegenstände, Objekte mit weichen, runden Umrissen, rohrförmige Strukturen und kleine, kastenförmige „Dinger", die von einer weißlichen Schicht überdeckt waren. Was, so fragte sich jeder, der die Filmaufzeichnung sah, lag dort unten?

Taucher wurden durch das enge Rohr hinab in die Höhle gelassen. Doch das Wasser hatte sich eingetrübt, sodass die Männer nichts mehr sehen konnten. Der Tauchgang wurde abgebrochen.

1978 wurde das Bohrloch erweitert. Eisenbahnkessel wurden aneinander geschweißt und im Grundgestein verankert. Mit Stahlbeton ausgekleidet, sollte dies die endgültige Lösung sein. Doch während der abschließenden Arbeiten füllte sich das Bohrloch mit Wasser. Ein weiterer Fehlschlag.

Gleichzeitig war auch der Vermessungsingenieur Fred Nolan auf Oak Island eingetroffen. Im Gegensatz zur „Triton" ist er bis heute davon überzeugt, der Eingang zum Versteck läge in einem anderen Teil der Insel. Er kaufte es. Mit dem Erfolg, dass sich zwischen den „Triton"-Eignern und Nolan ein regelrechter Kleinkrieg entwickelte, in dem auch schon mal drohend Gewehre auf den jeweils anderen gerichtet wurden.

Nolan hatte einen guten Grund für seine Annahme. Er hatte eine kreuzförmig angelegte Struktur aus vier großen Granitblöcken und einem Sandstein in der Mitte entdeckt, die immerhin 264 Meter lang und 110 Meter breit ist.

Mittlerweile schrieb man das Jahr 1987. Nun sollte ein dreißig Meter breiter Stahlcaisson bis auf das Grundgestein getrieben werden. Innen sollte das Rohr ausgehölt und das Wasser mit Hochdruckpumpen abgesaugt werden. Die Kosten wurden auf zehn Millionen Dollar veranschlagt. – Doch inzwischen hat ein neues Jahrtausend begonnen und das Geld ist immer noch nicht für die Unternehmung zusammengekommen.

1996 aber wurde eine völlig unerwartete Entdeckung gemacht, die einen erneuten sensationellen Aspekt auftat. Wissenschaftler vom kanadischen *„Institut für Oceanographie"* sondierten mit einem Forschungsschiff das Meeresgebiet vor Neu Schottland. An der Südküste stießen sie auf etwas sehr Ungewöhnliches: einen länglichen, künstlich angelegten Graben.

Bohrloch 10 x.

Ausgebaggert auf dem Grund des Meeres. Seine Richtung: Genau auf die Position des steinernen Dreiecks auf der Insel.

Im Frühjahr 2000 sorgt Oak Island noch einmal für Schlagzeilen. Robert S. Young erhielt von Frank Nolan die Erlaubnis, auf seinem Teil der Insel Forschungen betreiben zu können.

Young gehört mit seinen 44 Jahren einer neuen Forschergeneration an. Säuberlich registriert er alle Funde und arbeitet mit dem Nova-Scotia-Museum, Kanada, eng zusammen. Bob Ogilvie, wissenschaftlicher Mitarbeiter des Museums, kommentiert: „Young hat ein paar interessante Dinge gefunden, die wir uns genauer ansehen müssen." Um was es sich dabei handelt, wurde bislang der Öffentlichkeit noch nicht verraten. Young arbeitet zur Zeit an einer systematischen Sonarvermessung seiner Parzellen.

Mitglieder des Templerordens konnten der Verhaftung in Frankreich entkommen und gründeten neue Mönchsorden oder Geheimgesellschaften.

Sein Ziel: die Erfassung von weiteren Hohlräumen und größeren Gegenständen.

Das also ist die – vorläufig – über zweihundertjährige Geschichte der größten Schatzsuche aller Zeiten. Ihr Endkapitel indes steht noch immer aus.

Noch bleiben Rätsel, noch bleiben Fragen. Wer hat wann und zu welchem Zweck auf einer kleinen Insel vor Kanada vor Jahrhunderten eine Anlage errichtet, in die wir selbst mit modernsten Mitteln nicht vorzudringen vermögen und jeder neue Versuch zum Scheitern verurteilt ist?

Wir sind der Ansicht, dass es eine sehr plausible Antwort, eine einleuchtende Lösung gibt. Dan Blankenship, der eines der Suchunternehmungen geleitet hat, vertritt die Meinung: „Im Untergrund dieser Insel ist etwas Ungewöhnliches begraben. Es wird die größte archäologische Sensation Nordamerikas." Wir glauben: Es wird die größte archäologische Sensation der Welt.

Die Lösung

Als der Templerorden vor der Inquisition fliehen musste, gelang es vielen Tempelherren in Portugal, Spanien und Schottland unterzutauchen. In der Tracht der angegliederten Maurerzünfte, in Zivilkleidung oder den Mönchskutten befreundeter Orden konnten die Templer der Verfolgung entgehen.

Das Hauptquartier der schottischen Templer lag in Balantrodoch nahe Edinburgh. Unweit davon befindet sich Rosslyn Chapel, das 1446 von Sir William St. Clair in Auftrag gegeben wurde. Viele Tempelritter waren aus der Familie derer von St. Clairs (Sinclairs) gestellt worden. Die Sinclairs waren später

Rosslyn Chapel (Foto: Axel Ertelt).

„erbliche Großmeister der schottischen Freimaurer". Die Symbole der Kapelle lassen an eine geheime Folgegesellschaft des Templerordens denken. Außerdem wurde sie als gotisch inspirierter Nachbau des Salomonischen Tempels geplant! Seltsam auch: in der Ornamentik der Pflanzen finden wir Darstellungen von Maiskolben und Aloekakteen. Beide aber wachsen nur in Amerika. Beim Bau der Kapelle lag die Entdeckung Amerikas durch Kolumbus noch fast ein halbes Jahrhundert in der Zukunft. Die Antwort ist vermutlich diese:

William St. Clairs Großvater war Prinz Henry Sinclair. Eine seiner Expeditionen führte ihn aller Wahrscheinlichkeit nach Neu Schottland! Dem Manuskript des Venezianers Nicolo Zeno zufolge, das dieser 1558 veröffentlichte und das auf den Angaben seines Ur-Urgroßvaters Kapitän Antonio Zeno basiert, wäre dieser zusammen mit Henry Sinclair 1398 von den Orkney-Inseln aus mit einer Flotte aus zwölf Schiffen nach Amerika gesegelt.

Es gibt eine ganze Reihe Hinweise, die sich in erstaunlichem Maße mit dem Zeno-Manuskript decken, wie z. B. bestätigende Überlieferungen der Micmac-Indianer Neu Schottlands, Wortähnlichkeiten ihrer Sprache mit nordischen Begriffen, die Fundamente des Newport Towers in Neu Schottland, einer Anlage im schottischen Stil des 14. Jahrhunderts, und bei Westford wurde eine Steingravur eines Ritters entdeckt, der ein altschottisches Breitschwert trägt. Das Wappen stammt aus der Verwandtschaft der Sinclairs.

Haben die Erben der Templer, 80 Jahre nach der Zerstörung des Ordens, Nordamerika erreicht und auf Oak Island das gewaltigste Versteck aller Zeiten angelegt?

Janusz Piekalkiewicz (1971) schreibt dazu, dass „eine solche Leistung nur in mehrmonatiger ausdauernder Arbeit von einer disziplinierten Gruppe vollbracht werden [konnte], die einem hervorragenden Fachmann unterstand, der zudem mit großen Führungsqualitäten ausgestattet sein musste. Die für eine solche Arbeit erforderlichen technischen Kenntnisse sind die vollkommene Beherrschung des Tief- und Bergbaues".

Die Nachfolger der Templer gehörten einer disziplinierten Gemeinschaft an, der die Wahrung des Geheimnisses eine Selbstverständlichkeit war. Das kompliziert angelegte Versteck deutet darauf hin, dass sie den Schatz für die Zukunft bewahren wollten.

Für diese Annahme spricht auch, dass die Templer und deren Erben in ihren Reihen hervorragende Architekten, Baumeister und Handwerker besaßen. Ferner die Tatsache, dass nur ein besonders wertvoller und absolut geheimzuhaltender Gegenstand ein derartiges Vorgehen rechtfertigt. Dann auch die Ungestörtheit, in der das Unternehmen verwirklicht wurde. Man braucht sich nur einmal die riesige Baustelle auf der kleinen Insel vorzustellen: der Fangdamm musste aufgeschüttet und Abraummaterial aus den Gängen weggeschafft werden, Bäume mussten gerodet und bearbeitet, Zement angemischt werden und vieles mehr. Zudem wurde bautechnisch erforderliches Material von weit her angefahren.

Auch die Geheimzeichen passen gut in das Bild der Templer. Der Felsblock, auf dem ein Punkt inmitten eines Kreises eingeritzt ist, stellt ein altes Freimaurersymbol dar, das den Menschen und die ihn umgebenden Grenzen der Moral zeigt. – Die heute in Halifax ansässigen Freimaurer wissen jedoch kaum etwas über Oak Island und waren ebenso erstaunt wie interessiert, von unserer Theorie zu hören.

War es Lord Sinclair, der 1398 den wertvollsten Besitz der Templer nach Oak Island schaffte? Weit entfernt vom Zugriff europäischer Königshäuser und der römischen Kirche. Liegt die Manna-Maschine auf Oak Island in jener Höhle, aus der 1970 erstmals Video-Aufnahmen gemacht werden konnten? – Dr. Kirchner (1997) schreibt: „Die Schwarz-Weiß-Aufnahmen der Kamera zeigten gräuliche Gegenstände mit weichen, runden Konturen, die auf dem Höhlenboden lagen. Es gab senkrechte, rohrförmige Formen und rechteckige Objekte, die aussahen, als seien sie mit einer weichen, weißlichen Gipsschicht überzogen."

Genau ein solches Bild wäre zu erwarten, wenn die Manna-Maschine dort läge.

Dann ist da noch die völlig irreguläre Datierung durch die C14-Methode. Erklärbar ist dies nur, wenn die C14-Werte selbst völlig irregulär wären. Dieser Effekt könnte durch eine übermäßig hohe Aufnahme des C14 bewirkt werden. Durch einen künstlichen Neutronenbeschuss beispielsweise. Wie sich aus der Rekonstruktion der Manna-Maschine und den in der Bibel beschriebenen Unfällen ergibt, wurde das Gerät von einem Plutonium-Reaktor betrieben.

Wir sind ziemlich sicher: die Manna-Maschine *ist* auf Oak Island!

Seit dem Beginn der Suche nach dem „Schatz" von Oak Island erlebten die Menschen den Bürgerkrieg in den USA und zwei Weltkriege, sie erfanden Autos, U-Boote und Flugzeuge und landeten schließlich mit Raumschiffen auf dem Mond. Vom Space Shuttle aus wurde die gesamte Erde katografiert, und Sonden

Die Bundeslade, in der sich Teile der Manna-Maschine befanden, war das höchste Heiligtum des Stammesgottes Jahwe und durfte wegen seiner gefährlichen Strahlung nur von Priestern mit Schutzkleidung und Metallbrustplatten getragen werden. Mittelalterl. Holzschnitt.

verlassen unser Planetensystem. Fernsehen, Computer und Internet verbinden die Welt und das Genom der Menschen ist entschlüsselt. Worüber würde Daniel McGinnis wohl mehr staunen – über all diese fantastischen Errungenschaften oder darüber, dass der von ihm entdeckte Schacht sich noch immer nicht sein Geheimnis entreißen ließ? – Denn das geniale Versteck von Oak Island existiert nach wie vor und wehrt mit immer neuen Fallen jeden Eindringling ab.

Was Daniel McGinnis und alle seine Nachfolger ebenfalls nicht ahnen konnten, war, dass sie sich mit einem der genialsten Köpfe der Bergbau- und Tiefbautechnik anzulegen versuchten. Völlig chancenlos. Denn dieser hatte nicht vorgehabt, irgendeinen Piratenschatz zu verstecken, sondern das größte Geheimnis der Menschheitsgeschichte: den Gral. Und damit den unumstößlichen Beweis, dass wir vor Jahrtausenden Kontakt mit einer fremden, außerirdischen Intelligenz hatten.

Nachwort: Alles hat seine Zeit

Ein Mensch des Jahres 1000 würde vermutlich einen tödlichen Schock erleiden, würde er unvermittelt in der rasanten Welt des beginnenden dritten Jahrtausends wieder auferstehen. Denn nie war die Zeit, waren Theorien und Werte schnelllebiger als heute. Selbst beeindruckende Ereignisse wie die totale Sonnenfinsternis 1999 oder die Entschlüsselung des menschlichen Genoms im Jahre 2000 werden recht rasch wieder von anderen, alltäglichen Ereignissen überdeckt.

Sollten wir aber einen unanfechtbaren Beweis für die Richtigkeit der PaläoSETI-Hypothese finden, also die Annahme, dass außerirdische Intelligenzen schon vor langer Zeit unseren Planeten besucht und in unsere Geschichte eingegriffen haben, so wird das unabsehbare Folgen haben, die von da an unser gesamtes Geschichts- und Weltbild neu ordnen und von Grund auf verändern werden. Und nicht nur unsere Vergangenheit wird sich in unseren Vorstellungen verändern, sondern auch und vor allem unsere Zukunft.

Wir haben in diesem Buch einen weiten Kreis ausgeschritten und sind zu der Erkenntnis gelangt, dass legendäre und sagenhafte Erzählungen einen ungewöhnlich reichen Fundus bereithalten, um geschichtliche Ereignisse neu bewerten zu können. König Artus, lange Zeit ins Land des Mythos verwiesen, hat wirklich gelebt. Die Sage von dem weisen Magier Merlin, von vielen als fantastische Erfindung behandelt, zeigt einen sehr realen Kern. Im Zusammenhang betrachtet mit rätselhaften Gestalten der Historie verweist dieser Merlin sogar noch über sich selbst hinaus und lässt erahnen, dass seine Gestalt – die so sehr einem Grafen von Saint-Germain, einem Imhotep, einem Nathan und einem Michael Scotus gleicht – langsam ein noch tieferes Geheimnis zu enthüllen beginnt: das der Unsterblichkeit.

Auch der „Stein der Weisen" muss nicht zwangsläufig eine Fata Morgana sein, der Alchemisten über Jahrhunderte nachjagten. Glaubten das nicht auch die „Rationalisten", die das Fliegen mit Fluggeräten als Illusion bezeichneten, als sie es als puren Traum abtaten, mit unglaublichen Geschwindigkeiten verreisen zu können, und Radio, Fernsehen und Telefon als Utopie beschimpften? Ein Handy ist heute eine Selbstverständlichkeit und Internet und das Space Shuttle sind es auch. Noch vor dreißig, vierzig Jahren war dies reine Sciencefiction.

Schließlich der Heilige Gral. Auch er schien nur ein illusionäres Wunschgebilde vergangener Epochen zu sein. Jetzt zeigt sich, dass dieses Artefakt die größte historische Sensation der Menschheitsgeschichte werden könnte. Vor 3200 Jahren wurde der Gral als OThIQ IVMIN einem Nomadenstamm auf der Sinaihalbinsel von Außerirdischen übergeben, eine unglaubliche Odyssee ließ ihn von Jerusalem nach Europa und von dort nach Nordamerika gelangen, wo diese Maschine „für alle Zeiten" begraben werden sollte.

Doch wir leben nicht nur in einer schnelllebigen Zeit. Wir leben vor allem in einer Gegenwart, die rasante technische Fortschritte macht. Der Stempel „Aufbewahren für alle Zeiten" hat vielleicht schon bald seine Gültigkeit verloren. Denn in der Tiefe von Oak Island wartet eine Apparatur, die von den Sternen zur Erde kam, auf ihre Wiederentdeckung. Neugier war und ist eine der größten Triebkräfte des Menschen. So können wir sehr zuversichtlich sein, dass über kurz oder lang neue Techniken und finanzielle Mittel mobilisiert werden, um das Geheimnis der Insel vor Neu Schottland endgültig zu lüften.

Aber jeder kann kleine Mosaiksteinchen zu diesem neuen Bild zusammentragen helfen. Denn noch sind die vielen Einzelteile verstreut über die Welt, versteckt in frühesten Mythen, uralten Bauwerken oder deponiert für spätere Generationen an fernen Plätzen der Erde, den Planeten unseres Sonnensystems oder ihren Monden.

Aber: Der Stein zum Anstoß muss in uns selbst liegen. Dr. John Weyer, der große österreichische Gelehrte des 16. Jahrhunderts und Bekämpfer des Hexenwahns, schrieb die bis heute gültigen Zeilen: „Die Suche nach der Wahrheit ist jedem erlaubt, gleichviel, wo diese verborgen ist."

So möchten wir am Ende dieses Buches die Frage stellen: Gibt es wirklich eine bedeutendere, eine lohnendere Aufgabe als diese? – Die Suche nach der Wahrheit über all das, was heute noch im dunklen Hintergrund der Zeit sich verborgen hält …

2. Teil

Peter Krassa

Geheime Forschungen
&
verdeckte Experimente

Vorweg gefragt:
Was wird uns verschwiegen?

Viele Menschen unter uns sind naiv. Man könnte auch sagen „gutgläubig". Sie akzeptieren alles, was in den Zeitungen steht, was sie auf ihrem TV-Bildschirm sehen oder im Radio hören. Sie sind in ihrem blinden Vertrauen in die Obrigkeit absolut autoritätshörig. Wissenschaftliche Aussagen gelten ihnen als unantastbar. Und wer da anderer Meinung sein sollte und diese Ansicht womöglich auch noch mit einer eigenen Theorie zu stützen versucht, wird von so genannten Durchschnittsbürgern als „Fantast", wenn nicht sogar als „Spinner" in die Schranken gewiesen.

Nicht wenige unter uns sind sich auch sicher, dass es weltweit keine Geheimnisse gibt. Weil man sie im Ernstfall bestimmt nicht „unter der Decke" halten könnte, ist man überzeugt.

Wenn also in diesem Buch von „geheimer Forschung und verdeckten Experimenten" die Rede ist, dann seien dies lediglich Wunschvorstellungen und Schauermärchen. So wird mancher Obrigkeitsgläubige selbstsicher behaupten. Schön wär's, kann man da nur sagen, würde eine derartige Auffassung vom angeblich klaglosen Ablauf des Weltgeschehens tatsächlich der Wirklichkeit entsprechen.

Dem ist leider nicht so.

Geheime Forschungen über Dinge, die der Öffentlichkeit verborgen bleiben sollten, sowie experimentelle Versuche, die selbst vor menschlichem Leben nicht Halt machten, gab es zu allen Zeiten. Nicht erst in der Gegenwart oder jüngeren Vergangenheit. In diesem Buch werde ich hierfür den Nachweis führen. Ich werde Sie, liebe Leser, mit Geschehnissen konfrontieren, die manchen Gutgläubigen überraschen dürften. Und ich werde zusätzlich versuchen, dabei auch den Hintergrund für diese Vorkommnisse, die sich oftmals dem logischen Verstand zu entziehen scheinen, transparenter zu machen.

Kein leichtes Unterfangen, das ich mir da aufgehalst habe, wie ich offen gestehe. Denn ich gehöre ja nicht zu den „Eingeweihten", die irgendwo ihre Fäden ziehen. All diesen Dingen auf den Grund gehen zu wollen ist außerdem nicht ganz ungefährlich. Weil ja jene, die an den Schalthebeln der verborgenen Machtzentren sitzen, keine Lust verspüren, ungefragt ins Scheinwerferlicht öffentlichen Interesses zu geraten. Deshalb heißt es für jeden, den vielleicht der Ehrgeiz gepackt haben sollte, *Phänomene-Detektiv* zu spielen, mit großer Vorsicht ans Werk zu gehen. Es scheint mir insgesamt vernünftiger zu sein, nicht alles, was man zu wissen meint oder herausgefunden zu haben glaubt, gleich wieder auszuposaunen. Manches für sich zu behalten kann im Extremfall von *lebensverlängernder Wirkung* sein.

Aber schon das wenige, das ich in diesem Buch vorlege, müsste genügen, selbst Naiven und Gutgläubigen sowie unkritischen Obrigkeitshörigen jenes Weltbild vor Augen zu führen, das es mit sich bringt, ihnen ein für allemal ihre kindische „Gläubigkeit" in den scheinbaren Edelmut der Mächtigen, die weltweit „das Sagen" haben, zu vertreiben.

Geheime Forschung und verdeckte Experimente gab es zu allen Zeiten. In vielfältigster Art. Manches davon hat im Laufe von Jahrhunderten und Jahrtausenden sogar in *Mythen* und *Legenden* Einzug gehalten. Allerdings: Nicht jeder dieser Versuche kann ausschließlich negativ gesehen werden. Ohne den wegweisenden Wissensdrang ambitionierter und genial veranlagter Forscher hätte die Menschheit niemals jenes kulturelle und technologische Niveau erreicht, das sie nunmehr besitzt. Stets kommt (und kam) es jedoch ebenso darauf an, auch *moralisch* auf der Höhe zu sein, um zu einem bestimmten, der gesamten Menschheit nützenden Ergebnis zu gelangen. Dass gerade darauf aus oft falsch verstandenem Ehrgeiz nicht immer Rücksicht genommen wird (und wurde), muss leider eingestanden werden.

So wurde manche vorteilhafte Entdeckung, die mit Bestimmtheit zum Segen für uns alle geworden wäre, von machtbesessenen Egoisten mit Absicht verschwiegen, um eigene und selbstsüchtige Karrierepläne nicht zu gefährden.

Liebe Leser: machen Sie sich auf den folgenden Seiten selbst ein Bild. Lassen Sie sich von mir über Dinge informieren, die es (dem logischen Verstand nach) eigentlich gar nicht geben dürfte. Machen Sie sich Ihre eigenen Gedanken – vor allem aber: Versuchen Sie abzuwägen, objektiv zu urteilen und sich freizumachen von bislang liebevoll gepflegten Vorurteilen.

Es ist nicht alles so, wie es zunächst scheinen mag. Und wie man von gewisser Seite versucht Ihnen weiszumachen.

Versuchen Sie mit mir, die Rätsel der geheimen Forschung und verdeckten Experimente zu lösen. Glauben Sie mir:

Alles ist möglich …

Sonderbare Dinge

Manches Mal passieren, egal wo und in welchem Winkel der Erde, höchst sonderbare Dinge. So sonderbar und mysteriös, dass davor selbst die üppige Fantasie eines unkonventionellen Erfolgsschriftstellers verblassen muss. Sollte sich etwa Fantastisches selbst in der anscheinend so fantasiearmen Realität widerspiegeln? Mitten im „stinknormalen" Alltag? An der Schwelle zum dritten Jahrtausend? Und ohne jegliche Vorwarnung?

Montag, den 17. Dezember 1979, fielen meine Blicke auf drei riesige Schlagzeilen, rot unterstrichen. Auf der letzten Seite der Münchner „Abendzeitung". In großen Lettern stand da zu lesen:

Nachts, wenn der Wagen mit dem Sarg kommt

Und darunter, etwas kleiner:

Polizei jagt unheimliches Leichenauto

Dem Verfasser des Berichts mag die ganze Sache ziemlich bedeutungslos erschienen sein. Auch wenn diese Story es durchaus in sich hat, unserer Gänsehaut das gewisse Prickeln beizubringen.

Was war geschehen?

In der westdeutschen Stadt Tirschenreuth, sie liegt in der Oberpfalz, wagten sich viele Menschen wochenlang abends nicht mehr aus den Häusern. Eltern verboten ihren Kindern, nach Einbruch der Dunkelheit auf die Straße zu gehen; junge Frauen ließen sich sicherheitshalber von ihren Freunden vom Arbeitsplatz abholen – und alles nur, weil zahlreiche Einwohner, in ihrer Mehrzahl Frauen, mit einem wahrlich unheimlichen Phänomen konfrontiert worden waren.

Immer wieder meldeten verschreckte Augenzeugen der Polizei die gleiche Begebenheit: Aus der Dunkelheit sei ganz plötzlich ein Kombi mit verhängten Seitenfenstern aufgetaucht, habe angehalten und danach seien dem Fahrzeug drei Männer in Schwarz entstiegen. Vor den entsetzten Passanten hätten die Unheimlichen einen Sarg aus dem Leichenwagen gezerrt und ihn sodann geöffnet.

An ein Gruselstück erinnert die Schilderung der erst 14-jährigen Sylvia S. über ihre „unheimliche Begegnung" in Tirschenreuth: „Ich kam von einer Freundin und musste am Friedhof vorbei. Im Schatten der Mauer sah ich den schwarzen Wagen stehen. Dunkle Männer öffneten die hintere Autoklappe. Da stand plötzlich ein Sarg ..."

In panischer Angst ergriff damals Sylvia die Flucht. Wer kann es ihr verdenken? Die Mutter des geschockten Mädchens alarmierte die Polizei – doch auch die Beamten standen vor einem Rätsel. „An diesem Abend, das steht fest, gab es keinen Leichentransport in unserer Stadt", wurde versichert. Aber man nahm das unglaubliche Phänomen, das da die Tirschenreuther Bürger verschreckte, durchaus ernst. Kein Wunder, wenn man erfährt, dass in einem anderen Fall eine junge Frau – nach einem ungewollten Zusammentreffen mit den schwarz gekleideten Männern und deren makabrer Fracht – einen so schweren Schock erlitten hatte, dass man sie sofort in ein Krankenhaus bringen musste.

Jetzt würde sich von den Polizisten vermutlich auch keiner mehr gewundert haben, hätte irgendjemand von einer Begegnung mit Graf Dracula berichtet. Mit dem feinen Unterschied: Die unglaublich klingende Geschichte von den Männern in Schwarz ist offenkundig wahr – und Dutzende Augenzeugen in der Oberpfalz würden sie jederzeit beschwören. Was der Polizei allerdings auch nicht weitergeholfen hat. Zur Aufklärung des Falles, zur Identifizierung der unheimlichen Spukgestalten von Tirschenreuth fehlt nämlich bisher der wahrscheinlich wichtigste Anhaltspunkt:

Das Kennzeichen des Leichenwagens ...

Was soll das alles? Es ergibt einfach keinen Sinn. Wirkt skurril und unwirklich. Und ist dennoch ein reales Geschehen. Wer aber steckt hinter diesem makabren Spuk? Spaßvögel mit wahrhaft abstrakten Ideen? Oder vielleicht doch jene Todesboten, die auf den kommenden Seiten durch dieses Buch geistern werden?

Die Männer in Schwarz?

Schemenhaft tauchen sie auf, betreten die Szene, setzen eine Handlung – um danach ebenso schnell wieder zu verschwinden. Sie hinterlassen keine Spuren, die sie entlarven könnten. Versuche, ihrer habhaft zu werden, führen unweigerlich ins Leere. Und doch scheinen sie zu existieren. Phantomen gleich sind diese Unheimlichen dennoch aus Fleisch und Blut, und wo sie sich bemerkbar machen, regiert die Angst. Auf ihr Konto gehen zahlreiche, bis heute unaufgeklärte Fälle. Sie schlagen unerbittlich zu, die Männer in Schwarz, wenn sie es für erforderlich halten. Und sie hinterlassen am Tatort jede Menge Rätsel. Rätsel, die „dreidimensional" nicht zu lösen sind.

Denken wir nur etwa an den mysteriösen Selbstmord von drei Anführern der Baader-Meinhof-Bande, Andreas Baader, Gudrun Ensslin und Carl Raspe. Oder an die vermeintliche Selbstjustiz der Ulrike Meinhof. Die sich in ihrer Gefängniszelle in Stuttgart am Fensterkreuz erhängt zu haben schien. Bis heute rätselt man darüber, auf welche Weise Baader und Raspe im Gefängnis von Stuttgart-Stammheim zu ihren Selbstmordpistolen gekommen sein könnten. Die Konsequenzen hatten der Leiter der modernsten und bestbewachten Gefangenenanstalt in der Bundesrepublik Deutschland, Hans Nusser, sowie dessen Sicherheitsbeauftragter zu tragen. Beide wurden damals ihrer Posten enthoben.

In Bonn tat man alles, um jedwedes Gerücht zum Verstummen zu bringen. Und solche Gerüchte gab es genügend. Ein internationales Ärztekollegium wurde eingeladen, die Leichen der drei inhaftiert gewesenen Terroristen zu untersuchen und zu obduzieren. Und der zuständige Staatsanwalt Dr. Mehl beeilte sich gegenüber den Pressevertretern zu versichern, keiner der fünf Professoren aus diesem Kollegium habe eine Äußerung getan, wonach auch nur irgendein Anzeichen *gegen* einen Selbstmord spräche. Bei den hinzugezogenen Kapazitäten handelte es sich um die Gerichtsmediziner Professor Wilhelm Holczabek aus Wien, Professor Hartmann aus Zürich und Professor Andree aus Belgien. Mit dabei waren auch deren deutsche Kollegen Professor Mallach sowie Professor Rauschke.

Natürlich war es den Bonner Behörden darum zu tun, jenen Meinungen zu widersprechen, die Zweifel an der Selbstmordversion hegten. Da wurden Gerüchte ausgestreut, Andreas Baader und Gudrun Ensslin hätten schon Tage vor ihrem Tod Selbstmordabsichten geäußert. Es soll Anspielungen Baaders gegeben haben, die Gefangenen würden selbst entscheiden, „wenn das nicht bald ein Ende findet". Damit habe der Terrorist auf die zu dem Zeitpunkt laufenden Verhandlungen in der Schleyer-Affäre angespielt.

Gudrun Ensslin wiederum behauptete angeblich, hier ginge es um Stunden oder Tage, danach würden die Inhaftierten, ‚wir, die Gefangenen von Stammheim, der Regierung die Entscheidung aus der Hand nehmen, indem wir entscheiden, und zwar so, wie es jetzt noch möglich ist, als Entscheidung über uns. Ich denke", soll sie erklärt haben, „diese Konsequenz bedeutet zwangsläufig Eskalation".

Ob die drei Terroristen in ihren Zellen tatsächlich freiwillig aus dem Leben gegangen sind, lässt sich damit nicht überzeugend beweisen. Immerhin ist bekannt, dass Baader mehrfach verlangt hatte, mit dem Staatssekretär des Bonner Kanzleramtes, Manfred Schüler, zusammengebracht zu werden. Wahrscheinlicher als ein Selbstmord ist daher die Annahme einer beabsichtigten Geiselnahme des Politikers durch Baader, um endlich mit seinen Gefährten freizukommen.

Es ist ferner interessant, dass ziemlich parallel mit der Auffindung der Leiche des entführten Industriellen Hans-Martin Schleyer in einem abgestellten Auto in der Elsass-Stadt Mülhausen auch der Lebensfaden der Terroristen Baader, Ensslin und Raspe gerissen ist. Dazu drang ein weiteres Detail, beabsichtigt oder auch nicht, an die Öffentlichkeit: In der Zelle von Andreas Baader wurden drei Einschüsse, sämtliche des Kalibers 7,65 mm, festgestellt. Ein Geschoss mit Blutspuren fand man auf dem Fußboden, eines in der Wand und eines in der Schaumgummieinlage der Matratze des Bettes. Die Spitzen dieser Geschosse waren nach der Art von Dumdumgeschossen abgefeilt und man weiß, dass dadurch deren tödliche Wirkung noch erhöht wurde. Von Baader, Ensslin oder Raspe selber – oder von jemandem, der über die drei bereits den Schicksalsstab gebrochen hatte?

Ähnlich wie über die führende Anarchistin der westdeutschen Terroristenszene, Ulrike Meinhof, die „rote Ulrike"? Sie hatte sich anderthalb Jahre früher, am 9. Mai 1976, nach ebenfalls nicht befriedigender offizieller Version mit Streifen ihres Handtuchs am Fensterkreuz in ihrer Gefängniszelle erhängt. Und wiederum in der Stuttgarter Strafanstalt. Auch damals beeilte man sich von offizieller Seite, die Handlung der 41-jährigen Anarchistin als Freitod hinzustellen. Die Allgemeinheit nahm die Nachricht relativ gleichgültig, aber zufrieden zur Kenntnis. Sicherheitshalber offerierte man den Journalisten aber auch noch eine kleine Episode vom Besuch eines anglikanischen Geistlichen in Ulrike Meinhofs Gefängniszelle. Der Priester war im Auftrag der Gefangenenorganisation „Amnesty International" nach Stuttgart gekommen. Und soll sich, als er vom Tod der Terroristin erfahren hatte, „nicht überrascht" gezeigt haben, wie später zu lesen war. Ihm sei zum ersten Mal, ließ der Geistliche angeblich verlauten, mit Ulrike Meinhof ein Mensch begegnet, „der total außerstande war, noch Licht zu sehen".

Die Unruhe, die nach den angeblichen Selbstmorden im Stuttgarter Gefängnis Stammheim in den verantwortlichen Kreisen ausbrach, blieb auch von den Presseleuten nicht unbemerkt. Aber die offizielle Schweigemauer hielt dicht. Den Betroffenen, ob Regierende oder Gerichtsbarkeit, ging es um die eigene Haut. Und im Grunde war man heilfroh, diese Belastung losgeworden zu sein. Lagen doch während der Zeit der Inhaftierung von Baader, Ensslin, Raspe und der „roten Ulrike" neuerliche Terroranschläge täglich in der Luft. Ihr Tod hatte dieses Problem auf einfache Weise gelöst.

Wer aber waren die „Liquidierer" gewesen? Ein heimliches Exekutionskommando der Kripo oder Bundeswehr? Ausländische Todesschützen? Oder Personen, über die auch die Bonner Verantwortlichen nichts wussten?

Die Männer in Schwarz?

Waren sie abermals unterwegs gewesen? Waren Baader und seine Gesinnungsgenossen zu „Störfaktoren" geworden, die ausradiert werden mussten? Schlug deshalb ihre Todesstunde?

Wir wissen es nicht, und die es vielleicht ahnen, halten dicht. Sie wissen, warum.

Die Männer in Schwarz aber sind auch weiterhin in Aktion. Sie erfüllen weiter ihre Aufgabe, die ihnen gestellt worden ist. Hoffen wir inständig, dass sie uns ignorieren. Hoffen wir darauf, dass unsere „Nadelstiche" sie nicht belästigen. Sollte irgendein Leser das Thema über die Männer in Schwarz als Fantasterei und Hirngespinst abtun, so sei er gewarnt: Diese Agenten des Terrors, wie ich die dunkel Gekleideten auch nennen möchte, lassen bestimmt nicht mit sich spaßen.

Ein Mann, dem bestimmt keine Nähe zu grenzwissenschaftlichen Phänomenen nachgesagt werden konnte, der „Fernsehprofessor" Hoimar von Ditfurth, schrieb in einem seiner Bücher eine Erkenntnis nieder – seine ganz persönliche Erkenntnis offenbar – die auch jene beherzigen sollten, die da meinen, sich mit überheblichem Getue über Dinge hinwegsetzen zu können, die unsere besondere Wachsamkeit verdienen:

„Welche Naivität steckt im Grunde doch dahinter, wenn wir erwarten, dass diese ganze Welt, die wir um uns vorfinden, in all ihrer Fülle und mit all ihren verborgenen Ursachen in das Volumen ausgerechnet unseres Gehirns hineinpassen müsse."

Zu viel Wissen ist gefährlich

Flugkapitän Alexander Raab mag man manches nachsagen, eines aber gewiss nicht: dass er ein unkritischer Fantast wäre. Seit dem Jahr 1939 ist er Pilot und der Österreicher hat in den Jahrzehnten seiner Flugtätigkeit schon mehr Dinge zwischen Himmel und Erde sehen können, als jeder von uns Durchschnittsbürgern. Er ist in seinem Metier ein „alter Hase" und man kann ihm in puncto Flugerfahrung und Beobachtungsgabe kein X für ein U vormachen. Er ist ein absoluter Realist. In technischen Belangen ausgebildet, neigt er, durch Erfahrungswerte vorsichtig geworden, keineswegs dazu, spontane Meinungen von sich zu geben. Er artikuliert sich vorsichtig und vermeidet alles, was ihm den Makel des Unseriösen eintragen könnte. Das machte den vormaligen Chefpiloten der „Austrian Airlines" (der sich heute längst im verdienten Ruhestand befindet) zu einem Gesprächspartner, auf dessen Aussage man tatsächlich bauen konnte.

Es hatte mich einige Telefonate im In- und Ausland gekostet, ehe ich Alexander Raab persönlich an die „Strippe" bekam. Der Flugkapitän war nämlich zum Zeitpunkt meiner Recherchen nur über eine Geheimnummer erreichbar, aber die musste man erst einmal in Erfahrung bringen. Die „Austrian Airlines", Raabs damalige Dienststelle, schwiegen eisern und nur meinem Durchhaltevermögen hatte ich es zu verdanken, schließlich doch noch den richtigen Draht zu erkunden: 1977 flog der Österreicher nämlich für die Luxemburger Fluggesellschaft „Lux-Air". Er war dorthin sozusagen „verliehen" worden. Und über Raabs Büro in Luxemburg erfuhr ich schließlich durch einen entgegenkommenden Bediensteten die Geheimnummer des Käpt'ns.

Alexander Raab wohnt in der niederösterreichischen Schulstadt Mödling, am Rande von Wien, in einem hübschen, von einem Garten umgebenen Bungalow. Dort empfing er mich in einem relativ weiträumigen Empfangssalon mit Bar und Bibliothek, wo ich die folgenden zwei Stunden in angeregtem Gespräch verbrachte.

Dass dieses Gespräch überhaupt stattfinden konnte, war einem ungewöhnlichen Erlebnis des österreichischen Chefpiloten zu verdanken. Es lag zum Zeitpunkt meines Besuches bei Raab fünf Jahre zurück. Damals hatte es in der Öffentlichkeit ziemlich viel Staub aufgewirbelt. Die Medien berichteten darüber und es gab eigentlich nur einen, dem der ganze Rummel um seine Person höchst zuwider war: Raab selbst.

Kein Wunder, einem hundertprozentigen Realisten wie dem AUA-Piloten musste es schon sehr gegen den Strich gehen, als Augenzeuge für ein schlechthin fantastisches Geschehen herhalten zu müssen:

Alexander Raab war mit einem UFO konfrontiert worden!

Das Ereignis spielte sich in den Abendstunden des 18. März 1972 ab, während eines routinemäßigen Passagierfluges von Wien nach Frankfurt. Raab flog eine DC-9 der „Austrian Airlines". Er befand sich mit seiner Maschine ungefähr über der oberösterreichischen Landeshauptstadt Linz, in etwa 6000 Meter Höhe, als das Unglaubliche geschah: Plötzlich wurde die DC-9 links von einem kegelförmigen Flugobjekt überholt. Der feurige Körper hatte die Form eines Trichters, mit einer nach unten gerichteten Spitze, die ein gleißendes Licht ausstrahlte. Raab sah das UFO gemeinsam mit seinem Kopiloten Otto Herold etwa 20 Minuten lang.

„Wie hat es gewirkt?"

„Es war ein Kegel. Der Fußpunkt war eindeutig zu sehen. Aber der Trichter war bestimmt nicht materiell vorhanden. Es hat ausgesehen wie viele Punkte. Der Fixpunkt und der Kegel waren sehr hell. In dem Moment, als ich den Fixpunkt sah, war er ganz weiß."

„Wie war die Flugrichtung?"

„Es kam auf unserer linken Seite herunter."

„Was war Ihr erster Gedanke?"

„Nichts. Ich habe keine Vergleiche angestellt."

„Kam Ihnen in diesem Moment der Gedanke ‚UFO'?"

„Nein, auch nicht. Am Anfang dachte ich, es könnte ein

Der frühere Chefpilot der „Austrian Airlines", Alexander Raab, im Cockpit seines Flugzeuges.

Meteorit sein, aber der Eintrittswinkel war viel zu steil. Er betrug zirka 60 Grad. Auch der Trichter war für mich sehr ungewöhnlich. Er hatte keine Konturen, hingegen der Fußpunkt ganz deutliche."

„Haben Sie sich wirklich keine Gedanken gemacht, was es gewesen sein könnte?"

„Bis zu einem gewissen Punkt kann man nachdenken, aber alles nach diesem Punkt ist Fantasie. Irgendeine Theorie aufstellen, das kann ich nicht, da ich zu realistisch denke."

„Was haben Sie vom Standpunkt eines Technikers gedacht, der Sie doch sind, ohne deshalb gleich an Marsmenschen oder Ähnliches zu denken?"

„Ich habe keinen Bezug zu diesen Überlegungen."

Schon aus diesem kurzen Dialog wird deutlich, wie vorsichtig sich der AUA-Chefpilot zu seinem außergewöhnlichen Erlebnis äußerte. Dabei waren die Begleitumstände während jener zwanzigminütigen UFO-Sichtung gewiss nicht dazu angetan, Gelassenheit vorzutäuschen. Der Lichtkegel war zunächst, wie schon erwähnt, in einem Winkel von

60 Grad zum Erdmittelpunkt geneigt gewesen, ehe er nach weiteren zwei Minuten plötzlich seine Richtung und seinen Neigungswinkel änderte und nunmehr zur Linken der AUA-Maschine, fast parallel, vorüberraste.

Ehe das unheimliche Ding am fernen Horizont aus dem Blickfeld der beiden DC-9-Piloten Raab und Herold verschwand, tat sich in ihrem Cockpit Ungewöhnliches: Die Kompasse spielten „verrückt", sie wichen um sieben Grad ab, und die Warnanlagen leuchteten auf.

„Herr Raab, Sie haben während Ihrer langjährigen Pilotenlaufbahn schon manches am Himmel gesehen. So zum Beispiel Nordlichter, Sonden oder Meteoriten. Haben Sie auch Satelliten beobachten können?"

„Satelliten habe ich bei unseren Atlantikflügen gesehen. Einmal waren es sogar siebzehn oder achtzehn während einer Nacht."

„War der Lichtkegel, den Sie am 18. März 1972 beobachteten, anders geartet als die Ihnen bekannten Satelliten?"

„Ja, völlig anders. Das Ding war aus meiner Sicht heraus viel größer. Es war links neben dem Flugzeug. Meiner Meinung nach hatte es mit Satelliten oder dem Rest einer Raketenstufe nichts zu tun."

„Sie selbst haben damals die Sichtung nach Ihrer Rückkehr nach Wien-Schwechat ordnungsgemäß der vorgesetzten Dienststelle bei der AUA gemeldet?"

„Ja. Ich habe eine normale, routinemäßige Meldung gemacht. Übrigens waren mein Kopilot und ich nicht die einzigen Beobachter gewesen. Dieses Objekt war zur selben Zeit auch von Besatzungsmitgliedern einer Cessna- sowie einer Lufthansa-Maschine gesichtet worden."

Über irgendeinen undichten Kanal hatten auch einige österreichische Journalisten von der eigenartigen Beobachtung über Linz erfahren. Als Alexander Raab spätabends am 18. März aus Frankfurt zurückkehrte, warteten auf ihn bereits Reporter, die mehr über den Vorfall wissen wollten. Raab war davon überhaupt nicht begeistert, aber er berichtete schließlich wahrheitsgetreu.

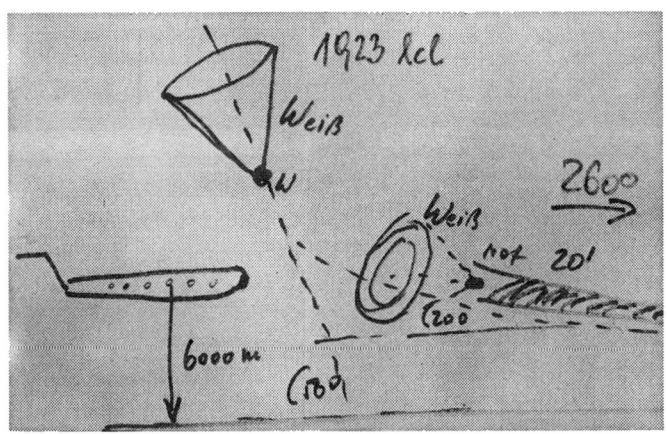

*Seine rätselhafte UFO-Sichtung über der oberösterreichischen
Landeshauptstadt Linz im Jahr 1972 hat Raab nach seiner Rückkehr
nach Wien sogar aus dem Gedächtnis skizziert.*

Am nächsten Morgen gab es riesige Schlagzeilen in den
Zeitungen. Das Fernsehen brachte eine Sondermeldung und
kurz danach lud man Raab sogar zu einer UFO-TV-Diskussion.

Mein Besuch bei dem österreichischen Flugkapitän hatte
ursprünglich allein seinem ungewöhnlichen Erlebnis im
März 1972 gegolten. Ich wollte diesen Bericht aus „erster
Hand" und ich hatte mich deshalb auch mit einem Kassetten-
rekorder ausgerüstet. Mir war es darum zu tun gewesen,
mein Gespräch mit Alexander Raab authentisch wiedergeben zu können. Mein Gastgeber in Mödling hatte nichts dagegen.

Aber da war noch etwas. Und es traf mich völlig unvorbe-
reitet. Einige Zeit nach seiner UFO-Sichtung über Linz läute-
te bei Flugkapitän Raab das Telefon.

„Wissen Sie noch ungefähr die Tageszeit?"

„Ich glaube, es war an einem Nachmittag."

„Wie hat sich der Anrufer vorgestellt?"

„Er hat nur gesagt: ‚We are investigating your case! (Wir

untersuchen Ihren Fall! Anm. d. Verf.) Und er hat mich mit dem Nachnamen angesprochen."

„Was hat er gesagt?"

„Er sagte, dass sich seine Leute mit dieser Angelegenheit befassen. In der Folge fragte ich den Anrufer, was er überhaupt wolle. Er antwortete in Englisch: ‚Es wäre weder in Ihrem noch in unserem Interesse, über diese Angelegenheit weiter zu reden.' Der Anrufer sprach mit deutlich amerikanischem Akzent."

„Welchen Grund sollte ein Amerikaner haben, Ihnen nahe zu legen, nicht mehr über Ihre UFO-Sichtung zu sprechen?"

„Ich kann es mir nicht vorstellen."

„Hat der Unbekannte den Namen NASA (die amerikanische Weltraumbehörde. Anm. d. Verf.) erwähnt?"

„Nein, auch nicht. Er sagte, er sei von einer Stelle, die solche Fälle untersuche. Soweit ich mich erinnern kann, war das vier Tage nach meiner Linzer Beobachtung."

„Woher hatte der Anrufer Ihre Telefon-Geheimnummer?"

„Ich weiß es wirklich nicht. Meine Nummer erhielt damals niemand. Weder von der AUA-Pressestelle noch von der Zentrale."

Diese Aussage kann ich nur bestätigen. Was jenen Anruf so mysteriös erscheinen lässt, ist vor allem der Umstand, dass im Mai 1972 noch keine Möglichkeit bestand, die Geheimnummer Raabs, wie es mir fünf Jahre später glückte, über die LUX-AIR zu erfahren. Im Jahr 1972 flog der vormalige Chefpilot der AUA noch nicht für die Luxemburger Fluggesellschaft.

„Der Unbekannte hat also über Sie offenbar alles gewusst, aber Sie haben nichts über ihn in Erfahrung bringen können ..."

„Ich weiß nicht einmal, ob der Anruf aus Übersee gekommen ist oder von sonst einem beliebigen Ort."

„Haben Sie rein instinktiv den Eindruck gehabt, mit einem Spinner zu telefonieren?"

„Das kann ich nicht sagen."

„Haben Sie versucht, von dem Anrufer Näheres zu erfahren?"

„Ja, aber es war nichts zu machen. Ich habe ihm auch gesagt, dass ich im Auftrag der Austrian Airlines über den Linzer Vorfall nichts reden solle."

„Haben Sie Ihre AUA-Dienststelle über dieses seltsame Telefonat informiert?"

„Nein. Ich habe der AUA nichts von diesem Gespräch erzählt."

„Glauben Sie, dass der anonyme Anrufer nach Ihrem Zugeständnis, nicht mehr darüber sprechen zu wollen, beruhigt war?"

„Das kann ich nicht beurteilen. Ich sagte ihm jedenfalls, dass für mich der Fall abgeschlossen sei: ‚Sie brauchen keine Befürchtungen haben, dass ich darüber weiter reden werde.' Ich habe mich in der Folge auch tatsächlich nicht mehr dafür interessiert. Alle Briefe, die ich zu diesem Vorfall aus aller Welt, sogar aus Japan, bekommen hatte, habe ich weggeworfen, ohne auch nur einen davon zu beantworten. Und ehrlich: Ich hätte den Fall fast vergessen, wenn Sie mich nicht angerufen hätten ..."

Wer war nun der mysteriöse Anrufer, der partout anonym bleiben wollte? Wem war das Verschweigen der UFO-Beobachtung durch einen erfahrenen Flugkapitän so wichtig, dass er sich sogar zu der Drohung verstieg: „Es wäre weder in Ihrem noch in unserem Interesse, über diese Angelegenheit weiter zu sprechen ..."?

Raabs unerwünschter Telefonpartner war auch auf Drängen nicht bereit gewesen, seinen Namen oder seine Dienststelle zu verraten. Gehörte er zu einer Organisation, die vorzugsweise aus der Anonymität agiert und deren Einfluss weltweit zum Tragen kommt? Gehörte der Unbekannte zu den MiBs?

Ähnliche Beispiele wie die unangenehme Bekanntschaft des österreichischen Chefpiloten Raab mit der Geisterstimme am Telefon gibt es mehrere. Sie sind so etwas wie eine erste Warnung. Gefährlicher wird es allerdings, wenn die Warner selbst auf der Bildfläche erscheinen. Wenn UFO-Beobachter mit ihnen ungewollt konfrontiert werden.

Tom Wills, ein 29-jähriger Angestellter, hatte ein solches Erlebnis; indirekt. Denn der Amerikaner war an jenem Vormittag außer Haus, als die Türklingel schrillte. Frau Wills öffnete. Vor ihr standen zwei Männer, deren Aussehen sie verängstigte. Trotz eines warmen Herbsttages trugen die beiden Unbekannten *schwarze* Mäntel.

Der Teint ihrer Gesichtshaut war blass, fahl, fast gräulich, und Frau Wills dachte sofort an Ausländer. Was die biedere Hausfrau besonders irritierte, war der *Buckel*, der sich unter den dunklen Mänteln der Fremden deutlich wölbte. War es wirklich ein Buckel oder nur etwas, was ihm ähnelte? Frau Wills vermochte diese Frage beim besten Willen nicht zu beantworten. Über die UFO-Beobachtung ihres Mannes wusste sie Bescheid.

Als sich die beiden schwarz Gekleideten einfach nicht abwimmeln ließen und zudem noch wissen wollten, ob Mister Wills irgendetwas Ungewöhnliches gesehen habe, entschloss sich die nervös gewordene Frau, das Erlebnis ihres Mannes preiszugeben. Die unbekannten Besucher reagierten daraufhin keineswegs unfreundlich, jedoch ermahnte einer von ihnen Mrs Wills, nur ja keine falschen Schlüsse aus dem zu ziehen, was ihr Mann da gesehen haben wollte. Dies gelte auch für Mrs Wills, wurde mit Nachdruck hinzugefügt.

Was der Frau an ihren seltsamen Besuchern besonders aufgefallen war und sie einigermaßen befremdet hatte, waren die hörbaren Schwierigkeiten der beiden Männer beim Sprechen gewesen, so, als ob sie der englischen Sprache nicht ganz mächtig wären. Bevor die Fremden sich empfahlen, trichterten sie Mrs Wills ein weiteres Mal ein, „vorsichtig" zu sein und dieses „wichtige Thema" unbedingt für sich zu behalten.

Vermutlich hätte dies Frau Wills auch getan, wäre nicht einige Tage nach diesem Vorfall in ihrer Wohnung die elektrische Beleuchtung und der Fernsehempfang aus nicht ersichtlichen Gründen plötzlich ausgefallen. Erst jetzt entschloss sie sich, ihrem Mann von ihrem seltsamen Erlebnis zu erzählen.

In der Folge brachten sich die unbekannten Besucher offenbar mehrmals in Erinnerung: Zunächst wurde das Ehepaar von einem dunkel gekleideten Mann besucht, der Mr Wills nachdrücklich ermahnte, „vorsichtig" zu sein. Und wie zur Bekräftigung dieser Warnung fiel im Haushalt dann abermals – und zwar mehrfach – der Strom aus. Diese merkwürdigen „Zwischenfälle", die absichtlich provoziert schienen, dauerten bis 1974. Erst dann gaben sich die unliebsamen Fremden mit dem Erreichten offensichtlich zufrieden.

Kritisch für den Betroffenen wurde es hingegen in einem anderen Fall. Zunächst aber zur Vorgeschichte:

Am 3. Mai 1975 flog der junge mexikanische Hobbypilot Carlos de los Santos Montiel in seiner eigenen „Piper Pa-24", nach einem privaten Rundflug wieder in Richtung seiner Heimatstadt Mexico City. Völlig unerwartet begann sich plötzlich die Maschine aus unbekanntem Grund regelrecht zu schütteln. Als Carlos überrascht aus der Pilotenkanzel nach rechts blickte, um die Ursache dieses Verhaltens festzustellen, bemerkte er direkt über der Flügelspitze seines Fliegers ein dunkelgraues, scheibenförmiges Objekt. Es besaß einen von ihm geschätzten Durchmesser von ungefähr zehn oder zwölf Metern. Carlos Verblüffung wurde noch größer, als er auch zur Linken seiner Piper ein ähnliches Flugobjekt erblickte. Beide UFOs bildeten eine Art Eskorte und begleiteten beständig seinen Flug.

Seine Ratlosigkeit wandelte sich jäh in Entsetzen, als frontal zu seinem Flugzeug ein weiteres Objekt sichtbar wurde und frontal auf ihn zusteuerte. In wilder Panik riss der junge Pilot seine Maschine ruckartig hoch. Trotzdem vermochte er eine leichte Berührung der Piper mit dem ebenfalls gerade noch abdrehenden Flugkörper nicht völlig zu verhindern. Das UFO streifte die Unterseite des Fliegers.

Trotz aller Bedenken vor dem Unbekannten siegte bei Carlos nunmehr die Neugier und Wissbegier. Er versuchte jetzt näher an das ovale Ding heranzukommen. Was danach geschah, ernüchterte den vorwitzigen Piloten augenblicklich: Unvermittelt fielen in seiner Maschine sämtliche elektronischen Bordgeräte aus. Nichts schien plötzlich mehr zu funktionieren und eigentlich hätte die steuerungsunfähig gewordene Piper wie ein Stein in die Tiefe stürzen müssen. Aber nichts dergleichen geschah. Völlig hilflos und verwirrt sah sich der Hobbypilot mit einem Geschehnis konfrontiert, das es eigentlich gar nicht geben durfte: Seine kleine Maschine setzte ihren Flug ungehindert – so als wäre nichts geschehen – mit 120 Meilen die Stunde fort, Kurs Mexico City.

Man kann sich lebhaft vorstellen, wie froh und glücklich der junge Mann in seiner „Piper Pa-24" war, als endlich der Kontrollturm des Flughafens von Mexico City in Sicht kam. Als Carlos de los Santos Montiel jedoch um Landeerlaubnis ansuchte, waren die drei ihn begleitenden Flugobjekte, so als hätte es sie nie gegeben, spurlos verschwunden.

Die Bediensteten im Kontrollturm nahmen die Geschichte, die ihnen der Privatflieger erzählte, zu seiner Überraschung durchaus ernst. Kein Wunder: Hatten sie doch jene UFOs, wie sie der Pilot beschrieben hatte, gerade erst selber auf dem Radarschirm beobachten können. Freimütig schilderte später der Luftfahrt-Kontrollor Emilio Estanol neugierigen Reportern, die ihn dazu befragten:

„Die Objekte flogen mit zirka 518 Meilen pro Stunde einen Winkel von 270 Grad in einem Bogen von nur drei Meilen. Normalerweise benötigt ein Flugzeug mit dieser Geschwindigkeit einen Bogen von *zehn* Meilen, um das nachzuahmen. In meinen siebzehn Jahren als Luftfahrt-Kontrollor habe ich so etwas noch nie gesehen."

Carlos de los Santos Montiel unterzog sich freiwillig einer medizinischen Untersuchung und wurde danach für völlig gesund erklärt. Irgendwelche physischen oder psychischen Schäden waren an ihm nicht festzustellen. Vielleicht wären solche aufgetreten, hätte der Piper-Pilot vorausgeahnt, was da noch alles auf ihn zukommen sollte.

Zunächst stand der junge Mann aufgrund seines ungewöhnlichen Abenteuers über den Wolken im Mittelpunkt des Interesses der mexikanischen Presse. Die Reporter spekulierten in den folgenden Wochen sehr lebhaft und ausführlich über die mögliche Bedeutung von Carlos' Begegnung mit fremdartigen Flugobjekten. Ihm selber war das gar nicht recht. Carlos' Ehrgeiz ging nämlich in eine ganz andere Richtung: Der 23-jährige, eher zurückgezogen lebende Hobbypilot setzte vielmehr alles daran, sich in seinen Kenntnissen in der Fliegerei zu perfektionieren und Flugerfahrung zu sammeln. Dennoch ließ sich der junge Mann schließlich dazu bewegen, an einer eigens seinetwegen ins Programm genommenen Fernsehdiskussion mit prominenten UFO-Forschern teilzunehmen. Gastgeber war der damals in Mexiko sehr bekannte TV-Moderator Pedro Ferriz.

Zu diesem Gespräch sollte es jedoch nicht kommen.

Als sich Carlos bereits auf dem Weg zum Fernsehstudio befand, bemerkte er vor seinem Wagen eine schwarze Limousine vom Typ „Galaxie". Sie erinnerte ihn an ein Diplomatenfahrzeug, das im Übrigen, wie ihm jetzt erst zu Bewusstsein kam, *gleichzeitig* mit ihm vom Parkplatz weggefahren war. Carlos' Erstaunen wandelte sich jäh in Beklemmnis, als er nunmehr im Rückspiegel seines Wagens eine weitere „Galaxie"-Limousine gewahrte, die der Fahrspur seines Autos unbeirrt zu folgen schien. Auch dieses Fahrzeug war schwarz lackiert und ebenso brandneu wie das vor ihm fahrende.

De los Santos Montiel stieg nun aufs Gas, denn er fühlte sich auf unerklärliche Weise bedroht. Seine Vermutung wurde zur Gewissheit, als sein Fahrzeug an einer verkehrsmäßig geringer frequentierten Straßenstelle plötzlich eingekeilt und an den Randstein gedrängt wurde. Er stoppte, um aus dem Wagen zu springen. Aber dieses Vorhaben wurde unverzüglich vereitelt. Aus den beiden dunklen Limousinen sprangen mit einem Mal vier breitschultrige, große Männer und einer von ihnen drückte beide Hände sofort fest gegen die Tür von Carlos' Fahrzeug. Im gleichen Augenblick vernahm der Hobbypilot die Stimme des unbekannten Blockierers, der ihn in schnellem Spanisch aufforderte: „Passen Sie auf, junger Mann. Wenn Sie Wert auf Ihr Leben und das Ihrer Familie legen, sprechen Sie mit niemandem über Ihre UFO-Sichtung!"

Carlos war so verblüfft, dass er keine Worte fand. Er registrierte unbewusst lediglich den irgendwie „mechanisch" klingenden Tonfall des Fremden, der ebenso einen schwarzen Anzug trug wie seine drei hünenhaften Begleiter. Er bemerkte aber auch die ungewöhnlich blasse Hautfarbe seiner Bedroher, die er deshalb für Skandinavier hielt.

Offenbar gaben sich die vier mit dieser Einschüchterung zufrieden, denn unmittelbar darauf sprangen sie wieder in ihre Limousinen und tauchten Sekunden später im Verkehrstrubel unter. Carlos benötigte einige Zeit, um sich von seinem Schrecken wieder zu erholen, dann aber war ihm jegliche Lust vergangen, an der vorgesehenen Fernsehdiskussion teilzunehmen. Kurzerhand kehrte er mit seinem Fahrzeug nach Hause zurück.

Zwei Tage später erhielt der junge Mann Besuch. Pedro Ferriz, der TV-Moderator wollte von Carlos wissen, weshalb dieser nicht im Fernsehstudio zur UFO-Diskussion erschienen war. Zögernd erzählte ihm dieser den Grund seines Fernbleibens. Es kostete Ferriz einige Überredungskunst, den eingeschüchterten Hobbypiloten zu einem neuerlichen Interview in seiner Sendung zu überreden. De los Santos Montiel war dazu aber erst bereit, als ihn der TV-Moderator beruhigte und von ähnlichen Erlebnissen anderer UFO-Zeugen berichtete, die jedoch allesamt ohne irgendwelche Folgen geendet hätten.

Tatsächlich verlief dann das Gespräch zwischen Carlos und Ferriz im TV-Studio ohne Zwischenfälle. Es wurde sogar unmittelbarer Anlass für ein persönliches Treffen zwischen dem 23-jährigen Flugzeugenthusiasten und Amerikas „UFO-Papst" Professor Dr. J. Allen Hynek.

Pedro Ferriz machte den UFO-Experten mit seinem Schützling bekannt, als Hynek einen Monat nach dem geschilderten Vorfall zufällig in Mexico City weilte. Auch dieses Zusammentreffen fand unter heißen Jupiterlampen des Fernsehstudios statt. Allen Hynek war von dem jungen Mann dermaßen beeindruckt, dass er Carlos einlud, ihn doch am nächsten Morgen bei einem gemeinsamen Frühstück im Hotel, wo er wohnte, zu besuchen. Dort wollte er mit seinem

*Professor Allen Hynek, ein anerkannter Astronom, lernte ich 1974
in den USA persönlich kennen. Er wurde dort zu Lebzeiten allgemein
als „UFO-Papst" bezeichnet.*

Gast weiter über den mysteriösen Fall der schwarz gekleideten Männer diskutieren. De los Santos Montiel versprach zu kommen.

Am folgenden Tag um etwa sechs Uhr früh verließ Carlos seine Wohnung. Er fuhr mit seinem Auto zunächst direkt zu seiner Dienststelle, dem Mexicana-Airlines-Büro, wo er beschäftigt war, parkte dort seinen Wagen. Und machte sich dann zu Fuß auf den Weg zu Hyneks Hotel.

Als er eben arglos die Stufen zum Hauptportal des Gebäudes emporschritt, stellte sich ihm plötzlich ein Mann in den Weg, den Carlos zunächst nicht bemerkt hatte. Ein eisiger Schreck durchzuckte ihn: Der Fremde war *schwarz* adjustiert, hatte eine *bleiche* Gesichtsfarbe und der Junge wusste sofort, wo er dem unbekannten „Skandinavier" schon einmal begegnet war: vor einem Monat, als man sein Auto mit Gewalt angehalten hatte. Vor ihm stand einer der Insassen der beiden dunklen „Galaxie"-Limousinen!

„Sie sind von uns bereits einmal gewarnt worden, nicht über Ihr Erlebnis im Flugzeug zu sprechen", zischte der Blässliche böse und baute sich drohend vor Carlos auf.

„Ich habe doch lediglich eine Einladung angenommen, mit Professor Hynek zu frühstücken", entgegnete der Überrumpelte zaghaft.

„Und weshalb hat Sie dieser Herr zu sich gebeten?", beharrte der Fremde hartnäckig.

„Er wollte von mir etwas über meine UFO-Sichtung erfahren", versuchte Carlos standhaft zu bleiben.

Die Augen des Unbekannten waren geradezu hypnotisch auf sein eingeschüchtertes Gegenüber gerichtet. Mit einer überraschenden, reflexartigen Bewegung stieß er dann den Hobbypiloten einige Schritte die Stiegen hinunter.

„Hören Sie, junger Mann", warnte ihn der Fremde, „Sie machen sich nur selbst Probleme und die könnten für Sie sehr unangenehm werden. Weshalb haben Sie denn so zeitig Ihre Wohnung verlassen? Und seit wann arbeiten Sie schon zu so früher Stunde für die Mexican Airlines?" Wieder drängte er Carlos weitere Schritte die Stufen des Hotelportals hinunter. „Verschwinden Sie schleunigst von hier und kommen Sie nie wieder zurück!"

Diese Warnung nahm sich Carlos de los Santos Montiel zu Herzen. Ohne sich noch einmal umzublicken, eilte er zum Büro seiner Dienststelle, um dort seinen täglichen Dienst anzutreten.

An diesem Morgen wartete auch Professor Hynek vergeblich auf seinen angekündigten Gast …

Carlos wurde künftig nicht mehr von den Männern in

Schwarz belästigt. In einem Gespräch mit Freunden zwei Jahre nach seinen unrühmlichen Begegnungen mit den Unbekannten erinnerte sich der Hobbypilot an einige ihrer Besonderheiten:

„Diese vier Fremden waren von merkwürdigem Aussehen. Ihr Wuchs unterschied sich auffallend von dem durchschnittlicher Mexikaner – und jeder von ihnen besaß – was mir von Anfang an aufgefallen war –, abgesehen von ihrer einheitlich dunklen Bekleidung, eine außergewöhnlich blasse Gesichtsfarbe."

Und noch etwas kam Carlos in den Sinn, als er sich an die damaligen Geschehnisse zurückerinnerte: „Besonders seltsam war, dass keiner der schwarz Gekleideten, während sie mich anstarrten und mit mir sprachen, mit den Augen blinzelte. Ihre Blicke besaßen im Gegenteil eine geradezu hypnotische Wirkung."

Höchst unangenehme Erfahrungen mit den MiBs machte auch der amerikanische UFO-Forscher William Dunn, der im Laufe vieler Jahre wichtige dokumentarische Unterlagen über ungeklärte „Untertassen"-Phänomene gesammelt hatte. Dunn besaß detaillierte Beschreibungen von Augenzeugen sowie authentisches Fotomaterial über UFOs. Seine Sammelleidenschaft wurde eines Tages empfindlich gestört, als auch ihn Telefonanrufe anonymer Art zu belästigen begannen. Unbekannte Männerstimmen forderten ihn unmissverständlich auf, seine UFO-Belege augenblicklich herauszurücken, und der warnende Unterton war dabei nicht zu überhören.

Aber der UFO-Forscher ignorierte nicht nur das anonyme Begehren. Er lehnte es vielmehr konsequent ab, seine wichtigen Unterlagen den unbekannten Anrufern auszuhändigen.

Diese Missachtung sollte sich rächen. Eines Tages hielt vor seinem Haus eine dunkle Limousine. Dem Fahrzeug entstiegen drei völlig schwarz gekleidete Männer unbekannter Identität. Obwohl Dunn bei ihrem Anblick unbehaglich zumute war, ließ er die Besucher zu sich ins Haus. Von ihm zur Ausweisleistung aufgefordert, verschanzten sich die Fremden hinter nebulosen Ausflüchten, blieben aber hartnäckig, als sie

Dunn neuerlich aufforderten, ihnen sämtliches von ihm gesammeltes Dokumentationsmaterial über UFO-Sichtungen (Originalfotos inbegriffen) auszufolgen. Als der Betroffene dies entrüstet ablehnte, drohten ihm die schwarz Gekleideten unverblümt mit Repressalien. Dunn ließ sich aber nicht beeindrucken und wies den unerwünschten Besuchern die Tür. Als das unangenehme Trio abfuhr, vermeinte der UFO-Forscher das Ärgste überstanden zu haben.

Das „dicke Ende" sollte jedoch erst folgen.

William Dunn traute seinen Augen nicht, als er eines Tages von einer Besorgung nach Hause kam und vor seinem Heim die Feuerwehr vorfand. Eine böse Ahnung bemächtigte sich seiner – und sie hatte ihn nicht getrogen:

Aus seinem Arbeitszimmer loderten Flammen!

Trotz aufopfernder Löschversuche der Feuerwehrmannschaft brannte der Raum völlig aus. Eine spätere Untersuchung bestätigte Dunns bösen Verdacht einer Brandstiftung. Alle seine UFO-Unterlagen waren entweder durch die Flammen vernichtet oder aber vorher von unbekannten Tätern gestohlen worden.

Für den Geschädigten gab es keinerlei Zweifel, wem er die Brandstiftung zu „verdanken" hatte: jenen drei Unbekannten, die Dunn nachträglich als Angehörige jener gefährlichen Agententruppe identifizierte, die in einschlägigen Kreisen – und vor allem unter UFO-Forschern – als Männer in Schwarz, kurz MiBs genannt, einen unrühmlichen Bekanntheitsgrad erreicht haben.

Experimente mit der Zeit

Das Rätsel über die Identität der Männer in Schwarz ist auch heute noch, nach so vielen Jahrzehnten ihres Auftretens, ungelöst. Da bleibt es völlig egal, dass sich die Unbekannten von Fall zu Fall mit CIA-, FBI- oder Air-Force-Ausweisen legitimieren, weil längst herausgefunden werden konnte, was insgeheim von Anfang an vermutet worden war:

Sämtliche dieser vorgezeigten Dokumente sind ausnahmslos *gefälscht!* Keiner dieser angeblichen Agenten im Regierungsauftrag gehört einer offiziellen militärischen Einrichtung an.

Dennoch scheinen die Drahtzieher dieser geheimen Organisation über ausgezeichnete Kontakte zu hohen und vielleicht sogar *höchsten* Regierungs- und Militärkreisen zu verfügen, weil man nur auf diesem Weg zu wichtigen Informationen (die u. a. auch das UFO-Problem berühren) gelangen kann und konnte.

Zwei wichtige Fragen stellen sich für jene, die bestrebt sind hinter das Geheimnis der Männer in Schwarz zu gelangen:

Wer sind sie? *Was* wollen sie? Noch wesentlicher erscheint es in diesem Zusammenhang auch, die eigentliche Schlüsselfrage zu stellen – sie allein brächte uns in die Lage, die *wahre* Identität der MiBs herauszufinden:

Woher kommen sie?

Das Treiben dieser unheimlichen Horrorgestalten auf unserem Planeten scheint zwangsläufig bestimmten Gesetzen zu folgen. Ihnen Genüge zu tun und sie auch praktisch zur Geltung zu bringen, sind die MiBs offensichtlich beauftragt. Wer aber hat tatsächlich genügend Einfluss und Macht, um ein dermaßen ausgeklügeltes Spiel mit uns ahnungslosen Bürgern (welcher Nationalität auch immer) zu treiben?

Es gibt natürlich eine Unzahl von Vermutungen, die über die Identität und Herkunft der Männer in Schwarz aufgestellt worden sind. Da meinen einige Spurenleser, hierbei handle es sich um eine besonders geheime Agentengruppe der amerikanischen Regierung. Andere wiederum ordnen die MiB's sogar fernöstlichen Auftraggebern zu: den *Chinesen* beispielsweise oder den *Japanern*. Der Grund für derartige Mutmaßungen ist darin zu sehen, weil manche der dubiosen schwarz Gekleideten angeblich *orientalische* bzw. *mongolide* Gesichtszüge aufgewiesen haben sollen. Andererseits – und wie am Beispiel der ungewollten Konfrontation unseres mexikanischen Hobbyfliegers mit Vertretern dieser Agentengruppe ausgewiesen – müsste man eher annehmen, dass es sich bei den MiBs aufgrund ihrer blassen Gesichtsfarbe eher um einen Menschenschlag *skandinavischer* Herkunft handeln dürfte.

Doch sämtliche dieser scheinbaren rassischen Merkmale sind wohl *trügerisch*.

Weit zielführender wäre es, die eigentliche *Zentrale* der rätselhaften Unbekannten herauszufinden.

Von wo aus ziehen die Auftraggeber jener mysteriösen Organisation ihre Fäden?

Aber auch sonst benehmen sich die MiBs oftmals nicht wie „normale" Menschen. Da gibt es glaubwürdige Berichte, wo vom seltsamen Verschwinden der dunklen Gestalten die Rede ist. Wo Polizisten beim Überprüfen von bestimmten Autotypen, die offensichtlich diese Organisation benützt, vor geradezu Unfassbares gestellt wurden:

Das kontrollierte Fahrzeug – in der Regel eine dieser dunklen Limousinen – löste sich unter den Händen der erschrockenen Beamten buchstäblich *in Luft* auf. Ordnungshüter griffen entgeistert ins Leere …

Wer nun denkt, alle diese Wiedergaben seien bloß auf überhitzte Fantasievorstellungen zurückzuführen, irrt. Polizisten sind in den meisten Fällen Realisten. Und wurden dennoch mit dem Unglaublichen konfrontiert. Dinge und Menschen verschwanden, als wäre dies das Selbstverständlichste von der Welt. Verschwanden einfach von der Bildfläche, als hätten sie nie existiert. Aber noch beherrscht keiner von uns die Zauberformel, sich unsichtbar zu machen. Anders bei den MiBs: Bei ihnen hat man den Eindruck, als wären sie in der Lage,

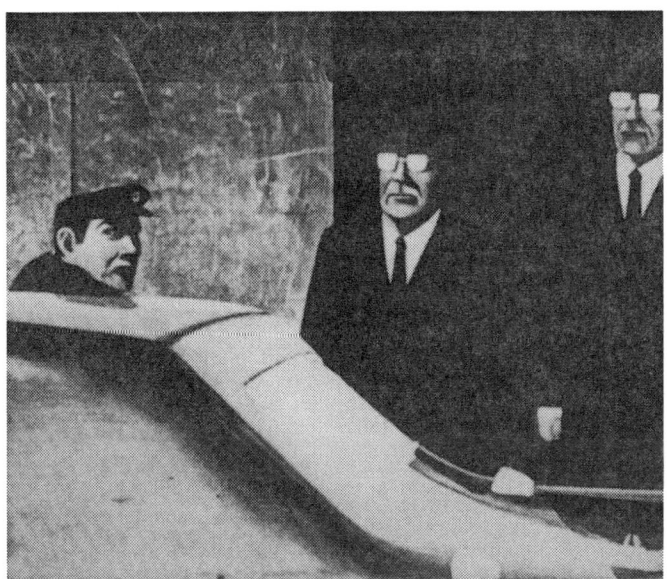

Es gibt keine Fotos über die mysteriösen MiBs. Aber nach der Beschreibung vieler Augenzeugen dürften die „Männer in Schwarz", wie diese anonymen Agenten meistens genannt werden, in dieser Adjustierung in Erscheinung treten.

sich im Bedarfsfall in eine andere Dimension zu katapultieren.

Liegt hierin eines der Geheimnisse der Männer in Schwarz?

Sind diese phantomartigen Wesen in Wahrheit *Reisende durch die Zeit*? Besitzen sie die Möglichkeit und die Hilfsmittel, sich von einer Dimension in eine andere zu begeben?

Sind sie überhaupt in unserer Gegenwart angesiedelt?

Zeitreisende, gesetzt den Fall, es gäbe sie wirklich, haben bestimmt Mittel und Wege gefunden, Vergangenheit, Gegenwart und Zukunft miteinander zu verbinden. Das Wörtchen „Zukunft" vermag zu faszinieren. Denn nur von einer Rampe des Zukünftigen aus wäre man (hypothetisch) in der Lage, für uns Gegenwärtiges gewissermaßen zu überblicken. Wäre auf diese Weise imstande, dabei Unzukömmlichkeiten in der Vergangenheit wahrzunehmen. Unzukömmlichkeiten, die vielleicht Zukünftiges zu nachhaltig beeinflussen vermögen. Und die deshalb korrigiert werden müssten.

Ist das vielleicht die wahre Aufgabe jener Wesen, die uns nicht erst seit heute beunruhigen, sondern die auch schon „gestern" oder „vorgestern" in Erscheinung traten?

Haben die MiBs mit *Zeitphänomenen* zu tun? Sind sie Agenten zwischen den Dimensionen?

Ist ihnen die Aufgabe gestellt, die Zeitebene zu kontrollieren? Sind sie dazu angehalten, zu koordinieren? Zu korrigieren?

Handelt es sich bei den Männern in Schwarz um eine aus der Zukunft agierende Polizeieinheit?

Um so genannte *Zeitkorrektoren*?

Manche Geheimnisse, die einwandfrei die Handschrift dieser unheimlichen Phantome tragen, scheinen eine solche Vermutung zu bestätigen.

Es ist eine erbarmungslose Aufgabe, die den MiBs da gestellt ist – aber letzten Endes offenbar die einzige Möglichkeit, ihre eigene Gegenwart – unsere noch unbekannte (nähere und fernere) Zukunft – vor den „Sünden" der Vergangenheit zu bewahren. Ihre Rolle, die diese „Zeitkorrektoren" (wie ich sie nennen möchte) etwa bei der Verfolgung ihnen wichtiger UFO-Zeugen spielen, scheint aus unserer Sicht unklar. Offenbar aber sind jene Himmelsphänomene in irgendeiner Weise mit dem Geschick der Männer in Schwarz verbunden. Vielleicht handelt es sich bei diesen Flugobjekten gar nicht, wie vielfach angenommen, um außerirdische Raumfahrzeuge. Vielleicht liegt hier der deutsche Sachbuchautor Ernst Meckelburg mit seiner Auffassung „richtig", der UFOs in seinen Büchern als *interdimensionale Zeitmaschinen* bezeichnet.

Wer UFO-Zeugenaussagen aufmerksam studiert hat, wird gewiss auf Berichte gestoßen sein, in denen das Verhalten dieser Himmelsfahrzeuge als völlig abwegig beschrieben wurde.

Da erfuhren wir beispielsweise, dass solche UFOs, scheinbar völlig unmotiviert, vor aller Augen buchstäblich von einem Augenblick zum anderen aus dem Luftraum verschwanden. „Wie ein Licht, das in der Dunkelheit ausgeschaltet wurde", stellten die überraschten Beobachter fest.

Im Übrigen existieren auch von den so genannten MiBs sehr unterschiedliche Beschreibungen. Demnach scheint es *drei* Kategorien solcher Agenten zu geben:

- Große Männer von schlankem Wuchs mit Bürstenhaarschnitt und hellem Teint, die tatsächlich (wie etwa im Fall des mexikanischen Hobbypiloten Carlos) an *Skandinavier* erinnern.
- Fremde von unterschiedlicher Größe, die oft als seltsames Paar in Erscheinung treten: ein langer *Blonder* beispielsweise sowie ein klein gewachsener Begleiter, *dunkelhaarig*.
- Kleine Männer von dunklem Teint, schwer zu verstehendem Akzent und *orientalischem* Gesichtsausdruck.

Der bekannte amerikanische UFO-Autor *Brad Steiger* erinnert sich an ein Ferngespräch, das er 1968 mit einem Journalisten führte. Dieser Zeitungsmensch, mit Steiger befreundet, ärgerte sich darüber, dass er mit einem UFO-Fall, den er für sein Blatt untersuchte, nicht vorankam. Zeugen, die er befragte, hatten ihm die Auskunft verweigert und darüber hinaus war er von einigen Leuten, die sich ebenfalls als UFO-Forscher ausgegeben hatten, in seiner Arbeit behindert worden.

Steigers präzise Befragung des Freundes brachten die Wahrheit ans Licht: Die Unbekannten hatten sich als Angehörige der bekannten UFO-Organisation NICAP legitimiert, doch ein Steiger bekanntes Mitglied dieser Forschungsvereinigung dementierte anhand der Beschreibung dieser Leute und der Namen, die sie angegeben hatten, ihre Zugehörigkeit. „Es waren kleine Männer in dunklen Anzügen", beschrieb Steigers Journalistenfreund seine seltsame Begegnung. „Jeder Dritte von ihnen war tief gebräunt. Sie trugen alle dunkle Brillen."

Es scheint offenbar ein stufenartiges Vorgehen der *Zeitkor-*

rektoren zu geben: Zuerst *warnen* sie, dann *drohen* sie, dann behelfen sie sich mit einer Art *Psychoterror*.

Sie „strafen" ihre ungehorsamen Opfer durch Krankheiten, und erst wenn all das keine Wirkung zeigt, schlagen sie unbarmherzig zu. Ihre Methode ist „todsicher".

Aber es sind nicht nur UFO-Störfälle, die die MiBs zu ahnden pflegen, auch auf anderen Ebenen scheinen sie verdächtig, in Aktion getreten zu sein. Das folgende Kapitel liefert hierfür einige überlegenswerte Indizien.

Wofür musste Kennedy sterben?

Sie war die eigenartigste, sicherlich aber auch umstrittenste Frau Amerikas. Denn sie besaß, so behauptete sie, eine Fähigkeit, die nur wenigen Menschen zueigen ist: die Gabe des *Hellsehens*.

Dass es zumeist negative Voraussagen waren, die sie ihrer Mitwelt offerierte, tat ihrem Ruf als berühmteste Wahrsagerin der Vereinigten Staaten – als „Cassandra" des 20. Jahrhunderts – keinen Abbruch.

Unter ihren vielen Vorhersagen, die u. a. den Mord an dem Inder Mahatma Gandhi, den angeblichen Selbstmord des Hollywood-Stars Marylin Monroe oder das tragische Ende des UNO-Generalsekretärs Dag Hammarskjöld betrafen, war jene, die den Tod des amerikanischen Präsidenten John F. Kennedy prophezeit hatte – elf Jahre bevor er jenem mysteriösen Attentat im texanischen Dallas am 12. November 1963 dann tatsächlich zum Opfer fiel –, die wohl spektakulärste.

Die Rede ist von *Jeane Dixon*, die inzwischen zwar auch nicht mehr unter den Lebenden weilt, deren Bekanntheitsgrad nicht zuletzt durch Kennedys Tod weltweit gefestigt wurde.

Ich lernte Jeane Dixon am 5. Mai 1974 an einem Sonntag in ihrer Wohnung in der 19. Straße, Washington, D.C., *persönlich* kennen. Sie lebte in einem typischen Reihenhaus aus roten Ziegeln, war Prokuristin bei der Immobilienfirma James L. Dixon & Comp., die ihrem Mann Jimmy gehörte. So wie ich war auch sie eine große Katzenliebhaberin und hing sehr an ihrem Kater. Als unterbeschäftigt konnte man sie sicherlich nicht bezeichnen. Dafür sorgten schon eine gut zehnstündige Bürotätigkeit sowie ihre regelmäßig erscheinenden Kolumnen, die sie für rund 300 amerikanische Zeitschriften und Magazine fabrizierte. Nebenher hatte sie auch noch ihre umfangreiche Korrespondenz zu bewältigen – für eine in jenen Jahren bereits über Siebzigjährige ein zweifellos beachtliches Pensum.

Mein damaliger Eindruck von Jeane Dixon war zwiespältig. Wie immer man auch zu ihren angeblich hellseherischen Fähigkeiten stehen mochte, eines war sie in jedem Fall: eine äußerst geschäftstüchtige Frau. Sie selbst bezeichnete sich als überaus religiös. Wollte angeblich schon mehrere Christus-Visionen gehabt haben – hat aber andererseits längst nicht mit allen ihren Prophezeiungen „ins Schwarze" getroffen. So sagte sie voraus, Jacqueline Kennedy würde nach der Ermordung ihres Mannes nie wieder heiraten – was sich als ebenso falsch herausstellte wie ihre Prophezeiung, der Gewerkschaftsführer Walter Reuther würde 1964 Präsident der Vereinigten Staaten werden.

Zwar schien Jeane Dixons hellseherische Ankündigung im Jahre 1969, Richard Nixon werde zweimal zum Präsidenten Amerikas gewählt werden, jedoch während seiner zweiten mit unendlichen Schwierigkeiten zu kämpfen haben, die mit *Tonbändern* in Zusammenhang stehen würden, Recht zu behalten. Ihre daran anschließende Prognose, Nixon werde schließlich sämtliche ihn belastenden Hindernisse überwinden, erwies sich hingegen als totaler Reinfall.

Ihre zweifellos bemerkenswerte Vorhersage über das tödlich verlaufene Attentat auf Amerikas populären Präsidenten John F. Kennedy, die sich als richtig erwies, überstrahlte aber letztlich alle anderen Fehlaussagen Jeane Dixons beträchtlich.

Und sie durfte auch ähnliche dramatische Ankündigungen auf ihr Konto verbuchen, in denen von Mordanschlägen auf Kennedys Bruder Robert sowie auf Martin Luther King visionär die Rede war und die sich leider ebenfalls erfüllten.

Ungeachtet aller Prophetien einer Jeane Dixon bleibt das geglückte Attentat auf John F. Kennedy bis zum heutigen Tag, 37 Jahre nach diesem furchtbaren Geschehnis, ein nach wie vor ungelöstes Rätsel. Mit einer Ausnahme:

Lee Harvey Oswald, der bald darauf unter ungeklärten Umständen ebenfalls erschossen wurde, war mit Sicherheit *nicht* der Täter!

Nur wenige Minuten vor den tödlichen Schüssen auf Kennedy entstand dieses Foto. Es zeigt das Präsidenten-Ehepaar John F. und Jackie gemeinsam mit Gouverneur Connally in ihrer Limousine während der Fahrt durch Dallas.

Wer war es wirklich? Gab es einen oder *mehrere* Mörder? Soweit es bislang gelungen ist, einige dunkle Punkte dieser Tragödie aufzuhellen, scheint *Letzteres* zuzutreffen.

Erinnern wir uns noch einmal an jenen Tag zurück, als es zu diesem tragischen Geschehen kam. Es geschah an einem Freitag und der Kalender schrieb den 22. November 1963. Schlag 12.30 Uhr mittags erfüllte sich das grausame Geschick des amerikanischen Präsidenten.

Es war ein warmer Mittag und ganz Dallas schien auf den Beinen zu sein, als die Wagenkolonne Kennedys durch die Straßen rollte. Jacqueline saß neben ihrem Mann, in der Hand hielt sie jenen Rosenstrauß, der ihr bei der Begrüßung auf dem Flughafen überreicht worden war. Im Präsidentenauto befanden sich auch John Connally, der Gouverneur von Texas, und seine Frau. Connally war Kennedys Gastgeber. Die Lincoln-Limousine fuhr nur sehr langsam durch das Menschenspalier. Vielleicht mit 16 Stundenkilometern. Überall herrschte fröhliche Stimmung und nichts deutete auf die kommende Katastrophe hin.

Diese begann scheinbar harmlos. Umstehende hörten plötzlich einen scharfen, knallenden Laut. Jacqueline Kennedy dachte unwillkürlich an einen verstopften Motorradauspuff, Polizeichef Curry wiederum war davon überzeugt, irgendjemand habe einen Knallkörper gezündet, andere hielten den Knall für eine Fehlzündung und lachten. Nur der Geheimdienstbeamte Roy Kellermann lachte nicht. Er hatte die Stimme seines Präsidenten vernommen: „Mein Gott, ich bin getroffen!"

Es waren Kennedys letzte Worte.

Betroffen blickte jetzt der Fahrer des Lincoln, Bill Greer, der neben Kellermann saß, über seine rechte Schulter. Er sah Kennedys Kopf, der blutüberströmt zur Seite gesunken war. Für Augenblicke entglitt das Fahrzeug Greers Kontrolle. Der Wagen begann zu schlingern. Erst in diesen Sekunden merkte auch John Connally, dass er verwundet war. Eine Kugel hatte ihn in den Rücken getroffen. Wie durch eine Riesenfaust wurde der Gouverneur vornüber geschleudert. Sein Schoß war voller Blut. Dann kippte er nach links, wo seine Frau entsetzt aufschrie. Connally war bei vollem Bewusstsein. Er und seine Frau Nelly blickten entgeistert in die fassungslosen Gesichter von Kellermann und Greer – dann verlor Connally vollends die Nerven. „Nein, nein, nein!", kreischte er von Panik übermannt. „Man will uns beide umbringen!"

Jacqueline Kennedy hatte noch immer nicht erfasst, was da vor sich ging. Ungläubig und ängstlich wendete sie sich nach dem Präsidenten um. Im Gesicht ihres Mannes stand ein fragender Ausdruck. Den hatte sie oft bemerkt, wenn John überlegte, wie er während einer Pressekonferenz eine schwierige Frage beantworten sollte.

Jacqueline Kennedy sah die folgende Szene wie in einem Zeitlupenfilm ablaufen. Mit unendlicher Anmut hatte der Präsident die rechte Hand erhoben, als wollte er das wirre, kastanienfarbene Haar zurückstreichen – doch die Bewegung blieb unvollendet. Matt sank Kennedys Hand in seinen Schoß zurück. Der Körper des Schwerverletzten sackte zusammen. Seine Frau versuchte seinen Kopf zu stützen. Unaufhörlich quoll Blut aus Kennedys durchlöcherter Schädeldecke.

Jetzt erst trat Bill Greer auf das Gaspedal. Die gesamte Wagenkolonne raste zum Parkland-Spital. Dort jagte eine Alarmglocke vierzehn Ärzte in den Operationssaal. Gebraucht wurden aber nur drei: Malcolm Perry, ein 24-jähriger Chirurg, der sich zuvor in der Kantine aufgehalten hatte; Dr. Burkley, vertraut mit der Krankengeschichte des Präsidenten, der jene für Kennedy notwendigen Medikamente stets in seiner schwarzen Tasche mit sich führte und außerdem deren richtige Dosierungen kannte. Und schließlich J. T. Jenkins, die erste Narkoseärztin des Parkland-Spitals.

Dennoch: Alle Eingriffe kamen zu spät. Der Schädel des Präsidenten war durch das Projektil zertrümmert worden. Das Herz hatte aufgehört zu schlagen. Zwei Priester gaben dem Sterbenden die Letzte Ölung. Kennedy war Katholik gewesen – der einzige katholische Präsident, den die Vereinigten Staaten bisher besaßen.

Dann war alles vorbei. Mit belegter Stimme informierte der Pressechef die wartenden Journalisten: „Präsident John F. Kennedy ist tot."

Die Diskussion um die Hintergründe von Kennedys Ermordung ist seit jenem 22. November 1963 nicht mehr verstummt. So kennt der so genannte „Warren-Report", der von Präsident Johnson eingesetzten und vom obersten Richter der USA, Earl Warren, geleiteten Untersuchungskommission nur einen einzigen Täter, nämlich Lee Harvey Oswald. Der nach dem Verhör von Hunderten Zeugen und nach der Einsichtnahme in sämtliche Protokolle und Unterlagen veröffentlichte Bericht umfasst nicht weniger als 888 Seiten. Dazu noch das gesamte Aktenmaterial in 26 großformatigen Bänden. Dieser Bericht der „Warren-Kommission" kommt zu dem Schluss, Lee Harvey Oswald sei, Einzelgänger, der er war, weder durch Hintermänner zu dem Verbrechen angestiftet noch durch etwaige Komplizen darin unterstützt worden.

Aber schon bald begann das Indiziengebäude der Warren-

Untersucher zu wanken. Erste Sprünge fügte ihm ein Buch zu, das der 32-jährige Harvard-Doktorand Edward Jay Epstein verfasst hatte.

Eigentlich hatte der junge Mann nur beabsichtigt, eine Dissertation darüber zu schreiben, wie eine Regierungskommission in einer Ausnahmesituation eigentlich arbeitet. Epstein kam bei seinen Recherchen sehr zugute, dass er kein Journalist war und die Kommissionsmitglieder ihm gegenüber kein Misstrauen hegten. Sie nahmen wohl an, die Dissertationsarbeit des jungen, seriösen Studenten würde in irgendeiner Universitätsbibliothek vermodern, weshalb sie ihm auf alle seine Fragen bereitwilligst Antwort gaben.

Hätten die Kommissionsmitglieder freilich geahnt, wie gründlich Edward Jay Epstein ans Werk gehen würde, hätten sie ihm wohl jede Auskunft verweigert. Für den Studenten stellte sich nämlich schon bald nach Beginn der Recherchen zweifelsfrei heraus, dass die Mitglieder der „Warren-Kommission" lediglich als „Paradepferde" dienten. Sie gaben den Untersuchungen nur nach außen hin einen seriösen Anstrich – ebenso wie die „Senior Counsels", prominente Rechtsanwälte, die man zur Durchleuchtung des Falles aufgeboten hatte.

Tatsächlich, so fand Epstein heraus, glänzten diese Herrschaften immer häufiger durch Abwesenheit. Die eigentliche Arbeit blieb den „Junior Counsels", jüngeren Anwälten und Beamten, überlassen. Epstein hatte Gelegenheit, mit drei dieser Anwälte zu sprechen; jeder von ihnen gab offenherzig Auskunft. Das Resümee wirkte auf den jungen Doktoranden ernüchternd: Obwohl acht Monate lang geführt, war die Warren-Untersuchung, wie Epstein schrieb, „außerordentlich oberflächlich" vorgenommen worden.

Was Edward Jay Epstein besonders beunruhigte und ihn schließlich veranlasste, seine Dissertationsarbeit als Buch zu veröffentlichen („Inquest", zu Deutsch: „Untersuchung"), war die sich zwangsläufig stellende Frage nach dem Zweck dieser Kommission. War sie dazu gedacht, tatsächlich die Wahrheit über Hergang und Hintergründe des Kennedy-Attentats herauszufinden, oder diente sie in Wahrheit nur dazu, das Ansehen der Vereinigten Staaten zu schützen, indem man an der totalen Entkräftung aller Komplottgerüchte arbeitete?

Wie Epstein im Laufe seiner Recherchen entdeckte, hatte die Kommission schon zu Beginn ihrer Untersuchungen erfahren, Lee Harvey Oswald wäre ein bezahlter FBI-Agent. Aber man ging der Sache nicht nach, einigte sich vielmehr darauf, die Angelegenheit als „ein sehr schmutziges Gerücht" ad acta zu legen. Pro forma wurde natürlich das FBI gefragt. Als sie jedoch von dort selbstverständlich eine negative Antwort erhielten, bemühten die Warren-Leute keine weiteren Zeugen mehr und ließen die Dinge auf sich beruhen.

Die Einsetzung dieser Kommission, welcher der Höchstrichter Earl Warren nur widerstrebend angehörte, ging auf die Initiative des Kennedy-Nachfolgers im Präsidentenamt, *Lyndon B. Johnson*, zurück. Er benötigte stimmenfördernde „Munition", denn 1964 gab es wieder Präsidentenwahlen. Johnson drängte die Kommissionsmitglieder förmlich zur Eile und dies mit allen ihm zur Verfügung stehenden Mitteln. Das ging manchmal so weit, dass junge Kommissionsmitglieder, die genauer nachforschten, buchstäblich aufgefordert wurden, Spuren, auf die sie gestoßen waren, *nicht* weiter zu verfolgen. Darüber waren die Betroffenen begreiflicherweise vergrämt und sie weigerten sich später dann auch, in die von Regierungsseite gesteuerte Lobpreisung des „Warren-Reports" mit einzustimmen.

Eine wesentliche Tatsache blieb beispielsweise – wie wir noch erfahren werden – keineswegs zufällig ungeklärt. Wurden Kennedy und der vor ihm im Wagen sitzende Texas-Gouverneur Connally von derselben Kugel oder von *zwei verschiedenen* getroffen? Das FBI hatte zunächst erklärt, *zwei* Schüsse aus dem Gewehr Oswalds hätten Kennedy und *ein* weiterer Schuss Connally getroffen. Ein Amateurfarbfilm, auf dem die Ermordung des Präsidenten zu sehen war (er wurde von dem Magazin „Life" später um 25.000 Dollar erworben), wies schlüssig nach, dass zwischen den Treffern auf Kennedy und Connally nur *1,8 Sekunden* vergangen sein konnten. So rasch hintereinander jedoch hätte Oswald *nicht* feuern können.

Für den Doktoranden Epstein ergaben sich daraus nur zwei Möglichkeiten:

1. Entweder gab es *zwei* Schützen (was aber die Warren-Kommission nicht akzeptieren wollte).
2. *Dieselbe* Kugel, die Kennedys Kopf durchschlug, verletzte auch Connally.

Allerdings hat letztere Version einen Haken: Wurde der Gouverneur von Texas tatsächlich von derselben Kugel wie Kennedy getroffen, dann blieben zwei Dinge rätselhaft: Wieso reagierte Connally relativ spät auf dieses Geschoss? Und wieso war eine einzelne Kugel imstande, auch noch den Gouverneur ebenso schwer zu verletzen? Epstein registrierte mit Verwunderung, dass nicht ein einziges Mitglied der Kommission sich die Mühe genommen hatte, die Fotos des toten Präsidenten zu studieren.

Tatsächlich blieb bis zum heutigen Tage offen, von wie vielen Kugeln der amerikanische Präsident während seiner umjubelten Fahrt durch die Elm Street getroffen und getötet worden ist. Nach der ersten Version der Obduktionsbeamten sei Kennedy von *zwei* Kugeln getroffen worden. Die erste habe nur eine kleine, *relativ harmlose* Wunde am Rücken hervorgerufen, während die zweite jedoch den *Hinterkopf* getroffen habe und durch die Stirn wieder ausgetreten sei. Weitere Untersuchungen stellten aber auch diese Ansicht wiederum in Frage.

Jedenfalls gab es eine Menge Zeugen, die an die *fünfzehn* Schüsse gehört haben wollen. Vor allem ein in einer amerikanischen Illustrierten („Esquire") veröffentlichtes Farbfoto wirbelte beträchtlichen Staub auf. Zeigt es doch einen *dunkel* gekleideten Mann auf einem Grashügel, der sich an ein Auto lehnt und ein Gewehr in Anschlag zu halten scheint. Das Foto stammte aus einem Farbschmalfilm, mit dem ein Fotoamateur rein zufällig die Sekunden des Präsidentenmordes auf Zelluloid gebannt hatte. Merkwürdig, dass die Warren-Kommission zwar sechs Bilder aus dieser Serie veröffentlichte, *nicht* aber jenes Foto, das danach jene Illustrierte groß herausstellte.

Dieser Amateurfilmer, *Lee E. Bowers*, wurde von einem Reporter der Illustrierten „Esquire" zu seinen Wahrnehmungen befragt. Bowers befand sich, nach eigener Aussage, zum Zeitpunkt des Attentats nur etwa fünf Meter von dem im Bild gezeigten Grashügel entfernt. Seine Behauptung: „Mit fünfzigprozentiger Wahrscheinlichkeit kann ich sagen, dass auf dem Hügel etwas passiert ist! Es kann sich sehr wohl um einen zweiten Scharfschützen gehandelt haben."

Jahre danach wurde im TV (übrigens auch im deutschsprachigen Raum) eine sehr exakte Kennedy-Dokumentation ausgestrahlt. Darin fand der mysteriöse Dunkelmann auf dem Grashügel besondere Erwähnung. Ein Polizist hatte den Unbekannten nämlich ebenfalls entdeckt und zur Ausweisleistung aufgefordert. Der Mann im schwarzen Anzug kam dieser Anweisung kommentarlos nach und präsentierte dem Polizeibeamten einen Dienstausweis. Demnach gehörte der Fremde offenbar zur CIA. Spätere Nachforschungen nach dessen eigentlicher Identität verliefen aber überraschenderweise völlig ergebnislos.

Der Film des erwähnten Augenzeugen Lee E. Bowers zeigt im Übrigen sehr deutlich, dass John F. Kennedy zwar am Kopf getroffen worden war, aber *nicht* durch eine Kugel aus jener Richtung, wo man den Standort von Lee Harvey Oswald vermutete, sondern *seitlich* davon. Das Geschoss kam, von der Position Kennedys aus betrachtet, von *rechts*. Es durchschlug den Kopf des Präsidenten, der danach *linksseitig* niedersank. Die Kugel aber, die das Leben des amerikanischen Staatsoberhauptes *beendete*, war exakt *aus jener Richtung* abgefeuert worden, die der Amateur Bowers gefilmt hatte: Dort befindet sich jener Grashügel – und darauf stand zum Zeitpunkt des Anschlages ein dunkel gekleideter, unbekannter Mann mit einem Gewehr!

War der Fremde tatsächlich ein CIA-Agent gewesen? Oder hatte er sich nur mit *gefälschtem* Ausweis dafür ausgegeben?

Der Filmamateur konnte später – im Zuge weiterer Untersuchungen – hierzu leider nicht mehr befragt werden: Er fand nur wenige Monate danach bei einem Autounfall, für den es eigenartigerweise *keine Zeugen* gab, den Tod. Lee E. Bowers sollte nicht das einzige Opfer seiner guten Beobachtungsgabe bleiben ...

Einer, der sich vorgenommen hatte, den Kennedy-Mördern auf der Spur zu bleiben, war *Jim Garrison*, Staatsanwalt aus New Orleans. In zahllosen Pressekonferenzen wurde er nicht müde zu erklären, ehemalige Agenten des amerikanischen Geheimdienstes CIA hätten den Tod von Präsident Kennedy auf dem Gewissen. Nicht ein einzelner Mörder, Lee Harvey Oswald, habe geschossen. Kennedy sei vielmehr in einem Kreuzfeuer *aus verschiedenen Richtungen* durch zwei, wahrscheinlich sogar *drei* Schützen erledigt worden.

Natürlich setzten sich offizielle Stellen gegen diese spektakuläre Anschuldigung heftig zur Wehr. Schon bald tauchten in der Öffentlichkeit Berichte auf, in denen Jim Garrison als „geistesgestört" diffamiert wurde. Diese Verdächtigungen kamen bezeichnenderweise aus Kreisen der amerikanischen Armee. Als „Beweis" diente den Verleumdern ein ärztliches Attest über Garrison aus dem Jahr 1951, in dem es heißt, Garrison leide an einer psychoneurotischen Störung, sei für den Militärdienst völlig ungeeignet und für andere zivile Aufgaben nur beschränkt heranzuziehen.

Da es in den Vereinigten Staaten geradezu zum „guten Ton" zu gehören scheint, irgendwann einmal den Psychiater aufzusuchen, ist es gut möglich, dass auch Garrison dies einmal getan haben könnte. Es zeugt aber von der relativen Haltlosigkeit der Vorwürfe der Armee, dass man über anderthalb Jahrzehnte – genau sechzehn Jahre – zurückgreifen musste um etwas zu finden, das gegen den Staatsanwalt von New Orleans verwendet werden konnte. Wie sehr die Hintermänner des Kennedy-Anschlages daran interessiert waren, den missliebigen Garrison unschädlich zu machen, zeigt ihr rasches Handeln.

Dabei schreckte man nicht einmal vor Methoden zurück, wie sie in üblen Diktaturen nationalistischer oder kommunistischer Prägung üblich waren: indem man nämlich den unerwünschten Zeitgenossen vor aller Öffentlichkeit einfach für „verrückt" erklärte. Auch wenn der hartnäckige Staatsanwalt die *wahren* Hintergründe für das Attentat nicht einmal im Entferntesten zu ahnen vermochte – das, was er vermutete, schien die Hauptakteure dennoch „am Nerv" getroffen zu haben. Jim Garrison war nämlich von Anfang an von einem Faktum überzeugt gewesen: dass John F. Kennedy einer *Verschwörung* zum Opfer gefallen war! Der rührige Staatsanwalt glaubte sogar eines der Mitglieder aus dieser Verschwörergruppe persönlich zu kennen!

Am 1. März 1967 ließ Garrison den im Ruhestand lebenden ehemaligen Leiter des internationalen Handelszentrums von New Orleans, *Clay Shaw*, verhaften. Die Festnahme des Fünfzigjährigen erregte in den USA ungeheures Aufsehen. Für den Staatsanwalt war Shaw der einzige noch greifbare Überlebende aus dem Kreis der Attentäter. Alle anderen Personen, die Garrison ebenfalls der Mittäterschaft, direkt oder indirekt, bezichtigt hatte, waren (nach dessen Meinung) entweder untergetaucht, ermordet oder eines geheimnisvollen „natürlichen" Todes gestorben.

Lee Harvey Oswald, so die Überlegung Garrisons, war lediglich als Sündenbock geopfert worden, um den eigentlichen Verschwörern Zeit zum Entkommen und zum Untertauchen zu geben. Außerdem wurde dem vorgeblichen Kennedy-Attentäter nachgewiesen, dass er sich im Sommer 1963 in New Orleans aufgehalten und dort in homosexuellen Kreisen verkehrt hatte – zu welchen im Übrigen auch der verhaftete Clay Shaw Beziehungen unterhielt. Garrisons Nachforschungen sollen ergeben haben, dass Oswald und Shaw in der Wohnung des Piloten *Ferrie* zusammengetroffen waren, wo man das Attentat auf den Präsidenten angeblich in allen Einzelheiten besprochen habe. Aber Ferrie konnte dazu nicht mehr befragt werden: Als der Staatsanwalt sich anschickte den Piloten festzunehmen, fand man diesen tot in seinem Bett. Die Ursache seines jähen Ablebens wurde nie geklärt.

Zwei Fragen stellen sich uns, wenn wir ernsthaft versuchen

wollen, in dieses dichte Netz von Intrigen, Verdrehungen und Vertuschungen einzudringen: Welche Motivation war für den Mord an John F. Kennedy ausschlaggebend? Und welches grauenvolle Geheimnis galt es für die unbekannten Täter zu bewahren, dass diese selbst vor der Liquidierung von gut *fünfzig* Augen- und Ohrenzeugen nicht zurückschreckten? Denn das ist eine nicht wegzuleugnende *Tatsache*! Irgendein Zusammenhang musste da bestanden haben. Aber welcher? Auch diese Schlüsselfrage harrt nach wie vor einer Antwort ...

Jim Garrison vermutete in den an dem Mordkomplott beteiligten Personen erbitterte Gegner *Fidel Castros,* die vermutlich Guerillaunternehmen gegen Kuba geplant haben sollen. Aus Empörung über das von Kennedy im Sommer 1963 erlassene Verbot aller Gewaltaktionen gegen die kommunistisch beherrschte Insel hätten sie daraufhin seine Beseitigung beschlossen. Mit im Bunde, glaubte jedenfalls Garrison, seien damals auch gewisse texanische Ölmilliardäre sowie hohe Polizeibeamte aus Dallas gewesen. Den Anschlag selbst hätten dann fünf bis sechs „eingeweihte" Personen verübt.

Ich kann mir nicht helfen: Diese Überlegung erscheint mir zu simpel!

Selbstverständlich wären auch solche Motivationen durchaus denkbar gewesen – doch die geradezu perfekt organisierte Vertuschungsaktion, die dem Kennedy-Mord gefolgt war und den Tod von mindestens fünfzig (oft nur zufälligen) „Mitwissern" nach sich zog, muss ganz andere, bei weitem spektakulärere Hintergründe gehabt haben.

Sechzehn Jahre nach jenem „schwarzen Freitag" des 22. November 1963 kam der „Attentatsausschuss" des Repräsentantenhauses in Washington in seinem 888 Seiten umfassenden Abschlussbericht zu einem eindeutigen Schluss:

Sowohl die nach dem Präsidentenmord sowie dem tödlich verlaufenen Attentat auf den Bürgerrechtskämpfer *Dr. Martin Luther King* veröffentlichten FBI-Berichte über den Hergang und die angeblich Ausführenden der beiden Taten als auch der später in diesem Zusammenhang als offizielle Lösung angebotene „Warren-Report" sind *falsch!*

Nicht Lee Harvey Oswald oder James Earl Ray hatten als fanatische Einzelgänger das Leben dieser beiden honorigen Männer auf dem Gewissen. Kennedy wie auch King starben vielmehr, so stellte der „Attentatsausschuss" eindeutig klar, als die Opfer „von echten Verschwörungen".

Damit erschöpfen sich auch schon die Kenntnisse und *Erkenntnisse* der im Ausschuss tätig gewesenen Kommissionsmitglieder. Schlüssige Folgerungen, so heißt es in ihren Darlegungen der Ereignisse, die vielleicht den authentischen Hergang der beiden Anschläge hätten klären können, seien „aus Mangel an zuverlässigen Beweisen und wegen der Widersprüchlichkeit der vorliegenden Aussagen" nicht mehr möglich. Wahrscheinlich sei es, so wird vermutet, dass damals in Dallas *zwei* Schützen ihre tödlichen Schüsse auf Kennedy abgefeuert hätten, deren Identität jedoch im anonymen Dunkel verblieben sei ...

Auch über das eigentliche Tatmotiv herrscht – *siebenundzwanzig* Jahre nach dem Präsidentenmord – keine Klarheit. Dass jedoch ganz andere Hintergründe hierfür angenommen werden müssen als jene, die dahinter einen angeblichen Racheakt fanatischer Castro-Gegner zu erkennen meinten, steht inzwischen fest!

Dafür spricht auch der Todesreigen, dem unmittelbare und mittelbare Tatzeugen (und solche, die dafür offenbar gehalten worden waren) zum Opfer gefallen waren.

Lassen wir deren tragisches Geschick Revue passieren. Gehen wir dabei gewissermaßen „statistisch" vor. *Chrono-Logisch!*

Eine Stunde nach den Schüssen auf Kennedy glaubte der Polizeisergeant *J. D. Tippit* einen Verdächtigen aufgespürt zu haben. Er kam jedoch nicht mehr dazu, darüber Näheres auszusagen. Tippit wurde von unbekannter Seite – erschossen.

In diesem Zusammenhang verdient eine „offizielle" Mitteilung, deren genaue Herkunft nicht mehr rekonstruierbar scheint, besondere Erwähnung. Wurde doch publiziert, Polizeisergeant Tippit sei in Ausübung seines Dienstes, als er gerade den Kennedy-Mörder Oswald verhaften wollte, von diesem getötet worden. Zweifel an dieser Darstellung sind durchaus gerechtfertigt. Weniger hingegen an der Wahrscheinlichkeit, J. D. Tippit sei in Wahrheit ein bewusster oder unbewusster Mitwisser des Attentats gewesen. War er vielleicht nur deswegen – und ganz gewiss *nicht* von Lee Harvey Oswald – beseitigt worden?

Denn nur vierundzwanzig Stunden nach Kennedys Tod wurde sein angeblicher Mörder selbst getötet. Millionen TV-Zuschauer wurden unfreiwillige Augenzeugen, als der zwielichtige Nachtlokalbesitzer *Jack Ruby* dem an den Händen gefesselten Kennedy-„Attentäter" Oswald bei dessen Abtransport aus dem Gefängnis in Dallas auflauerte und aus kurzer Distanz erschoss.

Seltsam: Noch am Tag *vor* seiner undurchsichtigen Tat war der texanische Geschäftsmann vor dem *Bankrott* gestanden. Einen Tag *danach* besaß er plötzlich wieder ein *Vermögen*. Während des nachfolgenden Prozesses schwieg Ruby wie das Grab, als man ihn nach seinen Hintermännern befragte. Treuherzig, aber wenig glaubhaft versuchte er dem Untersuchungsrichter klarzumachen, er habe die Tat aus alleinigem Antrieb begangen; es gäbe keine Anstifter.

Dennoch: Obwohl Ruby seinen Mund hielt, fühlte er sich selbst im Gefängnis nicht sicher. Die Wärter erlebten ihn in ständigen Angstzuständen. Die Untersuchungsbehörden hofften natürlich darauf, der Texaner würde beim vorbereiteten zweiten Prozess endlich „auspacken". Aber dazu sollte es nicht mehr kommen. Kurz zuvor starb Oswalds Mörder einen unter diesen Umständen eher seltsamen Tod: an *Krebs*!

Jener Mann, dem schließlich auf Veranlassung des Staatsanwaltes Garrison der Prozess gemacht wurde und der nach Ansicht des emsig forschenden Anwaltes das Haupt der Verschwörung gegen Kennedy gewesen war – der Geschäftsmann Clay Shaw – wurde zur großen Überraschung *freigesprochen*.

Es ist nie geklärt worden, welche fiktive oder tatsächliche Rolle Shaw in diesem Mörderstück zu spielen hatte.

Umso mysteriöser waren die Ereignisse, die seinem Prozess folgten. *Elf* der darin befragten Zeugen blieben dabei auf der Strecke. Sie starben auf seltsame Weise und ihr *unnatürlicher* Tod blieb *elfmal* ungeahndet.

Jim Koethe, ein junger Reporter aus Dallas, der sich mit der Absicht trug, ein Buch über den Kennedy-Mord zu schreiben, starb an einem Karateschlag ins Genick. Sein Mörder war den Behörden wohl bekannt – ein brutaler Killer. Er wurde nie vor Gericht gestellt. Warum wohl?

Bill Hunter war ein Polizeireporter, der einigen Einblick in die Akten besaß. Im April 1964, kaum vier Monate nach der Ermordung Kennedys, starb er an einer Polizistenkugel. Er war von einem Kriminalbeamten „unabsichtlich" (wie es im Protokoll provozierend hieß) erschossen worden.

Tom Howard, Rubys Anwalt, dürfte auch zu viel gewusst haben. Im März 1965 erlag er einer Herzattacke. Merkwürdig: Eine Obduktion der Leiche wurde nie durchgeführt. Warum wohl?

Marlene Roberts hatte bei Ruby als Haushälterin gearbeitet. Freunden gegenüber beichtete sie, sie ängstige sich entsetzlich vor der Polizei. Wer immer sie auch das Fürchten gelehrt hatte – der Plan ging jedenfalls auf: Mrs Roberts erlitt eines Tages einen Herzanfall, an dem sie starb. Ihr Tod wurde niemals untersucht.

Und noch einmal Ruby: *Nancy Mooney,* eine Stripteasetänzerin in seinem Nachtlokal, die angeblich mehr über den mysteriösen Mord an Polizeisergeant Tippit wusste und sich in Untersuchungshaft befand, wurde eines Morgens tot aufgefunden. Sie hatte sich in ihrer Zelle erhängt. Seltsam, nicht wahr? Oder sollte da irgendjemand *nachgeholfen* haben?

Hank Killam, Ehemann einer Angestellten Jack Rubys, wurde in Florida mit durchschnittenem Hals aufgefunden. Hatte ihm seine Frau ein tödliches Geheimnis offenbart?

William Whaley, jener Taxifahrer, mit dem der angebliche Kennedy-Mörder Lee Harvey Oswald nach seiner „Schein"-

Tat angeblich „flüchtete", war den Hintermännern der Verschwörung offenbar auch nicht geheuer: Whaley wurde in einen dubiosen Autozusammenstoß verwickelt, bei dem er ums Leben kam. Der Lenker des anderen Wagens flüchtete. Er wurde nie ausgeforscht. Warum wohl?

Da war noch *Edward Benavides*. Er wurde möglicherweise „aus Versehen" getötet. Nicht er, sondern *sein Bruder* war nämlich Augenzeuge des Mordes an J. D. Tippit gewesen. Die Ähnlichkeit im Aussehen wurde Edward Benavides wahrscheinlich zum Verhängnis.

Dorothy Killgallen galt in Dallas als journalistische Berühmtheit. Ihr war es geglückt, mit Ruby im Gefängnis ein Interview zu machen. Das ist bekannt. Der *Inhalt* dieses brisanten Gesprächs hingegen wurde nie veröffentlicht. Dorothy Killgallen wurde eines Morgens tot im Bett aufgefunden. Sie war an einer Schlafmittelvergiftung gestorben. Freiwillig?

Lee Bowers, jener Amateurfilmer, der rein zufällig das Kennedy-Attentat auf Zelluloid gebannt und dabei auch einen Präsidentenmörder ins Bild gebracht hatte, kam kurze Zeit danach bei einem Verkehrsunfall ums Leben. Er dürfte ihn keineswegs durch eigene Unachtsamkeit verschuldet haben. Der ärztliche Befund enthüllte später die Wahrheit: Im Augenblick des „Unfalls", heißt es darin, habe Lee Bowers einen schweren Schock erlitten. Was deutlich macht, um welche Art von „Unfall" es sich hier gehandelt haben muss.

Und da ist noch *David Ferrie*, jener Pilot, von dem bereits die Rede war. Eine der Schlüsselfiguren in der Verschwörungstheorie des Staatsanwaltes Jim Garrison. Ferrie war in seiner Wohnung, kurz bevor man ihn als Prozesszeuge vorladen konnte, tot aufgefunden worden. Die Polizei war bis dato nicht bereit, irgendwelche Auskünfte über die Todesursache des Fliegers zu geben. Angeblich starb Ferrie an einem Gehirnschlag, aber man munkelte auch, er habe Selbstmord begangen. Über diese bei verschiedenen Augenzeugen des Kennedy-Mordes offenbar grassierende Todesart wissen wir inzwischen bestens Bescheid. Oder etwa nicht?

Der Todesreigen drehte sich jedoch unverdrossen weiter.

Am 31. August 1970 segnete ein weiterer Augenzeuge aus Dallas das Zeitliche. *Abraham Zapruder,* ein 66-jähriger Mann, dem es an jenem „schwarzen Freitag" im November des Jahres 1963 ebenfalls geglückt war, mit seiner Kamera den Präsidentenmord zu filmen, starb unerwartet – an *Krebs.* Sein Amateurstreifen war für die Warren-Kommission eines der wichtigsten Beweismittel in der Untersuchung des Attentats gewesen. Natürlich bedeutet es keine Außergewöhnlichkeit, wenn ein sich den Siebzigern nähernder Mann krebskrank wird und daran stirbt. Auffallend daran war nur, dass sich diese Seuche offenbar auf Augenzeugen des Kennedy-Anschlages zu konzentrieren schien. Oder auf solche, die darüber besser informiert waren. Wie etwa *Jack Ruby.* Sein Krebstod steht außer Zweifel. Nicht aber die Ursachen seiner so plötzlich bei ihm ausgebrochenen Krankheit, die ihn offensichtlich erst im Gefängnis heimsuchte. Hatte man ihm die Krankheitskeime erst dort *injiziert?*

Und warum starb der Distriktsheriff *Bill Decker* so plötzlich? Er hatte sich an jenem 22. November 1963 im ersten Wagen der Autokolonne befunden, die die Limousine mit den Kennedys und Connallys durch die Straßen von Dallas führte. Hatte damals Decker mehr gesehen, als ihm wohl bekam? War er, rein zufällig, über den wahren Hergang der Mordtat im Bilde? Hatte er sieben Jahre, bis zum 29. August 1970, womöglich eingeschüchtert und erpresst, über das Gesehene geschwiegen – und war der Sheriff für die Männer im Dunkel letztlich doch zu einem „Unsicherheitsfaktor" geworden, den es zu beseitigen galt? Wie in vielen ähnlich gelagerten Fällen zuvor schwieg die Polizei auch bei Bill Decker und breitete über die eigentliche Ursache seines Ablebens den Mantel des Vergessens.

In seinem Buch „Our Hunted Planet" („Unser gejagter Planet") meint der bekannte amerikanische Autor *John Keel* zu dieser Verschwörung aus dem Dunkel:

„... Vollständige geistige Verwirrung griff um sich, weil über fünfzig Zeugen, Reporter und Angehörige der Mordkommission plötzlich starben, manche unter sehr geheimnisvollen Umständen. Die genaue Geschichte der Ermordung Kennedys im Jahre 1963 ist mit unglaublichen Details angefüllt, wobei viele Dinge Ähnlichkeit mit den mysteriösen UFO-Ereignissen aufwiesen. Fotos und andere Beweisunterlagen verschwanden oder wurden zurückgehalten wie in vielen UFO-Fällen."

Sollte es hier, trotz anscheinend so grundverschiedener Begebenheiten, einen gemeinsamen Nenner geben? Hat jene unbekannte Macht, auf deren Konto zahlreiche, für uns vorderhand undurchschaubare Demonstrationen zu buchen sind, auch beim Kennedy-Attentat ihre Hände im Spiel? John Keel, Spezialist auf dem Gebiet der Grenzwissenschaften, gibt einen Hinweis, wenn er schreibt:

„Hier werden die schlanken, dunklen Männer in schwarzen Anzügen und schwarzen Cadillacs als Kubaner oder CIA-Agenten angesehen ..."

Erinnern wir uns: Lee E. Bowers, der dann später durch einen offensichtlich inszenierten, also absichtlich herbeigeführten Autounfall ums Leben kam, hatte an jenem Novemberfreitag 1963 rein zufällig seine Filmkamera auf einen Grashügel gerichtet und dadurch einen Mann gefilmt, der ein Gewehr in Richtung des Kennedy-Trosses in Anschlag hielt: ein Mann in einem dunklen Anzug. Ein Mann, der sich bei einer nachfolgenden, eher zufälligen Kontrolle durch einen Polizeibeamten als *CIA-Agent* auszuweisen vermochte. Ein Mann schließlich, der danach spurlos von der Bildfläche verschwand und dessen Name nie bekannt geworden ist. Wurde seine Identität absichtlich verschwiegen? War seine angebliche CIA-Mitgliedschaft überhaupt authentisch gewesen?

Ob so oder so, die offiziellen Stellen, die es eigentlich wissen müssten, schwiegen dazu. Sie schweigen ebenso über ein mysteriöses Ereignis, das so gar nicht zum Geschehnis in Dallas zu passen scheint. Oder gibt es eine logische und vernünftige Erklärung für das Verschwinden der *Gehirnmasse* des ermordeten Präsidenten?

Angeblich sollen sich Kennedys Gehirn sowie einige mikroskopische Präparate im Besitz des Familienclans befinden, aber der stichhältige Beweis für diese Annahme wurde bislang nie erbracht. Die Motivation für den Diebstahl des Gehirns liegt jedoch klar auf der Hand: Eine nochmalige genaue Untersuchung des Mordes sollte *unmöglich* gemacht werden.

Dass das Verschwinden von Kennedys Gehirn überhaupt bekannt geworden ist, verdanken wir dem Gerichtsmediziner *Dr. Cyril Wecht*, der im Sommer 1972 die Obduktionsdokumente im Nationalarchiv in Washington eingehend überprüft und dabei den Diebstahl entdeckt hatte. Wie Wecht herausfand, dürfte das wertvolle Obduktionsmaterial mit Kennedys Gehirnmasse bereits *1966* verschwunden sein. Als nämlich damals der Testamentsvollstrecker des toten Präsidenten das gesamte Material dem Nationalarchiv übergab, fehlten daraus bereits jene wesentlichen Beweisstücke.

Wo sind sie geblieben? Wem war es so wichtig gewesen, das Gehirn des ermordeten US-Präsidenten in seinen Besitz zu bringen? Offensichtlich steckte hier *nicht* der Kennedy-Clan dahinter.

Aber wer dann? Und für welchen Zweck?

Das sind Fragen, die ans *Metaphysische* zu grenzen scheinen. Fragen, die nur jene zu beantworten vermögen, die die Kennedy-Verschwörung angezettelt und danach konsequent durchgezogen hatten. Jene dunkle Macht im Hintergrund, deren Spiel für uns undurchschaubar scheint. Ein oftmals *tödliches* Spiel, dessen Ernsthaftigkeit jeden darauf Unvorbereiteten erschrecken, ja entsetzen muss.

Aber auch John F. Kennedy war offenbar nicht mehr als eine Figur auf dem Schachbrett uns unbekannter „Spieler". Ein Schachbrett allerdings, das Dimensionen zu sprengen vermag. Für Außenstehende jedoch bleibt vorläufig alles ein unlösbar scheinendes Rätsel.

Wer es auf eigene Faust zu lösen versucht, begibt sich, wie es scheint, in größte Gefahr.

Könnten auch die Anschläge wie jene auf John F. Kennedy, seinen Bruder Robert sowie auf Martin Luther King mit geheimen Forschungsplänen bzw. verdeckten Experimenten in

Verbindung stehen?

Zusammenhänge scheinen auf den ersten Blick zunächst zweifelhaft. Aber offenbar hat darüber bisher noch niemand ernsthaft nachgedacht. Experimentelle Forschung hat gelegentlich auch mit aktueller Politik zu tun. Gerade sie spielt hierbei eine oft nicht zu unterschätzende Rolle. In den sechziger Jahren wurde die Weltöffentlichkeit bekanntermaßen durch den so genannten *„Kalten Krieg"* zwischen den Supermächten beunruhigt. Die Kuba-Krise, die damals gefährlich zu eskalieren und in der Folge zu einer möglichen atomaren Auseinandersetzung zwischen den Vereinigten Staaten und der Sowjetunion auszuarten drohte, konnte erst in buchstäblich letzter Minute bereinigt werden. *Nikita Chruschtschow*, dessen Kriegsschiffe bereits unterwegs gewesen waren, um Raketen zu den Abschussrampen in Kuba zu transportieren, hatte auf das Ultimatum Kennedys, Kuba anzugreifen, reagiert. Er stornierte sämtliche militärischen Pläne, die er zuvor mit seinem ideologischen Verbündeten Fidel Castro vereinbart hatte, und bewahrte solcherart die Menschheit vor einem wohl verheerenden Weltbrand.

Wer aber sagt, dass nicht gewisse militärische Kreise in den USA damals den Friedensbemühungen Kennedys absolut ablehnend gegenüberstanden, dass sie ganz anderes im Schilde führten und deshalb den Plan gefasst hatten, die demokratische Herrschaft des Kennedy-Clans gewaltsam zu beenden?

Geheime Forschungen und damit im Zusammenhang stehende *verdeckte* Experimente gehen mit *Verschwörungen* oft genug Hand in Hand. Diesen exklusiven Zirkeln, deren Tätigkeit regierende Kreise zumeist nicht kennen, sind hinter den Kulissen vor allem um eines bemüht: die Vorherrschaft der jeweils eigenen Nation anzustreben. Wenn es sein muss, um *jeden* Preis!

Die Gobi-Katastrophe

Als Spezialisten der chinesischen Volksbefreiungsarmee im Jahre 1950 das Aussehen eines Gebietes nahe der Mongolei in Augenschein nahmen, wurden sie einigermaßen überrascht: Verkalkte Bäume, verglaster Boden sowie das Fehlen jeglicher Vegetation waren für diese Wissenschaftler Symptome, die sie nur allzu gut kannten.

Es waren die typischen Anzeichen einer *Atomexplosion!*

Allerdings hatten in dieser leblosen Zone – und darin waren sich Fachleute und Militärs einig – noch *niemals* Versuche mit Kernwaffen stattgefunden.

Untersuchungen an Ort und Stelle sowie Nachforschungen in der Umgebung dieses Gebietes führten die verblüfften Chinesen auf die Spur einer Überlieferung, die ihnen von den Bauern der Umgebung erzählt wurde. Im Mittelpunkt des einstigen Geschehens stand einer der bedeutendsten Alchimisten Chinas – der Gelehrte *Pou Chao-fi.* Er experimentierte vor neunzig Jahren in einer abseits stehenden Pagode mit verschiedenen Chemikalien. In alten Texten alchimistischer Überlieferungen dürfte Pou Chao-fi anscheinend auf Hinweise gestoßen sein, denen er damals in seinem geheimen Laboratorium nachzugehen versuchte.

Alles schien zunächst für den altchinesischen Wissenschaftler ohne besondere Komplikationen zu verlaufen. Bis zu jenem verhängnisvollen 8. Juli 1910.

Wahrscheinlich machte Pou Chao-fi an diesem Tag einen verhängnisvollen Fehler. Ältere Bauern, die in der Umgebung der „Todeszone" lebten, berichteten den bei ihnen vorsprechenden Militärs von einer gewaltigen Explosion, die sich an jenem 8. Juli vor nunmehr neunzig Jahren ereignete. Die Detonation soll dermaßen heftig gewesen sein, dass man sie angeblich noch im Umkreis von 600 Kilometern zu hören vermochte. Jedenfalls wurde das bei späteren Befragungen der Bevölkerung in diesem Gebiet herausgefunden.

Wahrscheinlich wäre über dieses Vorkommnis schon

längst Gras gewachsen, hätte man nicht ein paar Jahre später durch Zufall in einer Bibliothek in Beijing ein Heft mit Aufzeichnungen aus der Feder des Gelehrten Pou Chao-fi gefunden. Bei Durchsicht der Seiten wurden deutliche Hinweise darauf entdeckt, dass der Alchimist, der bei jener Explosion natürlich ums Leben gekommen war, mit Kräften experimentiert haben musste, die letztlich seine zweifellos vorhanden gewesenen Fähigkeiten überstiegen.

In seiner der Nachwelt übermittelten Niederschrift beschrieb Pou Chao-fi wörtlich „ein fürchterliches Feuer vom Himmel, das durch Sprengung von Metallatomen entstehen kann". Die von ihm im Anschluss daran in seinem Laboratorium in der entlegenen Pagode vorgenommenen praktischen Versuche dürften jedoch auf drastische Weise missglückt sein. Auf der Suche nach jener Formel, mit welcher er sich befähigt gesehen hätte, Materie zu verwandeln, scheint der Alchimist die falschen „Zutaten" erwischt zu haben. Das Ergebnis ist bekannt: Pou Chao-fi wurde in Atome zerstäubt.

Ein grausames Schicksal für einen Mann, der lange vor Hiroshima und Nagasaki die Geister, die er gerufen hatte, in tödlicher Konsequenz zu spüren bekam.

Ob auch die Behauptung der Wahrheit entspricht, wonach ein 144 Seiten starkes Dokument mit den alchimistischen Formeln des Gelehrten Pou Chao-fi existierte und vor etlichen Jahrzehnten aus der Volksrepublik China geschmuggelt werden konnte, um danach dem US-Geheimdienst zugespielt zu werden, lässt sich heute nicht mehr schlüssig nachvollziehen. Immerhin wäre es aber denkbar, dass es – ähnlich wie am 30. Juni 1908 in der tunguskischen Taiga in Sibirien – auch auf chinesischem Territorium, lange vor der japanischen Tragödie vom August 1945, eine atomare Explosion (nach einem misslungenen experimentellen Versuch) gegeben haben könnte. Dass man den seinerzeitigen Vorfall offiziell vertuschte, scheint wahrscheinlich, auch wenn sich die betreffenden Behörden damals über die wahre Ursache des dramatischen Geschehens nicht im Klaren gewesen sein dürften.

Was Pou Chao-fi vor neun Jahrzehnten widerfuhr, dürfte es im alten China schon *mehrmals* gegeben haben.

Wem es möglich sein sollte, während einer Reise durch dieses riesige Land in die Nähe des *Lop-Nor-Sees* in der Wüste *Gobi* zu gelangen, der findet die Oberfläche dieses Steppengebietes mit glasartigem Sand bedeckt. Das ist weiter nicht erstaunlich: Schließlich wurden (und werden?) hier die Atombombenversuche der heutigen Volksrepublik durchgeführt. Verschiedene Altertumsforscher, die seinerzeit Gelegenheit hatten, diese Gegend aufzusuchen (inzwischen wohl zum militärischen Sperrgebiet erklärt), erklärten später übereinstimmend, auch noch andere Wüstengebiete zu kennen, in denen sie interessanterweise die gleichen Verglasungen bemerkt haben wollen. Die Wüste Gobi (chinesisch: *Sha-mo*) ist territorial und politisch geteilt. Sie gehört zu China und zur Mongolischen Volksrepublik. Diese zentralasiatische Beckenlandschaft liegt rund 1000 Meter über dem Meeresspiegel und hat eine Ausdehnung von etwa 1500 Kilometern. Im Südwesten ist „die Gobi" eine Sandwüste, im Osten steppenartig.

Das Wüstengebiet war in vorgeschichtlicher Zeit bewohnt. Damals war es eine fruchtbare Ebene. Nicht zufällig wurden hier die meisten Dinosaurier-Fossilien gefunden. Der britische Okkultismus-Forscher *James Churchward*, der bekanntlich behauptete, im Pazifik sei einst nach einer gewaltigen Katastrophe der legendäre Kontinent *Mu* – angeblich „die Wiege der Menschheit" – versunken, hob in seinen Schriften vor allem das Volk der *Oejgoer* hervor, das lange vor den Chinesen, Mongolen und Russen die Wüste Gobi bevölkert haben soll. Auch sonst hat der Engländer diesem Gebiet manches Geheimnis zuerkannt. So auch die Hauptstadt von Mu, die sich angeblich hier befunden haben soll. Nicht zuletzt vermuten manche Fantasten in dieser Wüste auch den geheimen Zugang zur unterirdischen Welt von *Agartha*. Dieses Reich von Agartha besteht der Legende nach aus einem weit verzweigten Tunnelsystem, von dem aus jeder Kontinent dieses Planeten – und damit auch jedes Land der Erde – erreicht werden kann. Schlüssige Nachweise für die tatsächliche Existenz Agarthas konnten jedoch bis jetzt nicht erbracht werden. Doch mythologische Berichte sind allzu oft nur sehr verschwommen überliefert, so dass man nach wie vor darüber rätselt, was mit mancher vagen Beschreibung wohl wirklich gemeint sein könnte.

Der amerikanische Philologe *J. G. Ferguson* hat beispielsweise in seiner „Chinese Mythology", die 1964 in den USA erschienen ist, zahlreiche vorgeschichtliche Superwaffen angeführt. Ihr Aussehen erscheint uns heute fremdartig, die Wirkung dieser Waffen soll jedenfalls recht spektakulär gewesen sein.

So besaß der Held *No-cha* ein „Himmel-und-Erde-Armband", das alle seine Feinde erzittern ließ. Einer dieser Gegner, *Genglin*, sah sein einziges Heil in der Flucht, außerdem gelang es ihm, sich hinter einem schützenden „Rauchschirm" vor seinem Widersacher zu verbergen. Bei einer anderen Gelegenheit war No-cha erfolgreicher: Er vernichtete seinen Feind *Chang-kuei-feng* mit Hilfe eines „Wind-Feuer-Rades", was auch immer das gewesen sein mag. No-cha genoss dabei die Unterstützung silberner Flugdrachen – womit möglicherweise ein prähistorisches Fluggeschwader gemeint war.

Wer gerne Sciencefiction liest, wird auch von Chinas mythologischen Berichten gut bedient. Darin wimmelt es nur so von „Blitzspießen", „Donnerschlägen" (wahrscheinlich *Bomben*), „glänzenden Lichtstrahlen" oder „kugelförmigem Feuer". Auch biologische Waffen kamen zum Einsatz: „vergiftete Gase" beispielsweise. Die standen unter dem Schutz „himmlischer Regenschirme". War der Feind in der Überzahl, verbarg man sich hinter „Schleiern der Unsichtbarkeit".

Bei dem technischen Rüstzeug wundert es uns auch nicht weiter, wenn wir erfahren, dass Spionage im Reich der Mitte – ähnlich wie sie noch heute von den Supermächten via Satellit betrieben wird – eine Selbstverständlichkeit war. Wie sonst sollte man Berichte deuten, in denen es heißt, man sei damals in der Lage gewesen, Objekte auch über Hunderte von Meilen *akustisch* und *optisch* wahrzunehmen? Besaßen die alten Chinesen womöglich bereits Geräte, ähnlich unseren *Radaranlagen*?

So gesehen erscheint es gar nicht mehr so unwahrscheinlich zu sein, dass sich das eine oder andere militärische Geheimnis aus Chinas vorgeschichtlicher Zeit erhalten hat und in den Besitz neuzeitlicher Wissenschaftler gelangte. Wie etwa jenes, das die Herstellung atomarer Kräfte ermöglichte und dem „Alchimisten" Pou Chao-fi zum Verhängnis wurde.

Sollte es in längst vergangenen Jahrtausenden bereits Atomkriege auf diesem Planeten gegeben haben? Und blieben Spuren davon in der Wüste Gobi erhalten?

Wer schuf das „Weltgedächtnis"?

„Alle Zeit ist eins und zeitlos", erkannte der berühmte französische Chemiker Henri Etienne *Sainte-Claire Deville* schon Mitte des vorvorigen Jahrhunderts. Ihm haben wir die Gesetze der thermischen Auflösung zu verdanken. Was sich später als sehr wesentlich bei der Herstellung von *Aluminium* erwies. Ob sich dieser Wissenschaftler (er lebte von 1818 bis 1881) in diesem Zusammenhang auch mit dem aus dem indischen Raum stammenden Phänomen der *Akasha-Chronik* auseinander setzte, ist nicht bekannt, aber gewisse Anklänge hierzu sind nicht zu leugnen.

Definitive Beweise für ein solches „Buch des Lebens" – auch als so genanntes „Weltgedächtnis" im Gespräch – gibt es, aus objektiver bzw. wissenschaftlicher Sicht gesehen, selbstverständlich nicht. Wird doch immerhin in hinduistischen und buddhistischen Quellen behauptet, dass sich alles, was auf diesem Globus seit Anbeginn der Zeiten geschah, gleich einer Videoaufzeichnung (um es in der Computersprache auszudrücken) „gespeichert" wurde.

Gespeichert in der legendären „Akasha-Chronik".

Welche Bedeutung hat nun dieses Wort *Akasha*?

Der Begriff entstammt der *Hindu*-Philosophie. Er entspricht sinngemäß einer der vier Ätherformen. Konkret aber ist damit der *Schall*- oder *Laut*äther gemeint. Somit muss der Begriff „Akasha" nicht als optisches, sondern als *akustisches* Objekt betrachtet werden. Eine zweifellos wichtige Klarstellung, die deutlich macht, dass man in dieser für den Laien etwas irreführenden Bezeichnung natürlich nicht „lesen", sondern allenfalls *hören* kann.

Was wiederum bedeutet, dass etwa der deutsche Philosoph Dr. *Rudolf Steiner* (1861–1925), der den Begriff „Akasha-Chronik" in besonderer Weise propagierte, in der von ihm verfochtenen Darstellung etwas oberflächlich operierte. Er hatte als Leitbild nämlich eher einen Hinweis des Evangelisten *Lukas* vor Augen, der im Kapitel 10, Vers 20, seiner Aufzeichnungen im Neuen Testament (hier übernommen aus der katholischen Ausgabe der Pattloch-Bibel von 1957) die Jesus-Worte wiedergab: „Doch freut euch nicht darüber, dass die Geister euch untertan sind; sondern freut euch, *dass eure Namen aufgezeichnet sind im Himmel.*"

Rudolf Steiner selbst war in diesem Zusammenhang von dem französischen Okkultisten und Schriftsteller *Eliphas Levi* (1810–1875) beeinflusst worden. Der hatte Jahrzehnte zuvor Steiners „Akasha-Chronik" in seinen mehr als zweihundert Werken *Astrallicht* genannt.

Es wäre aber widersinnig, die Existenz einer offensichtlich *unsichtbaren* Substanz nur deshalb zu leugnen, weil sich irgendwelche Esoteriker auf das tatsächliche Vorhandensein der „Akasha-Chronik" festgelegt haben. Immerhin hat dieses Phänomen selbst in unserem modernen Zeitalter bereits wissenschaftliche Aufmerksamkeit und Resonanz gefunden. Freilich unter einer völlig anderslautenden Bezeichnung:

Als *„morphogenetische Felder"*.

Entdeckt wurden sie von dem in Cambridge tätigen Biochemiker *Rupert Sheldrake*, Dozent am dortigen Clare College. Dieser umstrittene, aber ebenso begabte Wissenschaftler hat für seine Hypothese, wonach materie- und energielose Felder tatsächlich existieren, inzwischen den Nachweis angetreten. In seinem vor nunmehr sechzehn Jahren erschienenen Weltbestseller „Das schöpferische Universum" schrieb Sheldrake den morphogenetischen Feldern die Fähigkeit zu, über Zeit und Raum hinweg wirksam zu sein.

Zwar seien sie nicht abschirmbar, könnten sich aber durchaus *verändern*. Sollte also ein Angehöriger irgendeiner biologischen Gattung sich ein neues Verhalten aneignen, es annehmen oder erlernen, dann würde sich danach sein eigenes morphogenetisches Feld der neuen Situation anpassen. So das nunmehr neue Verhalten von dem Betreffenden lange genug beibehalten würde, käme es durch diese morphogenetische Resonanz zu einer Wechselwirkung zwischen den Gattungsangehörigen. Es würde also in der Folge *die gesamte Gattung* beeinflussen.

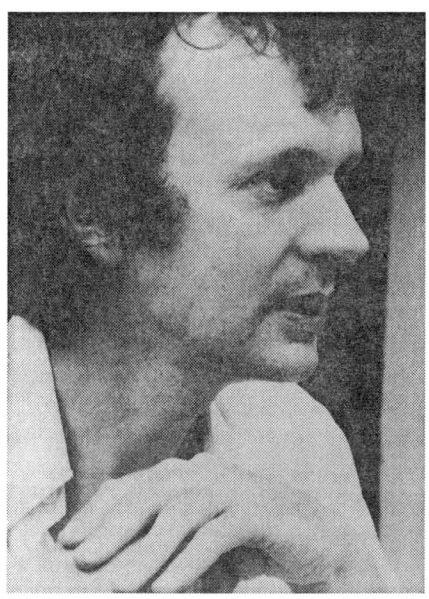

Rupert Sheldrake

Sheldrake belegte diese Annahme in seinem Buch durch ein praktisches Beispiel: Hat eine Ratte erst einmal gelernt, sich bei einem Licht/Dunkel-Signal Futter zu beschaffen, dann würde das folgerichtig dazu führen, dass auch andere Ratten sich diese Methode immer schneller ebenfalls anzueignen vermögen. Bis schließlich *sämtliche* Ratten – auch wenn sie *nicht* von den Versuchstieren abstammen sollten oder jemals mit diesen in Kontakt gekommen sind – sich genauso das Verhalten jener *ersten* Versuchsratte zu Eigen gemacht haben.

Nach dieser Hypothese des englischen Biochemikers – und hier trifft sich überraschenderweise seine Auffassung mit jener von esoterischen Akasha-Gläubigen – bedeutet dies, dass auch die Natur ein *Gedächtnis* besitzt. Oder, vereinfacht ausgedrückt: dass das, was wir bislang gemeinhin als Naturgesetze zu erkennen glaubten, weit eher *Gewohnheiten* sein dürften.

Nach der Hypothese von Rupert Sheldrake zum Vorhandensein so genannter „morphogenetischer Felder" lebt die Natur in Gewohnheiten bzw. in erlernten *Verhaltensmustern*. Jedes Stück Natur muss sich demnach – diesem Entwurf zufolge – gemäß den Inhalten des *kollektiven* Gedächtnisses seiner jeweiligen Art verhalten. Angefangen von der erwähnten Versuchsratte bis hin zu selbst *nichtbelebten* Stoffen, wie beispielsweise einem *Kristall* oder ganz gewöhnlichem *Eisenerz*.

Viele Esoteriker sind von sich aus der Frage nachgegangen, wovon eigentlich der Begriff „Akasha" abgeleitet werden müsse. Um das herauszufinden (oder der Lösung dieses Rätsels etwas näher zu kommen) muss in die tiefsten Tiefen unseres Unterbewusstseins hinabgetaucht werden. Tatsächlich hat es den Anschein, als ob die „Schöpfung" von Anfang an darauf aus gewesen sei, nichts von dem, was hierorts zu irgendeinem Zeitpunkt in Vergangenheit, Gegenwart oder Zukunft geschehen würde, dem Vergessensein anheim fallen zu lassen. Welcher „Identität" diese Schöpfung auch immer zugeordnet werden muss – „Gott", „Geist" oder „Urmaterie" (alles bleibt letztlich Glaubenssache) –, offenbar war alles darauf angelegt, „aufgezeichnet" zu werden sowie jederzeit „abrufbar" zu sein. Ähnlich wie bei einem Videoband sowie bei einem Computer.

Dass wir das alles wenigstens ansatzweise zu erkennen vermögen und in unserem Unterbewusstsein aufbewahrt zu haben scheinen, mag unseren Genen von jener unerklärbaren universellen Macht (die religiös denkende Menschen in Ermangelung einer geeigneteren Bezeichnung „Gott" nennen) gewissermaßen „injiziert" worden sein. Dieses in uns schlummernde Wissen, das irgendwann zu „erwachen" scheint, um danach zur kreativen Entfaltung zu gelangen, spiegelt sich – dem jeweiligen kulturellen Verständnis angepasst – in den schriftlichen und mündlichen Überlieferungen unserer Weltreligionen wider.

In dem *brahmanischen* Schriftgut wird mit „Akasha" die *kosmische Geist-Substanz* bezeichnet, die alles Sein und Werden in sich enthält. Das sächliche Brahman (auch „Brahma") gilt gemeinhin als das unpersönliche, höchste und unerkennbare Prinzip des Universums aus jener Essenz, aus der alles ausströmt und in die alles wieder zurückkehrt, das unkörperlich, unmateriell, ungeboren, ewig, anfanglos und unendlich ist. Dieses Brahman, aus welchem sich, nach einer alten indischen Lehre, auch der Name *Brahma* (als der Schöpfer der indischen Weltanschauung) ableitet, gilt als „alles durchdringend, belebend den höchsten Gott wie auch das kleinste mineralische Atom". Altindische Geheimlehren bringen es letztlich „auf den Punkt": Für sie ist „Akasha" das, „aus welchem alle Kreaturen hervorgingen und wohin sie zurückkehrten". Akasha, so heißt es, sei „älter als sie alle", ja sei überhaupt „das allerletzte Ende".

Das alles sind zwar kluge, jedoch bloß theoretische Gedankengänge. Für den Laien, welcher mit dem Wesen der „Akasha-Chronik" zum ersten Mal konfrontiert wurde, bleiben derartige Erörterungen weitgehend unverständlich. Er fühlt sich in diesem Gewirr hochgeistiger Überlegungen ein wenig verloren und vergleicht sein Bemühen, das Wesentliche dieser vielfältigen Übermittlungen zu begreifen, mit einem Dschungelabenteuer – stetig bemüht, sich mit dem Buschmesser eine Schneise durch das Urwaldgestrüpp zu schlagen.

Auch ich war bei meiner Spurensuche von dem Gedanken getragen (getreu dem Bibelspruch), „die Spreu vom Weizen zu trennen". Zudem wollte ich der Gefahr entrinnen, in einem Meer von theoretischen Auswüchsen über Wesen und Herkunft der „Akasha-Chronik" hilflos unterzugehen. Dieses Zeitphänomen an sich sollte mir lediglich als Gedankenstütze dienen und es mir ermöglichen, dem Leser solcherart bestimmte „Konturen" dieses Phänomens zu verdeutlichen.

Zwei sich daraus ableitende Geschehnisse sollen dabei helfen, zum besseren Verständnis beizutragen.

In einem Fall hatte ich selbst die Möglichkeit, die Wirksamkeit der „Akasha-Chronik" an mir persönlich zu erproben. Anfang 1993 reiste ich mit einer kleinen Gruppe geistig aufgeschlossener Menschen nach Indien, um dort eine der zu rund einem Dutzend existierenden Orakelstätten aufzusuchen. Sie sind in unseren Breiten unter dem Begriff *„Palmblatt-Bibliotheken"* bekannt geworden.

Wie verhält es sich nun eigentlich mit der ominösen *Akasha-Chronik*? Wie könnte sie entstanden sein? Sollte ihre Existenz einen wahren Hintergrund haben, dann müsste dieses merkwürdige Gebilde, das angeblich *unsichtbar* unseren Planeten umgeben soll, von irgendjemandem geschaffen worden sein. Tiefgläubige Menschen werden sich hierbei wohl auf ihren Schöpfergott berufen, dem sie alles Wundersame zuzuschreiben pflegen.

Aber lässt sich das so genannte „Weltgedächtnis" tatsächlich auf so einen einfachen Nenner bringen?

Wem kam ursprünglich der Gedanke, eine solche „Speichereinheit" herzustellen? Sozusagen alles aufzuzeichnen – akustisch und optisch –, was jemals auf diesem Gestirn vorfallen würde?

Hierfür eine göttliche Instanz verantwortlich zu machen, scheint zwar ein bequemer Weg zu sein, ist aber *unrealistisch*. Weit eher scheint es angezeigt zu sein, nicht eine über-, sondern eine *außer*irdische Macht hier in Erwägung zu ziehen. Sollten die diversen Theorien und Hypothesen zutreffen, wonach „Mutter Erde" zu irgendeiner Zeit unserer fernen Vergangenheit von *Raumfahrern* einer fernen Galaxis besucht wurde, dann wäre doch ein derartiges „universelles Video" eine ideale Angelegenheit. Bei einer späteren Rückkehr in unser Sonnensystem wäre es den Extraterrestriern problemlos möglich, nachzuprüfen, ob sich die hiesigen intelligenteren Lebewesen sowie Flora und Fauna dieses Planeten während ihrer Abwesenheit weiterentwickelt hätten.

Zweifellos, falls es so oder ähnlich gewesen sein sollte, muss dieses „verdeckte Experiment" noch im Entwicklungsstadium unserer Erde in die Wege geleitet worden sein.

Wie gesagt: Hier handelt es sich um einen Denkanstoß, der keinen Anspruch darauf erhebt, als unumstößlich zu gelten. Aber die Überlegung scheint mir zumindest diskutabel zu sein ...

Das Orakel des Unglaublichen

Kennen Sie ihr künftiges Geschick? Wissen Sie definitiv, was alles an Positivem wie auch Negativem in den kommenden Jahren und Jahrzehnten Ihr Dasein bestimmen wird? Ist Ihnen Ihr Todesjahr, jener Lebensabschnitt also, der Ihr Ableben bestimmen wird, geläufig? Können Sie sich vorstellen, dass dies alles vor Jahrtausenden bereits von jemandem gewusst und danach niedergeschrieben worden ist?

Sie verneinen zu Recht. Aber nun ungläubig den Kopf zu schütteln und derartige Behauptungen für reinen Humbug zu halten, wäre ebenfalls verfrüht. Um der Sache auf den Grund zu gehen und einer objektiven Nachprüfung zu unterziehen, müssten Sie die Angelegenheit selbst in die Hände nehmen. Dafür empfiehlt sich eine einzige Erfolg versprechende Therapie: zu verreisen.

Nicht irgendwohin, sondern in ein bestimmtes Land im Fernen Osten.

Nach *Indien.*

An bestimmten Orten und bestimmten Stätten finden Sie dort Ihr gesamtes Leben fein säuberlich vermerkt: vom Augenblick der Geburt bis hin zu Ihrer Sterbestunde. Wiedergegeben in einer *präindischen* Sprache, die heute nur noch von einheimischen Tempelpriestern und besonders ausgebildeten Übersetzern gelesen und verstanden werden kann. Abgelegt und aufbewahrt sind diese ins Persönliche gehenden Vermerke in Indexbänden aus *Palmblättern,* die mit *alttamilischen* Schriftzeichen übersät sind – Bestandteil so genannter *Palmblatt-Bibliotheken,* von denen im indischen Raum etwa ein Dutzend existieren soll. Sie alle werden auf jene ursprüngliche Sammlung beschrifteter Palmblätter zurückgeführt, die vor fünf- bis siebentausend Jahren von einem indischen *Rishi,* einem der legendären sieben Weisen dieses Landes, angelegt worden war.

Dieser wundersame Mann hieß *Bhrigu* und wird, mythologischen Überlieferungen zufolge, jenen zuvor erwähnten indischen Heiligen (dort „Rishis" genannt) zugezählt. Die spirituelle Macht dieser Rishis soll selbst jene der indischen Götter übertroffen haben. Bhrigu findet in den heiligen Schriften des Landes – den *Veden* – ausdrückliche Erwähnung. Er gilt zudem als Stammvater der *Bhrigus*, eines Geschlechts, hinter welchem besonders befähigte Flugkonstrukteure vermutet werden müssen – werden doch jene „Bhrigus" von alters her als „Luftgötter" sowie als die Erbauer der *Himmelswagen* angesehen.

Woher aber nahm Bhrigu sein Wissen, das es ihm ermöglichte, den Ablauf des Lebens bestimmter, von ihm erwählter Personen zu erkennen und danach schriftlich festzuhalten?

Die Antwort liegt auf der Hand. Bhrigu schöpfte seine epochalen Kenntnisse – wie viele vor und nach ihm – aus der im vorigen Kapitel erwähnten *Akasha-Chronik!* Auf irgendeine Weise gelang es dem mächtigen Inder vor Jahrtausenden, das „Akasha-Video" anzuzapfen und auf diese Weise sein Wissen zu erweitern. Er brachte solcherart das Geschick von Menschen in Erfahrung, die er selbst niemals kennen lernen sollte und denen es von ihrem Geschick bestimmt war, zu irgendeiner Zeit in naher oder fernerer Zukunft eine der später existierenden Palmblatt-Bibliotheken aufzusuchen. Um dort aus scheinbar eigenem Antrieb – in Wirklichkeit aber, weil es ihre Bestimmung so gewollt hatte – eines der „Orakel des Unglaublichen" nach ihrem künftigen Lebensweg, vielleicht auch nach dessen genauem Ende zu befragen.

Manche Autoren haben das Thema „Palmblatt-Bibliothek" bereits behandelt, aber nur wenige unter ihnen nahmen bisher Zeit und Strapazen auf sich, nach Indien zu reisen und dort eine jener Orakelstätten selbst zu betreten.

Ich habe dies getan, kann also aus eigenem Erleben meine Eindrücke aus dieser uns Europäern doch fremden kulturellen Welt wiedergeben.

Mein erster Eindruck war nicht überwältigend, als ich schließlich das Ziel meiner anstrengenden Tour in das südlichste Indien erreicht hatte. Ich stand vor einem einstöckigen

Wer die legendäre „Akasha-Chronik" geschaffen hat, weiß niemand –
sicher aber ist, dass der weise Inder Bhrigu in der Lage war, darin zu
„lesen". Er verwirklichte vor rund siebentausend Jahren die erste
Palmblatt-Bibliothek.

Gebäude, einem eher unansehnlichen Bauwerk mit einem aus
Palmblättern geflochtenen und durch Bambusstangen abge-
stützten Vordach über dem engen Eingang. Nie und nimmer
hätte ich dahinter eine jener legendären Hinterlassenschaften
vermutet, um deretwillen ich die körperlich strapaziöse Reise
in das von Moslems und Hindus besiedelte Land im Fernen
Osten überhaupt unternommen hatte.

Rund 900 Millionen Menschen, deren Zahl sich aber jährlich um etwa fünf Millionen weiter erhöht, drängen sich auf
3,25 Millionen Quadratkilometern um die immer dürftiger
werdende Futterkrippe. Hungersnot und Armut kennzeichnen
die sich kaum zum Besseren verändernde Situation Indiens.
Aufruhr mit Mord und Totschlag tun ihr Übriges. Solchen
Problemen war unsere elfköpfige Reisegruppe im Februar

1993 (dem Datum meines Indienaufenthalts) glücklicherweise nicht ausgesetzt gewesen.

„Da sind wir also", hatte sich unser rühriger Reiseleiter einen Stoßseufzer abgerungen, als wir in kleiner Besetzung das Ziel unserer Anstrengungen via Taxi erreicht hatten. Die Besucherfahrt zur Bibliothek war deshalb auf drei Tage aufgeteilt und unsere Elf-Personen-Gruppe gedrittelt worden, um unsere Gastgeber in Vaithisvarankoil nicht zu überfordern.

26 Kilometer Fahrt über leidlich gute Straßen hatten uns – vom Hotel im Städtchen *Chidambaram* aus berechnet – lediglich eine Stunde Wegzeit abverlangt. Voll neugieriger Erwartung stapften wir über die staubige Straße, die sich ziemlich hochtrabend als „West Car Street" ausgab, jenem Gebäude entgegen, das sich auf der gegenüberliegenden Seite der Fahrbahn befand. Hier würden wir, nach den Angaben unseres Reiseleiters (es war neun Uhr vormittags), die folgenden Stunden bis zum Abend verbringen.

Uns stand eine Begegnung bevor, welche überhaupt der entscheidende Anlass gewesen war, das „Abenteuer Indien" zu wagen:

Der Besuch einer dieser geheimnisvollen Orakelstätten, in welcher wir unsere Zukunft erfahren sollten.

Ich hatte in den Jahren zuvor so manches darüber vernommen und gelesen. Aber die Informationen waren durchwegs unzureichend gewesen. Sie stammten aus zweiter und dritter Hand und waren schon deshalb mit Vorsicht zu genießen. Mein Entschluss, der Sache auf den Grund zu gehen, um endlich Klarheit über die Authentizität jener Palmblatt-Mysterien zu gewinnen, reifte erst, als ich über diese außergewöhnliche bibliothekarische Einrichtung Näheres in einer TV-Sendung erfuhr. *Holger Kersten*, ein bekannter Reiseschriftsteller und Theologe, dessen Jesus-Sachbücher ich mit großem Interesse gelesen hatte, war Gast bei *Rainer Holbe* in dessen seinerzeitiger SAT-1-Reihe „Phantastische Phänomene" gewesen und hatte dort über einen Besuch einer Palmblatt-Bibliothek anschaulich berichtet sowie auch einen kurzen dort gedrehten Film vorgeführt. Damals fiel bei mir (wie man so schön sagt)

„der Groschen". Von da an stand es für mich fest: *Dort musste ich hin!*

Und jetzt war ich wirklich da. Alle Anstrengungen (es sollten nicht die letzten gewesen sein) hatten sich gelohnt. Ich gehörte zu den Glücklichen (oder soll ich sagen: „Auserwählten"?), denen es bestimmt worden war, dieses Orakel der Jetztzeit persönlich zu kontaktieren. Um auf diese Weise mein noch im Nebel der Zukunft verborgen liegendes Lebensschicksal zu erfahren.

Unser Kommen war bereits Tage zuvor in Vaithisvarankoil angemeldet worden: durch unseren Reiseleiter – jenen *Holger Kersten,* dessen Fernsehauftritt mich schließlich dazu animiert hatten, esoterischen indischen Spuren zu folgen.

Am Eingang des Gebäudes erwarteten uns einige Hausbewohner, die offenbar zum Mitarbeiterstab der Palmblatt-Bibliothek gehörten. Wie an allen „heiligen" Stätten Indiens (etwa den Tempeln) wurden wir auch hier veranlasst, uns der Schuhe zu entledigen und barfuß oder in Strümpfen die als geweiht geltenden Räume zu betreten. Man geleitete unsere kleine Gruppe (sie bestand neben Kersten aus einer Dame sowie einem Herrn aus Bad Wörishofen – zwei erfahrenen Heilpraktikern – und aus mir) in ein Zimmer, dessen einziges Inventar aus mehreren großflächigen Porträtfotos bestand, die gleichmäßig verteilt die Wände der Räumlichkeit zierten. Die Stirnseite gegenüber der Eingangstür war einer Schwarzweiß-Aufnahme des „Vashistar" vorbehalten – des Priesters und Verwalters der Palmblatt-Sammlung. Es sollte nicht lange dauern, da bekamen wir ihn persönlich zu sehen. Poosa Muthu, so sein Name, betreut nicht nur den bibliothekarischen Nachlass – er ist aus religiöser Sicht auch Herr jenes Tempels, der sich nur unweit des Bibliothekgebäudes befindet. Ihm war es selbstverständlich vorbehalten, uns als Gäste des Hauses zu empfangen.

Bevor ich aber hier die Einzelheiten des nachfolgenden Zeremoniells wiedergebe, möchte ich erst einmal auf die „Eigenarten" dieser wahrscheinlich einzigartigen Sammlung dieser sowie wohl auch der anderen Palmblatt-Bibliotheken näher eingehen. Sämtliche in Indien existenten Orakelstätten (und deren soll es, wie mir auch Holger Kersten aus eigenem Wissen bestätigte, an die *zwölf* geben) gründen sich auf die Uraufzeichnungen jenes Rishi, dessen Weisheit von sämtlichen indischen Legenden überliefert ist. Ihm, nämlich *Bhrigu* (den ich bereits erwähnte), war es vorbehalten gewesen, vor ungefähr fünf- bis siebentausend Jahren (hier schwanken die Angaben) die erste aller Palmblatt-Bibliotheken anzulegen. Bhrigu besaß die unglaublich klingende Fähigkeit, sich Einblick in den Lebensverlauf von angeblich zigtausend Menschen zu verschaffen und deren Schicksal, vom Zeitpunkt der Geburt bis hin zur Todesstunde, zu erfahren. Er zeichnete penibel alles auf – in einer damals geläufigen, heute nur noch wenigen „Eingeweihten" bekannten Sprache: *Alttamil*.

Er tat dies auf Tausenden von Palmblättern. Ob die Originale noch existieren, ist zweifelhaft, denn auch dieses Material ist nicht davor gefeit, vom „Zahn der Zeit" angenagt zu werden. Wohl mit ein Grund, dass das Niedergeschriebene angeblich alle *siebenhundert* Jahre auf frische Palmblätter übertragen werden muss, ja fallweise – unserer modernen Zeit entsprechend – sogar auf Tonband-Kassetten an interessierte Besucher diverser Palmblatt-Bibliotheken veräußert wird.

Niedergeschrieben sind die prophetischen Texte – in Versform – auf sechs Zentimeter breiten und fünfzig Zentimeter langen getrockneten Palmblättern. Beim Betrachten der Palmblätter fällt auf, wie dünn dieses Material eigentlich ist. Jedes einzelne Blatt ist übersät mit fremdartig wirkenden Schriftzeichen, die millimetergroß gemeinsam mit sogenannten „Mantras" (das sind Beschwörungsformeln aus den indischen *Veden*) die gesamte Fläche beanspruchen.

Das Ungeheuerliche an der Sache ist die Behauptung sowohl der indischen Überlieferungen als auch der jeweiligen Tempelpriester, wonach nur jene Wissbegierigen ihr Lebensschicksal in einer der Palmblatt-Bibliotheken in Erfahrung bringen können, die dort auch *persönlich* vorstellig werden. *Postalische* Voraussagen hingegen durch so genannte Nadi-

Leser, ausgebildete „Eingeweihte", die als Einzige im heutigen Indien noch die alttamilische Sprache beherrschen und vom Palmblatt für den jeweiligen Bibliotheksbesucher spontan wiedergeben (wobei die Texte in den meisten Fällen dann noch simultan ins Englische übersetzt werden), *gibt es nicht.* Die Anwesenheit des jeweils Interessierten ist gewissermaßen *Pflicht!*

Die Verwaltung der alten Dokumente wird von den Priestern sehr ernst genommen. Zumeist sind die Palmblätter schon seit Jahrhunderten im Besitz der immer gleichen Familie und vererben sich nach dem Tod der Väter automatisch auf die Priestersöhne weiter.

Natürlich stellt sich in dem Zusammenhang für den ahnungslosen Europäer oder sonstigen Besucher einer solchen Bibliothek automatisch die Frage, woher beispielsweise *Bhrigu* seine geradezu universellen Kenntnisse genommen hat. Die Antwort ist mindestens ebenso mysteriös. Angeblich besaß dieser Inder, der in allen indischen Überlieferungen aus längst vergangenen Jahrtausenden als einer der sieben weisen *„Rishis"* bezeichnet wird, Einblick in die von mir bereits erwähnte *Akasha-Chronik.* Sie wird als ein schwer zu beschreibendes Gebilde angesehen, das aber *keineswegs* (wie das Wörtchen „Chronik" vielleicht vermuten ließe) mit einem *Buch* verwechselt werden darf. Die „Akasha-Chronik" ist nämlich *unsichtbar.* Sie umgibt angeblich unseren Planeten, gleich einem *Videoband,* wenn man es zeitgemäß zu erklären versucht! Das darauf „gespeicherte" Wissen ist aber – sofern hierfür das entsprechende „Know-how" existiert –, ähnlich wie bei einem modernen Computer, *abrufbar.* Nach präindischer Auffassung handelt es sich bei der „Akasha-Chronik" um nichts weniger als um das so genannte *Weltgedächtnis.*

Kehren wir aber, um nicht von so viel mythologischem Ballast erdrückt zu werden, wieder in unser Zeitalter zurück.

Wer seiner Schicksals-Offenbarung in einer dieser Palmblatt-Bibliotheken beizuwohnen gedenkt, muss sich vorerst einmal bestimmten Ritualen fügen. Was auch uns nicht erspart blieb.

Von Tempeldienern (ähnlich christlichen Ministranten) wurde uns zunächst Wasser, Feuer (im symbolischen Sinn) sowie heilige Asche in die hohlen Handflächen gestreut. Danach drückten wir uns diese gegen die Stirn. Damit wurde die rituelle Handlung eingeleitet.

Kurz zuvor hatte *Poosa Muthu,* der Tempelpriester, den Raum betreten und die Weihe unserer kleinen Gruppe mit lautem Gebet eingeleitet. Sein hinter ihm herwogendes Gefolge war aber nicht nur mit dem Austeilen der „heiligen" Asche befasst, sondern auch damit, aus mehreren gefüllten Töpfen jedem von uns einen Löffel voll gesalzenem *Reisbrei* auf ein Palmblatt zu klatschen, das uns zuvor ausgehändigt worden war. Wichtig dabei: Jeder Beteiligte darf beim Halten des Palmblattes ausnahmslos nur die *rechte* Handfläche benützen. Es mit der *linken* zu tun gilt in Indien als *unschicklich,* ja sogar als *beleidigend.* Die linke Hand wird dort für alles Mögliche, aber in keinem Fall zur Essensaufnahme herangezogen. Sie „ersetzt" im Extremfall das in ärmeren Kreisen unbekannte Toilettenpapier.

Die Verteilung des Reisbreies kann durchaus mit dem christlichen Ritus der Heiligen Kommunion gleichgesetzt werden – ist also, wie das christliche Sakrament, rein symbolisch zu werten. Während wir unsere zeremonielle Mahlzeit verzehrten, hatte sich der Priester in einen Nebenraum begeben, wo er vor einem altarartigen Aufbau, welcher sich in einer farbenfrohen Blütenpracht präsentierte, seine Gebete mit lauter Stimme verrichtete. Dann folgte der nächste Abschnitt des Zeremoniells. Poosa Muthu selbst trat dabei nicht mehr in Erscheinung. Wir wurden nunmehr von Professor *Natavajan,* dem Bibliotheksdolmetscher, sowie einigen seiner Assistenten höflich begrüßt. Man bat uns auf einem bereitgestellten Bogen Papier Name, Anschrift sowie Datum und Stunde der Geburt niederzuschreiben und vergaß auch nicht, ein Stempelkissen beizusteuern. Dieses Requisit erwies sich als unumgänglich. Um unter den Tausenden im Bibliotheksarchiv angeblich aufbewahrten Palmblättern das jeweils richtige herauszufinden, belehrte man uns, benötigen die priesterlichen Helfer von jedem Besucher den Abdruck des *rechten* Daumens. Wieweit dies ausreicht, um die Suche zu beschleunigen bzw. zu erleichtern, vermag ich nicht zu beantworten – in jedem Fall bekam ich eine ungefähre Vorstellung davon, wie das mit den Fingerabdrücken auf den Verbrecherkarteien unserer Kriminalpolizei vor sich gehen dürfte.

Mit nunmehr unfreiwillig blauen Fingerkuppen versehen, bat man unsere kleine Gruppe nach der Beendigung dieser Formalitäten in das oberste Stockwerk des Gebäudes. Man führte uns auf eine Terrasse, die ebenso wie jener Sonnenschutz über dem Hauseingang mit einem kunstvoll gefertigten Geflecht aus Palmblättern überdacht worden war. Es wurde durch ein Bambusgestänge im Gleichgewicht gehalten. An einem Tisch mit einer breiten Marmorplatte nahmen wir Platz und deponierten darauf unsere Schreibblöcke, Kulis, Diktiergeräte und Tonbandkassetten. Ehe die eigentliche Handlung eingeleitet wurde – jeder Einzelne der Gruppe wurde nach bestimmten persönlichen Angelegenheiten befragt, durfte aber die Fragen nur mit „ja" oder „nein" beantworten –, hatten wir Gelegenheit, die Fotoapparate zum Einsatz zu bringen und einige lohnende Aufnahmen zu machen. Zwischendurch wurden Höflichkeiten mit unseren Gastgebern ausgetauscht.

Im Übrigen war es keineswegs selbstverständlich gewesen, als Besucher der Palmblatt-Bibliothek auf die Dachterrasse gebeten zu werden. Dieser Vorzug wurde uns in erster Linie deshalb zuteil, weil wir Gäste aus dem fernen Europa waren. Einheimische müssen sich in der Regel mit einem Warteplatz vor der Haustür begnügen, was bei der gegen Mittag zunehmenden Hitze nicht vergnüglich sein dürfte. Wir hingegen genossen die hier oben herrschende angenehme Temperatur und die kühle Brise, welche von mehreren im Raum verteilten Ventilatoren erzeugt wurde. Selbst in einem „milden" Monat wie im Februar, den wir bewusst für den Indien-Trip ausgewählt hatten, klettert die Quecksilbersäule in den südlichen Regionen Indiens um die Tagesmitte auf gut 30 Grad im

Schatten.

Die vormittäglichen Stunden waren ausgefüllt mit der Befragung meiner beiden Begleiter und von mir. Danach wurden wir (einschließlich unseres Reiseleiters Kersten) zu einem vegetarischen Mittagessen auf der Bibliotheksterrasse eingeladen, was ebenfalls als eine besondere Auszeichnung durch unseren Gastgeber anzusehen war. Für unfreiwillige Unterhaltung sorgten zwei vorwitzige Äffchen, die hier in freier Wildbahn leben und, nachdem sie unvermittelt über den Dachstuhl des Hauses hereingeturnt waren, sich frech daranmachten, eine für uns vorbereitete Schüssel mit Reisbrei in Beschlag zu nehmen und ihren Inhalt zu verzehren. Versuche des Personals, sie daran zu hindern, beantwortete das geschwänzte Diebsgesindel mit grimmigem Zähnefletschen. Erst am frühen Nachmittag begann die eigentliche Vorlesung aus dem Palmblattbestand der Bibliothek.

Dazu erschien der hierfür zuständige Experte, Professor *Natavajan*. In seiner Begleitung befand sich ein Assistent, der ausersehen war, das eigentliche Leseritual vorzunehmen.

Sämtliche Palmblätter sind, wie von mir bereits erwähnt, mit alttamilischen Zeichen beschriftet. Um Schicksalsprophezeiungen zu erhalten, ihren Inhalt zu bewahren, ist es (wie ich ebenfalls schon ausführte) angeblich erforderlich, ungefähr alle 800 Jahre die alten, brüchig gewordenen Dokumente zu erneuern. Das geschieht, indem man das Aufgezeichnete auf *frische* Palmblätter überträgt. Für jeden Wissbegierigen, der eine dieser Bibliotheken aufsucht, sind *zwei* Palmblätter reserviert: Auf dem einen ist das bisherige Leben und natürlich Name und Tätigkeit des Betreffenden verzeichnet, außerdem kann man darauf auch erfahren, in welchen Inkarnationen er in seinen *Vorleben* (jeder Mensch soll ja mehrere davon gelebt haben) auf Erden weilte. Treffen die Angaben tatsächlich zu, kommt das *zweite* Palmblatt zu seiner Bedeutung. Der Besucher erhält Bescheid über seinen *zukünftigen* Lebensabschnitt. Es ist im Übrigen jedem überlassen, nur darüber etwas zu erfahren, was er ausdrücklich erfahren will. Im Extremfall sämtliche Ereignisse bis zum Jahr seines

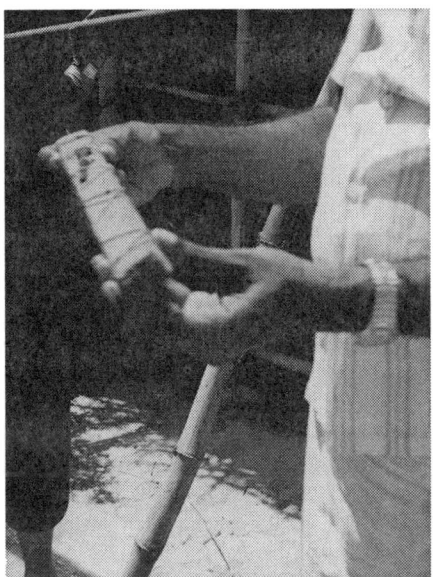

Palmblatt

Todes.

„Bhrigu Santa" nennt man in Indien diese Zukunftsschau. Abgeleitet wird sie – wie die Wortwahl unschwer vermuten lässt – von dem indischen Rishi *Bhrigu*, dessen Weisheit es ihm vor vielen Jahrtausenden angeblich ermöglichte, nach wahrscheinlich jahrelanger *Meditation* Einblick in die ominöse „Akasha-Chronik" zu erhalten, wo unser aller Schicksal vom Anfang bis zum Ende der Welt enthalten sein soll.

Professor *Natavajan* hatte mich und meinen Lebenslauf für die erste Vorlesung bestimmt. Monoton begann sein Assistent in alttamilischer Sprache von meinem Palmblatt abzulesen. Es klang für meine Ohren wie eine Gebetslitanei irgendwelcher Andachten in christlichen Kirchen.

Unser diplomierter Dolmetscher übersetzte alles simultan ins Englische. Ein Englisch allerdings mit für europäische

Ohren ungewohntem harten, einheimischen Akzent.

Schon auf meinem Flug nach Indien hatte ich mich entschlossen, mir mein gesamtes, zukünftiges Leben – und alles Schicksalhafte, was sich darin noch ereignen würde – vorzeitig mitteilen zu lassen. Ich wollte einfach alles wissen, ging deshalb auch das nicht unbedenkliche Risiko ein, sogar mein *Todesjahr* in Erfahrung zu bringen. Was ich in der nachfolgenden Stunde zu hören bekam, war zwar gewiss nicht sensationell, hat mich aber in seiner ganzen Bedeutung auch nicht enttäuscht. Dabei muss durchaus auch berücksichtigt werden, dass sich das Prophezeite auf den Palmblättern fast immer einer bildhaften Sprache bedient. So wurden mir beispielsweise Erfolge mit künftigen Publikationen angekündigt, die sich vor allem auf *spiritueller* Ebene abzeichnen würden. Da ich mich bislang kaum mit esoterischen Themen befasst hatte und mein eigentliches Interessengebiet dort auch nicht unbedingt angesiedelt ist, war ich gespannt, auf welche Weise sich diese Voraussage bewahrheiten sollte.

Heute, mit dem Abstand von *sieben* Jahren seit meinem Aufenthalt in Indien und dem Besuch einer der hiesigen Palmblatt-Bibliotheken, muss ich überrascht bekennen, dass sich das mir Vorhergesagte tatsächlich erfüllt hat.

Zwar habe ich mich deswegen nicht in einen esoterischen Schriftsteller verwandelt, aber die Themen meiner beiden 1967 und '68 veröffentlichten Sachbücher „Dein Schicksal ist vorherbestimmt" sowie „Der Wiedergänger" gingen erstmals in meiner publizistischen Laufbahn in eine etwas andere Richtung.

Dennoch bin ich weit entfernt davon, nun alles für „bare Münze" nehmen zu wollen, was mir in Vaithisvarankoil prognostiziert worden ist. So war schon damals für mich die Ankündigung, bald auch politische Biografien sowie ähnliche Beiträge dieser Art zu verfassen, höchst unwahrscheinlich. Nicht dass es mir an Interesse fehlen würde, an den politischen Ereignissen meiner Heimat Österreich Anteil zu nehmen, aber ich sah damals, 1993, wie auch gegenwärtig, im Jahr 2000, keinen wirklichen Anlass, etwas in dieser Art zu

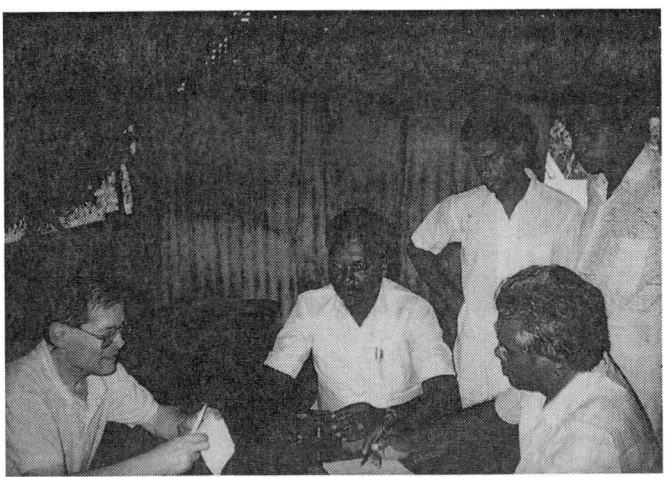

Im Februar 1993 wurde mir die Möglichkeit eröffnet, in einer dieser Orakelstätten mein künftiges Schicksal kennen zu lernen.

veröffentlichen. Nun soll man ganz bestimmt *niemals nie* sagen, weil ja auch ich nicht zu erahnen vermag, was an publizistischen Themen noch alles auf mich zukommen könnte, so wie es aber derzeit aussieht, scheint hier bei den Voraussagen entweder ein Irrtum oder vielleicht auch eine Missinterpretation meines Palmblattes vorzuliegen.

Noch habe ich bis dahin drei Jahre „Verschnaufpause", denn für jenes Jahr, in welchem ich meinen 65. Geburtstag feiern möchte – 2003 –, wurde mir von meinem Palmblatt-Orakel eine Unterleibsoperation angekündigt. Die ich jedoch, welch ein Trost, gut überstehen würde.

Viele meiner Freunde zeigten sich besorgt, als ich ihnen vor meiner Indienreise auch ankündigte, mir in der „Zukunftsbibliothek" auch mein Todesjahr sagen lassen zu wollen. Mit Recht verwiesen sie damals darauf, dass diese Wissbegierde für labile Charaktere durchaus zu einem Bumerang werden könnte. Nun bin ich gerade auf diesem sensiblen Gebiet gewiss kein Titan. Ich war mir auch bewusst, dass meine journalistische Neugier mir unter Umständen größere psychische Probleme bereiten konnte – dennoch wollte ich es riskieren.

Wie würde ich reagieren (das überlegte ich mir unzählige Male), sollte mir womöglich nur noch eine kurze Lebensspanne beschieden sein? Wie würde ich eine derart schockierende Enthüllung verkraften? Würde ich versuchen sie zu verdrängen? Würde das Bewusstsein, mit einer solchen Belastung zur Tagesordnung eines „normalen" Alltagslebens übergehen zu müssen, zu einer letztlich unüberbrückbaren Bürde im täglichen Existenzkampf werden und zu tragischen Entwicklungen führen? Alles Fragen, die sich vermutlich auch schon andere Besucher indischer Palmblatt-Bibliotheken vorher gestellt haben dürften und die letztlich dazu führten, darauf zu verzichten, sein Todesjahr kennen zu lernen.

Ich war bestimmt nicht mutiger als diese Leute, aber meine unbezähmbare Neugier, hinter die Geheimnisse des Lebens blicken zu können und auch das verschleierte Unbekannte in Erfahrung zu bringen, waren dann doch größer als jede noch so berechtigte Vorsichtsmaßnahme. Nun: von heute an gerechnet verbleiben mir – so mein Palmblatt in Vaithisvarankoil tatsächlich seherische Vorhersagen enthalten sollte – immerhin noch *fünfzehn* Jahre Erdendasein. Und dennoch sehe ich nach wie vor keinen Anlass, mich nunmehr über Gebühr zu ängstigen. „Zu Tode gefürchtet ist auch gestorben", lautet ein etwas spöttischer Spruch – und es soll schon Menschen gegeben haben, denen derartige Angstzustände zum tödlichen Verhängnis geworden sind. In meinem Fall sehe ich einen Hoffnungsschimmer, die Palmblatt-Aussage nicht unbedingt wörtlich zu nehmen. Es war mir nämlich unmöglich, meinem indischen Fragesteller, Professor *Natavajan*, die genaue Geburts-*Minute* zu nennen. Ich besitze kein Dokument, worin eine solch genaue Angabe enthalten ist. Da meine Eltern nicht mehr leben, bin ich auf die etwas vage Information angewiesen, die mir seinerzeit mein Vater übermittelte. Demnach bin ich irgendwann in der Mittagszeit zwischen zwölf und zwölf

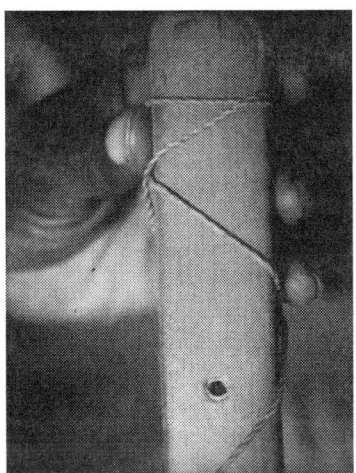

Das ist mein Palmblatt, in dem angeblich mein ganzes Leben und auch mein Todesjahr verzeichnet sein soll.

Uhr dreißig auf die Welt gekommen. Eine halbe *Stunde* aber ist im astrologischen Bereich relativ viel und enthält somit eine gewisse Unschärfe. Ich vermag mich also damit zu trösten bzw. zu „beruhigen", dass mein endgültiges Lebensalter vielleicht doch erheblich von der Palmblatt-Voraussage abweichen könnte – und hoffentlich um einige Jährchen länger währen wird ...

Im Übrigen reichen die Aufzeichnungen solcher Palmblätter angeblich bis in die Vorleben des jeweiligen Fragestellers zurück. Damit berühren wir einmal mehr das in geheimnisvolles Dunkel gehüllte Gebiet der Reinkarnation. Mir wurde dabei die wenig angenehme Eröffnung zuteil, eine höchst schwerwiegende moralische sowie religiöse Verfehlung in meinem vorangegangenen Dasein als indischer Priesterschüler begangen zu haben.

Leidtragende soll, laut Palmblatt, meine damalige „geistige Mutter" gewesen sein. Dafür hätte ich in meinem nunmehrigen Leben zu sühnen und mein Schicksal, das mir deswegen zuteil wurde, duldsam zu tragen. Natürlich ist es Sache jedes Einzelnen, ob er willens ist, diese „Vergangenheitsoffenbarung" zu akzeptieren und zu „glauben". Oder ob er diese Angaben bloß mit einem gewissen Amüsement zur Kenntnis nimmt.

Der Gedankengang, womöglich schon einmal (oder vielleicht sogar viele Male) gelebt zu haben, hat durchaus etwas Reizvolles an sich. Zwar verspüre ich, subjektiv gesehen, bis dato keinerlei spezifische Bindung an die indische Lebensart, gestehe aber offen ein, persönlich wie auch geistig mit *China* und seiner alten Kultur zu sympathisieren. Drei ausgedehnte Reisen durch das einstige „Reich der Mitte", die mich zudem zu ebenso vielen Sachbüchern über Chinas legendäre Geschichte animierten, zeigen deutlich auf, wie sehr ich mich diesem riesigen Land und seiner freundlichen und doch recht eigenwilligen Bevölkerung verbunden fühle.

Sollte ich womöglich in einem früheren Dasein – *Chinese* gewesen sein? Schlägt die unbewusste Erinnerung an diese weit zurückliegende Zeit meiner damaligen Existenz hier manchmal durch? Beeinflusst sie meine Tätigkeit, etwa auf dem publizistischen Sektor?

Und was habe ich künftig zu erwarten? Hier wurde mir prophezeit, die letzten Jahre meines Lebens auf indischem Terrain zu verbringen. Und zwar in dem spirituellen Zentrum des Landes, *Sri Aurobindo*. Das ist eine heilige Stätte *Ashrams* in der Nähe der Küstenstadt *Pondicherry*.

Kann, ja *darf* man Voraussagen wie jene, die mir in der Palmblatt-Bibliothek geoffenbart wurden, ernst nehmen? Dies ist letztlich eine Sache der persönlichen Einstellung zu diesen paranormalen Dingen und muss von jedem davon Berührten nach eigenem Ermessen beantwortet werden. Was mich betrifft, so habe ich mich darauf eingestellt, die auf mich zukommenden Ereignisse ruhig abzuwarten, mich davon überraschen zu lassen und das mir auferlegte Schicksal aufmerksam zu beobachten. Bewahrheiten sich die mir gemachten Prophezeiungen des „Orakels des Unglaublichen", dann war meine seinerzeitige Reise nach Indien nicht vergeblich.

Dann hätte es sich wirklich gelohnt, eine jener ominösen Palmblatt-Bibliotheken aufgesucht zu haben. Erweist sich hingegen alles lediglich als fromme Lüge, verbleibt mir immerhin die Genugtuung, eine (weitere) lehrreiche Erfahrung für das Leben gemacht zu haben.

Um aber nochmals auf die damaligen Geschehnisse in der Bibliothek zurückzukommen: Die Vorleseprozedur im Hause des Priesters *Poosa Muthu* dauerte faktisch einen ganzen Tag. Um neun Uhr vormittags waren wir in Vaithisvarankoil angekommen und hatten das Gebäude erst gegen 18 Uhr abends wieder verlassen. Nicht jeder von uns dreien hatte dort sein gesamtes Lebensschicksal erfahren. *Heidi Riefler* zum Beispiel, eine der beiden Heilpraktiker aus Bad Wörishofen, wurde beschieden, in einigen Jahren noch einmal vorzusprechen. Erst dann würde sie über den weiteren Verlauf ihres Daseins Bescheid erhalten. Weswegen sich das vorliegende Schriftgut ihr gegenüber verschwieg, ist mir nicht geläufig. Frau Rieflers Begleiter, *Walter Felser*, war da besser dran: Ihm wurde sein weiterer Lebensweg vorgezeichnet.

Zur Verabschiedung unserer kleinen Gruppe hatte sich auch Poosa Muthu noch einmal eingefunden. Ohne weiteres erfüllte mir der asketisch wirkende, groß gewachsene Mann, den ich auf etwa siebzig Jahre schätzte, mein dabei geäußertes Ersuchen, mir eine bildhafte Darstellung jenes weisen Rishi *Bhrigu* zu überlassen, dem die Existenz des Palmblattorakels zu verdanken ist. Wie schon bei der Ankunft war der Tempelpriester wieder in einen weißen Kaftan sowie in einen gleichfarbigen hemdartigen Überzug gehüllt. Sein Haupt trug er glatt rasiert und wie die meisten Inder ging er barfuß. Poosa Muthu selbst bezeichnete sich als *Nadi-Astrologe* – auch wenn das, was er im Rahmen seiner familiären Bibliothek „ideologisch" vertritt, herzlich wenig mit jenem astrologischen Humbug europäischen Zuschnitts zu tun hat.

Eine Frage bleibt für mich allerdings ungeklärt: Wie es diesem Bhrigu vor fünf bis sieben Jahrtausenden möglich geworden sein konnte, sich Einblick in die geheimnisvolle „Akasha-Chronik" zu verschaffen? Medition allein, so scheint es mir, kann ihm dazu nicht verholfen haben. War Bhrigu etwa mit Hilfe von wissenschaftlichen Errungenschaften seiner Zeit erfolgrcich gewesen?

Auf welche Weise verschaffte er sich Zutritt zu dem so genannten „Weltgedächtnis"? Ich bin jedenfalls nicht bereit, mich mit einer „Erklärung" des berühmten Physikers und Mathematikers *Isaac Newton* (1643–1727) zufrieden zu geben, der ungeklärte Fragen, die er offenbar nicht schlüssig zu beantworten wusste, auf die einfache Formel reduzierte:

„Die Dinge brauchen nicht erklärbar zu sein – es genügt, dass sie wahr sind. "

Auch wenn ich den Wahrheitsgehalt dieser Überlieferung nicht unbedingt anzuzweifeln versuche, so bin ich doch bestrebt, den damaligen Geschehnissen – soweit sie sich mythisch überprüfen lassen – nachzugehen. Wer war nun dieser *Bhrigu*, dessen Fähigkeiten anscheinend weit über dem Durchschnitt seiner Mitmenschen lag? Woher stammte er?

Einmal mehr stoßen wir in den alten indischen Texten auf Spuren von „geheimer Forschung" und damit verbundenen „verdeckten Experimenten". Zunächst ist hier von der Schlacht der zehn Könige die Rede. Sie gehörten allesamt zu der hoch stehenden Kaste der *Arier*, verfeindeten sich aber untereinander und bekriegten sich auf das Heftigste. Die einen fünf Herrscher nannte man die „fünf Leute", ihre fünf Widerparts hingegen die *Bharatas*. Bhrigu gehörte letzterer Sippe an. Mit einiger Wahrscheinlichkeit kann angenommen werden, dass die dem weisen Seher nachfolgenden Priester Bhrigus *Söhne*, jedenfalls aber seine legitimen Nachfolger gewesen sind. Sie bezeichneten sich jedenfalls zu Ehren ihres Vorgängers als Bhrigus und betätigten sich (wie dies wohl auch ihr Vater bzw. Vorbild tat) als Wissenschaftler.

Da kann es nicht überraschen, wenn man erfährt, dass die „Bhrigus" in den Sanskrit-Texten als die Erbauer von *Luftfahrzeugen* bezeichnet werden. Wer da nun meint, solche Angaben als reine Hirngespinste und märchenhafte Fantastereien indischer Chronisten abtun zu können, dem sei angeraten, erst einmal aufmerksam die alten Schriften aus präindischer

Das ist der verantwortliche Tempelpriester für die Palmblatt-Bibliothek im südindischen Städtchen Vaithisvarankoil, Poosa Muthu, der mit mir gemeinsam für ein Erinnerungsfoto posierte.

Vergangenheit zu studieren. Da ist längst nicht nur religiöse Symbolik oder kultisches Brauchtum im Spiel, vielmehr erkennt man bei Bhrigus Nachfahren immer deutlicher deren technologische Fertigkeiten sowie eine offensichtlich ingenieursmäßige Ausbildung dieser Priester, die sich – wie auch in manchen anderen alten Kulturen (etwa der ägyptischen) – in ihrer Ära ebenso erfolgreich als Wissenschaftler betätigten.

Verblüfft liest man in den alten Texten, dass es in Indien schon vor Jahrtausenden anscheinend perfekt konstruierte Luftfahrzeuge gegeben haben dürfte. Da ist sogar von einem richtiggehenden Verkehrsaufkommen inner- und außerhalb der Atmosphäre die Rede. Was immerhin bedeuten würde, dass es damals – vor vielen tausend Jahren – auch Flüge in den Weltraum gegeben haben muss. Diese Himmelsschiffe hatten eine eigene Bezeichnung. Man nannte sie (wobei ihre Größenverhältnisse keine Rolle spielten) – *Vimanas*.

Das Wort „Vimana" wird im heutigen Sprachgebrauch leider meistens irreführend übersetzt. Und zwar mit der Bezeichnung „Palast". Damit war aber im Originalwortlaut sehr wohl das jeweilige Fluggerät gemeint – die *fliegenden Wohnsitze* der indischen „Götter", „Dämonen" und präindischen Heroen.

Außer den heiligen indischen Schriften *Mahabharata* und *Ramayana* weiß auch das *Rigveda* einiges über die altindischen Flugwagen zu berichten. Dem Standard ihrer Besitzer angepasst, werden die Vimanas als äußerst komfortabel beschrieben. Sie waren offenbar in der Lage, jede beliebige Flughöhe zu erreichen. Ja, man hatte sie angeblich sogar dafür konstruiert, über die obersten Wolkenschichten hinaus bis ins *Weltall* vorzustoßen. Deutlich wird bei der Schilderung hervorgehoben, dass zur Bedienung dieser Fluggeräte mindestens *drei* Personen erforderlich waren. Selbst die Treibstoffarten werden genannt; leider konnten aber bisher noch nicht alle Worte und ihre Bedeutung aus dem Sanskrit übersetzt werden, so dass vorderhand nicht ersichtlich ist, welche verschiedenen Beimischungen herangezogen werden mussten, um das Luftfahrzeug flugtauglich zu machen.

Um hier nur ja keine Missverständnisse aufkommen zu lassen: Das „Rigveda" vermerkt ausdrücklich, dass die Vimanas „ohne irgendwelche Zugtiere" den Luftraum durchpflügten.

Obwohl heutzutage Fliegen nicht mehr unbedingt ein alleiniges Privileg der Vermögenden darstellt und das Gedränge auf den Airports oft bereits beängstigende Ausmaße angenommen hat, ist es dennoch nach wie vor nur finanziell besser Situierten gegeben, weitere Reisen via Flugzeug zurückzulegen. Ähnlich dürfte es auch im alten Indien gewesen sein. Ausdrücklich wird in den Sanskrittexten vermerkt, dass damals nur „auserlesene Menschen" die Möglichkeit besaßen,

Bhrigus Söhne und Nachkommen wurden im vorgeschichtlichen Indien als die Erbauer und Konstrukteure jener Fluggeräte angesehen, die in den „heiligen Büchern" dieses Volkes als „Vimanas" bezeichnet werden. Deren Aussehen ist noch heute – wie diese Abbildung zeigt – in vielen Tempeln des Landes erhalten geblieben.

sich mittels Flugapparaten fortzubewegen.

Was aber in diesem Zusammenhang besonders aufschlussreich erscheint, ist jener Hinweis, welcher sich in der Sanskritliteratur mehrfach wiederfindet: Dass nämlich *die gesamte Technik*, die die Konstruktion der Vimanas überhaupt erst möglich machte, den überragenden Kenntnissen *„der Götter"* zuzuordnen war. Sie wären, liest man beispielsweise in den Texten des *Sabhaparvan*, in früheren Zeiten auf die Erde gekommen, um hier die intelligenteste Lebensform – uns Menschen – zu studieren.

Von hier bis zu den mythischen *Bhrigus*, den Nachkommen des offensichtlichen Stammvaters *Bhrigu* selbst, scheint es da nur ein kleiner Schritt zu sein. Gab es in jenen Zeiten bereits – wenn auch nur für „höhere Ansprüche" – *eine Flugzeugindustrie*? Das mag auf den ersten Blick (und aus heutiger Sicht) abstrus klingen, nimmt man aber die mythologischen Wiedergaben in Indiens religiöser Sanskritliteratur ernst, dann sticht darin die auffallende Ballung von (im Übrigen unterschiedlich gebauten) Fluggeräten in die Augen. Wenn man zudem auch noch erfährt, dass Bhrigus Söhne bzw. Nachkommen in diesen Texten hartnäckig als die eigentlichen Konstrukteure und Erbauer jener „Himmelsfahrzeuge" genannt werden und von der Allgemeinheit sogar als „Luftgötter" verehrt wurden, dann versteht man erst die eigentliche Bedeutung textlicher Hinweise, die Bhrigus seien etwas Besonderes gewesen, hätten „magisches" Wissen besessen und sogar das „Know-how" gekannt, „*magische Raketen*" abzufeuern. Wobei es sich bei diesen Geschossen wohl um Offensivwaffen für Kriegseinsätze gehandelt haben dürfte.

Dass uns viele dieser Einzelheiten, wenn auch zumeist mythisch verbrämt, bekannt geworden sind, ist zu einem ganz wesentlichen Teil dem Rishi Bhrigu zuzuschreiben. Jedenfalls wird dieser weise Mann sowohl von der *hinduistischen* als auch von der *buddhistischen* Priesterschaft übereinstimmend als „Mitverfasser der vedischen Texte" bezeichnet. Vor allem der Hinduismus beruft sich auf jene Veden – ein Name, der dort so viel bedeutet wie *heiliges Wissen*. Bevor Bhrigu und ihm zur Seite stehende Chronisten (vermutlich Priester) die legendären Überlieferungen auf Palmblättern verewigten, waren diese Erinnerungen an die Hochblüte von Indiens „Goldenem Zeitalter" bloß mündlich von Generation zu Generation weitergegeben worden.

Von den beiden religiösen Bewegungen Indiens – dem Hinduismus sowie dem Buddhismus – ist Erstere zweifellos die ältere Lehre. Und dennoch wirkt der Hinduismus immer noch viel realitätsnäher als der Buddhismus, der sich nach dem 5. Jahrhundert zunehmend in brahmanischen Haarspaltereien verlor. Der Hinduismus beruft sich gegenüber den ihm anhängenden Gläubigen vor allem auf die philosophischen Konzeptionen der *Upanishaden*. Sie gelten als eine von *Brahma* ausgehende Geheimlehre und finden ihre Entsprechung in der Beziehung zwischen Brahma und „Atman". Womit die

Verbindung von „Weltseele" und „Einzelseele" gemeint ist.

Ist dies ein möglicher Hinweis auf die Existenz der *Akasha-Chronik*?

Hier dürfte ein Zusammenhang mit dem Wirken und Wissen des weisen Bhrigu gegeben sein. Dieser wird ja in den religiösen Schriften als einer von zehn Söhnen Brahmas bezeichnet. Wenn man nun davon ausgeht, dass die „Upanishaden" – also jene wahrscheinlich von Bhrigus göttlichem Vater weitergegebenen „geheimen" Anordnungen – nicht zuletzt durch den Initiator der späteren Palmblatt-Bibliotheken innerhalb der Priesterkaste in Umlauf gebracht wurden, dann scheinen gewisse Gemeinsamkeiten durchaus denkbar. Sein in vieler Hinsicht universelles Wissen befähigte Bhrigu letztlich, sich medial (vielleicht aber auch mittels zusätzlicher paraphysikalischer Fähigkeiten) den von ihm angestrebten Einblick in das rätselhafte „Lebens-Video", das so genannte *Weltgedächtnis*, zu verschaffen.

In die *Akasha-Chronik* ...

Sie wurde offensichtlich von jenen außerirdischen „Göttern", die Indien (wie aus den diversen heiligen Schriften dieses Landes hervorgeht) mehrere Male besuchten, in grauester Vorzeit, als unser Planet mehr und mehr aufzublühen begann, angelegt, um später, bei ihren jeweiligen Wiederkünften, die Entwicklung dieses Gestirns anhand genauester Aufzeichnungen, nachvollziehen zu können.

Wenn man so will: Ein mögliches *Indiz*, wonach geheime Forschung und verdeckte Experimente nicht erst in der Neuzeit zu ihrer Bedeutung gelangten.

Der Mönch und die Zeitmaschine

Er war eigentlich ein Mann mit *drei* Berufungen. Einerseits war er *Theologe*, welcher sich nebenher als engagierter *Exorzist* betätigte, andererseits war er aber ebenso *Musikwissenschaftler* wie auch ein ausgebildeter *Physiker*.

Alfredo Pellegrino Ernetti, wie schon der Name sagt, ein gebürtiger Italiener, gehörte dem Benediktinerorden an. 1926 geboren, widmete er sich allen seinen sich selbst gestellten Aufgaben mit der gleichen aufopferungswilligen Hingabe. Bis zu seinem Ableben nach schwerer Krankheit am 8. April 1994 lebte er in dem Benediktinerkloster auf der kleinen Insel *San Giogio* im Golf der berühmten Lagunenstadt *Venedig*. Als Professor für „Archaische Musik" – Fachgebiet *Präpolyphonie* – war Ernetti der weltweit einzige Inhaber des hierfür geschaffenen Lehrstuhls am „Conservatorio di Musica Benedetto Marcello". Unter dem Begriff „Präpolyphonie" verstehen Fachleute die Musikgeschichte der Antike. Diese erstreckt

Der Benediktinermönch Alfredo Pellegrino Ernetti (er starb 1994) war ein wissenschaftlich umfassend ausgebildeter Theologe.

sich vom Jahre 1000 *nach* Christus bis zurück ins 13. und 14. Jahrhundert *vor* seiner Geburt.

Seine mit ungemeiner Akribie vorgenommenen Forschungen auf diesem Gebiet sowie die damit einhergehenden Untersuchungen jener Epochen führten Pater Ernetti auf die Spur eines seit Jahrtausenden verschollenen musikalischen Theaterstücks altrömischer Herkunft. Die Freiluftpremiere der von *Quintus Ennius* verfassten Tragödie „*Thyestes*" war im Jahre 169 v. Chr. erfolgt, kam jedoch damals über die Uraufführung nicht hinaus, da das mutige Stück den Mächtigen im alten Rom, den Herren Senatoren, aufs Äußerste missfiel und angeblich zu viele revolutionäre Gedanken beinhaltete. Folglich wurde es, kaum gespielt, auch schon wieder von der Obrigkeit abgesetzt und verboten.

Für den Dichter Quintus Ennius wurde das Werk zudem auch zum Schwanengesang: Er verstarb noch im selben Jahr. Sein Theaterstück geriet mehr oder weniger in Vergessenheit. Nur Fragmente davon überdauerten die Zeiten und fanden später bei drei Dichtern der Antike ansatzweise Erwähnung. Das Verlangen, gerade diese musikalische Rarität wieder zu finden, intensivierte Pater Ernettis Bemühungen. Er suchte den Kontakt zu einer Reihe bedeutender Wissenschaftler, um sie für eine ungewöhnliche Idee zu gewinnen. Mit Hilfe eines entsprechenden Gerätes, so machte der Theologe und Musikfachmann den von ihm angesprochenen Experten deutlich, wollte er versuchen, längst verloren geglaubte Tonschöpfungen sowie nur noch legendär überlieferte Ereignisse via Bildschirm und akustisch wieder sicht- und hörbar zu machen. Seine Vorstellungen, auf welche Weise dies vor sich gehen sollte, unterbreitete der ausgebildete Physiker seinen Gesprächspartnern in allen Einzelheiten.

Was zuvor reine Utopie zu sein schien, überzeugte, ja begeisterte in der Folge auch die von Pater Ernetti darauf angesprochenen Wissenschaftler. Insgesamt zwölf von ihnen erklärten sich im Verlauf von vier Jahrzehnten – zwischen 1950 und 1990 – in unterschiedlichen Einsatzphasen bereit, an dem Experiment bei der Konstruktion und Entwicklung eines solchen Apparates mitzuwirken. Anfang der siebziger Jahre wurde der Prototyp dieser ersten De-facto-Zeitmaschine fertiggestellt und erfolgreich erprobt. Auf Vorschlag des Initiators einigte man sich innerhalb seiner Crew, wie das Gerät künftig benannt werden sollte:

Chronovisor.

Hinter dieser Bezeichnung verbarg sich etwas, das man – um es auch Laien verständlich zu machen – populär als *„Zeit-Seher"* bezeichnen konnte. Die Geschichte seiner Entwicklung, der Werdegang des „Chronovisors", soll hier in geraffter Form geschildert werden. Und auch über das soll berichtet werden, was mit Hilfe dieser Apparatur den Nebeln der Vergangenheit, der Vergessenheit entrissen wurde und auf dem Bildschirm (auch akustisch) wiedergegeben werden konnte. Mit Methoden, wie sie üblicherweise sonst in keinem Labor zur Anwendung gelangen und die vor allem auf *paranormaler* Ebene ihre Entsprechung fanden.

Pater Ernetti und sein Physikerteam kamen in Kontakt mit der *Akasha-Chronik*!

Das bestätigte sich in den Worten des italienischen Mönchs, als er versuchte, die geglückte Entwicklung des „Chronovisors" einem neugierigen, ahnungslosen Journalisten verständlich zu machen.

„Nehmen wir den Fall des Tones an", erklärte ihm Pater Ernetti. „Jede Tonwelle ist Energie, die von einer beliebigen Sendequelle, sei es einer direkten menschlichen Stimme, sei es von einer wiedergegebenen, ausgeht. Diese Welle teilt sich in harmonische Ultra-, Hyper-, Hyperschall- und andere Töne. Dass wir Menschen dieses und jenes nicht sehen oder hören, beweist noch lange nicht dessen Nichtexistenz. Schon die Wahrnehmungsfähigkeit bestimmter Tiere – etwa von Hunden und Katzen – ist der des Menschen in mancher Hinsicht weit überlegen. Somit ist die zuvor angesprochene Tonwelle also keineswegs zerstört, sondern befindet sich nach der Atomtheorie im Auflösungszustand der Materie. Materie wird, wie man heute weiß, zerlegt, und zwar nicht nur bis zum Atom, sondern bis in die winzigsten Elemente, und auf dem

Weg spezieller Verfahren wieder in ihre frühere Form zusammengesetzt."

„Das ist deshalb möglich", erläuterte der musikalisch ausgebildete Theologe weiter, „weil sie eben aus Energie besteht. Und", so fügte Ernetti hinzu, „es ist das Prinzip, das bleibt, nämlich *dass keine Energie zerstört werden kann*, dass sie sich lediglich *verwandelt*."

Für jenen Journalisten, der als einer von wenigen Berufskollegen die Chance wahrzunehmen vermochte, den hochintelligenten Benediktinerpater über seine zeitüberschreitende Errungenschaft zu befragen (Ernetti gab nur sehr selten Interviews über seinen Forschungsbereich), waren die Ausführungen seines venezianischen Gesprächspartners in vieler Hinsicht absolutes Neuland. Umso interessierter lauschte der Reporter dem, was ihm da erstmals mitgeteilt wurde.

Ernetti: „Auch die optische Welle ist gleich der Tonwelle Energie und wie jedes materielle Element aus Licht gebildet, um sich in Licht aufzulösen. Daraus können wir folgern – und auch wissenschaftlich beweisen –, dass Energie letztlich nichts als ‚Licht' ist, das alle die verschiedenen Elemente bildet, die wir *Materie* nennen. Und wenn das Licht das Ur-Element darstellt, das alle anderen Energien, die in der Materie stecken, bildet, so besagt dies, dass – gleichwie die anderen Energien ewig und rekonstruierbar sind – sich die optische Welle erst recht rekonstruieren lässt. Denn immerhin ist sie ja die Mutter aller anderen Energien!"

Hier kam bei Pater Ernetti der Theologe ins Spiel: „Wenn wir beispielsweise in der Bibel lesen, dass Gott am ersten Tag *das Licht* erschuf, so bedeutet dies nichts anderes, als dass ER dasjenige Element ins Dasein rief. Aus dem ER dann alle anderen Elemente zu erschaffen vermochte."

Dann kehrte der Benediktiner wieder zum Ausgangspunkt seiner Erläuterungen über die Funktionsbasis des „Chronovisors" zurück – zur eingangs erwähnten *Tonwelle*.

„Auch der Ton erzeugt – auch das ist heute längst wissenschaftlich erwiesen – Licht. Er lässt sich zu Licht verwandeln und umgekehrt. Was den gültigen Schluss zulässt, dass auch die *Schallwelle* nicht verloren geht, weil sie ja ebenfalls zusammen mit der Lichtwelle zur Bildung aller anderen materiellen Energie-Aggregate beizutragen vermag. Auch die lassen sich somit rekonstruieren und einfangen."

Und auf welche Weise war dies dem Pater und seinen Mitarbeitern möglich gewesen?

Mittels *Antennen*. Sie erlaubten die Zusammensetzung von *Bildern* und *Stimmen*. Es sei ja bekannt, führte Ernetti weiter aus, dass jedes Menschenwesen von seiner Geburt bis hin zu seinem Ableben etwas hinterlasse, das man als eine Art „doppelte Fahrspur" bezeichnen könnte. Diese Doppelspur bestünde aus einer akustischen sowie einer optischen und bedeute für jedermann gewissermaßen einen „Personalausweis", der aber von Person zu Person von unterschiedlicher Zusammensetzung sei. Mit Hilfe eines solchen hypothetischen Dokuments ließe sich, so Ernetti, jedes einzelne Menschenkind in all seinem Tun und Reden rekonstruieren. Natürlich nur dann, schränkte der Pater ein, wenn man es fertig brächte, sich Zugang zu diesen ungewöhnlichen „Schätzen" zu verschaffen.

Der journalistische Fragesteller hatte inzwischen längst erkannt, dass seinem geistlichen Interviewpartner dieses Vorhaben zweifelsfrei gelungen sein musste. Was der Benediktiner ihm auch gleich darauf bestätigte. Er bezog sich dabei auf die geglückte „Rückholung" jener im Jahre 169 v. Chr. in Rom uraufgeführte opernhafte Tragödie „Thyestes" von Quintus Ennius. Mit Hilfe des „Chronovisors" konnte das gesamte Opus, die Darstellung durch die damaligen Schauspieler und der Originaltext – genauso wie er seinerzeit gesprochen worden war, sicht- und hörbar gemacht werden. Eine weitere Andeutung Pater Ernettis erweckte aufs Neue die Aufmerksamkeit des Zeitungsreporters. Der Theologe bezog sich hierbei auf die Sichtbarmachung des gekreuzigten, zu dem Zeitpunkt aber noch nicht gestorbenen Heilands, der angeblich jenem Abbild auf dem (teilweise immer noch umstrittenen) Turiner Grabtuch sehr ähnlich sehe.

Alle weiteren Bemühungen des faszinierten Berichterstatters, für seine Zeitschrift dem Mönch noch mehr Einzelheiten über die von ihm und seinen hoch qualifizierten Helfern entwickelte Apparatur zu entlocken, verliefen jedoch im Sand. Ernetti reagierte in der Folge äußerst zurückhaltend – und er hatte hierfür triftige Gründe. Zum einen, weil die Fachsprache der Elektronik für den Laien ohnehin ziemlich unverständlich bleiben musste; zum anderen, weil er es im damaligen Stadium der Weiterentwicklung des „Chronovisors" tunlichst zu vermeiden wusste, allzu viele Anhaltspunkte über den augenblicklichen Stand der gemeinsamen Forschungsarbeit preiszugeben. Ganz abgesehen davon, dass der Benediktinerpater inzwischen informiert worden war, dass auch in Geheimlabors der Vereinigten Staaten an Ähnlichem gearbeitet wurde und sich zusätzlich verschiedene einflussreiche und (natürlich) anonym tätige Institutionen – diverse Staatssicherheits-, Spionage- und Abwehrdienste – eingeschaltet und bemerkbar gemacht hatten mit der Absicht, an die Konstruktionspläne von Ernetti und den mit ihm arbeitenden Physikern heranzukommen.

Was sich jedoch trotz aller Vorsichtsmaßnahmen des italienischen Ordensbruders herumgesprochen hatte, war die Tatsache, dass es ihm und seinem Team offenbar gelungen war, mit Hilfe der Elektronik Einblick in ein Phänomen im Umfeld der Geisteswissenschaften zu erhalten, das bislang lediglich im indischen Kulturkreis sowie bei Theosophen und Anthroposophen unter der Bezeichnung *„Akasha"* seinen Stellenwert zu besitzen schien. Was nichts weniger bedeutet, als dass sich die Arbeit mit den modernsten Mitteln der Technik durchaus mit so genannten *paranormalen* Erfahrungen in Einklang bringen lässt. Auch wenn das von Vertretern dieser oder jener Richtung gerne bestritten wird.

Pater Ernetti machte jedoch in dieser Hinsicht keine Konzessionen. Im Gegenteil. Darauf angesprochen, beeilte er sich sofort, da und dort aufkeimende „Verdachtsmomente" zu zerstreuen. Er zeigte wenig Lust, als Esoteriker verkannt zu werden. „Meine Forschungen haben mit Parapsychologie oder Metapsychologie, mit denen man alles zu erklären versucht,

Pater Ernetti besaß den einzigen Lehrstuhl für „archaische Musik".

was mit Stimmen, Tönen, Gestalten vom Jenseits herkommt, nichts zu tun", distanzierte er sich vehement. Dennoch sind hier gewisse Zusammenhänge nicht ganz wegzuleugnen.

Für den im Orden der Benediktiner dienenden Geistlichen bedeutete es zeitlebens eine besondere Auszeichnung, Inhaber des vorderhand einzigen Lehrstuhls zu sein, welcher sich mit der komplizierten Materie „Präpolyphonie", also der so genannten *archaischen* Musikrichtung, auseinander setzte. Vor nunmehr fünfundvierzig Jahren, 1955, war dieser spezifische Lehrstuhl in Venedig geschaffen worden. Erst Ernettis Tod im April 1994 hatte ihm diese ehrenvolle Aufgabe aus den Händen genommen.

„Zu den vielen Dingen, die mich von Anfang an interessierten, gehörte der Rhythmus der antiken Musik", vertraute der gelehrte Mönch einmal Freunden an. Ihn faszinierte die Überlegung, nachzuprüfen, ob die seinerzeitigen Rhythmen ähnlich denen der modernen Musik gewesen waren. „Bei diesem Nachdenkprozess kam mir die Elektronik in den Sinn", bekannte er, „oder besser gesagt: die elektronische Oszillographie ..."

Ernetti war kein Mann des langen Zögerns. Er wollte es genauer wissen und machte sich sogleich an die Arbeit. An der Katholischen Universität Mailand kam es damals, am Beginn der fünfziger Jahre, zu ersten Untersuchungen. Und der begeisterte Musikwissenschaftler durfte bei diesen Forschungen der ambitionierten Mitarbeit eines ebenso erfahrenen wie anerkannten Kollegen aus seinem theologischen Umfeld gewiss sein:

Pater *Agostino Gemelli*.

Bald ergab sich zudem die Möglichkeit, auch noch Spezialisten aus anderen Ländern der Erde für diese Forschungen zu interessieren. Nicht nur Pater Gemelli, auch jene anderen Experten zeigten sich von den umfangreichen Kenntnissen Pater Ernettis beeindruckt. Auf diese Weise ergaben sich engere Kontakte, und was der venezianische Ordensmann insgeheim angestrebt hatte, begann nun konkret Gestalt anzunehmen. Nach und nach weihte er die neu hinzugewonnenen Mitarbeiter in seinen ehrgeizigen Plan ein, ein Gerät zu entwickeln, mit dessen Hilfe es möglich sein würde, zu konkreten Ergebnissen in der prähistorischen Musikforschung zu gelangen. Mehr noch: Damit würde sogar die effektive Chance bestehen, einstmals stattgefundene Ereignisse sowie ausschnittsweise Szenen solcher Begebenheiten mit Hilfe der projektierten Apparatur in Bild und Ton zu empfangen.

Ausgangspunkt für jene ernsthaft vorgesehene Unternehmung war die zu gewinnende Erkenntnis, sich auf wissenschaftlicher Basis – in Übereinstimmung mit paraphysikalischen Versuchen – Einblick in die geheimnisvolle *Akasha-Chronik* zu verschaffen. Unter den Physikern der ersten Stunde (nicht alle der insgesamt zwölf herangezogenen Wissenschaftler beteiligten sich gleichzeitig an der Konstruktion und späteren Fertigstellung jenes Gerätes, das als *„Chronovisor"* Pater Ernettis geglücktes Lebenswerk darstellen sollte) befan-

Am „Chronovisor" beteiligt:
Atomphysiker Enrico Fermi
und ...

... der amerikanisch-deutsche
Raketenkonstrukteur Wernher
von Braun.

den sich auch zwei Männer, die zwar in verschiedenen wissenschaftlichen Disziplinen tätig waren, dennoch aber den Gedankengängen ihres italienischen Kollegen durchaus aufgeschlossen gegenüberstanden:

Enrico Fermi und *Wernher von Braun.*

Inwiefern diese beiden weltweit anerkannten Spezialisten gemeinsame Berührungspunkte hatten, lässt sich rückschauend nur vermuten. Sicher ist, dass Fermis und von Brauns Lebenswege unterschiedlich verliefen. Enrico Fermi war, wie schon sein Name verriet, ein „waschechter" Italiener, also ein Landsmann von Pater Ernetti. Am 29. September 1901 in *Rom* geboren, hatte ihm das unberechenbare Schicksal nur eine relativ kurze Zeit gegönnt, jene sich selbst gestellten Aufgaben zur eigenen Zufriedenheit abzuschließen. Bereits mit 53 Jahren erlag der berühmte Kernphysiker, der in den USA eine steile Karriere gemacht hatte, einer unheilbaren Krankheit. „Magenkrebs" lautete die ärztliche Diagnose, als Fermi am 29. September 1954 in *Chicago* für immer die Augen schloss.

Wernher von Braun kam am 23. März 1912 in der polnischen Provinzstadt *Wirsitz* bei Posen zur Welt. Schon als Zwölfjähriger zog ihn der *Mond* magisch an. Er träumte davon, einmal selbst zu dem Erdtrabanten fliegen zu können, und bereits mit zwanzig Jahren wurde ihm vom deutschen Heereswaffenamt der Auftrag erteilt, Flüssigkeitsraketen zu entwickeln. 1934 promovierte von Braun zum Doktor der Philosophie, Fachrichtung Physik; ein Gebiet, das ihn schließlich, ähnlich wie Enrico Fermi, auf die „Spur" des italienischen Theologen Ernetti führen sollte. 1977 starb von Braun, gerade erst 65-jährig, ebenfalls an Krebs.

Inwieweit sich der deutsche Raumfahrtexperte und der italienische Atomphysikers letztlich fanden, um – entweder gemeinsam oder jeder in einer gewissen Zeitphase – an dem Projekt „Chronovisor" des venezianischen Theologen und Musikwissenschaftlers Ernetti mitzuwirken, ist (auch bei genauester Durchforstung beider Lebensläufe) nicht exakt festzustellen. Da jedoch kein objektiver Anlass gegeben ist, an dem Wahrheitsgehalt der Angaben des „exorzistischen" Benediktinerpaters zu zweifeln, muss es diese direkte oder indirekte Zusammenarbeit zwischen Fermi und von Braun irgendwann in den späten vierziger oder frühen fünfziger Jahren gegeben haben.

Es dauerte an die vier Jahrzehnte – von 1950 bis Ende 1990 –, ehe der Plan Pater Ernettis, den von ihm projektierten „Chronovisor" zu bauen, zum Abschluss gebracht werden konnte.

Wie aber hatte alles begonnen? Was hatte den umtriebigen Benediktiner dazu veranlasst, sich auf ein dermaßen riskantes und sicher auch nicht gerade billiges Experiment einzulassen?

Fragen dieser Art, wie sie in den meisten Fällen von Vertretern aus der Medienszene an ihn herangetragen wurden, hat der wissenschaftlich geschulte Mönch dann und wann offen beantwortet. Ernetti war aber auch gern gesehener Gast bei verschiedenen PSI-Kongressen – und stand auch dort verständlicherweise im Mittelpunkt des Interesses. Das schon deswegen, weil sich das Gerücht, der Pater arbeite gemeinsam mit einer Reihe von angesehenen Wissenschaftlern an einer ganz großen Sache, auch in den esoterischen Kreisen herumgesprochen hatte.

Alfredo Pellegrino Ernetti ging bei der Realisierung seines Planes unter anderem von einer der verschlüsselten Voraussagen des französischen Arztes, Astronomen und Schriftgelehrten *Michel de Notredame* aus, welcher von 1503 bis 1566 gelebt hatte. Die breite Öffentlichkeit kennt ihn allerdings nur unter seiner weit populäreren Namensbezeichnung *Nostradamus*. Jener Vierzeiler, der den Benediktinerpater geradezu „elektrisierte", beziehungsweise der Beginn davon lautete (in italienischer Version): La storia del genere umano si sta registrando su un grande nastro magnetico …" Zu Deutsch lässt sich dies übersetzen mit: *„Die Geschichte der menschlichen Art wird auf einem großen magnetischen Band aufgezeichnet …"*

Allerdings hatte die ursprünglich geläufige, von Nostradamus niedergeschriebene Versform etwas anders gelautet. Sie war von ihrem Verfasser (sicher auch deshalb, um nicht etwa die gefürchtete Inquisition auf den Plan zu rufen) „maskiert" (also *getarnt*) worden und erst danach durch den verlässlichsten Nostradamus-Interpreten, *Renuncio Boscolo*, in die zuvor zitierte Fassung uminterpretiert worden. Ursprünglich las sich der Anfang des Nostradamus-Vierzeilers (italienisch) nämlich so: „La grande pista incisa ne mostrera la maggior parte della storia …"

Pater Ernetti fand ebenfalls die „Neufassung" Boscolos für zielführender. Er identifizierte sich voll und ganz mit dessen Auslegung, die Bedeutung von „pista incisa – *„ eingeschnittene* (oder auch) *eingeprägte Spur"* – zum nunmehrigen „nastro magnetico" umzuformen und damit einer der Erfindungen der Jetztzeit anzupassen: dem *Magnetband*!

Auch die anderen Angaben in dem Nostradamus-Vierzeiler ergaben für den Musikwissenschaftler klare Hinweise über die Kenntnis des französischen Wahrsagers im Hinblick auf die „Akasha-Chronik". Vor allem aber die Voraussage im

Vers, wonach noch vor dem Ende des 2. Jahrtausends „das große geprägte Band" den Menschen ihre Geschichte (vollständig) zugänglich machen würde, wies seiner Ansicht nach überdeutlich darauf hin, dass auch Nostradamus von der Existenz des „Weltgedächtnisses" wusste.

Ernetti war sich, als sein (selbstverständlich geheimgehaltenes) Vorhaben startete, durchaus bewusst, dass es unendlich schwierig sein würde, sämtliche daran beteiligten Mitarbeiter dazu zu verpflichten, über ihre Arbeit gegenüber der Öffentlichkeit Stillschweigen zu bewahren. Immerhin waren es zahlreiche prominente Namen, die in den kommenden Jahren versuchen würden, das „Chronovisor"-Projekt zu realisieren. Und der Ordensmann war Psychologe genug, um dabei nicht die Gefahr zu verkennen, dass berufliche, aber auch persönliche Eitelkeiten zu einer frühzeitigen Offenlegung seiner Pläne führen konnten. Er verpflichtete deshalb gleich zu Beginn jeden seiner Mitarbeiter zu einer Art „Schweigegelübde", woran sich natürlich auch er sehr penibel hielt. Wurde Ernetti von wissbegierigen Reportern, denen von irgendwo her Gerüchte über seine Tätigkeit außerhalb seiner theologischen Aufgaben zugeflogen waren, direkt auf seine Forschungsarbeit angesprochen, dann pflegte er stets besonders wortkarg zu reagieren. Seine diffus klingenden Statements hatten daher auch nur äußerst geringfügigen Aussagewert. Erst im Jahre *1986*, während eines parapsychologischen Kongresses am 18. und 19. Oktober in *Riva del Garda*, sprach der vorsichtige Wissenschaftler erstmals etwas ausführlicher über seine Forschungen in Venedig. Seine Ausführungen, die er im Verlauf eines offiziellen Vortrages von sich gab, schlugen bei den anwesenden Astrologen, Parapsychologen und sonstigen sensitiv veranlagten Esoterikern wie eine Bombe ein.

Vom Prinzip der höheren Physik ausgehend, so ließ Pater Ernetti seine Zuhörer wissen, sei es ihm und seinem Team gelungen, Licht- und Schallwellen aus vergangenen Epochen der Erde zu empfangen. Das habe es möglich gemacht, die gesamte Chronologie dieses Planeten *vollständig* zu rekonstruieren. „Alles, was sich bislang um uns ereignete, wurde auf einem riesigen, magnetischen, jedoch für unsere Augen nicht sichtbaren Band gespeichert. Gemeinsam mit meinen Mitarbeitern konstruierte ich deshalb eine Apparatur, mit deren Hilfe wir in der Lage waren, Klänge und Bilder aus unserer Vergangenheit zurückzuholen und über einen Bildschirm optisch und akustisch zu reproduzieren."

Die Aussage des italienischen Mönchs kam einer Sensation gleich. Sie rückte in der Folge die zuvor in den Medien kaum beachtete Veranstaltung der astrologischen Zeitschrift *„Astra"* jäh in den Mittelpunkt des Interesses. Medienvertreter eilten herbei, um mit dem Pater selbst in Kontakt zu treten und mehr über sein geheimnisvolles Gerät, das er „Chronovisor" genannt hatte, zu erkunden. Der Ordensmann zeigte sich überraschend mitteilsam. Journalisten, die natürlich einiges zu erfahren hofften und Ernetti über die Funktionen und die Konstruktion seiner Erfindung befragten, bekamen erstmals ein paar „Appetithappen" aus berufenem Munde serviert. Allerdings fiel es den meisten einigermaßen schwer, den „Background" von Ernettis Erklärungen zu begreifen. Physik war offenbar für die meisten von ihnen ein Buch mit sieben Siegeln.

„Die Wissenschaftler gehen von einem Prinzip der höheren Physik aus", verriet der Ehrengast des PSI-Kongresses. „Sie erklären, dass jeder von uns nach und nach das, was in Sekunden, Stunden, Tagen, Monaten und Jahren geschieht, als visuell-akustische Doppelspur zurücklässt. Unsere gesamte *Physiognomik* (das ist die Deutung des *Ausdrucks*) besteht aus Licht- und Schallenergie. Unsere Haut emittiert Wellen, die mit denen anderer Personen in Übereinstimmung treten können, wobei sie Sympathie verursachen – oder aber sie sind disharmonisch und rufen jene instinktive Antipathie hervor, die sonst nicht erklärbar ist. Auch die Wörter, die wir aussprechen, sind in Wahrheit *Schallenergie*. Diese von uns ausgesandte Energie kann nicht zerstört werden, bestenfalls kann sie sich wandeln. Sie bleibt aber erhalten und schwingt ewig im Raum."

Um diese Energieform jedoch auch „empfangen" zu können und sie danach so zu rekonstruieren, dass wir auch imstande sind, die Wiedergabe der betreffenden Person aus vergangenen Zeiten sowie das mit ihr einhergehende historische oder prähistorische Ereignis sowohl visuell als auch akustisch zu erkennen, bedürfe es jedoch eines entsprechenden Instrumentariums, machte der Theologe den Kongressteilnehmern deutlich. Auch auf die ungefähre Zusammensetzung seines „Chronovisors" ging Ernetti (wenn auch nur vage) ein:

Seine Apparatur bestand demnach aus drei elementaren Gruppierungen: Kettenförmig angeordnete Antennen aus verschiedenen Metall-Legierungen, deren Zusammensetzung der Pater aber nicht verraten wollte. Diese Antennen waren miteinander verbunden und dadurch imstande, alle – oder fast alle – verschiedenen Qualitäten der elektromagnetischen sowie nichtelektromagnetischen Wellen zu empfangen, die im luftleeren Raum (dem so genannten „Äther") existieren. *Nicht*-elektromagnetische Wellen konnten vordem physikalisch nicht definiert werden. Unerwähnt ließ der Benediktiner auch die Bedeutung der von ihm genannten *„Qualitäten"* (zu denen, wieder laut Ernetti, *„Quantitäten"* im gegensätzlichen Verhältnis stehen).

Längst war den Zuhörern bewusst geworden, dass sich ihr prominenter Referent aus Venedig einer mit Vorbedacht hintergründigen Sprechweise bediente, er also eine Art „Fachchinesisch" von sich gab, das offenbar mit dazu beitragen sollte, Details, die der Pater „chronovisionär" nicht preiszugeben gedachte, auf diese Weise zu verschleiern. Ernetti referierte also in bunter Folge über hypothetische *„Tesla*-Wellen", sprach von „Formwellen", dozierte über „Gravitationswellen(systeme)" und ließ auch die „morphogenetischen Felder" des Engländers *Rupert Sheldrake* nicht unerwähnt, die – wie er ausführte – insgesamt für die Inbetriebnahme seines „Chronovisors" von Bedeutung zu sein schienen oder zumindest dazu beitrugen, jene über dieses Gerät zu empfangenden Informationen zu „tragen" beziehungsweise den Zugang hierfür zu vermitteln.

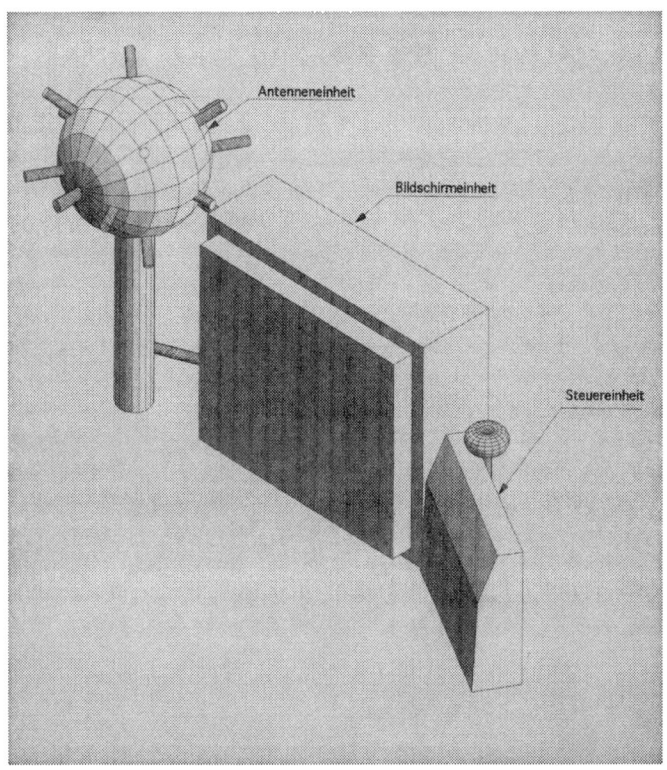

So etwa dürfte Ernettis „Chronovisor" ausgesehen haben.

Unter den von dem Venezianer verwendeten Fachausdrücken ließ die Zuhörer das Wort *„Osmose"* aufhorchen, worunter Ernetti den Übergang von der diesseitigen zur jenseitigen Welt verstand.

Schließlich verriet der Pater, dass eine *zweite Gruppe* von Elementen des „Chronovisors" von Gerätschaften gebildet wurde, die mit *Lichtgeschwindigkeit* in der Lage wären, das jeweils angepeilte Ereignis – wonach konkret im „Äther" gesucht worden sei – authentisch zu rekonstruieren. Auch diese Elemente seien dann durchaus in der Lage, mit eben dieser

Lichtgeschwindigkeit die gewünschten Bilder und Stimmen auszuwählen.

Und schließlich nannte der vielseitige Mönch auch noch die Tätigkeit der *dritten Gruppe*, die im Anschluss daran Bilder und Töne – ähnlich einem Fernsehempfänger – zu reproduzieren vermag. Überhaupt gestand Pater Ernetti der *Optik* sowie der *Akustik* in Verbindung mit dem „Chronovisor" den *gleichen* Stellenwert zu. Somit ließ sich das unglaubliche Gerät prinzipiell mit jener *Zeitmaschine* vergleichen, wie sie beispielsweise der amerikanische Filmregisseur *Robert Zemeckis* in seinem Sciencefiction-Thriller *„Zurück in die Zukunft"* vorführte.

Werden wir in vielleicht nicht allzu ferner Zeit mit einer weiteren epochalen Errungenschaft zu rechnen haben, die andere, heute bereits zum Alltag zählende Apparaturen ergänzen könnte? Wird es dann neben Tonbandgeräten, Computern, Videokassetten und TV-Gerätschaften ganz selbstverständlich sein, auch einen „Chronovisor" zu gebrauchen? Solche Fragen prasselten nach Beendigung seines Vortrages auf Ernetti nieder. Überraschenderweise – trotz seiner eingangs zitierten, negativen Aussage, sein Gerät könnte bei falschem Gebrauch eine Welttragödie auslösen – beantwortete der Gastredner derlei Gedankengänge *positiv*.

Nicht auszudenken, welche Konsequenzen sich aus einer Vervielfältigung eines derartigen Gerätes sowie bei einem eventuellen öffentlichen Gebrauch ergeben könnten. Für Pater Ernetti erwies sich jedenfalls dieser „Chronovisor" als segensreich. Als Musikpädagoge und Professor für „archaische Musik" gelang es ihm, mit Hilfe seines *„Zeit-Sehers"* die Wiedergabe eines opernähnlichen Theaterstückes zu realisieren, das vor mehr als zweitausend Jahren, also noch vor Christi Geburt, in Rom uraufgeführt worden war.

Doch nicht erst seit dem PSI-Kongress am Gardasee munkelte man da und dort über Pater Ernettis Abart einer Zeitmaschine. Und die Neugier, die Möglichkeiten dieses zeitüberschreitenden Apparates (der, so die kryptisch klingenden Andeutungen seines Konstrukteurs, einem riesigen TV-Gerät zu ähneln schien) näher kennen zu lernen, steigerte sich nicht zuletzt bei den Medien. Dass der venezianische Mönch und Musikwissenschaftler es jedoch hartnäckig vermied, genauere Informationen über seine Forschungstätigkeit in Verbindung mit der darin involvierten Crew von Physikern bekannt zu geben, vermochte andererseits nicht zu überraschen. Zu diffizil war das, woran er arbeitete. Dennoch gelangte irgendwann das Gerücht in die Öffentlichkeit, dass der geheimnisumwitterte „Chronovisor" nicht nur in der Lage war, Ereignisse auch dann wiederzugeben, wenn diese in Zeitabschnitten stattgefunden hatten, die in unseren Geschichtsbüchern nur andeutungsweise Erwähnung fanden – dem „Zeit-Seher" waren angeblich auch Geschehnisse nicht verborgen geblieben, die eben erst vor wenigen Minuten vorgefallen waren. Noch vor seinem Tod nach schwerer Krankheit, im April 1994, verriet Pater Ernetti gegenüber Medienvertretern, dass es ihm und seinen Helfern gelungen sei, der Polizei einen unschätzbaren Hilfsdienst zu leisten. Die Vergangenheitssicht des „Chronovisors" hatte nämlich ganz wesentlich dazu beigetragen, einen spektakulär geplanten Diebstahl schon im Ansatz zu vereiteln. Jedenfalls war es den an dem Zeitgerät arbeitenden Wissenschaftlern geglückt, über die Apparatur „illegalen" Einblick in die Pläne jener Verbrecher nehmen zu können und ihr Vorhaben im letzten Augenblick zu vereiteln. Sie alarmierten umgehend die Polizei und trugen damit bei, die Festnahme der Gauner zu beschleunigen.

Gerade dieser Coup rechtfertigte Pater Ernettis Auffassung, sein Gerät unter keinen Umständen der Gefahr auszusetzen, es zu irgendeiner Zeit in die falschen Hände geraten zu lassen. Und er wurde auch nicht müde, diese Vorsichtsmaßnahme gegenüber seinen Zuhörern zu rechtfertigen. Eine solche Großzügigkeit, so der Venezianer, hätte gefährliche Folgen nach sich gezogen und einem nicht wieder gutzumachenden Missbrauch wäre damit Tür und Tor geöffnet gewesen. Jeder unserer Nachbarn, so der Pater in beschwörendem Ton, wäre mit Hilfe eines „Chronovisors" in die Lage versetzt worden, sogar unsere *Gedanken* „zu lesen" und sich in unser *Bewusstsein* „einzuklinken". Privateste und intimste Belange wären skrupellosen Voyeuren offenkundig geworden. Und wer von uns – ließ Ernetti mit mahnenden Worten keinerlei Zweifel – könnte von sich schon mit reinem Gewissen behaupten, bei einem Besitztum eines solchen „Chronovisors" *nicht* der Versuchung anheim zu fallen, in die Intimsphäre nahe stehender Personen unerlaubterweise einzudringen? Pater Ernetti hatte so seine Zweifel, ob die Mehrzahl seiner Mitbürger Versuchungen dieser Art und noch so mancher anderer sich daraus entwickelnder Möglichkeiten *charakterlich* gewachsen wären. Und ich muss ihm da, aus meiner persönlichen Erfahrung, durchaus beipflichten. Wären wir tatsächlich *reif* genug, mit einer solchen Erfindung (die es uns ermöglichen würde, die Zeit in *beide* Richtungen hin – Vergangenheit *und* Zukunft – gewissermaßen zu *überblicken*) seriös und emotionslos umzugehen? Ich hätte hier so meine Zweifel …

Der italienische Ordensbruder, der entschieden in Abrede stellte, seine Forschungen mittels Parapsychologie oder Metapsychologie vorangetrieben zu haben, nannte vielmehr *technisches „Know-how"* als Antriebsfeder für sich und seine ihn unterstützenden Physiker. Nur auf diese Weise sei es ihnen gelungen, Vorgänge aus längst vergangenen Epochen sowohl visuell als auch akustisch in die Gegenwart „zurückzuholen". Derartiges, widersprach der Benediktiner in entschiedenem Ton, habe absolut nichts mit irgendwelchen esoterischen Pseudowissenschaften zu tun, mit denen gewisse Kreise alles und jedes zu erklären versuchen, was mit Stimmen, Tönen und Wesenheiten aus dem Jenseits sicht- und hörbar gemacht worden sei.

„Wir benötigten für unsere Erkenntnisse weder irgendeinen Hokuspokus noch sonstigen sciencefictionartigen Humbug", distanzierte sich Pater Ernetti von ähnlich formulierten Behauptungen. „Uns ist es ausschließlich mit den Mitteln der *Wissenschaft* sowie einer zeitgemäßen *Technologie* ermöglicht worden, das zu verwirklichen, was beispielsweise unsere griechischen Vorfahren schon vor Jahrtausenden anstrebten, jedoch mangels der hierfür notwendigen Instrumente nicht zu realisieren vermochten."

Geradezu regelmäßig sah sich jedenfalls der Benediktiner-mönch gezwungen, bei verschiedenen PSI-Kongressen, zu denen man ihn eingeladen hatte, dort hartnäckig kolportierten Vermutungen esoterischer Grenzgänger zu *widersprechen*, wonach er und seine Mitarbeiter es nur unter Anwendung bestimmter *magischer* Praktiken geschafft hätten, die Wiedergabe ominöser Ereignisse aus der menschlichen Vergangenheit über den „Chronovisor" in Szene zu setzen. Ernettis sich regelmäßig wiederholende Dementis fanden jedoch bei solch hartnäckigen „Gläubigen" nur bedingten Glauben.

Das Erstaunen in diesen Kreisen wuchs, als bekannt wurde, was dem Physikerteam in den Labors des Benediktiner-klosters auf der Venedig vorgelagerten Insel San Giorgio als besonderer Coup gelungen war. Und *1986* bestätigte der experimentierende Geistliche auch öffentlich den Wahrheitsgehalt dieses Gerüchts. In der Folge entfesselte jene Preisgabe eine ebenso heftige wie manchmal auch polemische Diskussion, in deren Verlauf der Theologe von verschiedener Seite sogar der Unwahrheit bezichtigt wurde.

Was hatte die Kampagne gegen den Ordensbruder ausgelöst?

Nichts weiter als ein eher beiläufig gegebener Hinweis, wonach er und sein Physikerteam es unter anderem geschafft hätten, dem „Chronovisor" die Wiedergabe *des Leidensweges Jesu* sowie das tatsächliche Aussehen seines *Antlitzes* aus den Tagen seiner Kreuzigung auf Golgatha zu entlocken und damit das authentische Geschehen jener Zeit für die (vor allem christliche) Nachwelt sicht- und hörbar zu machen.

Aber nicht allein diese historischen Geschehnisse um den jüdischen Wanderprediger konnten mit Hilfe des „Zeit-Sehers" reproduziert werden – inzwischen wissen wir definitiv, dass es Pater Ernetti und seinen Mitarbeitern auch glückte, *das gesamte Leben Christi* auf diese Weise einzufangen und in seinem *genauen zeitlichen Ablauf* wiederzugeben!

Die wirklichkeitsgetreue Darstellung des visuellen Aussehens Jesu voraussetzend, würde bedeuten, dass wir nunmehr – so sich die Echtheit des Turiner Grabtuches endgültig bestätigen sollte – das Antlitz jenes indirekten Begründers des Christentums in zwei Phasen begutachten können: als Sterbenden (in der angeblich zusätzlich gefilmten Wiedergabe von Ernettis Gerät) sowie als Verstorbenen (auf dem heiligen Sindone Turins).

Welche Bewandtnis hat es nun aber tatsächlich mit dieser sensationellen Eröffnung, die der venezianische Mönch und Musikexperte 1986 bei jenem bereits mehrfach erwähnten PSI-Kongress am Ufer des Gardasees coram publico riskierte?

Einer, der damals um einiges mehr als die Medien sowie ein interessierter Kreis von PSI-Forschern darüber erfahren konnte, war der französische Theologe Pere *François Brune*, ordentlicher Professor an der Pariser *Sorbonne*. Brune war ein enger Freund des 1994 verstorbenen Paters Alfredo Pellegrino Ernetti. Seine Beziehung zu dem italienischen Benediktinermönch (Pere ist gleichbedeutend mit „Pater") führte dazu, dass der Franzose fast von Anfang an in die Forschungsarbeit des Ordensbruders (auch Brune ist *Benediktiner*) mit einbezogen war und das Privileg genoss, immer über den neuesten Stand der musikwissenschaftlichen Tätigkeit Ernettis – mit welchem er im Übrigen auch das Interesse an einer seriösen Tonbandstimmenforschung teilte – informiert zu werden. Pere Brune, das sei hier ergänzend vermerkt, habe ich wesentliches Material über den „Chronovisor" zu verdanken.

In seinem vor mehreren Jahren in Frankreich erschienenen grenzwissenschaftlich orientierten Sachbuch „En direct de l'au-de-la" (sinngemäß zu übersetzen mit: „Geradewegs von hier nach drüben") erinnerte sich Pere Brune an jenes Gespräch, das er in Venedig mit seinem italienischen Geistesfreund zum Thema „Christus" führen konnte. Pater Ernetti hatte ihn zu sich ins Konservatorium in die Lagunenstadt eingeladen, wo er ihn in seinem kleinen Büro hinter einem monströs wirkenden Schreibtisch erwartete. Nachdem man die üblichen Höflichkeiten und Freundlichkeiten ausgetauscht hat-

Pere François Brune, Ernettis bester Freund, lehrt an der Sorbonne.

te, war Ernettis französischer Gast natürlich interessiert, einiges mehr über die Forschungsarbeit, vor allem aber über den „Chronovisor" zu erfahren. Ziemlich bald brachte Pere Brune deshalb das Gespräch auf das Leben Jesu – mit der unverfänglichen Frage: „Ist es Ihnen wirklich gelungen, mit Hilfe Ihres Gerätes bis in die Zeit Jesu Christi zurückzugehen?"

„Ja, natürlich", beeilte sich Ernetti zu versichern.

„Und ...?"

Der Pater schien zu überlegen. Nur zögernd nahm er dann den Gesprächsfaden wieder auf.

„In erster Linie wollten wir den Leidensweg des Heilands überprüfen. Ihn aber auch einzufangen und auf dem Bildschirm wiederzugeben erwies sich plötzlich als ungemein schwierig. Wir mussten zunächst zur Kenntnis nehmen, dass es in jener Zeit, in welcher Jesus lebte, sehr häufig zu Kreuzigungen gekommen war. Es gab also viele Leidensgenossen, die das Schicksal Christi teilten. Und auch die Dornenkrone, die man nach der biblischen Überlieferung unserem Herrn auf das Haupt gedrückt hatte, war da kein Fingerzeig. Im Gegensatz zu der bei uns vorherrschenden üblichen Ansicht, wonach diese Folterung etwas absolut Einmaliges gewesen sei, stellte sich heraus, dass auch andere Verurteilte auf diese Weise gedemütigt worden waren ...“

Wieder schien es Brune, als würde sein Gastgeber zögern, in seinem Bericht fortzufahren. Aber die unverkennbar erwartungsvolle Haltung des französischen Ordensbruders ließen schließlich Pater Ernetti offensichtlich vorhanden gewesene Hemmungen überwinden.

„Um also hier Aufklärung zu erhalten, gingen wir zeitlich noch weiter zurück. Es gelang uns, das berühmte ‚Letzte Abendmahl‘ sowohl optisch als auch akustisch wiederzugeben. Von diesem Augenblick an blieben wir dran, wichen nicht mehr von Jesu Seite. Nach unseren Ermittlungen schrieb man damals das Jahr 35 unserer Zeitrechnung und die nachfolgenden Szenen konnten präzise zwischen dem 12. und 14. Januar 1956 eingefangen und auf dem Bildschirm des ‚Chronovisors‘ von uns mitverfolgt werden. Wir wurden auf diese Weise Zeugen von Jesu Agonie im Olivenhain, dem Verrat des *Judas,* dem Prozess gegen den Heiland sowie dessen Kreuzweg.“

Gebannt hing Pere Brune an den Lippen des Erzählers.

„Jesus war im Übrigen bereits sehr gezeichnet und entstellt, als man ihn vor seinen Richter *Pontius Pilatus* schleppte. Wir waren mit dabei, als man ihn nach seiner Verurteilung zwang, den Leidensweg zur Hinrichtungsstätte auf den Kalvarienberg zu gehen. Allerdings“, schränkte hier Pater Ernetti ein, „die uns überlieferte Version, wie sich dies damals abgespielt haben soll, ist stark verzeichnet; die vorliegenden Texte wurden durch die hier zum Ausdruck kommende mittelalterliche Frömmigkeit ein wenig umgeformt ...“

„Manipuliert?“, wollte Brune wissen.

Sein Gastgeber nickte.

„Man hat da später einige Episoden hinzugefügt – wahrscheinlich um die Leidensgeschichte unseres Herrn noch wei-

So soll Jesus das Kreuz auf seinem Leidensweg getragen haben.

ter zu dramatisieren. So entspricht es nicht den Tatsachen, dass Christus beim Tragen des Kreuzes zweimal gestürzt sei. Er ist nie gefallen – und er trug auch nicht das ganze Kreuz. Es wäre auch viel zu schwer gewesen. Man hatte Jesus nur den horizontalen Balken an seinen Schultern befestigt (siehe Foto). Hingegen konnte er sich nur mühsam fortbewegen, weil man seine Füße mit denen der beiden anderen zum Kreuzestod verurteilten Männer zusammengebunden hatte."

Pater Ernetti seufzte tief, als er sich die Szene noch einmal geistig vor Augen führte.

„Ja, er war wirklich sehr entstellt und körperlich schwer gezeichnet. Die Geißelung hatte ihm tiefe Fleischwunden gerissen, man konnte da und dort sogar seine Knochen sehen. Weil aber nach römischem Recht vorgeschrieben war, dass jeder Verurteilte unbedingt *lebend* an den Ort seiner Hinrichtung geführt werden musste, griffen sich die Christus und die beiden anderen begleitenden Soldaten kurzerhand einen Mann aus der Menge. Biblische Überlieferungen nennen ihn beim Namen: *Simon von Kyrene*. Es war genauso, wie die Evangelien berichten – mit einer Einschränkung: Der Zwischenfall spielte sich etwas anders ab, als die uns vorliegenden Texte die Sache beschönigen. Wie sehr haben wir, vor allem als Kinder, seinerzeit diesen Simon von Kyrene beneidet und hätten weiß Gott was dafür gegeben, damals selber dabei sein zu können und uns anzubieten, Jesus beim Tragen seines Kreuzes zu helfen. Der ‚Chronovisor' zeigte uns dann aber das tatsächliche Geschehen: Simon weigerte sich nämlich zunächst energisch, das Kreuz Christi mittragen zu müssen. Er musste von den Soldaten dazu buchstäblich *gezwungen* werden."

Hier unterbrach der französische Professor den Redefluss seines Gastgebers: „Konnten Sie auch die Szene nachvollziehen, worin die später heilig gesprochene *Veronika* dem von ihr verehrten Messias mit einem Tuch den Schweiß von der Stirne wischte?"

Ernetti schüttelte verneinend den Kopf: „Ein solcher Vorfall hat *niemals* stattgefunden. Er ist in den Evangelien übrigens auch nirgendwo erwähnt, wie Sie sicher wissen." Dann berichtete er weiter: „Hingegen zeigte uns der ‚Chronovisor‘ Vorfälle, die in der Bibel überhaupt nicht dokumentiert wurden. So etwa Jesu Reaktion, nachdem die drei Verurteilten und ihre Wachmannschaft die Hinrichtungsstätte auf Golgatha erreicht hatten. Dort harrte bereits eine Anzahl neugieriger Gaffer auf die bevorstehende Kreuzigung. Als Jesus die Menschenmenge sah, wandte er sich ihr zu und beschimpfte sie in der rüdesten Weise. Es wiederholte sich somit das gleiche Geschehen, wie es schon bei Christi Festnahme im Olivenhain verlaufen war. Auch auf dem Kalvarienberg zeigte sich wiederum die *Macht* seiner Worte. Sie war so überwältigend, dass die umstehenden Leute, wie vom Blitz getroffen, fast augenblicklich zu Boden sanken. Juden waren von Jesu suggestiver Wirkung ebenso betroffen wie Griechen und Römer, die sich zu der bevorstehenden Exekution eingefunden hatten. Nur *Maria, Johannes* sowie die beiden *Marien* (eine von ihnen war die von Christus geläuterte *Maria Magdalena*) wurden davon nicht berührt und blieben stehen."

Hier machte der Erzähler eine kurze Pause, um danach mit einer Eröffnung aufzuwarten, die sein Pariser Gast als geradezu sensationell empfand. Pater Ernetti korrigierte nämlich biblische Überlieferungen, wonach die Mutter Jesu sowie sein Lieblingsjünger beim Anblick des Gekreuzigten in Tränen ausgebrochen seien: „Dabei muss das so genannte *Stabat Mater* leider berichtigt werden", stellte der Benediktinermönch fest. „Weder Maria noch Johannes weinten am Fuße des Kreuzes. Damit wissen wir jetzt, dass die Jungfrau nicht als die ‚Lacrimosa‘ (*die Weinende*) angesehen werden kann."

Pere Brune erfuhr während seines Aufenthaltes noch weitere Einzelheiten von seinem Gastgeber. Sie waren bei der Wiedergabe der Kreuzigungsszenen durch den „Chronovisor" erstmals deutlich geworden. So zum Beispiel jene Worte, die Jesus vor seinem Hinscheiden gesprochen haben soll.

Ernetti: „An einer Stelle ließ der Gekreuzigte die Umstehenden wissen: ‚Diese Stunde ist die eure.‘ Sie wurden in den Evangelien ebenso wenig wiedergegeben wie sein Aus-

spruch: „Jetzt, da ich erhöht bin, werde ich alle zu mir emporziehen.' Die von den Evangelisten zitierten Sätze, welche
Christus nach seiner Kreuzigung zugeschrieben werden, entsprechen hingegen den Tatsachen."

Pater Ernettis Schilderungen faszinierten seinen Mitbruder. Das Gesicht des Heilands am Kreuze sei schmerzverzerrt
gewesen, gab der venezianische Ordensmann seine Eindrücke
preis. Dennoch habe sein Antlitz den sehr edlen, priesterlich
würdigen Ausdruck behalten. Immer, erinnerte sich der
Mönch, wenn Jesus zu sprechen begonnen hätte, habe er sich
vom Kreuz herab umgesehen, worauf die sich miteinander
unterhaltenden Menschen um ihn her sofort in tiefes Schweigen verfallen seien. Dank des „Chronovisors" wäre es ihm
und seinen Leuten möglich gewesen, einzelne Textpassagen
in den Evangelien zu ergänzen, erfuhr Pere Brune. Andererseits, so Ernetti weiter, habe die auf dem Bildschirm sichtbare
Haltung Christi merklich dazu beigetragen, den *Sinn* seiner
Worte besser zu verstehen. Als Jesus beispielsweise klagte:
„Mich dürstet", sei er von den Juden falsch verstanden worden. Er habe nämlich damit den *geistigen Durst* gemeint, wurde die Aussage des Gekreuzigten von dem Benediktiner etwas eigenwillig interpretiert. An diese Worte habe sich dann
jener Satz angeschlossen, der mit Christi Ankündigung geendet hätte: „… werde ich alle zu mir emporziehen." Ernetti,
noch einmal mit Nachdruck: „Jesus sprach vom Durst nach
unseren Seelen!"

Auch als der Gekreuzigte zu einem der Schächer (biblische
Bezeichnung für *Räuber* oder *Mörder*) gesagt habe: „Du wirst
noch heute mit mir ins Paradies eingehen", habe er, Ernetti,
diesen Satz in der Weise verstanden, dass sich Jesus damit
selbst gemeint hätte, dass also *er* in Wahrheit dieses Paradies
sei.

Und noch ein berühmter Satz des Gekreuzigten, wie er in
den Evangelien wiedergegeben wird, erfuhr nach dem Bericht
des Paters eine korrigierende Ergänzung: „Als er die Worte
‚Mutter, hier ist dein Sohn' und ‚Sohn, hier ist deine Mutter'
gesprochen hatte, fügte Christus, sich seinem Lieblingsjünger

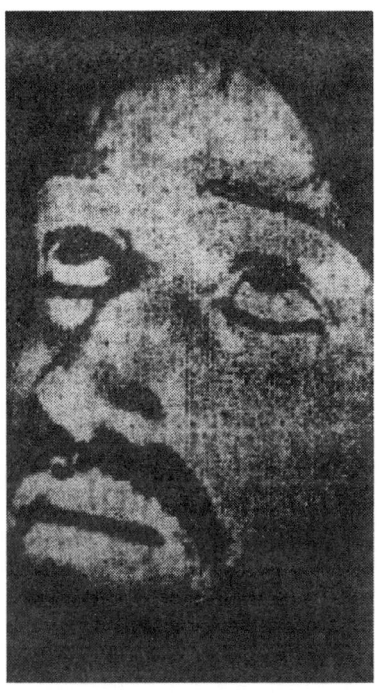

Johannes zuwendend, fragend hinzu: ‚Und wo sind die anderen? Warum haben sie mich verlassen?'"

Ernetti zeigte sich aufgrund der auf dem Bildschirm des „Chronovisors" gezeigten Kreuzigungsszenen davon überzeugt, dass der Heiland danach keineswegs den Erstickungstod erlitten habe, obwohl dies viele Mediziner heute annehmen: „Wir haben den Herrn jedenfalls immer in aufrechter Haltung am Kreuz gesehen und das bis zum letzten Augenblick seines irdischen Daseins."

Jetzt sei er es gewesen, der eine Zeit lang ergriffen geschwiegen habe, gesteht François Brune in seinem bemerkenswerten Buch „En direct de L'au-de-la". Später jedoch hätte abermals seine Neugier die Oberhand behalten.

„Und die *Auferstehung*, haben Sie die auch gesehen?",

wollte er wissen. Pater Ernetti nickte: „Ja, so war es. Aber dieser Vorgang ist schwer zu beschreiben. Es war wie ein Schatten, eine Gestalt durch eine hauchdünne Schicht erleuchteten Alabasters ... oder wie ein Kristall. Schritt für Schritt wurde uns schließlich alles offenbar: das gesamte Leben Christi sowie die Erscheinungen nach seiner Auferstehung ..."

„Welchen Eindruck hatten Sie von alldem? Wirkte alles wie ein Film?"

Der Erzähler verneinte: „Nicht ganz. Alles erschien uns dreidimensional – wie Hologramme, aber mit Bewegung und dazugehörigem Ton." Einschränkend: „Aber ohne Farbe. Heute könnte man dies sicher farbig nachvollziehen."

„War es Ihnen sowie Ihren Physikern möglich, die Wiedergabe auf dem ‚Chronovisor' zu speichern? Ist von alldem irgendetwas erhalten geblieben; irgendeine Spur, ein schlüssiger Beweis?"

Ernetti nickte zustimmend: „Ja. Wir haben die Szene auf dem Bildschirm selbstverständlich zusätzlich gefilmt. Allerdings ging dabei der dreidimensionale Eindruck verloren. Aber es war für uns die einzige Möglichkeit, zu einem Beweis zu kommen. Das vom ‚Chronovisor' Abgefilmte konnten wir dann später vorführen. Der Papst selber, *Pius XII.,* sowie hochrangige geistliche und weltliche Vertreter des Vatikans und unserer Republik waren bei der filmischen Wiedergabe anwesend: so die Mitglieder der Päpstlichen Akademie, Italiens Staatspräsident und der Kultusminister ..."

„Und was geschah danach mit Ihrem zeitüberschreitenden Gerät?", wollte Pere Brune von seinem Gastgeber wissen. Pater Ernetti gab sich zurückhaltend: „Es befindet sich an einem sicheren Ort und wurde, um es vor Missbrauch zu bewahren, *zerlegt.*"

Der venezianische Benediktinermönch nannte seinem französischen Mitbruder sehr offenherzig den Grund, weshalb eine derart epochale Erfindung bis auf weiteres der Öffentlichkeit vorenthalten bleiben sollte. Und er widersprach auch Brunes Einwand, dass doch eine solche Apparatur „die Welt erschüttern und den Glauben neu entfachen" könnte, der doch allmählich verloren zu gehen drohe, entkräftete Ernetti mit drastischen Worten: „Mit diesem Gerät, mein Freund, kann die Vergangenheit eines jeden Einzelnen vollständig und ausnahmslos nachgezeichnet werden. Nichts bliebe mehr geheim. Weder wichtige Angelegenheiten des Staates noch solche der Industrie. Vor allem aber wäre dadurch – bei einer Missachtung moralischer Prinzipien beim Gebrauch dieser Zeitmaschine – unser aller Privatleben auf das Äußerste gefährdet. Die Intimsphäre wäre nicht mehr geschützt und könnte durch skrupellose Benützer des ‚Chronovisors‘ in die Öffentlichkeit getragen werden. Der Erpressung davon betroffener Personen wäre in der Folge Tür und Tor geöffnet."

Vielleicht ahnte Pater Ernetti, dass ihm nicht mehr allzu viel Zeit zur Verfügung stehen würde, sein Lebenswerk zu einem vollständigen Abschluss zu bringen. So vermochte er in der zweiten Hälfte des Jahres 1993 – trotz zahlreicher Anfragen aus dem einfachen Volk – seine vielfachen Exorzismen nur noch vereinzelt auszuführen, da ihn eine schwere Krankheit immer häufiger zwang, tagelang im Krankenhaus zu verweilen.

Darunter litt in der Folge natürlich auch seine wissenschaftliche Tätigkeit im Labor des Benediktinerklosters auf San Giorgio. Zudem befürchtete der Lehrstuhlinhaber in Venedig zu Recht, sein „Chronovisor" könnte Gefahr laufen, so er sich damit nicht mehr beschäftigen konnte, in die falschen Hände zu geraten. Von jenem runden Dutzend ihm in den vergangenen vier Jahrzehnten zur Seite gestandenen Wissenschaftlern lebten nur noch wenige – und die Mehrzahl von ihnen nicht in Italien. Es musste also Entscheidendes geschehen, um das ungemein wertvolle Gerät vor jeglichem Missbrauch zu bewahren. Und Pater Ernetti wusste auch *wie*.

Zunächst jedoch flatterte ihm eine offizielle Einladung von hoher vatikanischer Stelle ins Haus. Er wurde gebeten, vor einer international besetzten Kommission katholischer Wissenschaftler sowie vier ranghohen Kardinälen Auskunft über den Stand der Arbeit an seinem „Chronovisor" zu geben. Ort dieser Begegnung, an der auch zwei noch lebende Physiker aus

Ernettis Mitarbeiterstab teilnehmen sollten, war die *Pontifika-lische Akademie* in Rom.

Obwohl schon ein wenig gebrechlich, ließ sich der physikalisch und musikalisch geschulte Theologe diese Gelegenheit nicht entgehen, vor dieser erlesenen Abordnung geistlicher und weltlicher Kapazitäten die Vorteile seiner „Zeitmaschine" (als die man den „Chronovisor" ja durchaus bezeichnen konnte) ausführlich darzustellen. Er informierte schriftlich zwei von ihm ausgewählte Fachleute über die ehrenvolle Einladung des Vatikans und erhielt auch prompt deren Zusage.

30. September1993. Der große Tag war da. Zu dritt machten sich Alfredo Pellegrino Ernetti und seine beiden Gefolgsleute auf den Weg in die Akademie. Man hatte vereinbart, sich tags zuvor in einem dafür vorgesehenen Hotel einzufinden und von dort aus zur festgesetzten Zeit den dafür bestimmten Treffpunkt aufzusuchen.

Pere François Brune hatte noch einmal die Gelegenheit, seinem Freund und Ordensbruder (vor dessen Ableben im April des Folgejahres) am 1. November 1993 zu begegnen. Und er wurde bei dieser Gelegenheit von ihm eingehend über Ernettis kurz zuvor erfolgte Zusammenkunft auf akademischem Boden informiert.

„Ich hatte ein nicht zu ausführliches, aber umso faktenreicheres Referat vorbereitet und zusätzliche Unterlagen zusammengetragen, um für alles, was die Herren aus der Kurie sowie des Beirates über Zusammensetzung und Funktion des ‚Chronovisors' zu erfahren wünschten, gewappnet zu sein. Und ich hatte gut daran getan, das Material mitgebracht zu haben, denn die anwesenden Mitglieder der Kommission, vor allem aber die vier von höchster Stelle in die Akademie delegierten Kardinäle, zeigten sich an meinem ‚Zeit-Seher' überaus interessiert. Vor diesem Gremium international angesehener Experten und hochrangiger geistlicher Würdenträger bestand für mich und meine beiden Begleiter nunmehr kein Grund mehr, irgendetwas über die jahrzehntelange Arbeit an unserem zeitüberbrückenden Gerät zu verschweigen."

„War die Neugier bei den Betreffenden sehr groß?", wollte der Gast aus Frankreich wissen.

Ernetti lächelte verschmitzt: „Wir haben ihnen *alles* gesagt!"

Was ist inzwischen mit dem Lebenswerk des Verstorbenen geschehen?

In den letzten Jahren seiner Tätigkeit war der „Chronovisor" einer strengen Bewachung unterzogen worden. Gerüchte (Genaueres weigerte sich der Pater bekannt zu geben) wollen wissen, dass das heikle Gerät – solange daran keine experimentellen Versuche vorgenommen wurden – in einem Panzergewölbe des Vatikanischen Archivs aufbewahrt worden sei und angeblich Tag und Nacht unter strenger Bewachung gestanden habe. Sicher jedoch ist, dass Ernetti (bereits todkrank) verfügte, seine Zeitmaschine in ihre Bestandteile zu zerlegen und den noch lebenden Physikern seiner Crew auszuhändigen.

Diese Vorsichtsmaßnahme hatte ihre guten Gründe. Witterten doch skrupellose Geschäftemacher (die vermutlich auch mit den Geheimdiensten aus den unterschiedlichsten Ländern in Verbindung standen) nunmehr – wo es sich herumgesprochen hatte, dass der moralische Eigentümer des „Chronovisors", Pater Ernetti, im Sterben lag – die große Chance, doch noch an das wundersame Gerät heranzukommen, um es in der Folge an den Meistbietenden zu verkaufen.

Dem hatte der gewitzte Benediktinermönch auf diese Weise einen Riegel vorgeschoben.

Heute existiert die moderne Zeitmaschine in ihrer Gesamtheit nur noch auf angeblich in Archiven des Vatikans verborgen gehaltenen Konstruktionsplänen; das Gerät selbst – beziehungsweise die einzelnen dazugehörigen Materialien – befindet sich in der Obhut jener noch lebenden wenigen Wissenschaftler, über den weiten Erdball verstreut.

Genauso hatte es der venezianische Pater gewollt, seit er – nach anfänglichem Enthusiasmus – mit erschreckender Deutlichkeit erkannt hatte, dass der Mensch mit all seinen Licht- und Schattenseiten doch noch nicht die notwendige Reife zu besitzen scheint, mit einem wie dem von ihm und seinen zwölf Mitarbeitern entwickelten hypersensiblen Gerät verantwortungsbewusst umzugehen. Alfredo Pellegrino Ernetti, dieser umfassend ausgebildete, vielseitige Theologe, Physiker und Musikwissenschaftler, hielt sich im Zusammenhang mit seinem „Chronovisor" anscheinend lieber an einen uns überlieferten Ausspruch von Jesus Christus, dem die tröstliche Prophezeiung in den Mund gelegt worden ist: *„Am Ende der Zeiten wird alles Verhüllte offenbar werden."*

Wunder oder Psycho-Test?

11. Februar 1858: Der damals vierzehnjährigen *Bernadette Soubirous* erscheint in einer Grotte nahe dem französischen Pyrenäenort *Lourdes* eine weiß gekleidete Dame mit blauer Schärpe. Es war die erste von insgesamt achtzehn wundersamen Begegnungen des Mädchens mit einem Schemen, den sie später für die *Muttergottes* zu halten begann.

13. Oktober 1917: Das rätselhafte Geschehen wiederholt sich. Diesmal in dem kleinen portugiesischen Ort *Fatima*. Und wieder sind es *Kinder*, die von einer Lichtgestalt überrascht werden. *Lucia*, zehn Jahre alt, und ihre jüngeren Gespielen, die Geschwister *Francisco*, neun Jahre, und *Jacinta*, sieben Jahre, erblicken beim Schafehüten über einer kleinen Steineiche in der *Mulde der Heiligen Iria* eine wunderschöne Frau, „die heller strahlt als die Sonne". Ihr Gewand war weiß wie Schnee und am Hals mit einer goldenen Schnur geschlossen. Es reichte ihr bis zu den Füßen herab. Haupt und Schultern bedeckte ein ihre Gestalt verhüllender Schleier und in den gefalteten Händen hielt die Erscheinung einen Rosenkranz.

Die Geschichte ist bekannt. Sie komme vom Himmel, gibt die weiße Dame beim ersten Mal preis und erst bei ihrer zweiten Begegnung, am 13. des Folgemonats, wird den drei Kindern eine Identität suggeriert: „Wir erkannten, dass es das Unbefleckte Herz *Mariä* war ..."

Es sind fürwahr nicht die beiden einzigen Erscheinungen, die für eine Manifestation der Mutter Jesu angesehen und von den kirchlichen Behörden mit unverhohlenem Misstrauen beobachtet wurden. Mindestens fünfzehn weitere Fälle dieser Art könnten in diesem Zusammenhang genannt werden. Sie alle aber haben – im Gegensatz zu den vom Vatikan offiziell anerkannten Wallfahrtsorten Lourdes und Fatima – keine päpstliche Gnade gefunden, obgleich auch sie mit wundersamen Begegnungen mit der heiligen Jungfrau aufwarten können.

Selbst *russisches* Terrain blieb hiervon nicht verschont. So wurde vor vier Jahren das westukrainische Dorf *Gruschewo* von Pilgern überschwemmt. Einem Mädchen soll dort *Ende April* die Gottesmutter erschienen sein.

Aber kommen wir auf den Punkt. Kommen wir auf jenes Geschehnis zu sprechen, das uns in die Lage versetzen könnte, endlich Licht ins Dunkel um mehr oder weniger logische Hypothesen zu bringen, die da rund um diese vermeintlichen Himmelswunder aufgestellt worden sind: auf die Marien-Erscheinungen von *Medjugorie*.

Wieder waren es *Kinder* und *Jugendliche* im Alter von zehn bis siebzehn Jahren, diesmal *fünf* an der Zahl, die am *24. Juni 1981* einer Demonstration unbekannter Kräfte ansichtig wurden. Während sie fröhlich spielten, erschien ihnen auf dem Berg *Crnica*, nahe ihrem kleinen kroatischen Heimatdörfchen Medjugorie, gegen 18 Uhr „ein hübsches Mädchen, etwa zwanzig Jahre alt, wie wir es noch nie gesehen haben". Es offenbarte sich in einer Lichtsäule, trug ein langes, weißes Kleid, auf seiner Stirn eine Krone aus Sternen und auf dem Arm ein kleines Kind.

Wie fast überall verkündete die Erscheinung „eine Botschaft" – diesmal von „Buße und Frieden", nur für den Papst bestimmt.

Was seither geschehen ist, braucht an dieser Stelle nicht unbedingt wiederholt zu werden. Die Medien – TV, Radio und Presse – überschlugen sich förmlich mit Berichten. Gläubige, Schaulustige, Reporter und Geschäftemacher strömten gleichsam an den Ort des wundersamen Geschehens. Seit 1981 zählt Medjugorie zu den besonderen Plätzen dieser Erde. Zwar hat sich dort, im Gegensatz zu Fatima und anderswo, noch keines der phänomenalen *„Sonnen"*-Wunder ereignet, dafür aber haben sich erstmals (und wie es scheint, rechtzeitig) Wissenschaftler in die Angelegenheit eingeschaltet und sind der Sache nachgegangen.

Zuvor waren ja derartige *unsichtbare*, (für den Normalsterblichen auch *unhörbare*) „Erscheinungen" von der Naturwissenschaft schlicht als nicht existent abgelehnt und der Ein-

Die Madonna von Medjugorie wurde der Erscheinung nachgebildet.

bildungskraft von (vielleicht pubertierenden) Kindern zugeschrieben worden. Und vielfach tun dies die „Hohepriester"
dieser wissenschaftlichen Zunft auch heute noch.

Verschiedene ernsthafte Untersuchungen vor Ort werden
möglicherweise zum Umdenken zwingen.

Erstmals wurden nämlich in Medjugorie (und werden fallweise immer noch) besonders intensive *medizinische* und
elektronische Strahlungsvermessungen vorgenommen. Sie
brachten teilweise außerordentlich interessante, ja sogar ein-
deutige Ergebnisse:

So nahm ein französisches Ärzteteam mehrere Wochen
hindurch die verschiedensten *physiologischen* Messungen an
den Seher-Kindern (*während* und *nach* einer dieser jeweiligen
„Erscheinungen") vor. Man bediente sich hierbei ähnlicher
Methoden, wie sie auch in der *Schlafforschung* Anwendung
finden, also *Gehirnstrom-Messungen, Messung der Augenbe-
wegungen* und noch einiges mehr. Das Ergebnis: Die Kinder
befanden sich zum fraglichen Zeitpunkt *in tiefer Trance* und

sie reagierten dabei überhaupt nicht auf das, was in ihrer natürlichen Umgebung geschah.

Eher zufällig entdeckte zudem der amerikanische Physiker *Burguslav Lipinski* aus Boston ein hochinteressantes Phänomen. Es konnte zum Zeitpunkt der Erscheinung in der *Grobla-Kapelle* von Medjugorie am 15. März 1985 registriert werden. Eine *Strahlung* – ähnlich der natürlichen *radioaktiven* Strahlung – stieg innerhalb einer halben Stunde von 15 mR/h (= Millirad pro Stunde) auf unfassbare 100.000 mR/h an!

Die zahlreichen betenden Wallfahrer in der Kapelle hätten unter normalen Umständen an einer derartigen Strahlendosis *zugrunde gehen* müssen. Aber nichts dergleichen geschah.

Nicht nur die mit den Untersuchungen in Medjugorie befassten Wissenschaftler überlegen seither ernsthaft, ob sich anhand solcher unerklärlicher und den (bekannten) Naturgesetzen widersprechender Phänomene auch die an den Erscheinungsorten oftmals auftretenden „Wunderheilungen" erklären lassen.

Tatsächlich sind dies alles lediglich Nebeneffekte. Und wenn in der Zwischenzeit der Diözesanbischof von Mostar, *Pavao Zanic*, mehrfach Zweifel an der Echtheit der Marienerscheinungen in Medjugorie geäußert hat und die Ansicht einer von ihm nicht näher bezeichneten Expertenkommission kundtat, wonach diese mehrheitlich zu dem Schluss gekommen sei, bei den mysteriösen Vorgängen in Medjugorie handle es sich „keineswegs (um) authentische Marienerscheinungen", dann dürften diese kirchlichen Kreise der Wahrheit wahrscheinlich weit näher gekommen sein, als sie ahnen.

Erich von Däniken in dem Sachbuch „*Erscheinungen*" und *Johannes Fiebag* in seiner Dokumentation „*Die geheime Botschaft von Fatima*" haben dies schon vor vielen Jahren richtig erkannt. *Nicht* mit göttlichen Manifestationen haben wir es hier zu tun – sondern mit von *außerirdischen* Experimenteuren gesteuerten *Psycho-Tests*!

Dazu passt das „Sonnenwunder" in *Fatima* oder jenes nahe der oberitalienischen Kleinstadt *Montichiari* (Letzteres ereignete sich dort im Jahr *1969*) ebenso wie die vielen überirdisch anmutenden Begleiteffekte vor oder während der verschiedenen Manifestationen.

„Jede weit genug entwickelte Technologie ist von Magie nicht zu unterscheiden", behauptete beispielsweise der bekannte britische Physiker und Mathematiker *Arthur C. Clarke* (dessen Sciencefictionromane *„2001 – Odyssee im Weltraum"* und *„2010 – Der Tag, an dem wir Kontakt aufnahmen"* weltweit verbreitet und ebenso erfolgreich verfilmt worden sind) durchaus zu Recht.

Bei den verschiedenen „Sonnenwundern" – das geht aus deren Beschreibungen durch aufmerksame Beobachter klar hervor – handelte es sich weder um Halluzinationen noch um Massensuggestionen, wie von manchen theologisch Unbeeinflussten gerne argumentiert wird, sondern um *tatsächliche* Begebenheiten. „Das UFO-Phänomen tritt seit Jahrtausenden in unterschiedlichen Varianten auf; *eine* davon ist die religiös geprägte", resümierte Johannes Fiebag in seinem Fatima-Report und folgerte: „Daraus ergibt sich, dass Marien- und Gotteserscheinungen *neu* zu bewerten sind."

Seine anschließende Frage, warum diese Erscheinungen eigentlich stattfänden und was für ein Interesse die hinter diesem Phänomen stehende Intelligenz wohl daran haben möge, auf diese oder andere Weise in unsere Geschichte einzugreifen, lässt sich ansatzweise durchaus beantworten: Welch bessere Methode ließe sich für außerirdische Erforscher intelligenter Lebensformen auf fremden Planeten denn finden als jene, mittels religiöser „Tarnkappe" – also gewissermaßen *maskiert* – vorzugehen? Es ist doch geradezu symptomatisch, dass man sich vorzugsweise *Kindern*, in jedem Fall aber eher *einfachen*, oft *älteren Menschen* offenbarte, wobei man die ausgewählten Versuchsobjekte zweifelsfrei erst einmal beobachtet und studiert hatte. Die effektive Einflussnahme erfolgte sodann auf eine Weise, indem man die emotionale Saite der ausgewählten Person zum Schwingen brachte – und das ist (nicht zuletzt bei naiven Kindern) immer noch das *religiöse* Gefühlsleben.

„Im Falle Lourdes wird einem der Gedanke von der *Mate-*

rialisation einer fremden Energieform geradezu auf einem silbernen Tablett serviert", erkannte *Erich von Däniken* bereits 1974 in seinem Bestseller *„Erscheinungen"*. Für ihn ist es gewiss, dass all diese so rätselhaft anmutenden Geschehnisse nicht *übernatürlich,* sondern ausschließlich *außerirdisch* gedeutet werden müssen. „Die Protokolle der Seher-Kinder in Fatima lassen auf physikalische Ereignisse schließen", schreibt Däniken weiter. „Stets kündigten sich Erscheinungen mit ‚Blitzen' an, deren elektrische Entladungen mit Geräuschen von Rauschen und Knistern verbunden waren." Eine Erscheinung sei nicht plötzlich da, sie müsse sichtlich ihre Atome erst zum „Bild" ordnen. Während des Erscheinungsvorganges entstünde ein elektromagnetisches, wahrscheinlich stark ionisiertes Feld. Luft würde sehr schnell verdrängt und dabei entstünden Schallschwingungen wechselnder Höhe und Stärke wie ein „dumpfer Wind". Würde die Erscheinung von jenen, die sie steuern, beendet, so stürzte Luft ins Vakuum, das vom sich spontan auflösenden Magnetfeld aufgerissen würde. Dies sei mit ein Grund, weshalb an mehreren Erscheinungsorten von ansonsten passiven Beobachtern eine Art „Knall" gehört worden sei.

Wir kennen natürlich die eigentlichen Untersuchungsmethoden außerirdischer Experimenteure nicht, die es ihnen bislang ermöglicht haben, unter dem Deckmantel scheinbar religiöser Manifestationen ihre Forschungsarbeit am Objekt Mensch voranzutreiben. Aber dass es auf diese hier beschriebene Weise funktionieren dürfte, scheint mir gewiss.

Nicht zufällig mehren sich vor allem in den USA – wo Meinungsvielfalt, wie immer man dazu stehen mag, einen hohen Stellenwert besitzt – Aussagen von Leuten, die ernsthaft behaupten, von kleinen grauhäutigen Wesen in deren UFOs entführt und dort zu Zuchtexperimenten missbraucht worden zu sein. *Budd Hopkins,* Autor von einigen auf den US-Bestsellerlisten ganz oben rangierenden Buchreports, ist nur einer von mehreren, die inzwischen durchaus seriöse Zeugenaussagen eingeholt haben und verbürgte Entführungsfälle zu schildern wissen.

Es scheint so, als müssten wir darauf vorbereitet sein, die Rückkehr der Vorzeit-Götter zur Kenntnis zu nehmen. All das, was unsere legendären Überlieferungen verkünden, was in den so genannten „heiligen Büchern" rund um unseren Globus nachzulesen ist – der Homo sapiens als *Experimentierfeld* außerirdischer Intelligenzen scheint sich jetzt möglicherweise zu bestätigen.

Warum auch nicht? Vielleicht dient dieses Sonnensystem, im besonderen der Planet Erde, einer hoch entwickelten galaktischen Rasse als quasi *kosmisches Labor* für weit fortgeschrittene, uns vorderhand noch unbegreifliche genetische, physische und – wie die so genannten „Marien-Erscheinungen" anzudeuten scheinen – auch *psychische* Versuche.

Roswell und die Politik
der Geheimhaltung

Wenn es ein weltweites spektakuläres UFO-Ereignis gibt, das engagierte UFO-Enthusiasten bis zum heutigen Tag zu beschäftigen weiß, dann wohl jenes, das sich am 2. Juli des Jahres *1947* in *New Mexico* nahe dem Städtchen *Roswell* zugetragen hatte. Ein paar Tage später: Um etwa 16 Uhr, man schrieb den 7. Juli des betreffendes Jahres, saß *Lydia Sleppy* von Radio *KOAT,* Albuquerque, vor ihrem Fernschreiber, als plötzlich das Telefon schrillte. Am Apparat meldete sich *Johnny McBoyle,* Reporter und Mitbesitzer des kleinen Schwestersenders *KSWS* in Roswell, der über keinen eigenen Telexanschluss verfügte und deshalb manchmal gezwungen war, jenen der KOAT mit zu benützen.

Johnnys Stimme klang Lydia äußerst erregt im Ohr:

„Lydia, mach dich auf einen Knüller gefasst! Das muss sofort über den ABC-Draht! Hör dir das an! Eine fliegende Untertasse ist vor einigen Tagen abgestürzt ... Nein, ich mach keinen Witz. Sie ist in der Nähe von Roswell abgestürzt, ich bin dort gewesen und habe das Ding mit eigenen Augen gesehen. Sieht aus wie ein zerbeulter Kochtopf. Irgendein Rancher hat das UFO mit seinem Traktor unter einen Viehunterstand geschleppt. Die Armee ist da und sie wollen die Untertasse von dort wegholen. Das ganze Gebiet ist bereits hermetisch abgeriegelt. Und nun pass auf – die reden sogar von kleinen Männern an Bord ... Fang schon mal an die Nachricht per Telex rauszusenden, während ich noch am Telefon warte."

So schildern der amerikanische Bestsellerschreiber *Charles Berlitz* und sein Landsmann, der prominente UFO-Forscher *William L. Moore* („Das Bermuda-Dreieck", „Das Philadelphia-Experiment"), den hektischen Beginn einer Story, die nicht nur in Amerika, sondern auch weltweit für Aufregung und nicht enden wollende Diskussionen pro und kontra sorgen sollte, in ihrem Erfolgsbuch *„Der Roswell-Zwischenfall"*.

Ziemlich verwirrt, den Telefonhörer zwischen Ohr und Schulter eingeklemmt, reagierte Lydia Sleppy auf den Anruf ihres befreundeten Kollegen und begann sofort McBoyles unglaubliche Geschichte in den Fernschreiber zu tippen.

Aber sie kam damit nicht weit. Denn plötzlich stoppte der Apparat aus unerfindlichen Gründen. Mrs Sleppy regte das zunächst nicht weiter auf, denn das kam gelegentlich vor, dass sich der Fernschreiber abschaltete. Sie nahm also den Telefonhörer wieder in die Hand und informierte McBoyle, was geschehen war. Der aber schien diesmal nicht nur ungemein erregt zu sein, sondern auch irgendwie unter Druck zu stehen. Lydia kam es außerdem so vor, als spräche er gleichzeitig auch noch mit einer ihr unbekannten, dritten Person. Seine Stimme klang irgendwie gekünstelt.

Hektisch vernahm sie die Worte: „Warte einen Moment, ich bin gleich wieder dran … warte … ich komme sofort zurück."

Doch dazu sollte es nicht kommen.

Stattdessen setzte sich überraschenderweise der Fernschreiber wieder in Bewegung. Die Nachricht, die der jungen Frau jetzt übermittelt wurde, war an sie *persönlich* beziehungsweise direkt an die Radiostation KOAT in Albuquerque gerichtet. Der Absender gab sich nicht zu erkennen, sein Ton jedoch klang schroff, fordernd und formell:

„Achtung, Albuquerque: nicht senden. Wiederhole: diese Nachricht nicht senden. Übermittlung sofort abbrechen."

Lydia war ratlos. Da sie aber mit McBoyle immer noch telefonisch verbunden war, teilte sie ihm sofort das über Telex Angeordnete mit. Auf ihre Frage, was sie denn jetzt machen solle, erhielt sie von Johnny am anderen Ende der Leitung jedoch eine absolut unerwartete Antwort: *„ Vergiss es. Du hast das nie gehört. Sieh mal, du darfst davon nichts wissen. Sprich mit niemandem darüber."*

Wir wissen inzwischen, was damals passiert ist. Man hatte von offizieller Seite rechtzeitig dafür gesorgt, dass die wahrheitsgemäße Meldung über den Absturz eines unbekannten Flugobjekts in der Steppenlandschaft um Roswell *unter-*

drückt wurde und der Vorfall in den Niedergang eines harmlosen *Wetterballons* umgemünzt werden konnte.

Die Politik der Geheimhaltung, an jenem 7. Juli 1947 perfekt inszeniert von der *US Air Force*, hatte einmal mehr über ein *reales* Geschehen triumphiert. Zahlreiche davon unmittelbar Betroffene – Augen- wie auch Ohrenzeugen – wurden unter dem Vorwand, dass angeblich die *„nationale Sicherheit"* der Vereinigten Staaten auf dem Spiel stünde, gezwungen, nichts über ihre Kenntnisse verlauten zu lassen. Wobei man von militärischer Seite in manchen Fällen selbst davor nicht zurückschreckte, die betreffende Person, egal ob Mann oder Frau, *lebensbedrohend* einzuschüchtern.

Hätte man es mit der ursprünglichen Version des angeblich abgestürzten Wetterballons bewenden lassen und die manipulierte Story, ungeachtet ihrer Verfälschung, beibehalten, dann wäre wahrscheinlich im Laufe der Zeit Gras über den damaligen Vorfall gewachsen. Aber wie es scheint, waren sich die entsprechenden Behörden ihrer Sache doch nicht so ganz sicher. Denn ihrem seinerzeitigen Dementi folgten in den späteren Jahren noch zwei weitere, allerdings beträchtlich veränderte Darstellungen des Ereignisses vom 2. Juli 1947.

Gänzlich unglaubwürdig machte sich dann aber die US-Luftwaffe ausgerechnet am 50. Jahrestag des „Roswell-Zwischenfalls", als an die einhunderttausend UFO-Enthusiasten am 2. Juli 1997 nach New Mexico pilgerten, um dort – in typisch amerikanischer Art – die Wiederkehr jenes sensationellen Roswell-Vorfalls fröhlich und lärmend zu feiern. Dass dabei auch die Geschäftemacherei nicht zu kurz kam, vermag sich jeder vorzustellen, dem die amerikanische Lebensart annähernd geläufig ist.

Angesichts des damals überwältigenden Andrangs eines begeisterten Massenpublikums – UFO-Fans der ersten Stunde sozusagen – an jener Unglücksstelle im Gebiet von *Corona*, nordwestlich des Städtchens *Roswell* in *New Mexico*, scheinen die verantwortlichen Kräfte bei der US Air Force in *Panik* geraten zu sein. Anders lässt es sich nämlich kaum erklären, was die Luftwaffe dazu bewog, eigens wegen dieses UFO-

Rummels eine immerhin *231-seitige Dokumentation* ausarbeiten zu lassen, in welcher – nun schon zum *dritten Mal* – die angeblich wahre Ursache des seinerzeitigen Absturzes einer „Fliegenden Untertasse" nahe Roswell dargestellt wurde.

War es also vorerst ein simpler Wetterballon gewesen, den man der interessierten Öffentlichkeit sowie den nicht weniger neugierigen Medien aufzutischen versuchte (nachdem zunächst wahrheitsgemäß die Bruchlandung eines offensichtlich nichtirdischen und intelligent gesteuerten Flugkörpers sowie die Entdeckung mehrerer toter (offensichtlich erdfremder) Insassen gemeldet worden war), so änderte man vor fünf Jahren – nach der Vorführung der umstrittenen Santilli-Filme über die angebliche Autopsie zweier (angeblich) außerirdischer Leichen die behördliche Strategie: Plötzlich verwandelte sich der vorgebliche Wetterballon in das „Projekt Modul" – ein Spionageballon der Air Force zum Zwecke der (natürlich geheimen) Überwachung sowjetischer Atomtests.

Das sei nun die volle Wahrheit, wurde von offizieller Seite beteuert. Es sei also keine wie von vielen UFO-Gläubigen behauptete „Fliegende Untertasse" mit außerirdischen Raumfahrern gewesen. Tatsächlich wären am 2. Juli 1947 lediglich die Reste des „Modul"-Objektes am Ort ihres Niedergangs aufgefunden worden. Was auch den damaligen Einsatz des Militärs erforderlich gemacht hätte, versuchte man sich nachträglich zu rechtfertigen. Dahinter müsse letztendlich der eigentliche „Background" der irrtümlich verbreiteten UFO-Absturz-Story gesucht werden, behauptete die US Air Force und gab vor, damit nunmehr ein bislang *militärisches Geheimnis* gelüftet zu haben.

Jetzt warf man dort gewissermaßen auch den Inhalt des *zweiten Dementis* in den Müll. Und rückte mit einer dritten Version des spektakulären Vorfalls vom 2. Juli 1947 heraus: *Kein Wetterballon* sei es in Wirklichkeit gewesen, der in jener Gewitternacht zu Bruch gegangen wäre, und auch *„Projekt Modul"* habe mit der Sache *nichts zu tun* gehabt – vielmehr sei damals eine *höchst geheime Hightech-Sonde*, die auf verblüffende Weise einer fliegenden Scheibe *geähnelt* hätte, ab-

War das Roswell-UFO in Wirklichkeit eine Hightech-Sonde?

gestürzt und mit einem außerirdischen UFO *„verwechselt"* worden.

Die Leichen aber, die von den an die Unglücksstelle geeilten Augenzeugen bei dem zerschellten Flugkörper wahrgenommen werden konnten, seien in Wahrheit nichts weiter gewesen als – *Gummipuppen!* So genannte *„Dummys",* wie man diese Dinger in Amerika bezeichnet. Die Luftwaffe will sie aus 30 Kilometer Höhe mittels Fallschirmen abgeworfen haben, um *Rettungssysteme für Piloten* zu „testen" ...

Das sei nunmehr die endgültige Wahrheit, lässt uns die Air Force wissen – die Wahrheit und nichts als die Wahrheit.

Jener angebliche Alien aber (von Beobachtern sehr augenscheinlich beschrieben), dessen abnormal großer Schädel nicht zu übersehen gewesen war, der angeblich den Absturz lebend überstanden hatte und den die Behörden später auch verhört haben sollen, sei in Wirklichkeit ein *verunglückter Testpilot* gewesen. Durch die unfreiwillige Bruchlandung sei dessen Helm zerbrochen und danach der Kopf des Betreffenden *„aufgequollen"!*

Man fasst es nicht, für *wie dumm und naiv* die Verantwortlichen der amerikanischen Luftwaffe die eigene Bevölkerung und darüber hinaus die Weltöffentlichkeit zu halten scheint. „Wie viele Lügen müssen wir noch von der Air Force ertragen?", meldete sich der wahrscheinlich bestinformierte Experte zum „Roswell-UFO-Crash", *Stanton Friedman,* zu Wort. Seiner damaligen Aufforderung an die verantwortlichen Stellen: *„Rückt endlich die ‚Fliegende Untertasse' heraus, die ihr versteckt; macht reinen Tisch!",* wurde – wie zu erwarten war – von den darauf angesprochenen Behörden ebenso wenig entsprochen, wie dies schon bisher geschehen war.

„Weil nicht sein kann, was nicht sein darf", wird von den Militärs in den USA frischfröhlich weiter *gelogen* und die gutgläubige Weltöffentlichkeit mit immer plumperen „Erklärungen", allen „Facts" zum Trotz, *hintergangen.* In der leider sich immer wieder bestätigenden Hoffnung hierfür verantwortlicher Personen, genügend „nützliche Idioten" *gängeln*

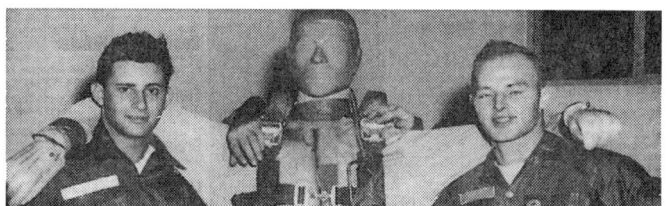

Zwei US-Soldaten und eine ihrer „Dummy"-Puppen aus Gummi.

zu können, die oft mit fast *liebdienerischer* Hingabe jedwe-
den Unsinn akzeptieren, den man ihnen von Seiten einer sich
nur scheinbar informierten „Obrigkeit" nahe zu legen versucht.

Es gibt eben nun mal Zeitgenossen, die es geradezu darauf
anzulegen scheinen – selbst um den der *lauteren Wahrheit* –,
nach Strich und Faden *betrogen* und *belogen* zu werden …

3. Teil

Viktor Farkas

Geheime Bünde
&
Verschwörungen

Einleitung: Glanz und Elend der Verschwörungen

„Ich bin völlig davon überzeugt,
so wie von meiner eigenen Existenz,
dass es einen regelrechten, systematischen Plan
gegeben hat, die ungerechten Maßnahmen
(gegen die Kolonisten) durchzusetzen. "

George Washington im Jahr 1774

Der Homo sapiens ist sozusagen ein „geborener Verschwörer". Bereits unter den ersten Spuren menschlichen Lebens finden sich Zeugnisse für Geheimgesellschaften. Höhlenmalereien zeigen Stammesangehörige, die sich ebendort trafen, um Machenschaften gegen rivalisierende Horden auszubrüten. Jede Gemeinschaft, die der Anthropologie bekannt ist, kann mit Geheimgesellschaften aufwarten. Sie sind, vom stammesgeschichtlichen Standpunkt gesehen, die Norm.

Wieso gerät trotzdem jedermann in den Verdacht der Paranoia, wenn er Weltverschwörungen vermutet? Verkneift man sich den nahe liegenden Gag, genau das sei ein Zeichen für eine Weltverschwörung, so werden die meisten Zeitgenossen wohl eine Grenze zwischen Verfolgungswahn und verständlichem Argwohn gegenüber den agierenden Mächten definieren können. Wer vermutet, dass sich mehrere staatliche Institutionen „verschworen" haben, um ihm das Geld aus der Tasche zu ziehen, der kann mit Verständnis rechnen. Ist er aber felsenfest überzeugt, dass hinter allen Institutionen der Erde als Produkt einer Mega-Überverschwörung ein „geheimes Direktorium" steht, dem kann es passieren, dass Männer in weißen Mänteln ihm eine Jacke mit überlangen Ärmeln anlegen. Die Frage bleibt trotzdem: Ist der Betreffende verrückt oder nicht? So manches, das geschah und geschieht, ist, gelinde gesagt, dubios.

Muss der Lauf der Welt ein ununterbrochenes Hintereinander von negativen, gerade noch möglichen Ereignissen sein? Ist es nicht verlockend, die immer wieder gerne zitierte Aussage des US-Präsidenten Franklin Delano Roosevelt beim Wort zu nehmen: „In der Politik geschieht nichts zufällig. Wenn etwas geschieht, kann man sicher sein, dass es auch auf diese Weise geplant war." Entsprechen solche Worte nicht weit befriedigender der Kausalität als der Standpunkt der „seriösen" Geschichtsschreiber, alles sei viel zu kompliziert, um als logische Abfolge von Ursache und Wirkung betrachtet zu werden? Hat der in letzter Zeit immer wieder geäußerte Gedanke, geheime Mächte würden seit Jahrhunderten die Fäden ziehen, etwas Zwingendes? Wagen wir es, ihm Schritt für Schritt zu folgen, immer entlang einer Kette von wenig bekannten, dafür aber um so seltsameren Fakten.

Wenig bekannt ist beispielsweise, dass seit dem Zweiten Weltkrieg mehr Regierungswechsel mit Hilfe eines *Coup d'Etat,* eines Staatsstreiches, vollzogen wurden als auf demokratische Weise (dazu soll auch das Kennedy-Attentat zählen, zu dem in diesem Buch einiges gesagt wird). Da jeder solche Coup das Ergebnis einer vorhergehenden Verschwörung ist, bedeutet dies nicht mehr und nicht weniger als die erschreckende Tatsache, dass seit über fünfzig Jahren Verschwörungen in der Weltgeschichte eine größere Rolle gespielt haben als alle demokratischen Veränderungen zusammen, so sieht es zumindest Edward Luttwak in seinem Buch „The Coup d'Etat".

Und dann gibt es noch jene ungreifbaren Bedrohungen, von denen sich immer mehr Menschen umzingelt fühlen: Ein „gemachter" weltweiter Finanz-Crash soll ins Haus stehen (es gibt sogar schon einen Banker-Fachausdruck dafür: *Melt Down,* Abschmelzen) … Die Rauschgiftgesellschaft soll von geheimen Regierungsstellen ins Leben gerufen worden sein und weiter angekurbelt werden … Gehirnwäsche soll seit langem an harmlosen Bürgern vollzogen werden … AIDS soll gezielt in die Welt gesetzt worden sein … Außerirdische sollen mit Wissen der Regierenden unter uns weilen und rund um die Welt Verstümmelungen durchführen … Eine kleine Oberschicht soll unter dem Projektnamen „Alternative 3" ihre Auswanderung von der untergehenden Erde vorbereiten … und was der unterschiedlichsten Albträume noch mehr sind, denen ich in diesem Buch auf den Zahn fühle.

Ich nenne bewusst keine möglichen Drahtzieher. Die als solche dauernd herhalten müssen, kennt ohnedies jeder. So verlockend es ist, Geheimgesellschaften nachzuspüren, so groß ist die Gefahr, sich im Dickicht aus haltlosen Anschuldigungen und wilden Vermutungen zu verstricken. Je verbissener man Bilderbergern, Illuminaten, Freimaurern und anderen Logenbrüdern, Goldenen Dämmerern, Vril-Anhängern, Mitgliedern der Mont-Pelerin-Gesellschaft, Trilateralen, Thulebündlern, Rosenkreuzern, Templern, Hermetikern, Theosophen, Ordensmannen der Strikten Observanz, Funktionären des „Committee on the Present Danger" (C.P.D.) oder des „Council Of Foreign Relationship" (CFR), Odd Fellows, Gralsgefährten, um nur einen winzigen Ausschnitt der Kandidaten zu nennen, hinterherjagt, umso mehr dröhnt einem der Kopf. Es könnte einem dann wie den drei Lektoren aus Umberto Ecos Bestseller „Das Foucault'sche Pendel" ergehen. Aus einer Laune heraus konstruieren sie unter hemmungsloser Verwendung von historischen Daten, Geheimlehren, kabbalistischen Zahlenkombinationen, gnostischen Initiationen und wildem Permutieren unterschiedlichster Faktoren eine Weltverschwörung. Obgleich reine Erfindung, fallen sie genau dieser Verschwörung schließlich zum Opfer. Sinnvoller scheint es also, nicht so sehr die möglichen Akteure ans Licht zerren oder beschleichen zu wollen als den

Spuren ihrer Aktivitäten mit eiskalter Sachlichkeit nachzuspüren.

Der beste Weg, die Zukunft vorherzusehen, ist, sie zu gestalten", diesen kryptischen Satz spricht einer der „Weltverschwörer" aus dem zweiten Teil des *„Akte X"*-Dreiteilers „Anasazi/Das Ritual/Verschwörung des Schweigens".

Es liegt in der Natur der Sache, dass „verborgene Weltenlenker" unsichtbar sind – nicht aber notwendigerweise alle ihre Spuren. Daher die Schlussfolgerung: Wenn man *geheime Umtriebe* erkennen kann, dann gibt es mit größter Wahrscheinlichkeit *geheime Strippenzieher.* Unter diesem Aspekt präsentiere ich ein Potpourri an ausgewählten Umtrieben, die so etwas wie einen „roten Verschwörungs-Faden" vage erahnen lassen. Über die zu alldem geäußerten Theorien kann man streiten, über die zugrunde liegenden *Fakten* nicht. Genauso denken mittlerweile Millionen Menschen in vielen Ländern.

Umfragen zeigen, dass fast die Hälfte der Angesprochenen überzeugt ist, in der Massenunterhaltung würden sich unliebsame Wahrheiten verbergen. Nach jeder Fernsehfolge von *„Akte X"* und erst recht nach *„Akte X: Der Film"* fragen sich Millionen: „Ist was dran am UFO-Cover-up und an Area 51? … An den Theorien zum Kennedy-Mord und zu anderen Attentaten? … An CIA-Projekten zur Gedankenkontrolle? … Am „Geheimen Direktorium", das angeblich die Welt beherrscht? … An Entvölkerungsprogrammen? … An einer von langer Hand geplanten (Schreckens-)Zukunft der Menschheit?

Albträume dieser Art gingen schon früher über Leinwand und Bildschirm, beispielsweise in John Carpenters Eliten-/Aliens-Verschwörungsstreifen *„Sie leben"* (They live, 1988) oder in Richard Donners Verschwörungsmarathon *„Fletchers Visionen"* (Conspiracy Theory, 1997) vom bewährten *„Lethal Weapon"*-Team-Regisseur Richard Donner, Produzent Joel Silver und Mel Gibson (der auch die Hauptrolle als nur scheinbar paranoider Verschwörungsfan übernommen hat). Lange vor Oliver Stones *JFK* gab es 1975 *„Unternehmen Staatsgewalt" (Executive Action [!])* mit Burt Lancaster und Robert Ryan, in dem Kennedy wegen „Landesverrates" von einer Regierungsstelle liquidiert wurde. Der Film, Regie David Miller, Drehbuch immerhin Dalton Trumbo, war völlig ernst gemeint. Dazu im Vorspann: „Es wird nicht behauptet, dass es so gewesen ist, aber es *könnte* so gewesen sein ..."

Das Kennedy-Attentat stand auch bei Alan Pakulas *„Zeuge einer Verschwörung* (1973) mit Warren Beatty und in Henri Verneuils *„I wie Ikarus"* mit Ives Montand (1979) Pate, wobei letzterer Streifen die wohl beste Aufarbeitung des Jahrhundert-Attentates darstellt.

Voll ins öffentliche Bewusstsein sind so genannte „Regierungsverschwörungen" durch Chris Carters *„Akte X" (X-Files)* gedrungen. Stellt man die diversen sinistren Umtriebe in den X-Akten auf den Prüfstand, entpuppen sich einige davon tatsächlich als peinlich realistisch, wenn man unter den Teppich gekehrte Tatsachen unermüdlich sammelt und gründlich unter die Lupe nimmt. Der Reiz dieser amerikanisch-kanadischen Kult- und Erfolgsserie liegt zweifellos in der permanenten Frage, wo die Realität aufhört und die Fiktion beginnt. Manches darin Behandelte mutet jedoch dermaßen monströs an, dass man es a priori dem Bereich der Dichtung zuordnet. Menschenversuche in den USA, geheime Lager, in denen an Kranken herumexperimentiert wird, eingeschleuste „Fachleute" aus Nazi-KZs oder aus japanischen Folterlagern für Kriegsgefangene, Bespitzelung und Terror, das kann doch nur erstunken und erlogen sein. Wirklich? Enthüllungen wie jene des Jahres 1994, dass US-Behörden jahrelang mit eigenen Bürgern im großen Stil monströse Menschenversuche angestellt haben, trug ebenso zum allgemeinen Misstrauen gegen „die da oben" bei wie das Bekanntwerden, dass die Vereinigten Staaten Nazi-Folterärzte und solche aus japanischen Kriegsgefangenenlagern klammheimlich beschäftigt hatten, um mit der UdSSR im „biologischen Wettrüsten" mithalten zu können (Ausführliches darüber habe ich in meinem Buch „Wer beherrscht die Welt?" dargelegt).

Es gab und gibt immer wieder konkrete Anfragen an „verdächtigte" Behörden. Nach der Premiere von „Akte X: Der Film" in den USA betonte die amerikanische Krisenorganisation FEMA (Federal Emergency Management Agency), die im Film nicht gut wegkommt, auf die Anfrage einer Zeitung, sie sei nicht damit beschäftigt, die Erde auf die Übernahme durch Außerirdische vorzubereiten. Die amerikanischen Bürger zweifeln mittlerweile in immer größerer Zahl an solchen Dementis. Und sie agieren auch.

Radikale Gruppierungen bewaffnen sich, damit sie für den Tag gerüstet sind, an dem die eigene (!) Regierung angreift. Natürlich liegt es nahe, diese Privatkrieger als durchgeknallte Haufen abzutun, wenn man beispielsweise erfährt, dass der Sprecher einer paramilitärischen Truppe aus dem amerikanischen Nordwesten in einer Talkshow allen Ernstes gemeint haben soll, die Regierung hätte sich verschworen, die Bürger durch Wettermanipulation zu quälen. Nicht weniger grotesk erscheint die Behauptung, in den USA würden Gurkha-Söldner (eine Truppe, die schon der englischen Kolonialmacht vorzügliche Dienste geleistet hat) ausgebildet, um demnächst sämtliche amerikanischen Haushalte nach Waffen zu durchsuchen. Gleichzeitig sollen sich an den Staatsgrenzen ausländische Invasoren massieren, um das waffen- und wehrlos gemachte amerikanische Volk zu versklaven und in Lager zu stecken.

Das von amerikanischen Fanatikern durchgeführte Bombenattentat in Oklahoma am 19. April 1995, dem Jahrestag der opferreichen Erstürmung der Davidianer-Festung in Waco, Texas, durch das FBI, wird als extremste Manifestation eines konspirativen Weltbildes betrachtet, das endgültig außer Kontrolle zu geraten droht.

Das Erschreckende ist, dass nicht nur Spinner, Fortschrittsverlierer, dumpfe Nationalisten, Rassisten und ähnliche Elemente in Sorge sind. Fachleute malen Teufel aller Art an die Wand, Behördenvertreter gestehen staatliches Scheitern in diesem oder jenem Problemfeld ein. Renommierte Autoren schreiben Bücher, um die Öffentlichkeit aufzurütteln. Selbst gutwillige und arglose Realisten äußern immer öfter die Meinung, dass Entwicklungen wie gelegentliche Bocksprünge an politischer Korrektheit, das Anfassen von Verbrechern mit Glacéhandschuhen und manches andere, das eindeutig nicht „Volkes Wille" ist, aber dennoch unbeirrbar durchgezogen wird, keine „natürlichen Entwicklungen" sind, sondern hinter der Weltbühne geplant werden. Als Beweis für solche Überlegungen wird oft das Beispiel der Schweiz gebracht, in der Referenden fast schon regelmäßig Vorhaben zu Fall bringen, über die in höchsten Kreisen Konsens herrscht. Wie auch immer.

Schuldtragende – oder Sündenböcke – an negativen Erscheinungen und bedrohlichen Entwicklungen werden jedenfalls aus dem Hut gezaubert, von internationalen Großkonzernen bis hin zur amerikanischen Zentralbank Federal Reserve, deren Struktur manchen Volkswirtschaftlern in der Tat bemerkenswert erscheint. Genug der Vorreden. Zur Sache.

Kann er gelingen, der spekulative Sprung von geschönten Geschichtsbildern, verborgenen Horror- und Gehirnwäscheexperimenten, skrupellosen Finanzmanipulationen, Attentaten unter falscher Flagge, UFO-Desinformationskampagnen, etc. zu einer geradezu kosmischen Verschwörungsallianz, dem Traum aller Paranoiker, oder wird es eine Bauchlandung geben? Damit auf zu haarsträubenden Erkenntnissen – und hinein in eine mögliche Zukunft, in der kein Stein auf dem anderen bleiben wird …

Analyse einer Verschwörung

Lügen oder Mythenbildung?

Der französische Politiker Paul Reynard meinte: „Aus der Geschichtsschreibung erfährt man mehr über die Historiker als über die Geschichte." Umgekehrt könnte man spekulieren, dass man aus Unterlassungen, Verdrehungen oder Umgestaltungen von geschichtlichen Ereignissen mehr über die Realität erfährt als durch die jeweils offizielle Lesart. In den meisten Fällen wurden Ausschmückungen oder Verschönerungen nicht einmal bewusst und in betrügerischer Absicht in die Welt gesetzt. Sie reflektieren lediglich das zutiefst menschliche Bedürfnis, lieber an gefälschte, heroisierende Legenden zu glauben als an die gewöhnlich triviale, miese oder desillusionierende Wahrheit. Eine ganze Reihe von Ereignissen, die jedermann als gegeben annimmt, auch wenn sie dem Reich der Mythe entstammen, belegt dies. Ein paar Beispiele gefällig:

Die Bastille war absolut kein finsterer Kerker für „die Opfer des Despotismus", sondern ein fideles Gefängnis für Nobelgefangene mit fast heutig-liberalem Zuschnitt. Sie wurde am 14. Juli 1789 auch keineswegs von Freiheitsliebenden erstürmt, sondern dem Pöbel freiwillig übergeben. Dessen ungeachtet ist der französische Nationalfeiertag der 14. Juli als „offizieller" Beginn der Französischen Revolution.

Kein Mensch hat Kolumbus ausgelacht, weil er die Erde für eine Kugel hielt. Die Scheibentheorie war damals bereits passé.

Galileo Galilei endete weder auf dem Scheiterhaufen noch sprach er: „Sie bewegt sich doch."

Herodes ließ keine Kinder in Bethlehem abschlachten. Er

war sogar zum fraglichen Zeitpunkt mit ziemlicher Sicherheit bereits verstorben.

Der Reformator Martin Luther hat seine 95 Thesen keineswegs am 31. Oktober 1517 an der Schlosskirche zu Wittenberg angeschlagen, sondern sie nach eigener Darstellung zusammen mit Briefen an den Erzbischof Albrecht von Magdeburg-Mainz und an den Bischof Hieronymus von Brandenburg mit der Bitte geschickt, „das schamlose Treiben und die lästerlichen Reden der Ablassprediger zu unterbinden." Ebenso wenig donnerte Luther 1521 vor dem Reichstag zu Worms am Ende seiner Verteidigungsrede dem eindundzwanzigjährigen Kaiser Karl V. die markigen Worte entgegen: „Hier stehe ich; ich kann nicht anders. Gott helfe mir, amen!"

Der verrufene Captain Blight war ein korrekter, hervorragender Seemann, den üble Meuterer in einem kleinen Boot ausgesetzt hatten und der dennoch heimfand. Die berühmte „Meuterei auf der Bounty" fand auch keineswegs statt, weil Blight ein Terrorregime geführt hätte, sondern aus einem viel profaneren Grund: wegen Frauen.

„Bösewicht" Kardinal Richelieu tat ungeheuer viel für sein Land. Alexandre Dumas stempelte ihn mit seinen „Drei Musketieren" für alle Zeiten zum Finsterling.

Der berühmte amerikanische Nordpolforscher und Marineoffizier Richard Evelyn Byrd war keineswegs der Nordpolpionier, auch wenn heute noch in Schulen gelehrt und in seriösen Nachschlagewerken vermerkt wird, Byrd sei zusammen mit Floyd Bennett am 9. Mai 1926 als Erster mit dem Flugzeug von Spitzbergen zum Nordpol und zurück geflogen. Mit ihrem erlogenen Nordpolflug, der nie stattgefunden haben soll, stahlen die beiden Amerikaner dem Norweger Roald Amundsen und dem Italiener Umberto Nobile die Show, die drei Tage später mit einer Mannschaft den Nordpol tatsächlich überflogen. Dass die medial ausgeschlachtete polare Heldentat Byrds der entscheidende Schritt auf seiner Karriereleiter zum Admiral war, wird kaum bezweifelt, aber ebenfalls nicht die Tatsache, dass er seinen Ruhm in der Folge durch eine fast ununterbrochene Reihe echter Großleistungen mehr als verdienen sollte; das darf um der Gerechtigkeit willen auch nicht unter den Tisch fallen. Die Liste an peinlichen Erkenntnissen ließe sich noch lange fortsetzen.

Stattdessen wollen wir mit einer vermuteten Lüge von geradezu monströsen Dimensionen die lässlichen Geschichtsverdrehungen für die heranwachsende Jugend verlassen. Ich spreche von der tausendfach mit einer wahren Flut von Beweisen und logischen Argumenten attackierten Behauptung, John F. Kennedy sei *nicht* das Opfer einer Verschwörung geworden.

KENNEDY – der Jahrhundertmord

„Es ist wie ein Schachproblem.
Die Warren-Kommission bewegte dieselben Figuren
hin und zurück und erreichte nichts.
Ich machte einen neuen Zug und löste das Problem."

Staatsanwalt Jim Garrison

Zerlegung des Attentates

In der TV-Kultserie *„Akte X"* erledigt der so genannte „Raucher" den 35. US-Präsidenten als Gesellenstück. Er ist nicht der einzige alternative Kennedy-Attentäter, den Unterhaltungsindustrie, ernsthafte Forschung und Verschwörungsfans anzubieten haben. Die nüchternen Fakten scheinen eines jedoch klar zu belegen: Wer immer es tat, sein Name dürfte nicht Lee Harvey Oswald gewesen sein. Wie aktuell die Frage auch heute noch ist, zeigt die wenige Jahre zurückliegende Wahl des „Ringer-Gouverneurs" The Body, der im Wahlkampf versprach, das Kennedy-Attentat „persönlich" zu klären.

Kennedy, so wird gemunkelt, hätte Mächtigen im Hintergrund das Ultimatum gestellt, umgehend mit diversen Umtrieben aufzuhören, die im Lauf des Buches noch näher zur Sprache kommen. Täten sie das nicht, würde er nicht nur alles an die Öffentlichkeit bringen, sondern auch darangehen, die Machenschaften zu unterbinden. Kennedy soll gerade dazu angehoben haben, als ihn die Kugeln in Dallas trafen.

Tatsache ist, dass geschätzte mehr als eine halbe Million Seiten zum Kennedy-Attentat, die möglicherweise brisante Fakten enthalten, aus Gründen der „nationalen Sicherheit" bis zum Jahr 2029 unter Verschluss bleiben, „Freedom Of Information Act" hin oder her. Was immer auch heute noch hinter

Es wird vermutet, dass John F. Kennedy von unbekannten Mächten aus dem Weg geräumt wurde, deren Langzeitplänen er im Wege stand.

den Kulissen ablaufen mag, eine nüchterne Analyse des Attentates spricht jedenfalls eine deutliche Sprache.

DIE WAFFE

Es gibt keine Fingerabdrücke Oswalds auf dem aktenkundigen Mannlicher-Carcano-Kleinkalibergewehr. Das Visier saß so schief zum Lauf, dass es erst von Technikern korrigiert werden musste, ehe geübte Schützen den Versuch machen konnten, Oswalds Meisterschüsse nachzuvollziehen, welche Superleistung 120 Scharfschützen nicht gelang.

Oswald wurde am Tag seiner Verhaftung einem Nitrattest unterzogen, der bewies, dass er in den letzten 24 Stunden keine Waffe abgefeuert hatte. Diese Tatsache wurde zehn Monate lang unterschlagen.

Es gibt Indizien, dass der als Tatwerkzeug präsentierte italienische Schießprügel nicht die Waffe war, die kurz nach dem Attentat unter Bücherkisten verborgen in „Oswalds Versteck" gefunden wurde. Officer Seymour Weitzman, der bei der Untersuchung des Gebäudes teilgenommen hatte, war gelernter Maschinenschlosser und ehemaliger Besitzer eines Sportartikelgeschäftes. Er wurde daher als Waffenexperte von Captain Fritz zur Identifizierung der gefundenen Waffe herangezogen. Weitzman erkannte das Gewehr als 7.65er Mauser, eine deutsche Präzisionswaffe. Der gleichfalls anwesende Deputy Sheriff Roger Craig erinnerte sich, das Wort „Mauser" im Metall eingraviert gesehen zu haben. Deputy Sheriff Eugene Boone bezeichnete die Waffe in einer eidesstattlichen Erklärung als Mauser. Noch um Mitternacht des Attentatstages gab Bezirksstaatsanwalt Henry Wade den Medien bekannt, man habe ein Mauser-Gewehr gefunden. Welches umgehend verschwand.

Im selben Raum wurden neben dem (vorerst deutschen) Gewehr drei Patronenhülsen gefunden, die zu einem italienischen Mannlicher-Carcano gehörten, der späteren Tatwaffe. Sie lagen fast parallel nebeneinander, genauso wie sie beim Auswerfen, besser gesagt Herausschleudern, nicht zu liegen pflegen.

Um noch eins draufzusetzen, entdeckte der Bezirksstaatsanwalt Jim Garrison auf einem Film, den eine unabhängige Filmgesellschaft gemacht hatte, wie Polizeibeamte ein Gewehr über die Feuerleiter herunterbringen, wobei sie es wie ein rohes Ei behandeln. Als sie unten angekommen sind, hält ein hochrangiger Polizeibeamter die Waffe kurz triumphierend in die Höhe. Davon gibt es eine Nahaufnahme mit der

Bildlegende „Die Waffe des Attentäters". Dieses Gewehr hatte jedoch – im Gegensatz zur verschwundenen Mauser wie auch zur offiziellen italienischen Tatwaffe – überhaupt kein Visier. Ein drittes Gewehr, das nie wieder auftauchte.

Die berühmten Fotos, auf denen Oswald mit dem (offiziellen) Gewehr und der kommunistischen Zeitung „The Daily Worker" beziehungsweise mit der linken Zeitung „The Militant" posiert, sind in der Zwischenzeit mehrmals als Fälschung entlarvt worden. Unter anderem vom Fotosachverständigen des Warren-Untersuchungsausschusses, der ein Gegengutachten verfasste. Untersuchungen haben ergeben, dass Oswalds Gesicht auf beiden Bildern identisch ist, nicht aber der dazugehörende Körper. Die zwei „Oswalds" sind nicht einmal gleich groß. Es gibt auf jedem Foto Schatten in verschiedene Richtungen und noch andere Ungereimtheiten. Trotzdem gelten sie als Beweise.

DIE VERNEBELUNG

Auch die Vorgänge bei und rund um die Autopsie geben vielen zu denken. Im Aufnahmeformular des Parkland-Hospitals, unterschrieben von Dr. Robert McClelland, ist von „massiven Kopf- und Gehirnverletzungen des Präsidenten durch eine Schusswunde in der linken Schläfe" die Rede (die klassische Formulierung für eine Schusswunde, bei der die Kugel von vorne gekommen ist). Eine Autopsie wäre Vorschrift, doch FBI-Beamte hindern den zuständigen Arzt mit Waffengewalt daran und verfrachten den Leichnam in die Präsidentenmaschine. Die Autopsie wird von Ärzten des Marinekrankenhauses Naval Medical Centre in Bethesda, Bundesstaat Maryland, vorgenommen, von denen kein Einziger über gerichtsmedizinische Erfahrung verfügt. Einer von ihnen gab später an, sie hätten den Schusskanal im Körper des Präsidenten nicht freigelegt – was für die Bestimmung des Schusswinkels von entscheidender Bedeutung gewesen wäre –, weil eine „hochrangige Persönlichkeit", wahrscheinlich ein General, sie daran gehindert hatte.

Während der Autopsie werden fünfzehn bis zwanzig Fotos und Röntgenbilder gemacht. Laut Staatsanwalt Garrison hat die Warren-Kommission kein einziges dieser Fotos und Röntgenaufnahmen untersucht. Stattdessen ließ der Leiter der Obduktion, Commander James J. Humes, für die Kommission Zeichnungen von den verschiedenen Autopsieteilen anfertigen. Originellerweise durften die Zeichner weder Fotos noch Röntgenbilder sehen, sondern mussten nach mündlichen Angaben arbeiten.

Völliges Unverständnis löst bei Fachleuten die Tatsache aus, dass Kennedy beerdigt wurde, ohne dass bei irgendeiner Untersuchung sein Körper auch nur ein einziges Mal umgedreht und von beiden Seiten begutachtet worden wäre. In Dallas schien es niemand für notwendig erachtet zu haben, nach der Schusswunde am Rücken des Präsidenten zu sehen, die in Bethesda wohl bemerkt, aber nicht mit der Verletzung an der Kehle des Präsidenten in Verbindung gebracht wurde.

Eine Untersuchung von Kennedys Gehirn könnte sogar heute noch die alles entscheidende Frage klären, ob ihn eine Kugel von vorne getroffen hat. Allerdings nur, wenn etwas zum Untersuchen da wäre, was nicht der Fall ist. Kennedys Gehirn sowie einige Gewebeteile sind nämlich verschwunden und bis zum heutigen Tage nicht wieder aufgetaucht.

Wenig beachtet wird der Umstand, dass der Secret Service in einem Anfall extremer Reinlichkeit Gouverneur Connallys Anzug mit den Einschusslöchern und allen weiteren Beweisen, die sich vielleicht darauf befinden konnten, zum Reinigen und Bügeln in die Wäscherei schickte und dann die Präsidentenlimousine säuberte. Eine Vorgehensweise, die nicht zur Erhaltung wichtiger Blut-, Kugel- und Knochenspuren beitragen konnte.

DIE ZAUBERKUGEL

Laut offizieller Lesart hat besagtes 6.5-Millimeter-Wundergeschoss Kennedy und den neben ihm sitzenden Gouverneur Connally getroffen, wobei es Kurven beschrieb, zwischen beiden Opfern hin- und herpendelte und zwischendurch kurz einmal anhielt. Entdeckt wurde es schließlich – wie hingelegt und fast intakt – auf der Bahre von Gouverneur Connally im Parkland-Krankenhaus. Seltsamerweise fanden sich in Connallys Handgelenk mehr Splitter der Kugel, als an dem Geschoss fehlten. Jahre später wurde bekannt, jedoch nicht zur Kenntnis genommen, dass bei der Autopsie eine weitere Kugel in Kennedys Leichnam gefunden worden war. Connally war von Anfang an überzeugt, von einem zweiten Geschoss getroffen worden zu sein. Warum der Zirkus mit der Zauberkugel?

Die Regierung hatte bereits zugegeben, dass eine Kugel den Präsidenten verfehlt hatte, wobei einer ihrer Splitter die Wange des Zuschauers James Tague traf, und dass die zweite für die Zertrümmerung von Kennedys Schädel verantwortlich war. Daher *musste* die *dritte* Kugel für *alle* restlichen Verletzungen bei Kennedy und Connally herhalten. Das konnte wohl nur eine Zauberkugel. Daher wurde das Geschoss auch folgerichtig als „Magic Bullet", Kommissions-Beweisstück Nr. 399, registriert.

DER ZAPRUDER-FILM

An sich hätte der berühmte 8-mm-Film des Attentatszeugen Abraham Zapruder zumindest klarstellen sollen, ob Kennedy von vorne, von hinten oder aus mehreren Richtungen getroffen wurde, aber mit diesem „Beweisstück" scheint es auch seine Bewandtnis zu haben.

Erst einmal wurde der Film der Öffentlichkeit über fünf Jahre lang vorenthalten. Seine Einzelbilder 313, 314 und 315, die in Momentaufnahmen zeigen, wie Kennedys Kopf zurückgeworfen wird und Blut und Gehirnmasse hervorschießen, kamen beim Warren-Bericht durcheinander. Laut FBI-Chef J. Edgar Hoover „ein unabsichtlicher Fehler bei der Kopie." Das FBI hatte der Warren-Kommission eine Kopie überlassen, bei der die entscheidenden Einzelbilder unglücklicherweise vertauscht worden waren, wodurch der Eindruck entstehen musste, Kennedy sei von hinten getroffen worden.

1969 wurde der korrekte Zapruder-Film erstmals öffentlich vorgeführt. Danach sagte der außerordentliche Professor für Pathologie und Experte für Gerichtsmedizin Dr. John Nichols: „Nachdem ich mir die Dias, Fotos und Zapruders Film angesehen habe, bin ich zu dem Schluss gelangt, dass sie einen von vorne kommenden Schuss zeigen."

Da ein getroffener Körper hin- und hergeschleudert werden kann (Stichwort Peitschenschlagsyndrom), wurde argumentiert, Kennedys Kopf wäre nicht wegen des Aufpralls eines vorne einschlagenden Geschosses nach hinten geruckt, sondern weil der Wagen beschleunigte. Tatzeugen sagen jedoch aus, Kennedys Ford Lincoln habe nicht beschleunigt. Er sei im Gegenteil langsamer geworden, ja geradezu stillgestanden, was man auch im Film deutlich sehen kann.

Filme sind unbestechliche Zeitnehmer, da sie mit einer bestimmten Geschwindigkeit ablaufen. Die des Zapruder-Films beweist, dass Oswald maximal 5,6 Sekunden Zeit zum Feuern hatte. Das schließt selbst bei den ihm zugestandenen Superfähigkeiten einen vierten Schuss aus. Daher anscheinend der Eiertanz mit der Zauberkugel und das Negieren eines vierten Schusses.

DER SÜNDENBOCK
Der paradoxe Lee Harvey Oswald
Folgt man der offiziellen Lesart, so wäre Präsident John Fitzgerald Kennedy am 22. 11. 1963 in Dallas dem „geis-

tesgestörten Oswald" geradezu auf dem Präsentierteller serviert worden. Andernfalls hätte das „Jahrhundertattentat" mittels eines Mannlicher-Carcano-Kleinkalibergewehrs, das im Herstellerland Italien als humane Waffe gilt, weil man damit nichts trifft, und einer Munition, die seit 1947 nicht mehr in Verwendung stand, wohl gar nicht stattgefunden. Kurzum: ein „Einzeltäter", der eine erstaunliche Kombination aus Übermensch und Schwachkopf zu verkörpern scheint.

Er ließ sich für sein Jahrhundertattentat ein italienisches Mannlicher-Carcano-Gewehr mit dem damaligen Handelswert von nicht einmal dreizehn Dollar als Postversand kommen und lud es mit Munition, die seit 1947 nicht mehr verwendet wurde. So ausgerüstet visierte er den mehr als sechzig Meter entfernten Präsidenten durch ein falsch eingestelltes Zielfernrohr (Kostenpunkt 1,50 Dollar) und durch einen riesigen, dicht belaubten Baumwipfel, an. Allen diesen Handicaps zum Trotz soll Oswald mit einem unpräzisen Gewehr in einer unmöglichen Zeitspanne (weniger als sechs Sekunden) drei ultrapräzise Schüsse abgegeben haben, die bei zwei Männern (Kennedy und Gouverneur John Connally) insgesamt acht Verletzungen hervorriefen, wobei er vor jedem Repetieren unter Umständen sogar noch händisch nachladen musste, da kein Ladestreifen gefunden wurde.

Darüber hinaus war Oswald offenbar auch ein Supersportler, der nach der außergewöhnlichen Tat das Gewehr sorgsam unter Kistenstapeln verstecken und vier Stockwerke hinunterrasen konnte, um sich eine Cola zu holen, wobei er nicht außer Atem war. Dazu hätte er sich mit Lichtgeschwindigkeit bewegen müssen, wie Bezirksstaatsanwalt Jim Garrison zynisch anmerkte.

Dessen noch nicht genug, musste Oswald auf jeden Fall ein Hellseher gewesen sein. Bekanntlicherweise wäre Kennedys Wagenkolonne nach offiziellem Fahrplan nämlich gar nicht an dem Schulbuchlager vorbeigekommen. Die Vorstellung, Oswald selbst hätte die Streckenänderung der Wagenkolonne auf irgendeine Weise bewerkstelligen können, ist so absurd, dass sie nicht einmal erwähnt wird. Was von dem gelegentlich ins Feld geführten Argument zu halten ist, Oswald hätte auf gut Glück ein (zweitklassiges) Gewehr an seine Arbeitsstelle mitgenommen und darauf gehofft, dass ihm eine wundersame Fügung des Schicksals das Objekt seines Hasses vor den Lauf befördern würde, bleibt der Intelligenz jedes Einzelnen überlassen.

Mehrere Oswalds

Jim Garrison gelang es, einem Mann auf die Spur zu kommen, der Oswald nach Zeugenaussagen ähnelte oder nicht ähnelte, seine Größe hatte oder nicht hatte. Ungeachtet seiner tatsächlichen Größe, hinterließ dieses Phantom unübersehbare Spuren von schwer zu überbietender Unvorsichtigkeit.

Beispielsweise erschien „der zweite Oswald" Mitte September in Begleitung einer Frau mit Kopftuch im Mexikanischen Konsulat in New Orleans (merke: Russinnen tragen Kopftücher und Oswalds Frau Marina war Russin). Dort fiel der Mann erwartungsgemäß auf, als er sich in verschwörerischer Weise erkundigte, wie man eine Schusswaffe am besten über die Grenze bringen könne.

Anfang November 1963 bewarb sich ein junger Mann unter dem Namen Lee Oswald beim Southland Hotel um den Parkwächterjob. Dabei erkundigte er sich auffällig, ob man von diesem Gebäude einen guten Blick auf die Innenstadt von Dallas habe.

Bei der Autohandlung Downtown Mercury, die genau gegenüber dem Ort des bevorstehenden Attentates lag, erschien ein junger Mann, der Interesse an einem roten Mercury Comet zeigte. Während der Probefahrt raste er wie ein Amok laufender Rennfahrer. Als er danach erfuhr, dass für den nagelneuen Wagen zwei- bis dreihundert Dollar Anzahlung zu leisten wären (wer hätte das gedacht?), zeigte er sich überrascht und betroffen.

Zwei Verkäufer hörten ihn sagen: „Vielleicht muss ich nach Russland zurück, um mir einen Wagen kaufen zu können." Dann meinte er, er werde in einigen Wochen wiederkommen, wenn er flüssig sei. Als Name gab er Lee Oswald an, den Namen eines Mannes, der nicht Auto fahren konnte. Verständlicherweise merkten sich die Verkäufer diese Schmierenkomödie.

Mit Sicherheit identifizieren konnten sie den Betreffenden trotzdem nicht als Oswald. Frank Pizzo, der Besitzer des Autohauses, erinnerte sich der Größe des Kunden (sie war fast zwanzig Zentimeter geringer als die des Attentäters Oswald). Bei der Befragung durch den Rechtsberater der Warren-Kommission Albert Jenner fand Pizzo Oswald nicht unter anderen Männern heraus. Als ihm ein Foto von Oswald allein vorgelegt wurde, quälte sich Pizzo herum. Schließlich meinte er: „Na ja, ich bin mir nicht sicher … Aber wenn ich mich eindeutig äußern muss, würde ich sagen, dass er es nicht ist."

Viele Zeugen identifizierten Oswald nicht als den Mann, der den jungen Polizisten Tippit kaltblütig ermordete (eine Tat, die Oswald auf der Flucht begangen haben soll). Manche Zeugen sprachen sogar von zwei Polizistenmördern, keiner davon Oswald. Verwertet wurden jedoch nur ins Bild passende Aussagen, die nicht selten suggestiv zustande gekommen sein sollen. Abgesehen davon ergaben Auswertungen, dass Oswald zur Zeit des Tippit-Mordes anscheinend gar nicht am Tatort sein konnte. Last not least ist da auch noch der bereits erwähnte Nitrattest.

Bei der Autopsie wurden vier Kugeln aus Tippits Leiche herausgeholt, die unerwarteterweise zwei verschiedenen Munitionssorten angehörten. Die Mordkommission von Dallas schickte nur ein Geschoss an das FBI-Labor in Washington D.C. mit dem Vermerk, es sei die einzig gefundene Kugel. Die passte zur allgemeinen Verblüffung allerdings nicht zu Oswalds Revolver. Dasselbe galt für die mühsam beschafften drei weiteren Geschosse.

„ES WAR GANZ ANDERS!"

Mehrere Personen wollen deutlich gesehen haben, dass die Kugel Kennedy in die Stirne getroffen hat. Viele Zeugen beschworen, an dem denkwürdigen Novembertag des Jahres 1963 den Knall eines vierten Schusses gehört, in der Baumgruppe auf dem später zu Berühmtheit gelangten Grashügel Mündungsfeuer und Rauch gesehen und Männer mit FBI-Marken bemerkt zu haben, von denen das FBI nichts wusste.

Hunderte Menschen liefen zum Ort der Schüsse – zum Grashügel, nicht zum Schulbuchlagerhaus. Einige Tatzeugen, die zwischen dem Grashügel und dem getroffenen Präsidenten standen, warfen sich sogar zu Boden, weil sie sich in der Schusslinie wähnten.

Männer, die sich als Secret-Service-Agenten auswiesen, wurden auf und beim Grashügel gestellt, obgleich sich nach offizieller Darstellung außer bei der Wagenkolonne kein einziger Secret-Service-Mann am Tatort befunden hatte.

Eine Lehrerin und ein Polizist waren sogar einem Mann nachgelaufen, der vom Parkplatz zu einem Auto gerannt und eilig davongefahren war. Diesen Vorfall hatte der Weichensteller Lee Bowers jr. zu seinem späteren Leidwesen von seinem Logenplatz im Glasturm fünf Meter über dem Rangierbahnhof ebenfalls beobachtet.

Ein Zeuge sah einen Gewehrträger wegrennen, der die Waffe mit geübten Griffen zerlegte, in einem Gewehrkoffer verstaute und davonfuhr. Ein weiterer Zeuge, der den Gewehrmann auf dem Grashügel ebenfalls gesehen hatte, erregte sich fast dreißig Jahre später bei einem Interview immer noch heftig darüber, dass die Polizei sich geweigert hatte, seine Aussage zur Kenntnis zu nehmen.

Der Student Arnold Rowland blickte vor dem Eintreffen von Kennedys Wagenkolonne zufällig zum Schulbuchlagerhaus hinauf und bemerkte an dem äußersten rechten Fenster im fünften Stock, hinter dem zu dieser Zeit Oswald schon gelauert haben müsste, einen älteren, dunkelhäutigen Mann. Am entgegengesetzten Ende des Gebäudes ganz links sah er hinter dem Fenster einen Mann mit einem Gewehr stehen, der die Waffe in militärischer Weise vor dem Körper hielt. Rowland dachte, es sei ein sichernder Secret-Service-Agent. Als der Student am nächsten Tag dem FBI davon berichtete, legte man ihm nahe, die Sache zu vergessen.

Carolyn Walther, die im benachbarten Dal-Tex-Gebäude arbeitete, hatte Rowlands Gewehrmann gleichfalls bemerkt. Ein Gewehrmodell wie seines hatte sie noch nie gesehen. Auch Carolyn Walther wurde von der Warren-Kommission nicht als Zeugin geladen.

Der sechzehnjährige Amos Euins sah sogar den Schützen im ganz rechten Fenster des fünften Stockes während der Tat und beschrieb ihn als älteren Schwarzen. Weder der hellhaarige Gewehrmann im linken noch der ältere, dunkelhäutige Schütze im rechten Fenster ähnelten dem jungen, dunkelhaarigen Weißen Lee Harvey Oswald im Geringsten.

Gleich lautende Aussagen machten auch Insassen des fünften Stocks im Bezirksgefängnis in der Houston Street, die von ihren Fenstern den besten Blick auf den nahen und in gleicher Höhe befindlichen fünften Stock des Schulbuchlagerhauses gehabt hatten.

Zahlreiche Verdächtige – darunter auch solche, die unmittelbar nach dem Attentat aus dem Schulbuchlagerhaus rannten – waren von der Polizei laufen gelassen worden. Es erfolgte nicht einmal der Versuch, die Inhaber eines Kombiwagens ausfindig zu machen, dessen drei Insassen aus dem Buchlager stürmten, hineinsprangen und dann gegen eine Einbahn davonrasten, obwohl dieser Vorfall dem Chef der Mordkommission gemeldet worden war.

All diesen Zeugenaussagen wurde beim Warren-Report keine größere Bedeutung zugemessen. Manche der Zeugen wurden gar nicht erst angehört und wenn ja, fanden ihre Aussagen nicht Eingang in den Report oder in die 26-bändige Dokumentation. Damit hatten sie keinen Einfluss auf die abschließende Einzeltäter-Erklärung der Warren-Kommission.

Staatsanwalt Garrison war besonders darüber ergrimmt, dass die Anwälte und Rechtsberater der Warren-Kommission Joseph A. Ball und David Belin bei den Verhören die Zeugen nicht nach den von ihnen beobachteten Ungereimtheiten befragten. Einige Aussagen waren in den offiziellen Berichten so verändert worden, dass sie den genau gegenteiligen Sinn ergaben. Darüber beklagten sich Betroffene bei Jim Garrison.

Spätere Befragungen der Nicht-Angehörten oder Ignorierten waren in vielen Fällen nicht mehr möglich, da eine Epidemie unter den Zeugen zu wüten begann.

DIE FÄDEN WERDEN GEKAPPT
Massenwanderung ins Jenseits

Der Bahnwärter Lee Bowers jr. starb bei einem seltsamen Autounfall.

Die Polizeikarriere von Deputy Sheriff Roger Craig, der die ursprüngliche Tatwaffe als „Mauser" erkannt hatte und dem seltsame „Amtshandlungen" nach dem Attentat aufgefallen waren, endete abrupt. Als auf ihn geschossen wurde, zog er für einige Zeit nach New Orleans. Craig erzählte Jim Garrison, die Behörden hätten ihn regelrecht vertrieben. Wieder nach Dallas zurückgekehrt, wurde sein Wagen in die Luft gesprengt. Obwohl Craig sich darin befand, überlebte er. Nicht lange, denn schon bald wurde er daheim erschossen aufgefunden.

Deputy Sheriff Buddy Walthers, der auf der Daley Plaza beobachtete, wie ein unbekannter Zivilist mit einem Funkempfänger-Ohrstöpsel eine Kugel aufhob, wurde ermordet. Die betreffende Kugel tauchte nie auf.

James Worrell sagte der Warren-Kommission, er hätte einen vierten Schuss gehört. 1966 starb er bei der Kollision seines Motorrades mit einem PKW. Richard Carr, der Worrells Aussage bestätigte, überlebte ein Messerattentat und den fehlgeschlagenen Versuch, seinen Wagen in die Luft zu sprengen, um Haaresbreite.

Warren Reynolds, der einen Schützen auf der Jefferson Street laufen gesehen hatte, zögerte zuerst, ihn als Oswald zu identifizieren. Kurz darauf wurde er im Dunkel einer Tiefgarage in den Kopf geschossen. Nach seiner Genesung stand es für Reynolds fest, dass der rennende Mann Oswald gewesen war.

Nicht nur Zeugen raffte es dahin. Ein gewisses Nahverhältnis zu den Akteuren im Kennedy-Fall, mitunter lediglich zu laut geäußertem Unglauben an der offiziellen Version, scheint ausgereicht zu haben, um das Interesse des Sensenmannes zu wecken. Eine Sterbewelle verschloss auch Zweiflern oder Randfiguren den Mund.

Bis heute hält sich die Behauptung, die offiziellen Autopsiefotos seien gefälscht. Die „echten" soll Lieutenant William Pitzer an sich genommen haben. Pitzer erzählte herum, Uniformierte hätten in ihn hineingeprügelt, er wisse überhaupt nichts. Wenig später beging der *Links*händer Pitzer mit einer 45er Selbstmord, die er im Tod mit seiner *rechten* Hand umklammerte.

Ein makaber-pikantes Gegenstück ist der Selbstmord des früheren CIA-Agenten Gary Underhill. Der *Rechts*händer

Underhill vertraute Freunden an, die CIA sei in das Kennedy-Attentat verwickelt. Bald darauf schoss er sich in die *linke* Schädelseite.

An die vierzig Zeugen erlagen bizarren Unfällen, tückischen Krankheiten oder begingen spontan Selbstmord. Einer wurde originellerweise in seinem eigenen Hinterhof irrtümlich für ein Reh gehalten und erschossen. Zu dieser Sterbewelle stellte ein Versicherungsfachmann eine versicherungsmathematische Studie an, wie sie bei Lebensversicherungen üblich ist. Danach hätte 1963 die Wahrscheinlichkeit, dass sich nur drei Jahre später alle genannten Personen, von denen die meisten noch jung waren, unter der Erde befinden würden, *1:100.000 Billiarden* betragen.

Einzeltäter zuhauf
Dazu noch die Zusatzgroteske „Einzeltäter liquidiert Einzeltäter": Der Mord an Oswald durch den Barbesitzer Jack Ruby am 24. 11. 1963 im Kellergeschoss des Polizeipräsidiums von Dallas. Die Polizisten, die keine Maus an Oswald heranließen, hatten den wohl bekannten Barbesitzer mit mehr als nur vermuteten Mafiaverbindungen nicht am Betreten des Kellers gehindert. Später wurde sogar die Vermutung laut, mit Oswalds Überstellung sei bewusst gewartet worden, bis ein vierfaches Hupsignal von der Straße Rubys Eintreffen signalisiert hätte. Danach wurde Oswald gebracht und prompt von Ruby erschossen.

Der zu lebenslangem Zuchthaus verurteilte Ruby verlangte im Gefängnis von Dallas vier Jahre lang verbissen, nach Washington überstellt zu werden, wo er sich sicher genug fühlen würde, um über die wahren Hintergründe des Kennedy-Attentates auszusagen. Als ihm diese Anhörung 1967 zugesagt wurde, verstarb „der Rächer seines Präsidenten" unerwartet an Lungenkrebs.

RESÜMEE
Titelseitenzauber für den Staatsstreich?
Jim Garrison zeigte seinem Assistenten Frank Klein die Titelseite der „Dallas Morning News" vom 22. November 1963. Sie wurde zu fast fünf Sechstel von einer grafischen Darstellung der vorgesehenen Fahrtroute beim Kennedy-Besuch eingenommen. Laut dieses Plans sollte die Präsidentenparade nicht von der Main Street abbiegen, wie es später geschehen war. Ohne die unerwartete Richtungsänderung hätte Oswald bis zum Sankt Nimmerleinstag warten können – wenn er tatsächlich hinter dem Fenster des Schulbuchgebäudes seiner Chance entgegenfieberte.

Da der Präsident der Vereinigten Staaten jedoch buchstäblich im letzten Moment umgeleitet wurde, wobei seine Kolonne eine 120-Grad-Linkskurve beschreiben musste, die eine Verringerung der Geschwindigkeit auf knapp über zwanzig Stundenkilometer erforderte, fuhr Kennedy direkt in die Arme des oder der Attentäter.

Die Warren-Kommission musste sich mit alldem nicht herumschlagen. Ihr wurde eine alternative Titelseite vorgelegt. Sie zeigt keine Fahrtroute, sondern nur eine große graue Fläche. In Jim Garrisons Buch „Wer erschoss John F. Kennedy?" findet sich seine Antwort auf die Frage Kleins, wie man es nennen soll, wenn Derartiges als offizielles Beweisstück akzeptiert wird. Sie lautet: „So etwas nennt man einen Staatsstreich."

Carl Oglesby, der Begründer und Direktor des „Assassination Information Bureau", meinte zum Kennedy-Attentat: „... Eine geheime Macht, die wir nur schwach erkennen können und der wir kaum Widerstand zu leisten wissen, scheint Schlüsselpositionen der Regierung in Besitz genommen zu haben ..."

Noch mehr über den Kennedy-Mord und das fast spiegelbildliche Lincoln-Attentat hundert Jahre zuvor in meinem

Buch „Wer beherrscht die Welt?". Wir aber wollen uns der Frage zuwenden, welche Mächte im Hintergrund das Schicksal der Erdenbürger lenken könnten. Zumindest nach den Vorstellungen einer Reihe von Autoren, die sich ernsthaft mit der Sache befasst haben wollen.

Kehraus für die „Neue Weltordnung"

Geld regiert die Welt

Die Bankiersverschwörung

Das internationale Währungssystem ist ein Garant der Stabilität in der Welt, Grundpfeiler des Wohlstandes und florierender Märkte. Dies denkt der Durchschnittsbürger, der emsig arbeitend seinen Kontostand zu erhöhen trachtet. Nur wenn monetäre Bewegungen ganz enorm sind, wenn sie der Erwartungshaltung des Normalbürgers zu sehr widersprechen oder wenn Dramatisches geschieht, wird die Öffentlichkeit für kurze Zeit aufmerksam (beispielsweise beim makabren Tod von Robert Calvi, dem Chef der in einen Skandal verwickelten Vatikan-Bank „Banco Ambrosiano", der im Juni 1982 erhängt und mit Ziegelsteinen in seinen Taschen unter der Londoner Blackfriars-Brücke entdeckt wurde).

Ungeachtet solcher und anderer Turbulenzen in der Welt des großen Geldes, herrscht an sich Vertrauen in die obersten Währungshüter. Sie sind zwar auf einer Art Olymp angesiedelt, doch absolut ehrenwert und zudem an der Kandare staatlicher Kontroll- und Schutzmechanismen, so denkt unser Durchschnittsbürger unverdrossen. Das ist bei den meisten Nationalbanken und ähnlichen Einrichtungen auch zweifellos richtig.

Just die Leitwährung der westlichen Welt, der US-Dollar, gibt, das meinen einige, Anlass zur Verwunderung. Gräbt man verbissen genug – was die Betreffenden geltend machen –, so kommt Eigentümliches an die Oberfläche. Aufdeckern zufolge wurde das amerikanische Bank- und Währungsgesetz, der „Federal Reserve Act", nicht, wie zu vermuten, in den Hallen des Kongresses aus der Taufe gehoben, sondern im Dezember 1910 auf Jekyl Island im US-Bundesstaat Geor-

gia, genauer gesagt, im Jagdklub des Inselchens, der einfluss-
reichen Bankiers gehörte.

Eine mächtige Privatbank

Das Fleckchen Erde ist heute ein öffentlicher Park. Einen
Hinweis auf dieses geschichtlich bedeutende Ereignis findet
man dort nicht. Möglicherweise würde es auch dem einen
oder anderen Besucher zu denken geben, dass, und vor allem
wie, hier der besagte „Federal Reserve Act" vorbereitet und
schließlich am 24. 12. 1913 von lediglich drei US-Senatoren
beschlossen wurde. Die ablehnende Senatsmehrheit befand
sich im Weihnachtsurlaub. So wurde, von der amerikanischen
Bevölkerung weitgehend unbemerkt, das unvorstellbare
Machtinstrument „Federal Reserve Board" initiiert und in
wenige Hände gelegt, wo es anscheinend auch verblieben ist.

Die „Federal Reserve Bank" ist eine faszinierende Konstruktion: Eine De-facto-Notenbank mit dem Monopol der
Geldausgabe und Kreditregulierung, dabei jedoch rein priva-
ter Natur. Sie unterliegt nicht der Kontrolle und Überwachung
des Kongresses, obgleich Artikel 1, Abschnitt 8, Paragraph 5
der amerikanischen Verfassung das eigentlich fordern würde
(nachzulesen in „Die Bankiersverschwörung"). Wie es
scheint, ist die tatsächliche Macht des „Federal Reserve
Board" nur zu vermuten. Die Bank hat beispielsweise am Vor-
abend des Zweiten Weltkriegs fünfunddreißig Milliarden
Steuerdollar an die Alliierten verliehen. Eine ungeheure Summe, die nicht zurückgezahlt wurde. Sehr wohl entrichtet wurden allerdings die Zinsen, und zwar an die Banker, an eine de-
zente Elite, die auch sonst im weltpolitischen Geschehen so
manchen Faden in der Hand zu halten scheint.

Finanzkartelle hatten immer eine offene Hand für Men-
schenfreunde wie Stalin oder Dritte-Welt-Potentaten und sind
interessanterweise Mussolini und Hitler sogar noch mit Rie-
sensummen beigesprungen, als sich die USA gegen diese

Diktatoren bereits längere Zeit im Krieg befanden. Ob auch heute manches Süppchen dieser Art hinter aktuellen Krisen am Kochen ist, steht in den Sternen. Selbst ansonsten arglose Leser von Tageszeitungen äußern gelegentlich Ansichten dieser Art. Misstrauischere äußern Konkreteres.

Eine seltsame Dollarnote
USA und das liebe Geld, zwei Begriffe, die viele kaum auseinander halten können. Obwohl die Vereinigten Staaten von Amerika als Wiege des Materialismus angesehen werden, scheinen sie seltsamerweise einen Geldschein mit esoterischen Symbolen in Umlauf gebracht zu haben. Ich spreche von der hier abgebildeten Ein-Dollar-Note, auf deren Rückseite Präsident Franklin Delano Roosevelt (warum auch immer) nach Aussage der Schriftsteller Des Griffin, Eustace Mullins und Roland Bohlinger 1933 sage und schreibe 13 okkulte Herrschaftssymbole setzen ließ. Die betreffenden Autoren interpretieren das so: Der lateinische Spruch „Novus Ordo Seclorum" ist der *echte* New Deal (Neue Ordnung), die Pyramide mit dem allsehenden Auge der Gnosis ist das freimaurerische Erkennungszeichen „Blick", die römische Jahreszahl MDCCLXXVI (1776) am Fuß der Pyramide ist das Jahr der Gründung bzw. Restauration des Illuminatenordens durch

Besagte Dollarnote

Adam Weishaupt und die frohgemute Botschaft „Annuit coeptis"/Unsere Unternehmung ist von Erfolg gekrönt" erklärt sich selbst. Damit erhebt sich für viele die Frage: Um welche „Unternehmung" geht es eigentlich?

Gewaschene Gehirne – manipulierte Menschen

> *„Es sollte bekannt sein, dass die Welt,*
> *wie sie in fünfzehn Jahren existieren wird,*
> *heute bereits in den Forschungslabors vorhanden ist. "*
>
> Dr. Wayne Evans, Direktor des Belastungslabors
> der US-Armee, aus dem Jahr 1961

Gewünschte Tumultgesellschaft?

Die ganze Welt ist heute nicht Bühne, wie es in Shakespeares „Wie es euch gefällt" am Übergang vom sechzehnten zum siebzehnten Jahrhundert noch hieß, sondern ein Armen-, Schlacht- und Irrenhaus mit einer Vorreiter- und Schrittmacher-Nation: den Vereinigten Staaten von Amerika. In der seit dem Zerfall des Ostblocks einzigen verbliebenen Supermacht USA lässt sich trefflich beobachten, was viele als kommendes Schicksal Europas erwarten und manche befürchten.

Von Letzteren fragen sich nicht wenige, ob es unvermeidlich war, dass am Ende des „fortschrittlichen" zwanzigsten Jahrhunderts in Amerika Mord die zweihäufigste Todesursache am Arbeitsplatz sein würde? Noch sind Unfälle die häufigste Ursache, aber der gewaltsame Tod ist auf der Überholspur. Stichwort: der tägliche Amoklauf. Diese Entwicklung veranlasste laut Pressemeldungen 1996 das US-Arbeitsministerium, Richtlinien herauszugeben, wie Arbeitgeber ihre Angestellten schützen sollen: mit Metalldetektoren, Alarmknöpfen, Hohlspiegeln, hellen Räumen und frei zugänglichen Fluchtwegen.

Der Familienverband der so genannten bürgerlichen Mittelstandsfamilie wird, wie man den Medien entnehmen kann, unaufhaltsam durch die Zugehörigkeit zu Gangs ersetzt, bei denen immer mehr Kids Schutz, Geborgenheit, Wärme und Zuwendung finden. Und diese Gangs führen Krieg miteinander. Die Summe aller derzeitigen Widrigkeiten hat in der Wiege von Demokratie und persönlicher Freiheit in breitesten Bevölkerungsschichten zu Frustration und Grimm geführt. Millionen Amerikaner, die am neuen Beschäftigungswunder so intensiv teilhaben, dass sie gleich drei Jobs auf einmal ausüben (müssen), kommen wohl kaum dazu, ihre eigene Lage und die des Landes tief gehend zu hinterfragen und zu analysieren, aber für steigendes Misstrauen gegen die Regierung scheint der persönliche Durchblick allemal zu genügen. Die Anzeichen sind unübersehbar, auch wenn manche wegen ihres skurrilen Charakters nicht ernst genommen werden.

So bizarr Beschuldigungen über eine geheime Kriegführung gegen die eigene Bevölkerung auch anmuten, ein wachsendes Gefühl ungreifbarer Bedrohung lässt sich beim „Mann von der Straße" nicht abstreiten. Dazu tragen nicht zuletzt peinliche Enthüllungen über geheime Gesellschaftsveränderungsprogramme, Menschenversuche, Drogendeals von Regierungsstellen, ja sogar die so genannte UFO-Verschleierung bei, hinter der viele US-Bürger besonders grauenhafte Geheimnisse vermuten. Je mehr man sich mit dem Rücken zur Wand glaubt, desto heftiger reagiert man darauf, das ist eine Binsenweisheit. Sie dürfte auf ein Land der Steuerverweigerer, Individualisten und Waffenträger bei wachsender Fragmentierung der Gesellschaft voll zutreffen. Die Reaktionen scheinen in der Tat immer vehementer zu werden. Sekten verschanzen sich wie die Davidianer, Separatisten streben die Autonomie an, Totalextremisten veranstalten Blutbäder. Der originelle Film „Die Kriegsmacher/Second Civil War", in dem sich ein Bundesstaat gegen die weitere Aufnahme von

Flüchtlingen stemmt, was dann zum „Zweiten Bürgerkrieg" führt, muss so weit von der Realität nicht entfernt sein. Man denke nur an die stählerne Mauer, die eines nicht mehr allzu fernen Tages Amerika total von Mexiko trennen soll.

All das und eine Reihe anderer Indizien ist für viele ein untrügliches Zeichen dafür, dass hinter dem so genannten Wertewandel, den manche als Wertebeseitigung empfinden, ein Langzeitplan zum Umbau der Gesellschaft stecken könnte.

MK-Programme: Menschliche Ratten im (CIA-?) Labyrinth

Seit einiger Zeit kann man auf die Vermutung stoßen, vor, im, und seit dem Zweiten Weltkrieg seien geheime Projekte zur Bewusstseinskontrolle im Gange gewesen sein. Manche befürchten sogar, sie sind es immer noch. Bei diesen Programmen soll alles zum Einsatz gekommen sein, was die Wissenschaft zu bieten hat – von Drogen über das Einpflanzen von Gehirnimplantaten bis zu telepathischer Fernsteuerung. Ein Ziel dieser sinistren Vorgänge war, so wird behauptet, eine tief greifende Gesellschaftsveränderung durch Drogenkonsum, verbunden mit der besagten „Umwertung der Werte". Als Durchführungsorgan wird die CIA geortet.

Die diskutierten Bewusstseinsveränderungsprogramme trugen neckische Namen wie „Artichoke", „MK-ULTRA" (abgeleitet vom alliierten Sabotageprogramm ULTRA im Zweiten Weltkrieg hinter den deutschen Linien), „MK-DELTA", „Bluebird", „Chatter" etc. Anfang der fünfziger Jahre sollen alle Bewusstseinskontrollprojekte der US-Armee, der Flotte, der Luftwaffe und des FBI zentral dem CIA unterstellt worden sein. Der Autor William Engdahl spricht sogar von ähnlichen Aktivitäten in den dreißiger Jahren. Jedenfalls soll 1953 der damalige CIA-Chef Allen Dulles (der Bruder des amerikanischen Außenministers John Foster Dulles) zu Projektbeginn bei Sandoz in der Schweiz hundert Millionen LSD-Trips bestellt haben. Diese Menge überforderte sogar diesen Pharmagiganten, so dass in den USA nachgekauft werden musste.

Wer meint, solche dubiose Aktivitäten seien schon aufgrund der erforderlichen Riesenmittel kaum geheim durchzuziehen, der mache sich mit dem Begriff des „schwarzen Budgets" zur Finanzierung von Projekten, mit denen der Präsident oder der CIA-Direktor die Öffentlichkeit oder den Kongress nicht behelligen wollen, vertraut. Aus diesem Schatzkästlein wurden einige Großunternehmen – vom Manhattan-Projekt zum Bau der Atombombe über das Satelliten-System MILSTAR, das SDI-Programm, die Entwicklung des „Stealth-Bombers B-2" bis hin zum legenendenumrankten Hyperschallaufklärer AURORA – finanziert. Was natürlich nicht bedeuten soll, dass die bloße Existenz von „schwarzen Budgets" automatisch jede wilde Spekulation verifiziert. Wie auch immer.

Ab Ende der fünfziger Jahre sollen amerikanische und englische Soziologen und Psychologen ihre Experimente nicht mehr an Ratten oder Meerschweinchen vorgeführt haben, sondern an blasierten Studenten und das nicht selten ohne deren Wissen. Diese Massenexperimente brachten in den sechziger Jahren die Hippiebewegung hervor, die zur New-Age-Bewegung mit ihrer Begeisterung für eine Wende zum Zeitalter des Wassermanns etc. führte.

Sie sollen unter Einbeziehung des „National Institute for Mental Health" NIMH in Bethseda, Maryland, der legendären Drogenhochburg Harvard-Universität in Cambridge, Massachusetts, sowie der Haight-Ashbury-Klinik im gleichnamigen Stadtteil von San Francisco, Kalifornien, stattgefunden und so manches in die Wege geleitet haben, von dem wir heute umgeben sind und nicht wissen, wieso.

Häftlinge sollen Drogen erhalten haben und aufgefordert worden sein, ihre Mitgefangenen mit Rauschgift zu versorgen. So behandelte Häftlinge sollen in immer größerer Zahl freigelassen und im Rahmen des Unterprojektes „contact" mit Harvard-Studenten in so genannten „buddy systems" zusammengebracht worden sein – sozusagen die nächste Stufe nach Massenversuchen in den frühen fünfziger Jahren. Journalisten wie der für Recherchen über geheime Aktivitäten mit dem Pulitzerpreis ausgezeichnete Tim Weiner und Publikationen wie „Hot Money and the Politics of Debt" behaupten, dass die CIA etwa die Hälfte des LSD, das in den sechziger Jahren an amerikanischen Universitäten konsumiert wurde, direkt oder indirekt vorfinanziert und mit den daraus gezogenen Profiten verdeckte Operationen betrieben hat.

Die psychedelische Lawine rollte jedenfalls an. Sie rollt, so klagen nicht wenige, immer noch; vom Massen-LSD-Trip der 60er-Gegenkultur bis zu Rave-Partys der Neunziger, bei denen massenweise Drogen konsumiert werden, was laut öffentlicher Kritik von hilflosen Behörden anscheinend ebenso apathisch wie bekämpfungsunwillig zur Kenntnis genommen wird.

Offiziell lief das MK-ULTRA-Programm von 1953 bis 1964, jedoch noch weiter unter dem Namen MK-SEARCH bis 1973. Seither wurden die Behörden durch das Gesetz zum freien Informationszugang „Freedom Of Information Act" FOIA gezwungen, Unterlagen über die ihnen vorgeworfenen Bewusstseinsveränderungsprogramme wenigstens teilweise herauszurücken. Ein Teilsieg, wie beklagt wird, da nicht wenige Dokumente aus Gründen der Staatssicherheit mit schwarzen Stellen unkenntlich gemacht wurden (Parallelen zum UFO-Cover-up, vom dem noch die Rede sein wird). Außerdem brannte unglücklicherweise das eine oder andere Archiv aus, ehe es seinen Inhalt freigeben konnte. Pech eben. Nicht zu vergessen die vom damaligen CIA-Direktor Richard Helms angeordnete Vernichtung eines Großteils der MK-ULTRA-Dokumente wegen eines „überbordenden Papierproblems"; eine an sich illegale Aktion, wie der Autor John Marks anmerkt. Kurzum: Es konnte nur auf einen Bruchteil des ursprünglichen Materials zugegriffen werden, das überdies entkeimt, zensiert und nicht vollständig herausgerückt wurde. Aus dem Jahr 1975 findet sich ein Regierungsdokument, in dem gefordert wird, „MK-Ultra" streng geheim zu halten, da es als gesetzwidrig einzustufen sei.

Als die (wenigen) bekannt gewordenen Umtriebe zu heftigen Reaktionen der Öffentlichkeit führten, verbot der Kongress im Jahr 1977 jede weitere Forschung und alle Experimente in Richtung Bewusstseinsveränderung. Später enthüllte der frühere CIA-Agent Victor Marchetti und zeitweilige Stellvertreter von CIA-Chef Helms, die Programme wären seit dem Verbot lediglich besser geheim gehalten worden. Kurz vor seinem Tode vertraute der CIA-Veteran Miles Copeland in einem Interview mit dem Autor John Marks einem Journalisten an, die Kongress-Subkomitees, die mit der Sache befasst waren, hätten nur den Hauch eines Schimmers erspäht.

Tatsache bleibt, dass in den Mauern der von staatlichen Stellen sowie von Rocksängern und anderen Vertretern der Gegenkultur finanzierten Haight-Ashbury-Klinik das erste Ghetto süchtiger weißer Jugendlicher in den USA entstanden ist. Darüber hinaus wurden dort angeblich auch der Mörder Charles Manson und seine Mädchen wie Laborratten konditioniert, um nach ihrer Entlassung zu zeigen, wie gut sie funktionieren. Für all das werden natürlich auch Urheber geortet.

Von Aldous Huxley zur Manson-Family

„Das Schachbrett ist die Welt ...
der Spieler auf der anderen Seite unsichtbar. "

Thomas Henry Huxley, Großvater
von Aldous Huxley in „Collected Essays"

Den britischen Schriftsteller Aldous Huxley (1894–1963) bringen nur wenige mit der ausufernden Rauschgiftszene, der Auflösung der Familien, dem urbanen Chaos, der Slum- und Ghettobildung in den immer monströser werdenden Großstädten, den alltäglichen Serienmorden und der unaufhaltsamen Verrohung der menschlichen Gesellschaft in Verbindung. Die Amerikanerin Carol Greene schon. Die Journalistin und Lehrerin mit theologischem Hintergrund versucht in ihrem Bestseller „Der Fall Charles Manson – Mörder aus der Retorte" diesen Zusammenhang herzustellen und zu begründen:

Aldous Huxley übersiedelte 1937 in die USA, wo er unter anderem Dozent an der Universität von Kalifornien in Santa Barbara und 1961 „Professor at Large" an der kalifornischen Berkeley-Universität war. 1959 hielt er auf einem Symposium der medizinischen Fakultät der Universität von Kalifornien eine Rede mit dem bedeutsamen Titel „The Final Revolution" (Die letzte Revolution). Huxley führte darin unter anderem aus: „Es scheint mir durchaus möglich, dass in Zukunft eine euphorische Droge hergestellt werden kann, die beispielsweise jeder Dose Coca Cola beigegeben wird. Das würde, wie ich schon vor 25 Jahren in ‚Brave New World' beschrieb, zu einem ungeheuer mächtigen Massenkontrollinstrument werden ... Terror ist eine sehr aufwendige, dumme und unwirksame Methode ... Schon in der nächsten oder übernächsten Generation wird sich eine pharmakologische Methode durchsetzen, die Menschen dazu bringt, ihre Knechtschaft zu lieben ... Das wäre dann eine Art schmerzfreies Konzentrationslager für ganze Gesellschaften ... Das scheint mir dann die endgültige Revolution zu sein." Das Seminar war ein voller Erfolg.

Dieser Erfolg fand auf einem vom 28.–30. Jänner 1961 von der Universität Kalifornien in San Francisco abgehaltenen Symposium zum Thema „Bewusstseinskontrolle" seine Fortsetzung. Besagte Veranstaltung wurde unter anderem von der „Stimme Amerikas", dem offiziellen Sender der US-Informationsbehörde, und von der Schering-Stiftung gesponsert. Unter den Teilnehmern finden sich Angehörige des National Institute of Mental Health NIMH in Bethseda, US-Bundesstaat Maryland. Eine diskrete Organisation, die den meisten Menschen unbekannt ist, sofern sie nicht den Zeichentrickfilm des ehemaligen Disney-Zeichners Don Bluth „Mrs Brisby und das Geheimnis von NIMH" gesehen haben, in dem die verwitwete Feldmaus Mrs. Brisby bei intelligenten Laborratten Rat sucht, die dem sinistren Forschungsinstitut entkommen konnten. Klarerweise ist Aldous Huxley unter den Festrednern zu finden.

Dass er keineswegs „einer von vielen" war, demonstrieren die Ergänzungen der Herausgeber der Redeprotokolle: „Kein anderer als Mr Huxley hat zuerst festgestellt, dass es an der Zeit sei, ein interdisziplinäres Symposium über Bewusstseinskontrolle abzuhalten." Nicht weniger viel sagend erscheint ihre Zusatzbemerkung, dass beträchtliche Teile der Ausführungen von Huxley und anderen verloren gegangen seien und daher nicht veröffentlicht werden könnten.

Der Umstand, dass an derselben Fakultät von einem Dr. David Smith und seinem Team Rattenexperimente über extreme Populationsdichte, verbunden mit bewusstseinsverändernden Chemikalien, durchgeführt worden waren, soll nach der vorliegenden Beweisführung ebenso wenig ein „Zufall" sein wie jener, dass sich just von dieser Fakultät aus die unselige „Gegenkultur" auszubreiten begann.

Aus dem schicksalsträchtigen Jahr 1961 gibt es noch weitere Wortmeldungen von Aldous Huxley, in welchen er zur Rückkehr zum alten dyonisischen Religions- und Weltbild aufruft. Eine Einstellung, die sich in seinem gesamten Werk finden lässt, beispielsweise schon im Essay mit dem unmissverständlichen Titel „Do What You Will" (Tu, was du willst) aus dem Jahr 1929.

Huxleys Bücher haben eine Millionenleserschaft, wobei den meisten nicht klar sein dürfte, dass die in Romanen wie „Brave New World" (Schöne neue Welt bzw. Wackere neue Welt), „Brave New World Revisited" (Dreißig Jahre danach bzw. Wiedersehen mit der Wackeren Neuen Welt) oder „Island" (Eiland) geschilderten Szenarien einer „Rauschgift-Gesellschaft" ohne bürgerliche Züge wie Familienbande, mit Kommunen statt Einzelmutterschaft etc. positiv gezeichnet sind.

Die Romane, Storys und Essays von Aldous Leonard Huxley, den Carol Greene beißend „Mr Rauschgift" nennt, sind weltbekannt. Weniger bekannt ist die Tatsache, welche Grundaussagen sich konsequent durch sein Werk zu ziehen scheinen, und am allerwenigsten sein bizarrer Abgang aus dem irdischen Jammertal. Bei seinem Krebstod im Jahr 1963 bat er seine zweite Frau Laura Archers auf dem Sterbebett um einen letzten LSD-Trip. So glitt er getreu seiner eigenen Lebensphilosophie ins Jenseits.

Sein Gesamtwerk kennzeichnet das Gesellschaftsmodell einer Welt, in welcher eine kleine Herrschaftsschicht das Recht auf uneingeschränktes Sichausleben hat, während der Rest als mehr oder weniger willenlose Masse im Chaos ihr Dasein fristet. Tragende Säule dieses Konzepts, das Huxley begeistert vertrat, ist nicht nur der unkontrollierte Rauschgiftkonsum, der heutzutage bereits eine Dimension erreicht hat, dass in manchen Staaten Heroin auf Krankenschein abgegeben und Haschisch in „Hasch-Cafès" verkauft wird. Weitere Ingredienzien von Huxleys Visionen sind die Verbreitung von

Pornografie, sexuelle Promiskuität unter Jugendlichen und ähnliches „Anti-Repressives", wie es heute wohl vertraut ist.

Huxley propagierte in seinen Romanen die viel zitierte „freie Liebe", die in den Hippiekommunen (wenn auch nicht ohne Spannungen) gang und gäbe wurde. Wie leicht vorherzusehen, drängte die „freie Liebe" die bürgerliche Familie zurück, da nunmehr der Sex kein Ausdruck persönlicher Zuneigung und gegenseitiger Verantwortung war, sondern eine rein körperliche Funktion wie Essen und Trinken. Und sie senkte die Geburtenrate, schließlich tat man „es" hauptsächlich zum Vergnügen und nicht wegen des „extrem lustfeindlichen" Gebärens. Sex um des Sexes willen würde der stärkste Hebel zur „Umwertung der Werte" – zum viel gepriesenen „Paradigmenwandel" – sein; beginnend mit den zig-Tausenden, die in den siebziger Jahren aufbrachen, um sich selbst zu suchen, obgleich es sich für viele gar nicht lohnte, dass sie sich fanden, bis zu manchen New-Age-Auswüchsen unserer Tage.

Laut Carol Greene war Aldous Huxley einer der Katalysatoren für den Entschluss amerikanischer Regierungsstellen, an ihren eigenen Bürgern ohne deren Wissen und Einwilligung bedenkliche neuropharmakologische Experimente vorzunehmen. Sinn und Zweck von all dem scheint nach Greene und anderen Autoren die Verächtlichmachung des rationalen Denkens zu sein. An die Stelle des Verstandes sollten die „echten Gefühle aus dem Bauch" treten, auf dass der Mensch von seinen Trieben überflutet werde. Rauschgifte können zu dieser neuen Ekstase für den kleinen Mann wesentlich beitragen und tun es auch. Wer will noch zum Mond oder sonst wohin im Sonnensystem, wenn er mit einem Joint auch dorthin kommt? Zumindest in seinem Schädel.

Mögliche Gesellschaftsveränderer dürften klar erkannt haben, dass Produktivität und Fortschrittsglaube ein wesentlicher Hemmschuh für jedes Eliten-Gesellschaftsmodell sind und demzufolge niedergerungen werden mussten, so wird argumentiert. Dem wirtschaftlich motivierten Zukunftsoptimismus mit seiner gefährlichen Problemlösungskraft konnte nur mit Vorstellungen entgegengewirkt werden, die langfristig zersetzend wirkten. Die Lust auf sexuelle und rauschartige Selbstverwirklichung, gepaart mit einem Frontalangriff auf das repressive Establishment, schien das richtige Mittel zu sein. Mystischer Irrationalismus sollte den wissenschaftlich-technischen Fortschritt bei seiner fast unlösbaren Aufgabe der Bewältigung globaler Probleme verdrängen. Dass diese Entwicklung Phänomene wie das Sektenunwesen und eine generelle Destabilisierung des Abendlandes, wenn nicht der Welt, mit sich bringen würde, scheint für manche absehbar – und gewollt.

Keine Alltags-Familie
Beachtung verdient auch Huxleys Familie. Sie hat nicht nur Literaten und Wissenschaftler hervorgebracht, sondern zählt zu den wenigen, die in England große Macht ausübten. Aldous Huxleys Großvater Thomas Henry Huxley, von dem das seltsame Zitat am Kapitelanfang stammt, setzte sich so leidenschaftlich für den Darwinismus ein, dass man ihn zu seiner Zeit „Darwins Bulldogge" nannte. Darüber hinaus war er Gründungsmitglied der „Round Table Group" (Der Runde Tisch) des südafrikanischen Rohstoffmagnaten Cecil Rhodes, einer Gesellschaft, die auch heute nicht ohne Einfluss zu sein scheint. „The Round Table" gründete das „Royal Institute of International Affairs" (RIIA; Königliches Institut für Internationale Angelegenheiten), das „New Yorker Council on Foreign Relations" (CFR; Rat für Auswärtige Beziehungen und Lieblingsobjekt aller Verschwörungsfans) und andere Institutionen des so genannten anglo-amerikanischen Establishments, die ihrerseits jenes „neue informelle Imperium" bilden sollen, das US-Präsident Bush in Zusammenhang mit der „neuen Weltordnung" öffentlich erwähnte. Jene, die solches

argwöhnen, vermuten in einem Atemzug, dass diese „Weltordnung" etwas anders aussehen dürfte, als man sich gemeinhin unter dem Begriff Ordnung vorstellt. So mancher spricht in dem Zusammenhang von einer seit Jahrzehnten bewusst etablierten „Rauschgiftgesellschaft". Damit könnte sich der Kreis schließen.

Angelpunkt und Paradebeispiel für die gewünschte – und erzielte – Wirkung besagten Programms ist für Carol Greene die „Familie" des 1967 aus dem Gefängnis entlassenen Charles Manson. Er und seine Mädchen wohnten in der Haight-Ashbury-Klinik. Sie wird von staatlichen Stellen finanziert, darunter dem bereits erwähnten NIMH. In ihren Mauern bildete sich das erste Ghetto süchtiger weißer Jugendlicher in den USA, laut Carol Greene gezielt in die Wege geleitet und akribisch studiert. Nach ihrer Ansicht wurde die Manson-Familie dort zu dem maßgeschneidert, was sie dann war, und schließlich freigelassen um zu zeigen, was sie konnte. Sozusagen eine der Speerspitzen zur Errichtung einer „neuen Art von Gesellschaft", wenn man radikalen Aufdeckern glauben will.

Rauschgiftgesellschaft

Nach 1965 entstanden landauf, landab in jeder größeren Stadt der Vereinigten Staaten Hippiezentren und Wohngemeinschaften. Die Medien feierten dies als Revolution der Jugend, als Durchbruch von nicht Besitz ergreifender Liebe und von befreiender Spontaneität. Das sind die Rahmenbedingungen der Rauschgift- und Gegenkultur. Leider brachte und bringt sie nicht ausschließlich die Abkehr von Repression und Aggression mit sich, sondern auch Rauschgifthandel, Gewalt, Bandenkriege, Kriminalität, Prostitution und Mord.

Wissen Sie, wie viele „Rauschgiftkranke" (so der Terminus, seit sogar „Drogenkonsument" als zu diskriminierend empfunden wurde) es 1945 in den Vereinigten Staaten gab, in einer Nation mit damals bereits über 200 Millionen Bürgern? Der US-Journalist Jonathan Vankin gibt die Antwort: gezählte 20.000. Vor dem Krieg war die Zahl zehnmal so hoch gewesen, aber in dem Sicherheitsnetz, das die USA gegen das Eindringen von Spionen und Saboteuren um ihr Land zogen, fingen sich auch Rauschgiftschmuggler.

Die geringe Zahl von 20.000 Süchtigen wäre durch Maßnahmen leicht zum Verschwinden zu bringen gewesen, die im Vergleich zum immer noch tobenden „Krieg gegen die Drogen" mehr als milde angemutet hätten. Da in diesen fernen Tagen Alkohol und Drogen meist nicht von Jugendlichen oder gar Kids, sondern von Erwachsenen konsumiert wurden, sind Fachleute überzeugt, dass damals die Chance für ein drogenfreies Amerika größer war als je zuvor. Der Moment verstrich. Manche meinen, er wurde nicht nur verstreichen gelassen, sondern es wurde der Grundstein für eine völlig andere Entwicklung gelegt: zur „Drogengesellschaft mit Wahlverweigerung (!)". Selbst ohne einen solchen Radikalstandpunkt einzunehmen, ist und bleibt es statistisch belegt, dass Hand in Hand mit der Verbreitung des Rauschgifts in den USA die Wahlbeteiligung gesunken ist.

Laut Zeitungsmeldungen musste Thomas Constantine von der US-Drogenpolizei 1997 zugeben, dass der Kampf gegen das Rauschgift immer aussichtsloser wird. Eine Reihe ernsthaft recherchierender Aufdecker ist überzeugt, dass dort, in God's Own Country, Gesellschaftsveränderungsprogramme die Drogenlawine ins Rollen gebracht haben, die seit längerer Zeit weltweit rollt, zuerst im Westen, nach dem Zerfall des ehemaligen Ostblocks auch dort. Noch einmal zurück zu Carol Greene.

Ihrer Meinung nach ist Huxleys Buch „The Doors of Perception" (Pforten der Wahrnehmung) sein Schlüsselwerk. Es entstand bezeichnenderweise, nachdem Huxley das erste Mal Meskalin genommen hatte, und wurde zur Bibel der drogendurchseuchten Gegenkultur wie auch zum Leitfaden der staatlichen Geheimprojekte, die besagte Gegenkultur ins Leben gerufen haben sollen.

Als eine der Hochburgen der Rauschgiftforschung gilt die berühmte Harvard-Universität in Cambridge, Massachusetts, in der die Tradition der 1884 gegründeten „American Society for Psychical Research" (Amerikanische Gesellschaft für Psychische Forschung) fortlebt. Diese auch in England vertretene Organisation suchte unter anderem zu ergründen, wie man mit Hilfe von Hypnose und Trance Macht über den menschlichen Willen gewinnen kann.

In Harvard wurde 1960 ein psychedelisches Forschungsprogramm initiiert. Anstöße zur Schaffung dieses Projektes gab Aldous Huxley, der damals eine befristete Gastprofessur in Harvard innehatte. All das durch einen Mann verursacht? Natürlich nicht. Aldous Huxley ist nach Ansicht der Verschwörungstheoretiker nicht der alleinige Initiator, sondern eher der Kristallisations- und Knotenpunkt einer Entwicklung, deren Grundsteine vor langer Zeit von einer so genannten „geheimen Nebenregierung der USA" gelegt wurden. Ziel und Zweck all dieser Unternehmungen sei, so mutmaßen sie, die Schaffung einer wurzellosen Gesellschaft aus orientierungslosen Individuen, die nur noch durch eine einzige Eigenschaft definiert und damit berechenbar werden: *Egoismus*. Starker Tobak, der die Grundsatzfrage aufwirft: War und ist solches überhaupt machbar? Was die Individualebene betrifft, so ist die Antwort ein klares „Ja!".

„Hausfrauen-Agenten"

Gehirnmanipulation ist nicht so neu, wie viele glauben. Hypnosemethoden zur unterbewussten Konditionierung von Einzelpersonen, die sich dessen in ihrem Normalleben gar nicht bewusst sind, haben eine lange Tradition. Sie wurden und werden mit Chemikalien, Gehirnwäsche und neuerdings mit technischen Hilfsmitteln bewerkstelligt. Laut Berichten hat etwa ein Dr. Ewen Cameron über Techniken zur Auslöschung von Erinnerungen und zur Einpflanzung künstlicher Persönlichkeiten geforscht. Finanziert soll das Projekt von der CIA worden sein. Als diese Aktivitäten durch den „Freedom of Information Act FOIA" ruchbar wurden, zwang die öffentliche Empörung Dr. Cameron dazu, „in Schande" zurückzutreten.

All diese Methoden sind im Prinzip schon lange bekannt. Ihre Vervollkommnung begann um die zweite Hälfte unseres Jahrhunderts und soll immer noch weiter betrieben werden. Im Kalten Krieg ermöglichten sie unter anderem so genannte „schlafende Agenten". Diese „schlafen" in der Tat so lange, bis sie den Einsatzbefehl erhalten, weil sie nämlich gar nicht wissen, welche Order ihnen eingepflanzt wurde. Sie führen als Verkäufer, Manager oder Hausfrauen ein unauffälliges Leben. Bis zu dem Tag, an dem sie beispielsweise einen Telefonanruf mit einem Stichwort erhalten, das sie im wahrsten Wortsinn aktiviert. Es gibt Vermutungen, dass solche menschlichen Zeitbomben auch nach dem so genannten Ende des Kalten Krieges nicht entschärft wurden, und zwar hüben wie drüben nicht.

Heutzutage soll die CIA laut einigen Journalisten in der Lage sein, Personen via Funk zu hypnotisieren und gezielt Erinnerungsteile auszulöschen. Man nennt diese Methode, mit der sich der im Zusammenhang mit den so genannten „UFO-Entführungen" beobachtete Effekt der „verlorenen Zeit" (Missing Time) erzielen ließe, RHIC-EDOM (Radio Hypnotic Intracerebral Control-Electronic Dissolution of Memory). Bei solchen orwellschen Methoden spielen, wie könnte es anders sein, auch Implantate eine wesentliche Rolle.

Auch die Implantattechnik ist so neu nicht. Bereits 1932 entwickelte Dr. Walter Hess die Technik der Elektrodenimplantation zur Stimulierung bestimmter Gehirnbereiche, und vor über einem Vierteljahrhundert entwickelten Forscher der

„Powered Limbs Unit" des West-Hendon-Krankenhauses nahe London implantierbare Elektroden, korrekter gesagt Transmitter, die durch einen Resonanz-Stromkreis von jeglicher Energieversorgung unabhängig sind. Diese faszinierenden Winzlinge werden „Emgor" genannt und sind in der Lage, von außen kommende Signale aufzunehmen, die im Körper des Implantierten ohne sein Zutun Reaktionen auslösen. Was in unseren Tagen möglicherweise klammheimlich bereits im Gange ist, lässt sich aus wenigen bekannt gewordenen Fällen schemenhaft erahnen …

Rätselhafte Implantate

Am Samstag, dem 18. Mai 1996, wurden drei Personen in einer Privatpraxis in Granada Hills bei Los Angeles von einem Ärzteteam unter der Leitung von Dr. Roger Leir und dem Hypnosetherapeuten Derrel Sims aus Houston fremde Miniobjekte aus dem Körper entfernt. Sie saßen bei den beiden Damen dicht unter der Hautoberfläche. Beim dritten Patienten, einem Mann Mitte dreißig, befand sich das Implantat in der Mundhöhle.

Der Betreffende war vor einigen Jahren bei einem Subunternehmer des Verteidigungsministeriums angestellt gewesen. Als ihm ein Backenzahn Schmerzen zu bereiten begann, empfahl ihm sein Arbeitgeber einen *bestimmten* Zahnarzt, der den schmerzenden Störenfried entfernte. Wie der Patient später aussagte, begann er unmittelbar nach der Extraktion zwei unterschiedliche Stimmen in seinem Kopf zu hören. Da ihn Psychologen und Ohrenärzte nicht davon befreien konnten, unterzog er sich einer Röntgen- und Ultraschalluntersuchung. Dabei zeigte sich ein Objekt in seinem linken Kiefer. Die Operation zum Herausholen dieses Objektes, eines winzigen flachen Diskus mit einem Durchmesser von etwa drei Millimeter, war komplizierter als die Entfernung der ähnlichen Implantate bei den beiden Frauen. Die gesamte Objektgruppe wurde zur Untersuchung weitergegeben. Die Resultate stehen nach wie vor aus. Skeptiker zweifeln daran, jemals offiziell zu erfahren, was es mit den rätselhaften Implantaten auf sich hat.

Tatsache ist, dass die Implantierten sich der zufällig entdeckten Fremdkörper nicht bewusst waren. Die Einpflanzung musste so brillant durchgeführt worden sein, dass es nicht die kleinste Narbe gab. Um die genaue Position der Implantate für den Eingriff festzustellen, hatte Dr. Leir empfindliche Geräte zum Aufspüren schwacher elektromagnetischer Felder einsetzen müssen.

Im Zuge ihrer Entfernung zeigte sich, dass die Implantate auf ungeklärte Weise an Nervenbahnen angekoppelt waren. Nach dem Herausholen entdeckten die Chirurgen mikroskopische Nervenenden, die aus der grauen Membrane ragten, mit der die winzigen Objekte überzogen waren. Anscheinend neurale Schnittstellen zwischen den Objekten und dem Nervensystem der unfreiwilligen Wirte.

Dr. Leir wollte mit einem Skalpell in eine Membrane hineinschneiden, schaffte es aber nicht. Sie war undurchdringlich. An sich ist eine solche Schicht nichts Außergewöhnliches. Körperfremde Objekte, die sich längere Zeit im Organismus befinden, werden mit einer dichten Schichte aus Gewebefasern überzogen, die allerdings normalerweise leicht abzukratzen ist. In dem Fall war das nicht möglich.

Dr. Leir wunderte sich auch über die graue Farbe. Üblicherweise ist ein solches Gewebe entzündet und anders gefärbt. Durch einen Austrocknungsprozess gelang es, die Membrame spröde zu machen und schließlich doch abzukratzen. Die Schnipsel wurden zu Pathologen gesandt. Die Untersuchung ergab eine organische Zusammensetzung aus Blut, Keratin (Hornstoff) und anderem. Weiters wurde bestätigt, dass das Gewebe nicht entzündet war. Das hatte Dr. Leir nach eigener Aussage von Anfang an erstaunt.

Zu einer Entzündung kommt es üblicherweise durch die

Immunreaktion auf einen körperfremden Eindringling, genauer gesagt aufgrund der Aktivität der Leukozyten, der weißen Blutkörperchen. Als „Sicherheitstruppe" des Organismus sorgen sie dafür, dass alles entsorgt wird, was nicht hierher gehört. Handelt es sich um ein Objekt, das aufgelöst und stückweise abtransportiert werden kann, passiert genau das. Ist der Gegenstand zu robust dafür, tun sich Tausende Zellen zusammen, verändern ihre Form und bilden eine Umhüllungsschicht um den Eindringling, die ihn vom restlichen Körper isoliert. Dabei tritt eine Entzündung auf wie das Amen im Gebet. Nicht so bei den Implantaten. Wie es schien, war die Umhüllung aus körpereigenen Stoffen der Betreffenden angefertigt worden, bevor ihnen die Implantate eingesetzt worden waren. Dr. Leir wies dezidiert darauf hin, dass die Medizin Derartiges *offiziell* nicht vermag.

Ob geheime Umtriebe dieser Art, denen ich in meinen Büchern „Jenseits des Vorstellbaren" und „Wer beherrscht die Welt?" noch weiter nachspüre, Teil eines Planes zur weltweiten Gesellschaftsveränderung sind oder ein eigenes Programm darstellen, darüber sind sich Aufdecker nicht einig. Einig sind sich jedoch fast alle Aufdecker darüber, *dass* mehr als bedenkliche Programme dieser Art hinter der Weltbühne ablaufen. Manche wagen es sogar, eine Antwort auf die Frage nach dem *Warum* des Ganzen zu geben.

Vorausgeplante Schreckenszukunft?

Eine reale Alternative 3?

> *„Die menschliche Natur ist von einer solch unverbesserlichen*
> *Niedertracht, dass die Anwendung noch so rücksichtsloser*
> *Methoden gerechtfertigt erscheint, wenn das Ziel*
> *von weit reichender Bedeutung ist. "*
>
> Nicolò Machiavelli (1469–1527)

Flucht in den Weltraum

Es wird geraunt, eiskalte Machtspieler hätten ein Geheimprojekt namens *„Alternative 3 "* ausgeknobelt und bereits in Angriff genommen, um einem kleinen Teil der zum Untergang verurteilten Menschheit die Chance zu geben, ihren eigenen Totentanz zu überleben. Das klingt angesichts des Zustandes unserer Erde fast hoffnungsfroh, vertreten doch immer mehr nüchterne Fachleute heute die triste Ansicht, der Homo sapiens hätte *gar keine* Alternative. Da die schon seit längerer Zeit in der Verschwörungsliteratur herumgeisternden ebenfalls gerne genannten Alternativen 1 und 2 auch lebhaft vertreten werden, habe ich sie in meinem Buch „Wer beherrscht die Welt?" gründlich unter die Lupe genommen und bin zu interessanten Ergebnissen gekommen, die hier zu weit führen würden. *„Alternative 3 "* ist und bleibt die absolute Trumpfkarte im Verschwörungspoker. Und das aus einer Reihe von Gründen, die uns alle betreffen.

„Alternative 3 " soll einer „überlebenswilligen Elite" die Flucht von der untergehenden Erde und das Überleben anderswo (im vorliegenden Fall auf Mars und Mond, eventuell in Weltraumkolonien) ermöglichen. Kommoderweise in einer Gesellschaft von Herren und Sklaven. Letztere werden in Gruppen, so genannten „batch consignments" entführt. So-

lange die neue Zivilisation noch nicht etabliert ist, kommen sie nur als Sklavenarbeiter auf Zeit zum Einsatz. Gehirngewaschen und mit falschen Erinnerungen versehen, werden sie dann wieder zurückgebracht. Darüber hinaus wird das erforderliche wissenschaftliche Personal angeworben, zum Stillschweigen verpflichtet und verschwindet unter Hinterlassung von Deckadressen oder von gar keinen von der Bildfläche (brain drain). Bevor die irdischen Niederungen endgültig zu der Reservehölle werden, an deren Herstellung die Menschheit so eifrig arbeitet, verabschieden sich die (selbst) „Auserwählten" in ihr von High-tech und von willenlosen Arbeitsbienen in Gang gehaltenes Privatparadies. Damit erheben sich die Fragen: Wie wird ein solches Geheimprojekt öffentlich bekannt und könnte etwas dran sein?

Eine Aufsehen erregende Dokumentation
Am 20. Juni 1977 strahlte das konservative TV-Programm *Science Report* der Station Sceptre TV eine „Dokumentation" vom Star-Beitragsmacher Chris Clements mit dem Titel „Alternative 3" aus. Sie begann mit einem weltweiten Katastrophenszenario, vor dem der Anchorman Tim Brinton mit ernster Stimme den Eingangssatz sprach: „Das ökologische Gleichgewicht auf unserer Erde ist weit fragiler in der Schwebe, als wir glaubten."

Angelpunkt und Aufhänger der TV-Präsentation und des später publizierten Buches „Alternative 3" ist die angeblich unterdrückte, codierte und schließlich entschlüsselte Videoaufnahme einer geheimen NASA-Landung auf dem Mars bereits am 22. Mai 1962, begleitet von dem Ausruf: „Hurra wir sind auf dem Mars – und wir haben Luft!"

Dazu kommt noch eine strittige Dialogpassage zwischen der Bodenkontrolle und dem Astronauten Neil Armstrong bei der berühmten Apollo-11-Mondlandemission. Im Buch wird sie als Statement eines NASA-Mitarbeiters namens Otto

Binder präsentiert, der von einem Stück Dialog zwischen Mission Control und den Mondastronauten spricht, das zwar aus den offiziellen Aufzeichungen entfernt wurde, aber von Amateuren in Teilen aufgefangen worden sein soll. Zum entscheidenden Dialog soll es gekommen sein, als Neil Armstrong und Edwin A. „Buzz" Aldrin in einiger Entfernung von dem Landemodul auf der Mondoberfläche unterwegs waren. Laut Binder hätte Armstrong seinen Kameraden Aldrin beim Arm gepackt und ausgerufen: „Was war das? Was zur Hölle war das? Das ist alles, was ich wissen will." Dann soll sich folgender Erd-Mond-Dialog entfaltet haben, hier aus anderen Quellen komplettiert und damit über das Buch „Alternative 3" hinausgehend:

Mission Control: „Was ist da?" ... Störungsgeräusche ... „Mission Control an Apollo 11 ..." Apollo 11: „Die Babys sind riesig, Sir ... enorm ... O, mein Gott, Sie würden das nicht glauben! ... Wir haben Besucher gefunden ... Sie sind auf dem Mond, sie beobachten uns ... Sie müssen schon länger da sein, nach den Einrichtungen zu schließen ... Ich sage Ihnen, da sind andere Raumfahrzeuge hier draußen ... aufgereiht am weiter entfernten Kraterrand ..."

In dem Zusammenhang ist jedoch nicht von Außerirdischen die Rede, sondern von fortgeschrittenen Raumfahrzeugen oder lunaren Anlagen des eigenen Landes USA und/oder der UdSSR. Mit anderen Worten: Vorposten der „Alternative-3-Elitekolonisten" auf Mond und Mars.

Wäre das alles, könnte Entwarnung gegeben werden. Die Dokumentation „Alternative 3" soll nämlich ursprünglich von der englischen Fernsehstation „Anglia TV" als *Aprilscherz* des Jahres 1977 in der Nonfiction-Serie „Science Report" gedacht gewesen sein (für den April Fools' Day, wie der 1. April im englischen Sprachraum heißt). Durch Schwierigkeiten bei der Programmgestaltung erfolgte die Ausstrahlung jedoch am 20. Juni, was den „April Fools"-Gag verpuffen lassen musste. Autoren waren David Ambrose und Christopher Miles, der auch Regie führte.

Eine Pressemitteilung von Anglia TV soll auf die Sendung mit Formulierungen wie dieser hingewiesen haben: „… Ein Team von Journalisten untersucht neben anderen Themen die Dürre von 1976 und die Veränderungen in der globalen Atmosphäre sowie den alarmierenden Anstieg der Statistik verschwundener Personen … Ein Wissenschaftler aus Cambridge und ein Exastronaut namens Bob Grodin, der nach einem Nervenzusammenbruch an einem geheimen Ort lebt, zählen zu den Nahtstellen der Recherche, die sich schließlich zu seltsamen Entdeckungen über die Zukunft des Lebens auf der Erde und anderswo im Sonnensystem zusammenfügt. Das Thema der Sendung mag außergewöhnlich erscheinen, aber es ist wissenschaftlich möglich. Die Frage ist, inwieweit gibt es die Wahrheit wieder?" Nach der Fernsehdokumentation erschien das ursprünglich beabsichtigte Ausstrahlungsdatum, der 1. April, prominent im Nachspann. Die öffentliche Reaktion war gigantisch. Mehr als zehntausend Menschen riefen während der Show an. Die Zeitungen brachten Meldungen, wenn auch zumeist kritische.

Christopher Miles soll dazu erklärt haben: „Ich glaube nicht, dass wir verantwortungslos waren. Wir haben es zwar wie eine Dokumentation aufgezogen, aber die Namen aller Schauspieler sind am Ende angeführt worden."

Vom fiktiven Horrorszenario …

Die noch als fiktiv deklarierte Fernsehdokumentation erschien 1978 als Buchversion, wohl mit Bezug auf den Anglia-TV-Film, diesmal aber als Faktum deklariert. Bekannte Tatsachen wie die Rinderverstümmelung, spontane Selbstverbrennung, die MK-Programme sowie die Nervenzusammenbrüche einiger US-Astronauten wurden zur Erhärtung der Story herangezogen. Auch das Konzept von Weltraumstädten des

Buch „Alternative 3"

Princeton-Professors Gerard K. O'Neill muss als Indiz herhalten, und zwar mit dem Hinweis, sein Projekt trüge die Bezeichnung „Island 3". Das und noch anderes wird in den zahlreichen Transkripten angesprochen, die ohne Herkunfts- und Namensnennung als Beweise für die Verschwörung eingestreut werden.

Dann gibt es noch einen geheimen Informanten und ehemaligen „Alternative-3-Insider", der ursprünglich begeistert mitmachte, von den „notwendigen" Monströsitäten aber abgestoßen wurde und ausstieg. Er soll drei Tage nach der TV-Ausstrahlung den Fernsehreporter Colin Benson über die Verschwörung informiert haben, der dann die Buchrecherchen größtenteils durchführte. Besagter Insider, der aus Sicherheitsgründen nur „Trojan" genannt wird, soll Aufzeichnungen von Tagungen des politischen Komitees von „Alternative 3" vorgelegt haben, die in Washington, Moskau, Genf, aber auch in exotischer Umgebung, beispielsweise in einem U-Boot unter dem arktischen Eis, stattfanden. Es sind die genannten Transkripte, in denen keine Namen, sondern nur Nummern der Sprecher angegeben werden.

Benson schlug schockiert vor, Sceptre TV möge eine erweiterte „Alternative 3"-Sendung folgen lassen, was aber wegen „Drucks auf den Sender" nicht zustande kam. Dieser Druck soll der wahre Grund für die Aussage sein, die Dokumentation wäre eine Fälschung. Last not least tritt eine wissenschaftliche Referenzfigur auf, die zuerst nur „the old man" genannt, später als Dr. Carl Gerstein geoutet wird. Ein Wissenschaftler, der die diversen herannahenden Katastrophen erläutert und in gewisser Weise der Stein des Anstoßes für die „Alternative 3" gewesen zu sein scheint.

Der amerikanische Autor Jim Keith kommt in seinem ausführlichen Casebook zu „Alternative 3" („Alternative 3 – Die Beweise") zu folgenden niederschmetternden Schlussfolgerungen: Die TV-Dokumentation, wie auch das Buch, lassen

Substanz vermissen. Seiner Meinung nach entfaltet sich die Argumentation von der ersten Fernsehminute und erst recht von der ersten Buchseite an durch ein Gewebe von realen Vorgängen (hauptsächlich Katastrophen), die nichts mit der A-3-Verschwörung zu tun haben, und von „Beweisen" (Interviews, Transkripte, Dokumente, Zitate von Wissenschaftlern, Aussagen von ungenannten Zeugen …), die keine solchen sind.

… zur möglichen Albtraumwirklichkeit

Keith erwähnt in seinem Buch eine undatierte Korrespondenz zwischen Co-Autor Leslie Watkins und einem amerikanischen Rechercheur, der Watkins kontaktiert haben soll, nachdem er von Penguin Books informiert worden wäre, das Buch „Alternative 3" sei eine Fiktion, basierend auf Tatsachen. Ein Brief von Watkins an besagten Anfrager soll folgende brisante Passagen enthalten: „Eine korrekte Beschreibung von ‚Alternative 3' wurde Ihnen vom Vertreter von Penguin Books gegeben. Das Buch basiert auf Fakten, die als Sprungbrett für ein tiefes Eintauchen in die Fiktion dienen. Zur Beantwortung Ihrer speziellen Fragen:

1. Es gibt keinen Astronauten namens Grodin.

2. Es gibt kein Sceptre TV und der Reporter Benson ist ebenfalls fiktional.

3. Es gibt keinen Dr. Gerstein.

4. Ja, eine ‚Dokumentation' wurde im Juni 1977 von Anglia Television im Fernsehen über das ganze britische Network ausgestrahlt. Sie wurde ‚Alternative 3' genannt, geschrieben von David Ambrose, produziert von Christopher Miles (dessen Name aus Vertragsgründen auf dem Buch steht). Die Original-TV-Version, die ich für das Buch extrem erweitert habe, war ursprünglich ein Scherz, vorgesehen für die Ausstrahlung am 1. April. Aufgrund von Problemen beim Finden der richtigen Network-Nische verzögerte sich die Ausstrahlung.

Das TV-Programm verursachte einen derartigen öffentlichen Aufschrei, weil die Betrachter sich weigerten, es als Fiktion zu betrachten. Ich war ursprünglich von der Annahme ausgegangen, die Grundprämisse sei so abwegig, speziell die Art, wie ich beabsichtige sie in dem Buch zu präsentieren, dass niemand sie als Non-Fiction betrachten würde. Unmittelbar nach der Publikation erkannte ich, dass ich völlig falsch lag. Tatsächlich überzeugte mich die ungeheure Flut von Zuschriften aus allen Weltgegenden – viele der Briefe stammten von hochintelligenten Persönlichkeiten in führenden Positionen –, dass ich zufällig an streng geheimen Wahrheiten angestreift sein musste.

Die dokumentarischen Beweise, die mir von vielen dieser Schreiber geliefert wurden, bewogen mich, eine ernsthafte und vollkommen nicht-fiktionale Folge des Buches zu schreiben. Unglücklicherweise geriet eine Kiste, in der sich der Großteil der besagten Korrespondenz befand, mit anderen Objekten auf mysteriöse Weise in Verlust, als ich vier Jahre später von London nach Sydney in Australien übersiedelte, ehe ich mich endgültig in Neuseeland niederließ. Ich habe Grund zu der Annahme, dass mein Telefon einige Zeit lang nach der Veröffentlichung des Buches „Alternative 3" abgehört wurde. Kontaktpersonen, die in solchen Dingen erfahren sind, überzeugten mich, gewisse Geheimdienste seien der Überzeugung, ich würde zu viel wissen. All das zusammenfassend, ist das Buch tatsächlich Fiktion, basierend auf Tatsachen. Aber ich glaube mittlerweile, dass ich unbeabsichtigt sehr nahe an eine geheime Wahrheit herangekommen bin."

Man kann sogar die Vermutung hören, die ganze A-3-Sache sei eine bewusste Desinformation, um diese mehr als heikle Thematik von Grund auf zu diskreditieren; eine Strategie, wie sie auch hinter der UFO-Verunglimpfung vermutet wird.

Jim Keith nimmt besonders den in der UFOlogie gern zitierten Dialog zwischen Mission Control und Armstrong unter die Lupe. Ursprünglich hatte er davon wenig gehalten, da er nur auf dem Wort von Otto Binder basierte, der gemeinsam mit seinem Bruder Edward das bekannte Sciencefiction-Autorpseudonym Eando Binder verkörpert. Informationen von anderer Seite, unter anderem vom berühmten UFO-Forscher Timothy Good und von einschlägigen Kongressen, ließen Keith die Sache anders betrachten. Insbesondere die Aussage eines ihm namentlich nicht bekannten Professors. Dieser will sich an ein Gespräch mit Neil Armstrong während eines NASA-Symposiums erinnern, das ungefähr so lautete: Professor: „Was geschah wirklich da draußen bei Apollo 11?" Armstrong: „Es war unglaublich … Natürlich hatten wir immer gewusst, dass die Möglichkeit bestand … Tatsache ist, wir waren sogar davor gewarnt worden. Es hat niemals eine Frage hinsichtlich einer Weltraumstation oder einer Mondstadt gegeben." Professor: „Was meinen Sie mit ‚davor gewarnt worden'?" Armstrong: „Ich kann keine Einzelheiten angeben, nur so viel, dass ihre Schiffe unseren weit überlegen waren sowohl in der Größe als auch in der Technologie … Junge, Junge, waren die riesig! … Und bedrohlich … Nein, es gibt keine Frage einer Raumstation." Professor: „Aber die NASA hat nach Apollo 11 andere Missionen durchgeführt." Armstrong: „Natürlich – NASA war zu der Zeit festgelegt und konnte keine Panik auf der Erde riskieren … Aber es war eine schnelle Sache und schnell wieder zurück." Nicht ganz unerwartet dementierte Armstrong gegenüber Timothy Good das Vorhandensein fremder Objekte auf dem Mond.

Für einen vergleichbaren Mond-Erde-Dialog gab es außer der Behauptung von Otto Binder und einer Bestätigung, die der ehemalige NASA-Kommunikationschef und einer der Designer des Apollo-Raumschiffs Maurice Chatelain in einem Interview von 1979 aussprach, lange Zeit keine Unterstützung (Chatelain vertritt die Überzeugung, es gebe eine vehemente UFO-Vertuschung, ein „kosmisches Watergate"). In der Zwischenzeit scheinen weitere Einzelheiten aufgetaucht zu sein.

Im Fernsehen die Vertuschung zugegeben

Im Jänner 1997 hatte das Tessiner Fernsehen TSI, der Sender der Italienisch sprechenden Schweiz, eine vierteilige exzellente UFO-Dokumentation ausgestrahlt, produziert vom renommierten Tessiner Fernsehjournalisten Guido Ferrari. Im Anschluss an diese Sendung fand im TSI-Studio eine Live-Diskussion der betreffenden Wissenschaftler statt, unter diesen auch der langjährige NASA-Mitarbeiter Dr. Dino Dini aus Italien. Gegen Ende der Diskussion spielte der Sender eine als ungeschnitten deklarierte Filmaufnahme der Apollo- 11-Landung ein.

Man sieht, wie Astronaut Neil Armstrong den Erdtrabanten betritt, und man hört Erstaunliches. In der Übersetzung: Armstrong (soeben ausgestiegen): „Was ist das? Habt ihr eine Erklärung dafür?" Houston Bodenstation: „Wir haben eine. Keine Aufregung. Halten Sie sich an das Programm!" Armstrong: „Junge, Junge, das ist schon was. Es ist fantastisch! Ihr könnt euch das nicht einmal vorstellen!" Houston Bodenstation: „Roger. Wir wissen davon. Gehen Sie in die andere Richtung. Gehen Sie in die andere Richtung zurück!" Armstrong: „Well, es ist eine Art ... wirklich toll. O Gott, was ist das? Was ist das?" Houston Bodenstation: „Wechseln Sie die Frequenz. Gehen Sie auf Tango! Tango!" Armstrong: „Da ist eine Art Leben, jetzt ..." Houston Bodenstation: „Roger ... Kommunikation. Bravo-Tango! Bravo-Tango! Sprechen Sie auf Jezebel! Jezebel!" Armstrong: „... aber das ist unglaublich!" Danach wurde offensichtlich die Frequenz geändert.

Nach der Einspielung konfrontierte der Moderator Dr. Dini frontal: „Herr Dini. Sie waren im Nachrichtendienst der

NASA tätig. Ich frage Sie: Warum, hat die NASA das, was direkt gesagt wurde, aus der offiziellen Version, die um die Welt ging, herausgenommen? Warum wurde es gelöscht?"

Zur allgemeinen Verblüffung erging sich der Angesprochene weder in Ausflüchten, noch stellte er alles in Abrede, sondern antwortete: „Es wurde gelöscht, weil hier zu viele Dinge zusammenkamen, die zu diesem berühmten ‚Blue Book' gehörten, das hätte veröffentlicht werden sollen, wovon man dann aber absah. Das, was Armstrong sah, war real. Denn überall dort, wo Konfusion herrscht, im Golfkrieg, im letzten Krieg – überall, wo Verwirrung ausbricht, dort erscheinen diese fliegenden Scheiben. Diese Scheiben kommen aus Stationen, die in Erdnähe postiert sind. Es war also richtig und wir mussten es tun ..."

Moderator: „Sie meinen das Löschen?" Dr. Dini: „Ja, das Löschen." Moderator: „Was gesprochen wurde, haben Sie ja gehört. Was sah Armstrong? Was war das?" Dr. Dini: „Er sah Objekte, die ihnen folgten, Raumschiffe, die der Apollo folgten ..." Moderator: „... auch Lebewesen?" Dr. Dini: „Ja, auch Lebewesen. Den Apollo-Raumschiffen folgten andere Raumschiffe. Das ist eine Tatsache, die von verschiedenen Expeditionen bezeugt wurde." Auf die Frage des Moderators, ob auch Außerirdische auf dem Mond waren, antwortete Dr. Dini: „Ja, da waren auch Lebewesen auf dem Mond ... Sie kommen von Basen, die der Erde recht nah sind."

Läuft der Countdown bereits?
Viel Geschwafel und Unsinn ist über die so genannten drei Alternativen publiziert worden, besonders über die dritte. Trotzdem sollte vieles nicht a priori abgetan werden, was in dem Zusammenhang angesprochen wird. Das eine oder andere ist in der Zwischenzeit ruchbar geworden, das so manchen an Versatzstücke der einzelnen Alternativen erinnert, speziell der dritten – von Geheimprogrammen zur Gesellschaftsver-

änderung bis zur Einpflanzung künstlicher Erinnerungen. Unangenehme Vorgänge, die in diesem Buch bereits zur Sprache kommen, mehr noch in meinen Büchern „Jenseits des Vorstellbaren" und „Wer beherrscht die Welt?".

Viele durchaus ernsthafte Rechercheure sind überzeugt, es könnte etwas mit der „Alternative 3" Vergleichbares geben. Die Gründe dafür existierten vor mehr als zwanzig Jahren und sind heute noch virulenter geworden, als sie es damals schon waren. Aufgrund der Beschleunigung der negativen Entwicklung auf der geknechteten Erde vermuten besonders Illusionslose, es würden parallel zu der vermuteten *echten* „Alternative 3" Apathisierungs-, Vergiftungs-, Krisenerzeugungs-, Sozialhilfeempfänger-Schaffungsprogramme und anderes laufen, um keine Behinderungen durch eine zu große Zahl mündiger Bürger aufkommen zu lassen. Und um das Bevölkerungswachstum etwas einzubremsen, das sich in den letzten Jahren zwar leicht verlangsamt haben soll, aber dennoch exponentiell fortschreitet. Der mittlerweile offen diskutierte Zeitplan wäre natürlich nicht zu halten, aber „Begleitmaßnahmen" könnten die notwendige Zeit zur Durchführung erstrecken.

Eine Enthüllerfraktion glaubt ein Geheimprogramm entdeckt zu haben, in dem man mit dem nötigen Schuss Paranoia solche Begleitmaßnahmen erblicken könnte. Salopp zusammengefasst: Gehirnwäsche für mündige Bürger, AIDS – oder noch Schlimmeres – für den Rest. Damit sind wir wieder bei der Vermutung von „Alternative 3"-Autor Leslie Watkins, die Fiktion könnte zufällig mit einer geheimen Wahrheit kollidiert sein.

AIDS – der fünfte apokalyptische Reiter

Eine neue Pest aus dem Labor?

> *„Der medizinische Fortschritt wird die Menschheit*
> *durch Überbevölkerung vernichten, sofern er nicht*
> *Hand in Hand mit Bevölkerungskontrolle geht."*
>
> Theodor Billroth (1829–1894),
> Begründer der berühmten Wiener Schule der Chirurgie

In der letzten Folge der ZDF-Serie „Planet des Lebens", „Quo vadis, Mensch?", erklärte Dennis Meadows (Die Grenzen des Wachstums/Club of Rome), die Natur würde so um das Jahr 2030 – wenn die Erde die Menschenmassen einfach nicht mehr ernähren kann – die Bevölkerungszahl auf eine „verträgliche Größe" reduzieren. Was das heißt, kann man sich ausmalen, vielleicht auch nicht. Eines scheint sicher: Was immer wir zur Bevölkerungskontrolle aushecken mögen, sei es noch so „unmenschlich", die Natur wird noch viel brutaler eingreifen. Vielleicht haben wir, genauer gesagt, radikale Bevölkerungsregulierer, schon eingegriffen …?

Nicht nur Zyniker und Weltuntergangsvisionäre glauben resignierend, dass nur eine neue Pest den Untergang der Menschheit aufgrund von eigener Vermehrung verhindern kann. Misstrauische fügen hinzu: „Und da ist sie auch schon!" Bei derzeit täglich 15.000–18.000 Neuinfektionen (vor drei Jahren waren es „erst" 6000 pro Tag) kann die Immunschwäche AIDS wahrscheinlich wahrlich als Pest des 20. Jahrhunderts bezeichnet werden.

Apropos Pest: Verschwörungsfans sehen ihre Befürchtungen durch die Entdeckung erhärtet, dass die Pestwellen des Mittelalters in den überlebenden Europäern und deren Nachfahren – zu denen klarerweise auch die weißhäutige Bevölkerung Amerikas zählt – ein mutiertes Gen hinterlassen haben, das vor AIDS schützt. Afrikaner und Ostasiaten besitzen ein solches *AIDS-Überlebensgen* nicht. Das könnte erklären, wieso mindestens jeder zehnte Europäide total oder teilweise immun gegen AIDS ist – und es wäre ein Freibrief für elitäre Bevölkerungsregulierer, sofern sie darüber schon viel länger Bescheid gewusst haben sollten, was nicht ausgeschlossen werden kann. Die AIDS-Situation vor und nach dem Jahrhundertwechsel kann jedenfalls nur mit einem viralen Buschfeuer von globalen Ausmaßen verglichen werden.

Studien, die den üblichen Multiplikator von 100 für jeden offenkundigen Krankheitsfall anwenden, kommen in Afrika auf eine HIV-Gesamtinfektionszahl von etwa 300 Millionen und in den USA auf fast 10 Millionen. AIDS hat Afrika bereits dermaßen getroffen, dass Satellitenfotos zeigen, wie im „AIDS-Gürtel" die tropischen Wälder wieder nachzuwachsen beginnen. Ein Vertreter der AIDS-Hochburg Uganda soll gesagt haben: „Man hat bereits jede Person abgeschrieben, die älter ist als 16 Jahre." Man konzentriert sich angeblich mit der Ausbildung auf Jüngere in der Hoffnung, dass genug Menschen übrig bleiben, um das Land irgendwie am Leben zu erhalten.

Während der überwiegende Teil der Wissenschaftler verzweifelt nach einer Möglichkeit sucht, den „schlank machenden Tod" (slim disease), wie AIDS mittlerweile in Afrika genannt wird, zu bekämpfen, soll ein anderer, winziger Teil der wissenschaftlichen Gemeinde AIDS in die Welt gesetzt haben. Diese Vermutung kann man seit Jahren vernehmen, in letzter Zeit allerdings immer vehementer.

Makabre Fakten
Schon in den achtziger Jahres des vorigen Jahrhunderts erregte der emeritierte Naturwissenschaftler der Humboldt-Universität Professor Dr. Segal mit der brisanten Behauptung weltweites Aufsehen, AIDS sei als biologische Waffe entwickelt worden. Es soll sich dabei um eine Kreuzung des Mädi-

Visna-Virus, der Schafe befällt, und des HL-23-Virus, das bei Menschen Lymphschwellungen verursacht, handeln – im Labor erzeugt und erprobt an den Insassen der amerikanischen Haftanstalt Fort Detrick. Nach deren Freilassung sei die Sache außer Kontrolle geraten, da die Experimentatoren durch die lange Ruhezeit des Virus an einen Fehlschlag geglaubt hatten. Das Pentagon schmetterte diese Theorie damals als kommunistische Propaganda ab, obgleich sie von der DDR-Presse so gut wie totgeschwiegen worden war.

Der greise Professor aus der Leipziger Straße im ehemaligen Ostberlin ist nicht der Einzige, der eine bewusste Rekombination von Retroviren zur Schaffung von AIDS argwöhnt. (Segal könnte diesen Vorgang nach eigener Aussage eigenhändig und in wenigen Wochen bewerkstelligen.)

Die Vorstellung, eine neue Pest, die derzeit Millionen Menschen in ihren Klauen hat und sich exponentiell ausbreitet, könnte in Petrischalen das Licht der Welt erblickt haben und von Menschenhand freigelassen worden sein, verursacht zwangsläufig eine Gänsehaut. Nimmt man sie dennoch unter die Lupe, so stößt man plötzlich wieder auf Aldous Huxley, der nicht nur offen „Eugenik" propagierte, ohne Schaden an seiner Reputation zu nehmen, sondern auch zum Problem der Überbevölkerung bereits in den dreißiger Jahren des vorigen Jahrhunderts gesagt hatte: „Ungelöst wird dieses Problem (die Bevölkerungsexplosion) alle übrigen Probleme unlösbar machen." Vielleicht offenbart sich hier ein Hinweis auf seine Motive und auf seine Hinwendung zu den Drogen. Es scheinen sich noch weitere Puzzlesteine zu finden.

In einem 1990 ohne viel Aufhebens freigegebenen Nationalen Sicherheitsmemorandum (MSN 200) soll zu lesen sein: „Die Reduktion der Bevölkerung in diesen (Drittwelt-)Staaten ist eine Angelegenheit vitalen Interesses der amerikanischen nationalen Sicherheit." Verschwörungsfans denken dabei sofort an AIDS und an die immer wieder geäußerte

Behauptung, die Quelle dieser Immunschwäche seien nicht Affen, sondern US-Labors.

Dazu ein Detail am Rande, das Misstrauische für äußerst bemerkenswert halten: Der AIDS-Subtyp *B* tritt in der Zivilisation auf. Infektion wie bekannt: Blut und Sex. AIDS-Subtyp *E* wütet in der Dritten Welt und in Asien. Übertragen wird Typ E durch zelluläre Infektion via Schleimhäute und ist dadurch *500-mal* so ansteckend wie der „Zivilisationstyp B".

In meinem Buch „Jenseits des Vorstellbaren" werden die Zweifel eines Fachmannes an der offiziellen Lesart wiedergegeben, ein drei Milliarden Jahre altes Retrovirus sei plötzlich losmarschiert. Wie zur Bestätigung ist ein dreißig Jahre zurückliegender AIDS-Fall mit einem HI-Virus aufgetaucht, das mit dem AIDS-Stamm identisch ist, der in den achtziger Jahren hervorgebrochen ist – eine grobe Verletzung des obersten Gebotes für Viren: „Mutiere täglich!"

Amerikanische Aufdecker wollen Erstaunliches ausgegraben haben: Laut Aufzeichnungen des Zuteilungs-Subkomitees des amerikanischen Kongresses sollen Vertreter der Abteilung für Biologische Kriegsführung im US-Verteidigungsministerium 1969 zehn Millionen Dollar für die Erzeugung von Organismen angefordert haben, die das Immunsystem selektiv zerstören. Es fänden sich Formulierungen wie: „Innerhalb der nächsten fünf bis zehn Jahre wird es wahrscheinlich möglich sein, einen neuartigen ansteckenden Mikroorganismus herzustellen, der sich in bestimmten wichtigen Aspekten von jedem bekannten Krankheitserreger unterscheidet. Der bedeutendste davon ist, dass er gegen die immunologischen und therapeutischen Prozesse widerstandsfähig sein könnte, die wir benötigen, um unsere relative Freiheit von Krankheiten aufrechtzuerhalten." Die verlangten Geldmittel sollen bewilligt worden sein, damit sich keine „biologische Lücke" (Germ Gap) zu der UdSSR auftun könne, wo vergleichbare Bemühungen im Gange sein sollen.

In dem Zusammenhang erinnern manche an eine Aussage des Deputy Assistant Secretary of Defense for Negotiations Policy Douglas Feith 1986 vor dem US House Permanent Select Committee on Intelligence. Feith soll gesagt haben, die Technik zur Entwicklung von Designer-Drogen würde nunmehr die Produktion von maßgeschneiderten Kunstviren möglich machen, die spezifische Gene klar definierter Bevölkerungsgruppen selektiv attackieren. Eine bessere Biowaffe gibt es nicht. Südafrikas letzte weiße Regierung soll nach Aussagen vor der Wahrheitskommission an der Entwicklung und am Kauf einer solchen „Ethno-Genbombe" interessiert gewesen sein, um ihr dunkelhäutiges Problem (endzu)lösen. Die Wissenschaft war aber damals noch nicht so weit. Und jetzt?

Dem Todesvirus auf der Spur

In dem Artikel „Designer Diseases: AIDS as Biological and Psychological Warfare" stellt der Verfasser Wave Forrest fest, dass die AIDS-Epidemie in voller Blüte in drei amerikanischen Städten mit organisierten „Gay Communities" hervorgebrochen war, ehe sie aus anderen Weltgegenden gemeldet wurde. Das macht es nach seiner Ansicht epidemologisch unmöglich, dass die offiziellen Ursprungsorte Haiti und Afrika die Ausgangsgebiete für die amerikanische Seuche sind. Er ist nicht der Einzige, der solches argwöhnt.

Der praktische Arzt Dr. med. Robert Strecker aus dem Großraum von Los Angeles gilt als einer der heftigsten Verfechter der These vom künstlichen AIDS-Virus. Dr. Streckers Name scheint in mehreren Quellen auf. Er selbst war durch einen Zufall mit der AIDS-Problematik in Kontakt gekommen. 1983 begann er mit seinem Bruder Ted, einem Rechtsanwalt, an einem massenstatistischen Versicherungsplan für eine große südkalifornische Bank zu arbeiten. Da zu der Zeit noch niemand eine Ahnung hatte, welcher Kostenfaktor AIDS werden sollte, widmeten Dr. Strecker und sein Bruder dieser neuen Seuche besondere Aufmerksamkeit. Bei ihren Betrachtungen kamen sie zu der Ansicht, dass hier nicht alles mit natürlichen Dingen zugehen konnte. Auch ihrer Meinung nach hat dieses Phänomen seinen Ursprung keineswegs im afrikanischen Urwald oder in einem Affenvirus.

In einem Vortrag meinte Dr. Strecker sinngemäß, die Seuche könne ihren Anfang nicht dergestalt genommen haben, dass ein Affe einen Einheimischen biss, und schlagartig gab es 100.000 AIDS-Fälle in Afrika. Menschen und grüne Affen hatten bis dato Jahrtausende lang infektionslos miteinander gelebt. Der Vortragende wies darauf hin, dass die Gene des AIDS-Virus weder in Primaten noch in Menschen vorkommen. Würde man das genetische Material von Schimpansen, Gorillas und anderen Affen mit dem des Homo sapiens mischen, könnte man AIDS nicht erzeugen. Wohl aber bei Verwendung von Retroviren von Schafen und Rindern (Dr. Segal meinte Ähnliches).

Retro bedeutet das Vorhandensein eines Enzyms mit der Bezeichnung „reverse Transkiptase". Es gibt dem Virus die Möglichkeit, wenn er einmal in die Zelle eingedrungen ist, das dort vorhandene genetische Material „umzuschreiben", was zur Erzeugung neuer Viren führt. Das Überspringen von Artenbarrieren, etwa von Mensch zum Rind oder umgekehrt, wird nach leichten Korrektur- oder Kombinationsarbeiten möglich. Nach Ansicht von Fachleuten wäre Derartiges eine ideale Bio-Waffe, die zielgenau auf bestimmte Ethnien gerichtet werden kann.

Dr. Strecker beanstandete, dass die „Centres for Disease Control" CDC (Zentren für Krankheitskontrolle) in Atlanta, Bundesstaat Georgia, für die AIDS-Bekämpfung zuständig wären. Seien sie doch jene Einrichtung, die unter der früheren Bezeichnung „United States Public Health Service Department" jahrzehntelang Menschenversuche durchgeführt haben sollen, die laut Dr. Strecker in der öffentlichen medizinischen Literatur verfolgt werden können. In einem Vortrag forderte er die Zuhörer auf, so wie er und seine Mitarbeiter eine Med-Line-Suche zu machen. Durch dieses simple Prozedere sei er der ganzen Sache auf die Spur gekommen. Nachdem er lapidar verlangt hatte: „Geben Sie uns alle Unterlagen über das bovine Visna-Virus", erhielt er Unterlagen über ein Rindervirus mit genau der gleichen Form wie das AIDS-Virus, dem exakt gleichen Molekulargewicht und gewissermaßen der genau gleichen genetischen Struktur sowie mit der genau gleichen Magnesiumabhängigkeit, was bei dieser Kategorie von Erregern relativ selten vorkommt. Und mit der genau gleichen Fähigkeit, T-(Immunsystem-)Zellen selektiv zu zerstören, wie AIDS das tut. Dessen ungeachtet soll ein solches Virus gar nicht existieren. Laut Dr. Strecker eine Lüge.

Er meint, die AIDS-Infektion in Afrika, die seiner Ansicht nach zu großflächiger Entvölkerung führen wird (erste Anzeichen sind unübersehbar), könnte nicht punktuell aufgetreten sein, sondern wäre in Form von Massenimpfungen sozusagen „unters Volk gebracht worden". Bei einem Vortrag am 25. Mai 1990 in Santa Barbara, Kalifornien, verwies er auf die Titelstory der „London Times" vom 11. Mai 1987. Sie soll „Pockenimpfung löste AIDS aus" gelautet haben. In dem Zeitungsbeitrag wurde darauf hingewiesen, dass die von AIDS am meisten verwüsteten Gebiete exakt jene sind, in denen die Weltgesundheitsorganisation WHO in den siebziger Jahren Massenpockenimpfungen durchgeführt hatte. Wie auch immer.

In den USA trat AIDS jedenfalls anfangs in einer ganz spezifischen Bevölkerungsgruppe auf: bei weißen männlichen Homosexuellen im Alter von 20–40 Jahren, die in ganz bestimmten Städten (New York, San Francisco, Los Angeles, Chicago und St. Louis) lebten. 1978 tauchte es in New York auf, 1980 in San Francisco. Ein Verbreitungsgebiet, das mit dem der amerikanischen Hepatitis-B-Impfstudie deckungsgleich sein soll. 1978 wurden über tausend Homosexuelle in New York geimpft. Zwei Monate später wurde der erste offizielle AIDS-Fall diagnostiziert. 1981 hatten 25–50 % der geimpften Homosexuellen AIDS. 1984 waren es über 60 %. Weitere Zahlen über die Krankheitsrate der Teilnehmer an der ursprünglichen Impfstudie sind nicht zugänglich.

Wenn AIDS aus Haiti kommt, so fragen sich manche, wieso sind Homosexuelle aus den auch nicht kleinen „Gay Communities" von New Orleans, Miami oder Houston verschont geblieben, die ebenso nach Haiti gereist sind wie jene aus New York oder San Francisco?

Dr. Strecker und andere halten nichts von der offiziellen Version, ein angeblich homosexueller Airlinestewart hätte AIDS nach Amerika eingeschleppt. In dem Fall müsste die Krankheit zuerst in den Städten aufgetreten sein, die von der betreffenden Luftlinie angeflogen wurden. Was laut Dr. Strecker nicht der Fall war. Noch signifikanter erscheint es Dr. Strecker, dass das CDC die Aktivitäten dieses Flugbegleiters angeblich überwachte. Das wirft für ihn die Frage auf, wieso jene Bundesbehörde, die dafür zuständig ist, die Ausbreitung von Krankheiten zu *verhindern,* eine Person frei herumfliegen ließ, von der man wusste, dass sie Träger eines tödlichen und ansteckenden Virus sei.

Als Krönung seiner Ausführungen verwies Dr. Strecker in dem Vortrag auf die Arbeiten von Royal Raymond Rife aus dem Gebiet der elektromagnetischen Medizin. Laut Rifes Theorie, der auch Dr. Strecker anhängt, können Viren und Bakterien nur durch präzise gepulste elektromagnetische Strahlung zerstört werden. Schlussfolgerung: AIDS und anderes kann durch Medikamente nicht angegriffen werden, wohl aber durch ein geheimes Gegenmittel. Ein idealerer Selektionsfilter scheint kaum vorstellbar. Ähnliches soll nach Enthüllern wie Dr. Strecker in den meisten Industrienationen der Erde im Gange sein.

Der Korrektheit halber muss erwähnt werden, dass der Vortragende Massenvernichtungsstrategien de facto vermutet, einschließlich eines bewussten Entweichenlassens von radioaktiver Strahlung aus Kernkraftwerken, um Krebs zu forcieren. Dr. Strecker bezieht sich auch auf eine Reihe von Experimenten an der nichtsahnenden Bevölkerung sowie auf die leidigen MK-Bewusstseinsveränderungsprogramme. Verschwiegen darf aber ebenfalls nicht werden, dass Dr. Strecker als sowjetischer Desinformationsagent verunglimpft und von seltsamen Schicksalsschlägen heimgesucht wurde, seit er seine Theorie verbreitet.

Sein Bruder Ted wurde am 11. August 1988 tot in seinem Heim in Springfield, Missouri, aufgefunden. Selbstmord mit einem 22er Kleinkalibergewehr. In der Nacht vor dem „Selbstmord" war er noch guter Dinge gewesen und hatte seinem Bruder Robert Strecker von neuen Entwicklungen erzählt, die ihm Hoffnung machten. Im September desselben Jahres beging ein Kongressabgeordneter mit Hilfe von Heroin und Kokain Selbstmord. Er hatte zu den wenigen Politikern gehört, die Dr. Streckers These unterstützen, und war öffentlich dafür eingetreten.

Umfassenderes zur AIDS-Problematik findet sich in meinen Büchern „Jenseits des Vorstellbaren", „Wer beherrscht die Welt?" und brandneu „Zukunftsfalle – Zukunftschance. Leben und Überleben im dritten Jahrtausend." Wir wollen jedoch den nächsten Schritt im großen Verschwörungs-Labyrinth machen ...

Ein unheimliches Puzzle

Unversehens findet man sich nach alldem wieder beim sinistren „Alternative 3"-Spektakel: Jene, die dem menschlichen Leben auf der Erde wenig Chancen geben und über die nötigen Machtmittel und Skrupellosigkeit verfügen, verabschieden sich vor dem globalen Crash. Sie ziehen anderswohin, wo sie – in allem Komfort natürlich – eine neue Gesellschaft aufbauen. Nicht unbedingt zum Mond oder Mars, aber vielleicht in Weltraumstädte (riesige Zylinder, fixiert an den Lagrange-Punkten im Sonnensystem, wo sich die Gravitationskräfte gegenseitig kompensieren). Solche Weltraumstädte wurden schon in den sechziger Jahren konzipiert, sind heute bereits durchkonstruiert und für das nächste Jahrtausend fix geplant. In jüngster Zeit wird auch geargwöhnt, die in Bau befindliche „Internationale Raumstation ISS" könnte ein Teil des großen Plans sein, Sprungbrett der Elitekolonisten zu ihrer geheim gehaltenen endgültigen Destination.

Von dort aus würde die Erde dann mittels Killerviren zur Neuerschließung „gesäubert" werden, meint eine Aufdeckerfraktion. Andere glauben, dass solche Bevölkerungsreduktionsprogramme bereits laufen (wir kennen die diesbezüglichen Spekulationen), um den auswanderungswilligen Eliten die notwendige Zeit zu verschaffen. Schließlich rast die Vermehrung des angeblich vernunftbegabten Homo sapiens im Eilzugstempo dahin und trägt neben dem nicht weniger ungebremsten Wirtschaftswachstum zur Vernichtung der Ökosphäre bei.

Das wissend, sollen düstere Mächte die Weichen in eine Zukunft gestellt haben, wie sie in den schlimmsten Albträumen an die Wand gemalt wird: Seuchen wüten unter jenen, die nicht durch ein geheim gehaltenes Gegenmittel (beispielsweise die Rife-elektromagnetischen Pulse) geschützt sind. Ein Plan, wie er inhumaner kaum vorstellbar ist, um wenigstens einen Nukleus der Menschheit und damit die Art an sich zu retten. Besonders Fantasievolle sind überzeugt, dass es bei diesem unheimlichen Langzeitplan Mitspieler gibt, die nicht von dieser Erde sind. Wesen, denen so etwas wie ein „kosmisches Prinzip" bekannt sein könnte, das sinngemäß lautet: Alle intelligenten Lebensformen verlassen ihre Wiege. Die Wiege aber geht dabei drauf.

Es kann nämlich auch genau umgekehrt sein, wie gar nicht so wenige Insider vermuten. Sie meinen, die irdischen Erinnerungen sollen im Notfall den nichtirdischen die Glaubwürdigkeit nehmen, weil auffliegende CIA-Machenschaften kaum noch sonderlich überraschen. Wie Umfragen zeigen, ist der Durchschnittsamerikaner von Regierungsverschwörungen aller Art überzeugt und rechnet ohnedies mit dem Schlimmsten. Die wahre Verschwörung hinter all dem – das steht für immer mehr US-Bürger fest – ist die UFO-Verschwörung. Und zwar in ihrer „klassischen Form", soll heißen: es gibt Kontakte zwischen Regierungsstellen und Aliens oder man weiß im Pentagon zumindest, dass unsere Erde seit langem besucht wird. Kurzum: Verschwörungsvarianten zum Aussuchen. Die umfassendste davon wartet sogar mit einer irdischen und einer *nicht*-irdischen Komponente auf, die ineinandergreifen.

Was ist von alldem zu halten? Wer könnte Recht haben? Selbst die vorsichtigste Meinungsbildung erfordert einen kühnen Schritt: das Befassen mit dem *extraterrestrischen* Aspekt. Natürlich wird sich kaum wirklich klären lassen, ob kleine Graue in Flugscheiben umherzischen oder ob getarnte Außerirdische unter uns weilen und die Welt lenken. Eines aber kann man suchen und vielleicht finden – Spuren ihrer Aktivitäten …

Verbündete aus dem Anderswo

Der Klub der unsichtbaren Verstümmler

> *„Der wahre Student spricht zu niemand anderem als seinem Meister von der Arbeit, mit der er befasst ist, noch von seiner Erfahrung oder vom Grad seiner Entwicklung."*
>
> Geheimer Schwur der Rosenkreuzer

Grausige Vorarbeiten

Am strahlenden Sommermorgen des 5. August 1999 begann der US-Rancher Milo Hauck das Tagewerk auf seiner Farm in Menno, Bundesstaat Süddakota, wie üblich mit einem Blick auf sein Vieh. An diesem Tag auch mit einem Schock. Einer seiner Preisbullen, 800 Kilogramm schwer, lag in einer seltsamen Haltung auf dem feuchten Untergrund. Er war tot und auf grausame Weise verstümmelt. Die Genitalien und das Rektum waren mit einem ovalen beziehungsweise runden, rasiermesserscharfen Schnitt entfernt worden. Blut gab es keines. Ebensowenig auch nur die zartesten Spuren. Gänzlich unheimlich wurde die Sache durch den Umstand, dass eine Länge Stacheldraht des Weidezauns sich *unter* dem Kadaver befand, der ein Stück in dem weichen Boden eingesunken war. Das riesige Tier war offensichtlich aus großer Höhe heruntergefallen. Ein weiterer Fall einer langen Reihe von Tierverstümmelungen, für die immer mehr Amerikaner die eigene Regierung oder Außerirdische verantwortlich machen. Manche von ihnen vermuten eine Allianz aus beiden: Menschen und Nicht-Menschen.

Ins Rollen gebracht hat die Lawine der Fall des verstümmelten Wallachs „Snippy", der 1967 auf dem Gebiet der Harry-King-Farm nahe Alamosa im San-Luis-Tal in Südcolorado gefunden wurde. Das Lieblingspferd einer Mrs Berle Lewis befand sich nicht „nur" in der bekannten Verfassung, sondern es war auch – was nicht so viel beachtet wurde – *radioaktiv verstrahlt.* Auch andere Umstände wiesen auf Tierverstümmler mit modernster, um nicht zu sagen hypermoderner Ausrüstung hin.

Am 10. März 1989 wurden fünf verstümmelte Kuhleichen fein säuberlich in einer Reihe liegend auf der Wyatt-Ranch in Hampstead County, Arkansas, entdeckt. Alle Tiere waren trächtig gewesen. Neben einer der Kühe lag die Gebärmutter inklusive Kalb. Ebenso stiefmütterlich wie Snippys Radioaktivität behandelten die Medien eine Feststellung aus dem Bericht des Pathologen und Hämatologen Dr. John Altshuler über den Wyatt-Vorfall. Er konstatierte: „Die Veränderung der Gefäßstruktur deutet auf hohe Temperaturen hin ...", worauf er weiter folgerte: „... dass der an den Tieren vorgenommene Eingriff sehr schnell und unter Einsatz von Hochtemperaturschneidern, zum Beispiel Laser, abgewickelt wurde."

Ab 1973 setzte in den Vereinigten Staaten von Amerika eine wahre Welle der so genannten „Rinderverstümmelungen" ein, die auch heute noch andauert und sich mittlerweile um den gesamten Globus verbreitet hat. Das Gemetzel beschränkte sich von Anfang keineswegs nur auf Rinder. Pferde und sonstige Nutz- und Haustiere erwischt es fast ebenso häufig, doch auch anderes Getier muss dran glauben. Mittlerweile geht allein die in den USA offiziell erfasste Zahl verstümmelter Rinder in die Zigtausende.

Bekannt ist diese makabre Erscheinung bereits viel länger. Die ersten Aufzeichungen stammen aus dem Jahr 1810 und beschreiben eine derartige Metzelei an der schottisch-englischen Grenze. Mündliche Überlieferungen verlieren sich im Dunkel der Vergangenheit.

Die ungreifbaren „Jack the Ripper der Tiere", wie ich die phantomartigen Verstümmler in meinen Büchern „Unerklär-

Die offizielle Erklärung zum Fall Snippy: Unbekannte Täter haben auf dem Feld unbemerkt einen Trog aufgestellt und ein riesiges Dreibein mit einem Flaschenzug aufgebaut. Mit dieser Vorrichtung hingen sie das Pferd über den Trog und vollführten ihr grausiges Werk. Ohne einen Blutstropfen daneben.

liche Phänomene", „Jenseits des Vorstellbaren" und „Wer beherrscht die Welt?" genannt habe, agieren ebenso unverfroren wie monströs. Planquadrataktionen konnten Verstümmelungen innerhalb der hermetisch abgeriegelten Weideflächen nicht verhindern. Nichts, was größer war als ein Hase, hätte durchkommen können. Die Verstümmler schon. Sie hinterlassen grässlich zugerichtete Tierleichen, deren Anblick harte Männer sich übergeben lässt. Kein Wunder, denn ein wahnsinniger Riese mit einem Seziermesser entsprechender Größe scheint sich nächtens über die bedauernswerten Geschöpfe hergemacht zu haben, begleitet von einem blutsaugenden Vampir.

Untersuchungen zeigen, dass die Kadaver kein Blut mehr enthalten, desgleichen weder Gehirne noch Gehirnflüssigkeit. Die toten Tiere wirken wie fein säuberlich zerlegt. Das Gehirn, Darmteile, Hautpartien, die Genitalien, Augen, die Zunge und andere Organe wurden mit *superheißen* Instrumenten und mit chirurgischer Präzision entfernt beziehungsweise wurden geometrische Stücke aus den Tieren herausgestanzt. Die Art der seit einigen Jahren auftretenden Verstümmelung von Menschen deckt sich fast hundertprozentig mit der bei den Tieren. Das gilt auch für den verlangsamten Verwesungsprozess, den viele der verstümmelten Rinder, Hühner, Schweine, Rehe, Lamas, Schafe, Ziegen und anderes Getier ebenfalls aufweisen. Es gibt keinerlei Fuß-, Reifen-, Huf- oder sonstige Spuren, auch keine Blutspritzer an den jeweiligen Fundorten. Letztere sind so exotisch wie alles andere.

Die Opfer liegen nicht nur auf Weiden herum, sondern auf Highways, neben Häusern, Farmen und militärischen Einrichtungen (nicht selten neben Raketensilos) und überall sonst in der Gegend. Sie sind mit Stahlkabeln in Baumwipfeln oder an den höchsten Punkten von Tafelbergen befestigt. Gelegentlich werden sie in Brunnen hineingestopft. Verstümmelt und getötet wurden sie niemals am Ort ihres Auffindens. Manche erlitten ihr im wahrsten Wortsinn tierisches Schicksal unter Wasser. Andere haben keinen heilen Knochen mehr im Leibe, als wären sie aus großer Höhe auf ihren Fundort heruntergestürzt wie der tote Bulle von Farmer Hauck. Einmal fiel sogar eine halbe Kuh tatsächlich vom Himmel, wie der Autor Michael Harrison in seinem Buch „Vanishings" vermerkt.

Neben den sezierten Tieren findet man Kreise aus abgestorbenem Gras oder Gras in der Umgebung wuchs nicht mehr. Tiere, die mit den später verstümmelten Grasfressern die Weide teilten, mutierten nach der Verstümmelung ihrer „Kollegen" zu Missgeburten (bei einem Rind beulte sich die Stirne aus und bei einem anderen wuchsen die Klauen so stark, dass sie sich einrollten). Blätter in der Nähe verwelkten. Fliegen, die auf einem verstümmelten Kalb gesessen waren, starben und blieben an Bäumen kleben (in der Natur unbekannte „Laborfliegen"). Nicht wenige der Opfer strahlten radioaktiv wie die Leiche des Pferdes „Snippy".

Nahe Bäume waren geknickt und Zäune flach gewalzt, vergleichbar mit Anflugschneisen für Flugmaschinen, wie *wir* sie *nicht* besitzen. Tatsächlich wurden und werden bei Fällen von animalischen und menschlichen Verstümmelungen regelmäßig Lichter am Himmel und andere UFO-Phänomene gemeldet, einschließlich durch die Wälder schleichender Außerirdischer.

Konkretes wurde von den unsichtbaren Verstümmlern allerdings nicht bemerkt, obgleich Behörden, US-Farmer und Selbstschutzgruppierungen aller Art Planquadrataktionen durchführten, bei denen Gebiete mit Herden durch Barrikaden, Stacheldrahtverhaue und Ähnliches hermetisch abgeriegelt wurden. Keine Maus hätte hier durchschlüpfen können – der unsichtbare Schlächter konnte es, denn die Metzelei ging auch in diesen zernierten Arealen ungehindert weiter. Immer größere Belohnungen wurden ausgesetzt. Vergeblich.

Angesichts der schaurigen Tatsachen muten die behördlichen Erklärungen geradezu rührend an. „Raubtierfraß" hieß es offiziell. Bussarde, Hyänen und sonstige Aasfresser hätten sich an den toten Wiederkäuern gütlich getan. Nicht einmal Schmeißfliegen wurden ausgeschlossen, die von all den bezichtigten Tieren wohl die größten Probleme haben dürften, Rinderleichen mit Kabeln in Baumkronen anzubinden oder in Brunnenschächte hineinzuquetschen. Ein weniger beschönigendes Befassen mit dem makabren Phänomen ergibt ein erschreckendes Bild mit mehr als bedenklichen Weiterungen. Mittlerweile gibt es nämlich nicht wenige Zeitgenossen, die das grausige Gemetzel für einen weiteren Puzzlestein in einem unheimlichen Mosaik halten – Vorarbeiten für ein großes

Werk mit dem Titel „Schreckenszukunft" ...

Aus dem Metzgerladen ins Zentrum der Macht

Im März 1983 bekam die unabhängige Filmproduzentin Linda Moulton Howe vom amerikanischen Fernsehsender Home Box Office HBO den Auftrag zur Erstellung einer UFO-Dokumentation. Howe, eine ausgebildete Kommunikationswissenschaftlerin der Stanford-Universität im Bundesstaat Connecticut, hatte sich von Anfang ihrer Film- und TV-Karriere an auf wissenschaftliche Dokumentationen mit den Schwerpunkten Medizin und Umwelt konzentriert. Sie erhielt für ihre Arbeit zahlreiche nationale und internationale Preise, darunter drei Emmys. Einen davon für ihren Fernsehdokumentarfilm „A Strange Harvest" (Eine sonderbare Ernte) aus dem Jahr 1980. Sie hatte den Beitrag, der sich mit der grassierenden Viehverstümmelung befasste, damals noch als Direktorin für Spezialprojekte an der CBS-Station in Denver, Colorado, produziert. Es war die erste Dokumentation über Cattle Mutilations.

Die Arbeit für „A Strange Harvest" ging im Mai 1980 in die Endrunde. Damals filmte Lindas Team in Colorado Springs ein verstümmeltes Pferd, das mehr als zwanzig Tage nach seinem Auffinden immer noch auf der Weide lag. Obwohl das Wetter recht warm war, gab es seltsamerweise keine Maden. Als in die Flanke des Tieres geschnitten wurde, zeigte sich rotes Muskelgewebe. Linda fragte einen Tierarzt, ob dieser gute Erhaltungszustand normal sei. Er verneinte. Normalerweise hätte der Verwesungsprozess in vollem Gange sein müssen.

Linda Howe arbeitete mit dem bereits erwähnten Dr. John Altshuler in Denver, Colorado, zusammen, der ausführliche mikroskopische und andere Untersuchungen am Gewebe zahlreicher verstümmelter Tiere aus verschiedenen Teilen des Landes und aus anderen Ländern, beispielsweise Kanada, durchführte. Dabei stellte sich eindeutig heraus, dass mit großer Hitze an den Tieren gearbeitet worden sein musste, anders wären Zellveränderungen und Kochspuren der Blutreste nicht zu erklären. Diese Diagnose wurde vom Oregon State Diagnostic Laboratory bestätigt.

Schritt für Schritt entfaltete sich ein Bild, das weit größer – und monströser – zu sein schien als die oft geäußerte Vermutung, geheime Regierungsstellen würden hinter den Verstümmelungen stecken, um die vom Kongress 1969 verbotenen Versuche mit chemischen und bakteriologischen Waffen an unschuldigen Wiederkäuern fortzusetzen. Nicht nur der Grund für die Massenverstümmelungen schien sich als weit exotischer zu entpuppen als vermutet, sondern auch die Täter.

So kam es, dass Linda Mouton Howe sich parallel zu ihrer Erforschung des Verstümmelungsphänomens ebenso seriös und eingehend mit einem anderen, offenbar damit in Zusammenhang stehenden Phänomen befasste: dem *UFO-Phänomen*. Heute ist sie eine anerkannte internationale Kapazität auf den Gebieten Cattle Mutilations *und* UFOs. 1989 veröffentlichte sie das Buch: „An Alien Harvest: Further Evidence Linking Animal Mutilations and Human Abductions to Alien Life Forms" (Eine fremdartige Ernte: Weitere Beweise, die Tierverstümmelungen und menschliche Entführungen mit fremden Lebensformen in Verbindung bringen). Damit wollen wir die exotischsten aller Mitspieler vor den Vorhang bitten: die „Drahtzieher" nicht von dieser Erde.

Das UFO-Geheimnis

CIA und Aliens – UFOs und das Weiße Haus

*„Manche Dinge sind geheim, weil sie schwer zu erfahren sind,
andere, weil sie nicht geeignet sind, sie auszusprechen. "*

Francis Bacon (1561–1626), Dichter und Staatsmann

Am 8. Juli 1947 verlautbarte das Informationsbüro des Armeeflugplatzes in Roswell, New Mexico, durch den Presseoffizier Leutnant Walter Haut, die Überreste einer „Fliegenden Scheibe" seien auf einer Schaffarm 32 Kilometer südöstlich von der kleinen Ansiedlung Corona, 120 Kilometer nordwestlich von Roswell, geborgen worden. Dabei soll nicht nur das angeschlagene UFO auf Nimmerwiedersehen abtransportiert worden sein, sondern auch vier außerirdische Leichen, bezeichnet als *Extra Terrestrial Biological Entities EEBs* (außerirdische biologische Einheiten). Das Militär hatte die Absturzstelle sofort militärisch abgeriegelt.

Die ursprüngliche Nachricht ging gegen Mittag örtlicher Zeitzone über die Fernschreiber. Noch am Nachmittag desselben Tages wurde sie zurückgenommen. Zu spät, um zu verhindern, dass die Originalmeldung in die Nachtausgaben vieler Zeitungen kam. Seither sind die Dementis nicht abgerissen. Der Wetterballon aus der ursprünglichen Erklärung des Pentagon ist in der Zwischenzeit zu einem Aufklärungsballon vom Typ Mogul mutiert. Die immer wieder erwähnten „kleinen Körper" wurden als so genannte „Crash Test-Dummies" dargestellt, auch wenn diese Testpuppen üblicherweise Menschengröße haben. Und selbst von einer auch nur stilisierten menschlichen Anatomie wichen sie gehörig ab.

Jahrzehnte später meinte Leutnant Haut gegenüber dem englischen Magazin „X FACTOR", es habe eine Vertuschung gegeben. Er bestätigte den Inhalt der von im gebrachten *ers-*

ten Meldung, wobei er hinzufügte, möglicherweise sei zu der Zeit auch ein Ballon heruntergekracht, mit der abgestürzten Untertasse habe das nichts zu tun. Und er ergänzte, den meisten Leuten sei nicht klar, dass man in diesen Tagen keine Fragen gestellt, sondern Befehle ausgeführt habe. Die Zeiten haben sich geändert. Viele, deren Lippen jahrelang versiegelt waren, brachen und brechen ihr Schweigen. Immer mehr Personen sagen aus, damals sei etwas beiseite geschafft und ihnen der Mund mit manchmal ziemlich handfesten Drohungen auf Jahrzehnte verschlossen worden.

Bis dato sind über dreihundert glaubwürdige Zeugen – Militärs und Privatpersonen – an die Öffentlichkeit gegangen, die alle dezidiert erklären, man hätte sie damals zur Geheimhaltung verpflichtet und ihnen befohlen, Erklärungen gegen besseres Wissen abzugeben. Sie alle wagten erst ein halbes Leben später, darüber zu sprechen.

Zu ihnen zählen unter anderen der Rancher Marc Brazel, der das Objekt entdeckte, Major Jesse Marcel von der 509. Bombergruppe (damals die einzige Atombombenstaffel der Welt), der die Trümmer aufsammeln ließ, hochrangige Offiziere, die 1947 Aussagen zurücknehmen und das Gegenteil behaupten mussten, und Wissenschaftler und Beamte, die den Fund untersuchten und zum Transport ins Hauptquartier der Eight Air Force, Wright Field (später Wright Patterson Air Force Base) fertig machten.

Viel Beachtung fand die Aussage des Leichenbestatters Glenn Dennis, der für das Ballard Beerdigungsunternehmen arbeitete, das auch die Roswell-Luftwaffenbasis betreute. Man hatte ihn nach Minisärgen gefragt, dann aber aus der Basis hinausgeworfen. Dennis war für Jahrzehnte durch die Drohung mundtot gemacht worden, seine Knochen würden aus dem Sand gefischt werden, wenn er sich nicht um seine eigenen Sachen kümmerte.

Eine ihm bekannte Krankenschwester will kleine humanoide graubraune Leichen mit Schlitzen anstelle von Nase, Mund und Ohren, mit großen Augen und vier langen Fingern ohne Daumen gesehen haben, die im Krankenhaus der Luftwaffenbasis von zwei Ärzten obduziert worden sein sollen (wahrscheinlich Liliputaner, die mit dem Wetterballon abgestürzt waren, höhnten zynische UFO-Forscher). Ehe die Krankenschwester nach England abreiste, wo sie nach Postvermerken verstorben ist – nach anderen Meldungen kam sie bei einem Flugzeugabsturz ums Leben – machte sie so exakte Angaben über die Wesen, dass Dennis in der Lage war, Zeichnungen von ihnen anzufertigen. Sie ähneln den mittlerweile wohl bekannten „kleinen Grauen".

Von Roswell nach Langley

Faktum ist jedenfalls, dass am 26. Juli 1947, wenige Wochen nachdem offiziell *kein* UFO abgestürzt war, das „National Security Council NSC", der Nationale Sicherheitsrat, einberufen wurde – und zwar das erste Mal seit dem Bestehen der Vereinigten Staaten von Amerika in Friedenszeiten. Das NSC rief in diesen Tagen jedenfalls eine beachtliche Anzahl von Organisationen ins Leben, die Geheimaufgaben innerhalb und außerhalb der USA übernehmen sollten. Die bekannteste davon ist die CIA mit ihrem Hauptquartier in Langley. Ihre Gründung geht auf den „National Security Act" von *1947* zurück.

Durch das Gesetz zum freien Informationszugang, den „Freedom Of Information Act FOIA", soll ein Dokument ans Tageslicht gekommen sein, in dem die CIA vom NSC folgende Weisung erhält: „Der CIA-Direktor soll ein Programm entwerfen und ausführen, das sowohl wissenschaftliche als auch nachrichtentechnische Aktivitäten zur Lösung des Problems der sofortigen positiven Erkennung von unbekannten Objekten beinhaltet." Wie es scheint, herrschte hinter den Kulissen keineswegs der offen bekundete Unglaube.

Sign/ATIC

Warum sonst ist es am 22. Jänner 1948 zur Etablierung des berühmten Projektes „Sign" gekommen, das später in „Air Technical Intelligence Centre ATIC" umbenannt wurde? Offenbar diente das Projekt von Anfang an nicht so sehr der öffentlichen Information, wurde den Sign-Mitarbeitern doch von höchster Stelle nahe gelegt, Berichte von vornherein als Einbildungen, Lügen, Täuschungen, Schwindel, Schabernack, Falschidentifikationen, Halluzinationen und dergleichen anzusehen. Darüber hinaus mussten sie mit dem FBI zusammenarbeiten und in Polizeiakten über Kriminelle und subversive Elemente wühlen, um die Verlässlichkeit von UFO-Zeugen einer Nagelprobe zu unterziehen. Eine frühe Sign-Analyse, die zu dem Schluss kam, UFOs seien *keine* Hirngespinste, wurde später verbrannt. Als das uneinsichtige Sign-Team trotzdem zahlreiche ernsthafte Sichtungen registrierte, wurden andere Seiten aufgezogen und das Projekt 1949 bedeutungsschwanger in „Grudge" (Groll) umbenannt. 1952 erfolgte eine abermalige Neubenennung, und zwar in „Blue Book" – ein Name, der vielen UFO-Interessenten geläufig ist. Im selben Jahr kam es zu einem Ereignis, das der von vielen beanstandeten „Behinderungs- und Vertuschungspolitik" einen kräftigen Schlag versetzen sollte: die legendären UFO-Invasionen Washingtons.

Lücken in der Mauer des Schweigens

CIA und UFO-Invasionen

Die *erste* UFO-Invasion begann am Nachmittag des 15. Juni 1952. Überall im US-Bundesstaat Virginia wurden zahlreiche runde, scheibenförmige, glänzende Objekte gemeldet. In den darauf folgenden Tagen und Wochen häuften sich die Sichtungen derartig, dass klar wurde: Hier baut sich eine extreme

Massierung von UFOs auf. In Massachusetts, New Jersey und Maryland stiegen Nacht für Nacht Abfangjäger auf, konnten die rasend schnellen und unorthodox manövrierenden Objekte aber nicht stellen. Am 1. Juli begannen die UFOs langsam an die Hauptstadt heranzurücken. In der Nacht zum 19. Juli waren sie da. Das war Nummer eins der beiden UFO-Invasionen von Washington. Die offizielle Stellungnahme der Air Force lautete hinterher: „Kein Kommentar."

Am 26. Juli 1952 erfolgte die *zweite* Washington-UFO-Invasion. Diesmal befand sich Washington in einem regelrechten Belagerungszustand. Die Flugkörper waren in einem riesigen Bogen um die Hauptstadt „aufmarschiert", der sich von Virginia bis zur Andrews-Luftwaffenbasis in Maryland erstreckte. Washington war eingekreist. Chaos herrschte.

Die Mächtigen fühlten sich mehr als ohnmächtig und die Medien schäumten. Wütende Reporter und Fotografen waren aus den Radarräumen gedrängt worden, als die Abfangjäger ihr sinnloses Spiel ein zweites Mal aufnahmen. Fachleute waren sich auch diesmal einig, dass es sich um solide Objekte handelte, die unbeweglich schweben oder aus dem Stand mit Geschwindigkeiten von über zehntausend Stundenkilometern davonrasen konnten.

Es wird berichtet, Präsident Harry S. Truman sei zu Tode erschrocken, als er UFOs in großer Zahl um das Weiße Haus herumzischen sah. Obwohl das nicht bestätigt und schon gar nicht an die große Glocke gehängt wurde, soll der Präsident über seinen Luftberater Brigadegeneral Landry bei Nachrichtendiensten um Aufklärung ersucht haben, was los war.

Nach den „UFO-Invasionen" von 1952 soll der Stabschef der US-Streitkräfte Omar N. Bradley auf Anweisung Präsident Trumans den Befehl gegeben haben, UFOs abzufangen beziehungsweise abzuschießen, wenn sie nicht zur Landung gezwungen werden konnten. Einem Memorandum der CIA vom 12. September 1952 zufolge wäre damals bereits ein (geheimes) weltweites UFO-Meldesystem etabliert gewesen. Auch die US-Air Force schien UFOs nicht erst nach der berühmten Kenneth-Arnold-Sichtung von 1947 und dem leidigen Roswell-Zwischenfall aus demselben Jahr ernst zu nehmen – wenn auch nicht offiziell.

Offiziell war nach Ende der Invasionen von Washington wieder alles eitel Wonne. Das Personal des Towers der Andrews-Luftwaffenbasis präsentierte plötzlich eine veränderte Version seiner ursprünglichen Aussagen. Fluglotsen, die in der fraglichen Nacht über Funk mit überschlagender Stimme Berichte über eine riesige, feurig orangene Kugel geschrien hatten, erklärten nun, sich über einen Stern so aufgeregt zu haben. Abgesehen davon, dass Spezialisten beim Anblick eines Sterns nicht durchzudrehen pflegen, zeigten astronomische Karten, dass in dieser Nacht kein heller Stern dort geleuchtet haben konnte, wo die flammende Kugel gemeldet wurde. Solche Meinungsänderungen waren Legion und wurden groß herausgestellt. Weniger publik gemacht wurde allerdings eine bemerkenswerte Aussage, die sozusagen hinter vorgehaltener Hand gemacht worden war.

Eine enthüllende Prognose

Im Zusammenhang mit den UFO-Invasionen von Washington gibt es ein wenig beachtetes Detail. In dem berühmten Buch „The Report On Unidentified Flying Objects" des ATIC-Leiters Captain Edward J. Ruppelt wird ein Wissenschaftler eines namentlich nicht genannten Geheimdienstes zitiert, der kurz vor der Hauptinvasion sagte: „Innerhalb der nächsten Tage werdet ihr den Großvater aller UFO-Sichtungen haben. Entweder über Washington oder New York, wahrscheinlich im Raum Washington." Wer beim Eintreffen einer solchen Vorhersage nicht unwillkürlich an eine geheime Kooperation zwischen Regierungsstellen und was auch immer denkt, muss ein glücklicher Mensch sein.

Über die Jahre gab es immer wieder UFO-Untersuchungen, die nach weit verbreiteter Ansicht mehr verbergen als enthüllen sollten. Vom Projekt *Grudge* über *Blue Book*, das *Robertson-Panel* bis zum berüchtigten *Condon-Untersuchungsausschuss*, der mit lästigen UFOs endlich Schluss machte. Zumindest offiziell. Am 17. Dezember 1969 verlautbarte der Secretary of the Air Force Robert C. Seamans die Beendigung der zweiundzwanzig Jahre langen UFO-Erforschung durch die Luftwaffe. Damit konnten weder die lautstarken Vertuschungsvermuter zum Schweigen gebracht noch die augenfälligen Vertuschungsindizien vom Tisch gefegt werden. Zu Letzteren zwei schlagende Beispiele.

Keyhoe

1956 wurde die zivile, aber effektive und anerkannte Organisation „National Investigations Committee on Aerial Phenomena" mit der Abkürzung NICAP von dem früheren Marinephysiker Thomas Townsend Brown gegründet. Die Leitung lag viele Jahre lang bei Major Donald E. Keyhoe (i. R.) vom US-Marine-Korps. Der jeder Spinnerei abholde Ex-Militär Keyhoe war schon vor seiner Arbeit bei NICAP im Zuge seiner Tätigkeit für die amerikanischen Streitkräfte immer mehr zu der sachlichen Schlussfolgerung gelangt, Außerirdische würden uns seit geraumer Zeit besuchen, was jedoch von diversen Regierungsstellen bewusst vertuscht würde. Bereits im Jahr 1950 hatte Keyhoe durch seine öffentliche Behauptung Aufsehen erregt, die Behörden würden UFO-Informationen zurückhalten. Er war durch die guten Beziehungen, die er als Luftfahrtspezialist zu höheren Stellen hatte, bereits frühzeitig zu dieser Überzeugung gekommen und versuchte sie auch öffentlich zu machen. Eine Episode aus Keyhoes „Amtszeit" spricht für sich selbst. Sie wird wie folgt kolportiert:

Am 22. Jänner 1958 sollte Major Keyhoe in der CBS-TV-Show „Armstrong Circle Theater Show" sprechen. Unmittelbar vor der Sendung wurde sein Script von der Zensur so umgearbeitet, dass es das genaue Gegenteil seiner Ergebnisse ausgesagt hätte. In seiner Frustration hielt sich Keyhoe mitten in seinen Ausführungen nicht an den vorgeschriebenen Text. Unerwartet wandte er sich an seine Zuhörer mit den Worten: „Nun werde ich etwas enthüllen, das niemals zuvor enthüllt wurde. In den letzten sechs Monaten habe ich mit einem Kongressausschuss gearbeitet, der die offizielle UFO-Geheimhaltung untersucht ...“ An diesem Punkt wurde die Sendung unterbrochen, und zwar aus Gründen der nationalen Sicherheit, wie der CBS-Direktor Herbert A. Carlborg NICAP gegenüber später zugegeben haben soll.

Die zweite, nicht mehr gesendete Hälfte von Keyhoes Satz soll gelautet haben: „... Wenn alle Beweise, die diesem Ausschuss vorliegen, in öffentlichen Anhörungen zur Sprache kommen, ist es als erwiesen anzusehen, dass UFOs Maschinen sind, die von intelligenten Wesen gesteuert werden.“

Der New Yorker Verleger Henry Holt & Co. fragte vor der Herausgabe von Major Keyhoes berühmtem Buch „Flying Saucers from Outer Space“/„Der Weltraum rückt uns näher“ bezüglich der Seriosität des Autors beim amerikanischen Verteidigungsministerium an. Darauf erhielt er einen erstaunlichen Brief. Er ist vom 26. Jänner 1953 datiert und bescheinigt Keyhoe ebenso wie seinen Nachforschungen absolute Echtheit. Darüber hinaus weist er als Keyhoes Quellen unter anderem den Technischen Luftwaffen-Geheimdienst aus und schließt mit dem interessanten Satz zum UFO-Phänomen: „... then the only remaining explanation is the interplanetary answer ... (Dann ist die einzige verbleibende Erklärung die interplanetarische Antwort.)“ Ein Faksimile des Briefes ist im erwähnten Buch abgebildet. Es erübrigt sich fast, zu erwähnen, dass dieser und andere Briefe hinterher dementiert wurden. Da ist er trotzdem.

ANHANG I

DEPARTMENT OF DEFENSE
OFFICE OF PUBLIC INFORMATION
WASHINGTON 25. D. C.

26 January 1953

Henry Holt & Company
383 Madison Avenue
New York 17, N.Y.

Dear Sirs:

This will acknowledge your letter of recent date regarding
a proposed book on "flying saucers" by Major Donald E. Keyhoe,
U. S. Marine Corps, retired.

We in the Air Force recognize Major Keyhoe as a responsible,
accurate reporter. His long association and cooperation with the
Air Force, in our study of unidentified flying objects, qualifies
him as a leading civilian authority on this investigation.

All the sighting reports and other information he listed have
been cleared and made available to Major Keyhoe from Air Technical
Intelligence records, at his request.

The Air Force, and its investigating agency, "Project Bluebook,"
are aware of Major Keyhoe's conclusion that the "Flying Saucers" are
from another planet. The Air Force has never denied that this
possibility exists. Some of the personnel believe that there may
be some strange natural phenomena completely unknown to us, but that
if the apparently controlled maneuvers reported by many competent
observers are correct, then the only remaining explanation is the
interplanetary answer.

Very Truly Yours

Albert M. Chop.
Albert M. Chop
Air Force Press Desk

Brief des Verteidigungsministeriums

Henry Holt & Co.   26.Januar 1953
383 Madison Avenue
New York 17, N.Y.

Sehr geehrte Herren,

wir bestätigen Ihren Brief bezüglich eines geplanten Buches über „Fliegende Untertassen"
von Major Donald E.Keyhoe, Marine-Korps der
Vereinigten Staaten.
Wir in der Luftwaffe kennen Major Keyhoe als
verantwortungsvollen, präzisen Berichterstatter.
Seine langjährige Verbindung und seine Zusammenarbeit mit der Luftwaffe in der Erforschung
unbekannter Flugobjekte geben ihm die Qualifika-
tion als führende Kapazität auf diesem Unter-
suchungsgebiet.
Alle Beobachtungsberichte und sonstigen Informationen, die er anführt, wurden vom Technischen
Luftwaffen-Geheimdienst auf seinen Wunsch freigegeben und ihm zur Verfügung gestellt.
Die Luftwaffe und die ihr unterstehende Unter-
suchungsbehörde, Ausschuß Blaubuch, kennen
Major Keyhoes Schlußfolgerung, daß die „Fliegenden Untertassen" von einem anderen Planeten
stammen. Die Luftwaffe hat diese Möglichkeit nie
bestritten. Einige Ausschußmitglieder glauben,
daß es ein fremdes, natürliches Phänomen gibt,
das uns noch vollkommen unbekannt ist. Wenn aber
die offensichtlich gesteuerten Flugmanöver, die
von vielen erfahrenen Beobachtern gemeldet
wurden, wirklich zutreffen, dann bleibt als einzige Erklärung nur die interplanetarische Herkunft der Maschinen.
                    Ihr sehr ergebener
                    gez. Unterschrift
                    Albert M.Chop
              Presseabteilung der Luftwaffe

Hangar 18

Das zweite Indiz kann nicht so belegbar wie eine TV-Auf-zeichnung und kann auch nicht präsentiert werden wie ein Brief, wird aber dennoch gerne angeführt. Es ist der berühmte „Hangar 18", der in der Wright-Patterson-Luftwaffenbasis in Dayton, Ohio, stehen soll. Wer sich nach diesem Gebäude er-kundigt, in dem sich bei Abstürzen (Aztec, New Mexico und drei weitere) geborgene UFO-Wracks und vierunddreißig Alienleichen befinden sollen, erhält die offizielle Routineant-wort, besagter Hangar habe nie existiert. Dessen ungeachtet berichtete der Nachrichtensender „Earth News" am 24. Okto-ber 1965, der Pressesprecher von Senator und Präsident-schaftskandidat Barry Goldwater hätte bestätigt, dass Gold-water einmal der Zutritt zum Hangar 18 verwehrt worden sei. Über ein Areal, das untrennbar mit der so genannten „UFO-Verschwörung" in Verbindung gebracht wird, gibt es aller-dings weit mehr zu berichten.

Area 51

Wie man einschlägigen Veröffentlichungen entnehmen kann, soll es in der USA zahlreiche unterirdische Installationen ge-ben, die die Bezeichnung „unterirdische Städte" verdienen wür-den. Finanziert sollen sie mit den so genannten „Schwarzen Budgets" werden, über die auch schon mehr als genug publi-ziert wurde, beispielsweise vom Pulitzer-Preisträger Tim Wei-ner. In ihnen soll neben der halb offiziellen Version des „Conti-nuation of Government" COG (der Aufrechterhaltung der Re-gierungstätigkeit im Katastrophenfall) noch anderes vor sich gehen. Unter anderem Bewusstseinsveränderungsprogramme, Implantierungen und andere düstere Machenschaften. Es gibt Schätzungen, dass allein die Federal Emergency Management Agency FEMA, die für den Katastrophenschutz zuständige Bundesbehörde, um die fünfzig geheime Untergrundeinrich-tungen in den Vereinigten Staaten unterhalten soll.

Die berühmteste dieser Installationen ist die hinlänglich bekannte „*Area 51*" oder auch „*Dreamland*", weniger bekannt als „Die Box", „Watertown" und „Die Ranch". Dieses militärische Sperrgebiet in der Wüste von Nevada ist so hermetisch abgeriegelt, als wäre es auf dem Mond.

1954 als geheimes Luftwaffentestgelände gegründet, taucht die „Area 51" zum ersten Mal auf einer Karte der Kennedy-Administration als autonomes Gebiet auf, quasi ein 51. Bundesstaat der USA, die damals nur 50 Bundesstaaten umfasste (daher der Name) mit eigener Verwaltung. Aus bescheidenen Anfängen entstand im Laufe der Jahre nicht nur ein abgekapseltes Riesengebiet, sondern eine internationale Fremdenverkehrsattraktion. Heute wird die „Area 51" von Schaulustigen umlagert. Der daran vorbeiführende, 150 Kilometer lange Highway 375 zwischen Alamo und Warm Springs wurde von der Landesregierung ganz offiziell „Extraterrestrial Highway" benannt. Es gibt eine Gaststätte für UFO-Freunde mit dem neckischen Namen „The Litte Ale'Inn" (ein Wortspiel, das sowohl „der kleine Außerirdische", als auch „kleine Bierkneipe" bedeuten kann), wo man „Alien-Burger" mampfen und jede Art von Informationen und Souvenirs erhalten kann. Alles am Rande eines Gebietes, so total unzugänglich ist wie Fort Knox. Und das trotz des Freedom of Information Act und der von Präsident Clinton am 17. April 1995 unterzeichneten „Executive Order Nr. 12985", derzufolge mit 16. Oktober 1995 alle Geheimdokumente automatisch freigegeben werden, die älter als 25 Jahre sind. Aufgrund einer Ausnahmeregelung vom selben Jahr darf die Luftwaffe nach wie vor alle Daten zur „Area 51" weiterhin geheimhalten.

Die Groom-Lake-Basis, so der offizielle Name, liegt im Herzen des Nevada-Testgeländes, dem mit 16.000 Quadratkilometern größten Testgelände der Welt. Im Süden durch die – nördlich von Las Vegas gelegene – Nellis-Luftwaffenbasis begrenzt, reicht die Basis tief in die so gut wie unbewohnte Wüste von Nevada hinein. Die eigentliche „Area 51" ist mit 40 Kilometer Länge und 35 Kilometer Breite fast quadratisch. In ihrem Zentrum befindet sich der Groom-Trockensee.

Ein unentwegter Strom von Supererfindungen (die Stealth-Flugzeuge B 2, F 117A „Nighthawk", das nebulose Aufklärungswunderflugzeug Aurora usw. usf.) sollen *in* der „Area 51" ihren Ursprung haben und *über* ihr getestet worden sein – finanziert durch „Black Budgets", das geheime Schatzkästlein des Militärs und der Geheimdienste, das mit der Finanzierung des „Manhattan-Projektes" zum Bau der Atombombe installiert wurde und seither gewaltig aufgefettet worden sein soll.

Manche finden es erwähnenswert, dass neben anderen kolportieren Seltsamkeiten angeblich 1974 hier ein Projekt mit der Codebezeichnung „Have Blue" stattgefunden hat. Das ist insoferne interessant, wird doch ein „blauer Code" bei der Luftwaffe üblicherweise mit UFOs in Verbindung gebracht (Blue Book, Operation Blue Fly, Blue Teams, Blue Berets, die Spezialtruppe für UFO-Bergungen …).

Jedenfalls scheint die berühmte „Area 51" eine veritable Untergrundanlage von gigantischer, in ihrer Gesamtheit nicht bekannter Ausdehnung zu bergen. In ihr will der umstrittene Nuklearphysiker Robert Lazar bekanntlich Alien-Leichen gesehen und an Alien-Technologie gewerkt haben, konkret in der S4-Unteranlage nahe dem Papoosa-See innerhalb von „Area 51". Laut Lazar ist in der „Area 51" ein Projekt namens „Majestic" im Gange und die S4-Mitarbeiter sollen MAJ-Identifikationskarten tragen.

Amerikas „Unterwelt" kann noch mit weiteren mysteriösen Untergrundkomplexen voll verborgener Hangars, Tunnel, Schächte, Bunker, Kavernen, ja mit ganzen subterranen Städten aufwarten. So gut wie unbekannt, aber nicht weniger interessant als die „Area 51" soll eine weit verzweigte Unter-

grundbasis mit dem bezeichnenden Namen „Nightmare Hall"
mit unterirdischen Verbindungen zu weiteren Basen, darunter
auch zur weit entfernten „Area 51", sein. Zu suchen ist sie unter der Archuleta-Mesa, einem Tafelbergmassiv nördlich von
Dulce, New Mexico. Im kalifornischen Antelope Valley finden sich geheime, utopisch anmutende Anlagen, die teilweise
eindeutig in unterirdische Komplexe führen. Auch dieser gigantische Aufwand soll Teil der „UFO-Verschwörung" sein,
die ihrerseits Teil eines noch größeren und noch makabreren
Projektes sein soll. Stichwort „reale Alternative 3". Bei all
diesen monströsen Vermutungen und ineinander verschach-
telten Verschwörungstheorien sind sich viele Zeitgenossen
doch ziemlich einig darüber, dass auf das UFO-Phänomen
von offizieller Seite der Deckel draufgehalten wird und fast
jede seriöse Forschung zumindest bespitzelt wird.

UFO-Forschung an der Leine
Todd Zechel (Ted Zachary), ein früherer Mitarbeiter der National Security Agency NSA, erklärte, alle vier Direktoren der
CIA seien damit befasst gewesen, UFO-Daten sowohl zu
sammeln als auch zu unterdrücken. Es sollen mehrere verdeckte CIA-Agenten bei NICAP eingeschmuggelt worden
sein, wo sie Schlüsselpositionen erlangten. Die CIA und noch
geheimere Organisationen sollen alle offiziellen und inoffi-
ziellen UFO-Forschungsgruppen infiltriert haben.

Dokumente, die Jahre nach Donald E. Keyhoes abgewürg-
tem TV-Auftritt freigegeben wurden, zeigen, dass der Exma-
jor als Sicherheitsrisiko angesehen und von CIA und FBI
überwacht wurde. Keyhoe wusste auch nicht, dass er mit dem
Board-Member Colonel Joseph Bryan III. viele Jahre lang ein
Kuckucksei an Bord hatte. Besagter Bryan war Gründer des
CIA-Stabes für psychologische Kriegsführung und veranlasste die Absetzung von Major Keyhoe als Leiter von NICAP im
Dezember 1969. Bryans Verbindung zur CIA kam erst 1977

ans Tageslicht, wobei der Colonel jegliche Verbindung zur CIA während seiner NICAP-Angehörigkeit in Abrede stellte.

Eine Zeit lang gehörte der auf mehreren Hochzeiten tanzende Ex-CIA-Chef Vizeadmiral Roscoe Hillenkoetter NICAPs Board of Governors an. Hillenkoetter machte in dieser Zeit einige Aufsehen erregende Aussagen hinsichtlich der Realität des UFO-Phänomens. Der Vizeadmiral hielt UFOs für unbekannte Objekte unter intelligenter Kontrolle. Und er war überzeugt, die Air Force würde UFO-Sichtungen zensieren. Hillenkoetter sandte sogar ein Statement dieses Inhalts mit Datum 22. August 1961 an den amerikanischen Kongress.

Im darauf folgenden Jahr verließ er NICAP völlig unerwartet. Das fügte dem Prestige der Organisation großen Schaden zu und frustrierte Major Keyhoe, der überzeugt war, man hätte Hillenkoetter diesen Schritt nahe gelegt. Zu denken geben mag vielleicht der Umstand, dass General Hillenkoetter nicht nur ein Mitglied der sagenumwobenen „Majestic 12"-Gruppe gewesen sein soll, der wir gleich auf den Zahn fühlen werden, sondern auch bei den nicht weniger mysteriösen (MK-)Bewusstseinsveränderungsprogrammen eine maßgebliche Rolle gespielt haben soll.

Als beim kanadischen Verkehrsministerium die ersten UFO-Meldungen eintrafen, war man höchst interessiert, ob sich beim großen Bruder USA Ähnliches ereignete, und wenn ja, was amerikanische Stellen davon hielten und wie sie damit umgingen. In einem Memorandum des Militärattachés der kanadischen Botschaft in Washington wird festgehalten, UFOs unterlägen in den USA der höchsten aller Geheimhaltungsstufen, höher noch als die der Wasserstoffbombe. Fliegende Untertassen würden existieren. Näheres sei unbekannt, würde aber von einer „kleinen Gruppe" unter Leitung des wissenschaftlichen Beraters der US-Regierung, Dr. Vannevar Bush, intensiv untersucht. Dieses kanadische Dokument wurde 1969 offiziell freigegeben, ist somit also amtlich.

Die namentlich nicht erwähnte Kommission muss vor 1950 – also von Präsident Truman – eingesetzt worden sein. Sie ist so geheim, dass sie in keinem offiziell freigegebenen Dokument der USA genannt wird. Mittlerweile glauben zahllose Menschen, zumindest den Namen der seit damals bestehenden geheimen Kommission zu kennen, auch wenn sie nicht wissen, wer ihr heute angehört. Er lautet „*Majestic 12*" oder „Mj 12".

Das majestätische Dutzend

„Jede Regierung wird aus Lügnern gebildet.
Nichts, was sie sagen, sollte geglaubt werden."

I. F. Stone (unangepasster US-Journalist,
nach dem ein Preis für mutigen Journalismus benannt ist)

Geheimhaltungs-Stafette

Als die bereits erwähnte Fernsehjournalistin Linda Moulton Howe 1983 an ihrer UFO-Dokumentation arbeitete, stand sie in Kontakt mit Peter Gersten, dem Leiter der amerikanischen Bürgerinitiative „Bürger gegen UFO-Geheimhaltung". Durch ihn erfuhr sie von einer UFO-Landung im Coyote- Canyon-Atomwaffenarsenal. Die dazu im August 1982 verfassten Berichte stammten von Master Sergeant Richard Doty, Leiter des lokalen Lufwaffenbüros für besondere Nachforschungen „Air Force Office of Special Investigations AFOSI" (ein Luftwaffengeheimdienst), District 17, in der Kirtland Luftwaffenbasis in Albuquerque, New Mexico.

Doty hatte Gersten von einer (damals noch) supergeheimen Gruppe erzählt, die seit langem Daten über Außerirdische und deren Aktivitäten sammeln würde. Es gäbe Verbindungen mit den Fremden und sie hätten US-Behörden außerirdische Hochtechnologie übergeben. Das machte die Journalistin neugierig. Sie versuchte mit Doty ins Gespräch zu kommen, was im April 1983 zu einer ersten Begegnung in seinem Büro führte. Der Kontakt war hergestellt, eine Vertrauensbasis gelegt. Man kam ins Gespräch. Bei einem dieser Gepräche soll Spezialagent Doty zu Linda gesagt haben: „Ihre Dokumentation über die Rinderverstümmelungen hat einige Leute in Washington gehörig aufgeregt. Sie wollen nicht, dass die Verstümmelungen mit UFOs in Verbindung gebracht werden."

Bei einem Treffen soll der Mastersergeant einen braunen Umschlag aus einer Schreibtischschublade geholt und, während er ihn öffnete und ein Dokument entnahm, dazu bemerkt haben: „Meine Vorgesetzten haben mir aufgetragen, Ihnen das zu zeigen. Sie können das lesen, Notizen dürfen Sie sich aber keine machen."

Das Dokument datierte vom 18. November 1952 und beinhaltete Amtseinweisungen für den neu gewählten Präsidenten der Vereinigten Staaten von Amerika. Thema: „Unidentifizierte und identifizierte fremde Luftfahrzeuge." Das Dokument war reines Dynamit, handelte es doch von einer supergeheimen UFO-Untersuchungsgruppe, deren Existenz oder Nicht-Existenz auch heute noch lebhaft diskutiert wird. Der TV-Journalistin wurde näheres Material versprochen, das sie aber niemals erhielt.

Informierte wissen bereits, von welcher Gruppe die Rede ist, vielen anderen wird sie zumindest durch die Fernsehserie „Dark Skies" nicht unbekannt sein – die Gruppe mit dem Kürzel „MJ-12" für „Majestic 12" oder „Majic 12", auf die sich auch der bereits erwähnte, umstrittene Bob Lazar bezogen hatten. Schon einige Jahre bevor Linda Howe ein flüchtiger Blick auf das Geheimnis „Majestic 12", aus welchen Gründen auch immer, gestattet wurde, war es in einem anderen Zusammenhang ruchbar geworden.

Als Geheimdienstoberst Jesse Marcel 1978 als der erste Zeuge des Roswell-Absturzes an die Öffentlichkeit ging, sagte er aus, vor dreißig Jahren sei sehr wohl ein UFO vom Himmel gefallen. Das erregte die Aufmerksamkeit des Bestsellerautors Charles Berlitz. Gemeinsam mit dem Studienrat und UFO-Forscher William Moore ging Berlitz der Sache nach. Die beiden verfassten als Autorenduo den Weltbestseller „Der Roswell-Zwischenfall". Ende 1980 trat William Moore in einer Radiosendung auf. Dabei erhielt er einen außergewöhnlichen Anruf. Ein Mann erklärte, über wichtige Informationen zu verfügen. Er war bereit, sie Moore zugänglich zu machen, weil dieser „... die einzige Person ist, die ich über dieses Thema sprechen gehört habe, die zu wissen scheint, wovon sie redet".

Moore traf sich mit dem Anrufer. Dieser gab sich als ranghoher Regierungsbeamter zu erkennen, der über den Autor Informationen an die Öffentlichkeit bringen wollte. In den folgenden Monaten verschaffte der geheimnisvolle Informant Moore Kontakt zu neun weiteren Geheimdienstlern, unter ihnen auch Master Sergeant Richard Doty.

Aufgrund der Brisanz und Gefährlichkeit der Enthüllungen verlieh Moore den Geheimdienstbeamten Decknamen aus der Vogelwelt. Der Hauptinformant wurde zum Falken (Falcon) und Doty zum Sperling (Sparrow). Durch diese „Vogelfamilie" wurde die Existenz der geheimen Gruppe „Majestic 12/ Majic 12" (MJ-12) aufgedeckt, die nicht nur seit 1947 UFO-Abstürze untersuchen, sondern seit 1964 in *direktem Kontakt* mit Außerirdischen stehen soll.

So weit, so verschwörerisch, aber immerhin nur mündliche Aussagen, wenn auch mit an Sicherheit grenzender Wahrscheinlichkeit, wie es so schön heißt, aus „echten" Geheimdienstkreisen. So viel scheinen seriöse Journalisten und andere Rechercheure ihrer Überzeugung nach eindeutig nachgewiesen zu haben.

In dieser Zeit hatte Moore Freundschaft mit dem Hollywood-Filmproduzenten Jaime Shandera geschlossen, der eine

Dokumentation über Roswell plante und von dem auch die Idee der Vogel-Codenamen stammte.

Am 11. Dezember 1984 scheint für Shandera unerwartet in Erfüllung gegangen zu sein, worauf Linda Moulton Howe vor über einem Jahr vergeblich gehofft hatte: Er erhielt handfeste Unterlagen über „das majestätische Dutzend". Dem Filmproduzenten wurde ein unentwickelter 35-mm-Kodakfilm übersandt. Kein Absender, der Poststempel wies Albuquerque als Aufgabeort aus. Auf dem Schwarzweißnegativ befanden sich die Reproduktionen der mittlerweile weltberühmten „Majestic 12-Papers"; die Einweisungsbriefingpapiere an Präsident Eisenhower, ausgestellt am 18. November 1952. Acht Seiten Welterschütterndes. Möglicherweise.

Seite eins enthält Informationen die Nationale Sicherheit betreffend, Seite zwei eine Liste zwölf bedeutender Wissenschaftler, Militärs und Geheimdienstmitarbeiter. Ab Seite drei geht es um den Schwerpunkt der Papiere: besagten Corona/Roswell-UFO-Absturz. Die letzte Seite ist ein Memorandum vom 24. September 1947, in welchem Präsident Truman Verteidigungsminister Forrestal anweist, „Operation Majestic 12" in Angriff zu nehmen, wobei diese Operation nicht näher definiert wird.

Über die Echtheit der Papiere, die nur auf Film existieren, werden nach wie vor verbissene Kontroversen ausgetragen. Ohne Stellung zu nehmen und stattdessen die Fakten für sich selbst sprechen zu lassen, soll ein logisches Argument der Echtheits-Befürworter nicht unerwähnt bleiben: Wenn es eine Fälschung ist, so kann sie – was kaum bestritten wird – nur von hoch- und höchstrangigen Stellen angefertigt worden sein, wobei sich die Frage erhebt: „*Wozu* das Ganze?" Einer UFO-Vertuschung dient es jedenfalls nicht. An diesem Widerspruch pflegen Verfechter der Fälschungstheorie üblicherweise gehörig zu kauen. Damit wieder zur Sache.

„Majestic 12" soll am 24. September 1947 vom US-Präsidenten auf Anraten von Verteidigungsminister Forrestal und Dr. Vannevar Bush aus gegebenem Anlass (der Roswell-Zwischenfall?) gegründet worden sein. Die Bedeutung der Gruppe muss von absoluter Einmaligkeit sein, da die Aktivitäten von MJ-12 offenbar sogar über der amerikanischen Verfassung stehen und unabhängig von der jeweiligen Präsidentschaft fortgeführt werden. Der jeweilige Präsident muss lediglich darüber informiert werden. Im vorliegenden Fall wären die fraglichen Einweisungspapiere für Dwight D. „Ike" Eisenhower bestimmt gewesen.

All das hätte das oft gebrauchte, zynische Sprichwort „Präsidenten kommen und gehen, Geheimdienste bleiben" bestätigt. Gerüchten nach soll Kennedy nicht in das Majestic 12-Programm eingeweiht worden sein. Weiter gehende Gerüchte sprechen davon, dass Kennedy nicht mitspielen wollte, als er dennoch von MJ-12 erfuhr. Schlimmer noch, er soll vorgehabt haben, die Öffentlichkeit zu informieren. Dazu kam es nicht. Die Kugeln von Dallas hinderten ihn nachdrücklich daran. Eine weitere Theorie zum Kennedy-Attentat, die sich in keiner Weise mit allen anderen spießen muss. Wie soll es sich nun zusammengesetzt haben, das ursprüngliche „majestätische Dutzend"?

Zwölf Militärs, Spitzenwissenschaftler und Geheimdienstler sollen die supergeheimen UFO-Aktivitäten der US-Regierung koordiniert haben (da keiner von ihnen mehr am Leben ist, erhebt sich die Frage, ob es Nachfolger gibt). Hier sind die ursprünglichen zwölf (MJ-1 bis MJ-12) in der Reihenfolge, in der sie im Einweisungspapier angeführt sind (lediglich in Klammern um Informationen zur Person erweitert. Im Einweisungspapier stehen nur die Namen).

Admiral Roscoe H. Hillenkoetter (Kommandeur des Nachrichtendienstes für den pazifischen Kriegsschauplatz im Zweiten Weltkrieg. 1947–1950 erster Direktor der Central Intelligence. Längere Zeit NICAP Board of Directors-Member.

Seine verblüffenden öffentlichen Statements zu UFOs wurden erwähnt.)

Dr. Vannevar Bush (Professor am MIT, Fachrichtung Elektronik. Leiter des „Office of Scientific Research and Development OSDR", einer Dachorganisation, die sich um die technischen Entwicklungen im Zweiten Weltkrieg kümmerte. Wissenschaftlicher Berater des Präsidenten. Gründete 1941 den „Forschungsrat für die nationale Verteidigung" und 1943 das „Büro für wissenschaftliche Forschung und Entwicklung", welches das Manhattan-Projekt zur Entwicklung der amerikanischen Atombombe beaufsichtigte.)

Verteidigungsminister James V. Forrestal. Nach seinem Selbstmord im Jahr 1949 durch *General Walter B. Smith* ersetzt.

General Nathan F. Twining (Stabschef im Zweiten Weltkrieg. Leiter der 20. Einheit der US Air Force, die die Atombomben über Japan abgeworfen hatte. Kommandierender General des Technischen Nachrichtendienstes der Luftwaffe (AMC, später ATIC) mit Sitz in der Wright Patterson Luftwaffenbasis in Dayton, Ohio. Wie William Moore herausfand, begab sich General Twining einen Tag nach dem Roswell-Absturz vom 8. Juli 1947 nicht, wie offiziell verkündet, an die Westküste, sondern nach New Mexico, wo er sich bis 10. Juli aufhielt.)

General Hoyt S. Vandenberg (zuerst Leiter der militärischen Geheimdienstorganisation G2, anschließend Second Director Of Central Intelligence DCI. Ab 1948 Stabschef der amerikanischen Luftwaffe. Vermutete CIA- und andere Kontakte.)

Dr. Detlev Bronk (international bekannter Elektroniker, Physiologe, Physiker und Pionier der Biophysik. Vorsitzender des Nationalen Forschungsrates, Präsident der Nationalen Akademie der Wissenschaften und medizinischer Berater der Atomenergiekommission.)

Dr. Jerome Hunsacker (Flugzeugkonstrukteur vom Massachusetts Institute of Technology MIT. Vorsitzender des Nationalen Beratungskomitees für Luftfahrtangelegenheiten.)

Konteradmiral Sidney M. Souers (erster CIA-Direktor von Jänner bis Juni 1946. Ab September 1947 Exekutivsekretär des Nationalen Sicherheitsrates NSC.)

Gordon Gray (Anwalt und Geschäftsmann. Spielte im Zweiten Weltkrieg bei Geheimdienstoperationen eine wesentliche Rolle. Unter anderem Sicherheitsberater und Leiter des CIA-Psychological Strategic Board; Psychologischer Strategieausschuss. Staatssekretär des Heeres.)

Dr. Donald Menzel (Spitzenastronom, Leiter des Observatoriums der Harvard-Universität. An verschiedenen Topsecret-Projekten beteiligt. Kapazität auf dem Gebiet der Kryptographie (Ver- und Entschlüsselung). Dreißig Jahre lang (!) war er ein hochrangiger geheimer Berater der National Security Agency NSA mit „Topsecret-Ultrasicherheitsstufe", was nicht einmal seiner Frau bekannt war. Ein enger Freund von Dr. Bronk und dem UFO-debunker (Entlarver) Dr. Edward Condon. Dr. Menzels Mitgliedschaft scheint besonders interessant. Er zählte stets zu den eingefleischtesten UFO-Gegnern und -debunkern, hatte aber in seiner Jugend als Astronom in Princeton unter einem Pseudonym Sciencefiction-storys verfasst. Dr. Menzel war nie müde geworden, UFOs in Publikationen, Büchern, Vorträgen usw. als Einbildung, Wahnvorstellung und diverseste Naturerscheinungen abzutun. Er scheute sich nicht, Zeugenberichte so lange umzuinterpretieren, bis sie nur noch Natürliches beschrieben. Viele vermuten daher, dass Menzels UFO-Skepsis als Desinformation betrachtet werden muss, die er als MJ-12-Mitglied betrieb. Sein auf mehreren Ebenen geführtes Doppelleben mag dafür sprechen. Unter dem Gesichtspunkt könnten auch die Attacken von Dr. Menzels Nachfolger, dem UFO-Zerfleischer Phil Klass, gegen die Echtheit der „Majestic-12"-Dokumente neu verstanden werden.)

General Robert M. Montague (Kommandant der Einrichtungen der Atomenergiekommission in der Sandia-Base, New-Mexico-Testgelände für Waffenneuentwicklungen. Zur Zeit des Roswell-Absturzes Kommandant von Fort Bliss in New Mexico. Führte ein geheimes Regierungsprojekt nahe Albuquerque, über das selbst heute noch nichts bekannt ist. Man erinnere sich: Der Poststempel auf dem Kuvert, in dem der Filmproduzent Shandera den unbelichteten MJ-12-Film erhielt, war ebenfalls Albuquerque.)

Dr. Lloyd V. Berkner (Geophysiker. Stellvertreter von Dr. Bush im Forschungs- und Entwicklungsrat, Mitbegründer der Forschungsgruppe für Waffensysteme. Späteres Mitglied des CIA-finanzierten Robertson-Panels.)

Eines steht außer Zweifel: diese Männer waren die Creme der Creme in ihren Bereichen. Wer immer damals ein Zwölferkonsortium zur Behandlung des UFO-Problems ins Leben gerufen hätte, würde mit ziemlicher Sicherheit diese Persönlichkeiten rekrutiert haben. Trotzdem Vermutungen, wenn auch ziemlich substanzielle. Werden wir wieder konkret und führen wir uns das legendäre Einweisungspapier an Präsident Eisenhower in seiner ganzen epischen Breite und möglichen historischen Dimension zu Gemüte. Hier ist es:

Brisantes für jeden US-Präsidenten
Top Secret/Eyes Only
Thema: *Operation Majestic 12*
Vorläufiger Einführungsbericht für den neu gewählten Präsidenten Eisenhower.
Dokument erstellt am 18. November 1952
Einweisungsoffizier: *Admiral Roscoe H. Hillenkoetter* (MJ-1)
Anmerkung: *Dieses Dokument wurde als vorläufige Einweisung erstellt. Es soll als Einführung in ein vollständiges Operationsbriefing verstanden werden, das folgen wird.*
OPERATION MAJESTIC 12 ist eine TOPSECRET-For-

schungs-, Entwicklungs- und Nachrichtendienst-Operation, die nur dem Präsidenten der Vereinigten Staaten direkt untersteht. Operationen des Projektes wurden unter Kontrolle der Majestic-12(Majic-12)-Gruppe durchgeführt, die durch einen besonderen geheimen Regierungsbefehl von Präsident Truman am 24. September 1947 auf Empfehlung von Dr. Vannevar Bush und Minister James V. Forrestal eingerichtet wurde. Zu Mitgliedern der Majestic-12-Gruppe wurden ernannt: (Es folgen die bereits angeführten Namen).

Der Tod von Minister Forrestal am 22. Mai 1949 schuf eine Vakanz, die bis 1. August 1950 unbesetzt blieb, an dem General Walter B. Smith zum ständigen Ersatz bestimmt wurde.

Am 24. Juni 1947 beobachtete ein Zivilpilot auf dem Flug über dem Kaskadengebirge im Staate Washington neun fliegende diskusförmige Objekte, die mit hoher Geschwindigkeit in einer Formation flogen. Obwohl das nicht die erste bekannte Sichtung derartiger Objekte war, ist es die erste, die auf ein breites Interesse der Medien stieß. Es folgten Hunderte Berichte von Sichtungen ähnlicher Objekte. Viele davon stammten von äußerst glaubwürdigen militärischen und zivilen Quellen. Diese Berichte führten zu eigenständigen Versuchen verschiedener militärischer Einrichtungen, im Interesse der Nationalverteidigung die Natur und Absicht dieser Objekte herauszufinden. Eine Reihe Zeugen wurden interviewt und es gab verschiedene erfolglose Versuche, gemeldete Scheiben im Flug durch Flugzeuge abzufangen.

Die Reaktion der Öffentlichkeit grenzte zeitweise an Hysterie. Trotz aller genannten Bemühungen wurde wenig Substanzielles über diese Objekte in Erfahrung gebracht, bis ein lokaler Ranger meldete, eines davon wäre in einem entlegenen Teil von New Mexico abgestürzt, etwa 120 Kilometer nordwestlich der Roswell-Heeres- und Luftwaffenbasis (heute Walker Field).

Am 7. Juli 1947 begann eine geheime Operation mit der

Bergung des Wracks des Objektes zum Zwecke wissenschaftlicher Untersuchungen. Im Verlauf dieser Bergungsoperation entdeckte die Luftaufklärung vier kleine humanoide Wesen, die offenbar vor der Explosion des Objektes aus diesem hinausgeschleudert worden waren. Sie waren etwa drei Kilometer östlich der Absturzstelle auf die Erde gefallen. Alle vier waren tot und durch Parasitenbefall schwer in Mitleidenschaft gezogen, wie auch durch den Umstand, dass sie vor ihrer Entdeckung etwa eine Woche lang den Elementen ausgesetzt gewesen waren. Ein spezielles Wissenschaftlerteam befasste sich mit der Bergung und mit eingehenden Untersuchungen der Körper.

Das Wrack des Schiffes wurde ebenfalls abtransportiert und an verschiedene Orte gebracht. Zivile und militärische Zeugen in der Gegend wurden eingewiesen und Nachrichtenreportern eine wirksame Coverstory mitgegeben, derzufolge das Objekt ein fehlgeleiteter Wetterballon war. Eine geheime Untersuchung, die General Twining und Dr. Bush auf direkte Anweisung des Präsidenten in die Wege leiteten, führte zu der ersten, vorläufigen Schlussfolgerung (vom 19. September 1947), dass es sich bei der Scheibe höchstwahrscheinlich um einen Kurzstrecken-Aufklärer handelte. Diese Folgerung zog man aus der Schiffsgröße und dem augenscheinlichen Fehlen identifizierbarer Nahrungsvorräte.

Eine Untersuchung der vier toten Insassen wurde von Dr. Bronk arrangiert. Es war die abschließende Meinung dieser Gruppe, dass ungeachtet des menschenähnlichen Aussehens der Kreaturen die biologischen und evolutionären Prozesse, die zu ihrer Entwicklung führten, offenbar völlig verschieden von denen sind, die beim Homo sapiens beobachtet oder postuliert werden. Dr. Bronks Team schlug den Begriff „Extraterrestrische Biologische Entitäten", kurz „EEBs", als Standardbezeichnung für diese Wesen vor, solange man sich nicht auf eine genauere Bezeichnung einigen konnte.

Da es ziemlich sicher ist, dass diese Schiffe nicht von einem Land dieser Erde stammen können, mutmaßte man über ihre Herkunft und darüber, wie sie hierher gekommen sind. Der Mars wurde als Ursprungsort in Betracht gezogen, obwohl einige Wissenschaftler, besonders Dr. Menzel, es für wahrscheinlicher halten, dass wir es hier mit Wesen aus einem anderen Sonnensystem zu tun haben.

Zahlreiche Beispiele von etwas, das eine Art Schrift darzustellen scheint, wurden im Wrack gefunden. Versuche, sie zu entziffern, blieben bisher größtenteils erfolglos.

Gleichermaßen erfolglos blieben die Versuche, die Antriebsmethode oder die Natur der Methode der Energieübertragung und die Energiequelle zu bestimmen. Die Forschung auf diesem Gebiet wurde erschwert durch das völlige Fehlen identifizierbarer Flügel, Propeller, Düsen oder anderer orthodoxer Antriebs- und Steuerungssysteme sowie das völlige Fehlen von Drähten, Röhren oder ähnlicher erkennbarer elektronischer Komponenten. Es wird angenommen, dass die Antriebseinheit durch die Explosion, die den Absturz herbeiführte, völlig zerstört wurde.

Der Bedarf nach so vielen weiterführenden Informationen wie möglich über diese Schiffe, über die Charakteristiken ihres Auftretens und über ihre Intentionen, führten zur Einrichtung des US-Luftwaffenprojektes „Sign" im Dezember 1947/ Jänner 1948.

Zur Wahrung der Geheimhaltung war die Verbindung von „Sign" zu „Majestic 12" auf zwei Personen in der nachrichtendienstlichen Abteilung des Air Material Command beschränkt, deren Aufgabe darin bestand, bestimmte Informationen weiterzugeben.

„Sign" entwickelte sich 1948/1949 zu „Grudge". Das Projekt wird derzeit unter dem Codenamen „Blue Book" fortgeführt, mit einer Verbindung, die nur durch den Luftwaffenoffizier besteht, der ihm („Grudge") vorsteht.

Am 6. Dezember 1950 stürzte ein zweites Objekt, wahrscheinlich von gleicher Herkunft, mit hoher Geschwindigkeit in der El-Indio-Guerrero-Region an der texanisch-mexikanischen Grenze ab, nachdem seine lange Flugbahn in der Atmosphäre verfolgt werden konnte. Als ein Suchtrupp die Absturzstelle erreichte, war das Objekt bereits völlig ausgebrannt. Soviel Material wie möglich wurde geborgen und zu weiteren Untersuchungen auf das Gelände der Atomenergiekommission nach Sandia, New Mexico, gebracht. Auswirkungen für die nationale Sicherheit sind in erster Linie dadurch gegeben, dass die Motive und grundsätzlichen Absichten dieser Besucher noch völlig unbekannt sind. Hinzu kommt ein auffälliges Ansteigen der Aufklärungsflüge dieser Schiffe in der Zeit von Mai bis Herbst dieses Jahres (1952), die zu einer ernsten Sorge führten, dass neue Schritte bevorstehen könnten.

Aus diesen Gründen, aber auch aus offensichtlichen internationalen und technologischen Beweggründen und der dringenden Notwendigkeit, eine öffentliche Panik um jeden Preis zu verhindern, bleibt die Majestic-12-Gruppe einmütig bei der Auffassung, dass strengste Sicherheitsvorkehrungen auch und ohne Unterbrechungen von neuen Administrationen fortgesetzt werden. So weit die brisanten Einweisungspapiere.

Dem ewigen Dutzend auf der Spur

Die „Majestic-12-Frage" ist eine der umstrittensten im Rahmen der UFO-Forschung überhaupt. Wie beweist man die Echtheit eines Dokumentes, von dem es nur eine Fotografie gibt?

Die wohl gründlichste und solideste Wühlarbeit in dieser Frage hat anscheinend der Nuklearphysiker und UFO-Forscher Stanton T. Friedman geleistet, der laufend von den unterschiedlichsten Universitäten zu Vorträgen eingeladen wird. An die zwölf Jahre lang versuchte Friedman der Gretchenfrage „echt oder gefälscht" mit kriminalistischem Spürsinn auf den Grund zu gehen. Er begann bei den zwei Datumsangaben in den Dokumenten. Das erste (nicht bewiesene) Datum ist 24. September 1947, an dem es nach ausgiebigen Gesprächen von Präsident Harry S. Truman mit Verteidigungsminister Forrestal und Dr. Vannevar Bush zur Gründung von „Operation Majestic 12" gekommen sein soll.

Völlig unstrittig ist das zweite Datum, zumindest als Termin der Amtseinweisung des neu gewählten US-Präsidenten Dwight D. „Ike" Eisenhower. Nicht ganz so leicht historisch nachvollziehbar ist die Behauptung, es habe an dem Tag eine Unterweisung (briefing) Eisenhowers in Fragen der Nationalen Sicherheit gegeben, an dem auch General Twining teilnahm.

Nach tage- und wochenlangen Studien in der „Harry S. Truman Library", in der „Dwight D. Eisenhower Library", in der Kongressbibliothek und im Nationalarchiv konnte Friedmann in den Dokumenten der Präsidentschaft Trumans ein aufschlussreiches Schreiben eruieren.

Dieses so genannte „Truman-Memorandum" belegte, dass am 24. 9. 1947 tatsächlich ein Treffen zwischen Präsident Truman, Dr. Vannevar Bush und Verteidigungsminister Forrestal stattgefunden hatte. Ein Hinweis darauf, was damals besprochen wurde, fand sich in dem Archiv nicht, was wiederum bedeuten dürfte, dass es dabei um auch heute noch geheim gehaltene Hochsicherheitsfragen gegangen war. Aus den Akten von Forrestal und Dr. Bush ging hervor, dass sie sich eine halbe Stunde vor dem Treffen mit dem Präsidenten zusammengesetzt hatten, um etwas für Eisenhower vorzubereiten.

Der gerne gebrachte Einwand, das als „Special Classified Executive Order" Nr. 092447 TS/EO (Top Secret/Eyes Only) bezeichnete Truman-Memorandum vom 24. 9. 1947 würde eine unmögliche Nummer aufweisen, zieht nicht. Es stimmt, dass diese Regierungsbefehle, die seit der Lincoln-Administration durchnummeriert werden, im September 1990 erst bei der Nummer 12814 angelangt waren, so dass es klarerweise eine Nummer 092447 nicht geben kann. Was es aber *schon* geben kann, ist ein *Datum* in amerikanischer Schreibweise, die den 24. September 1947 so schreibt: September 24, 1947, in Ziffern 092447.

Was immer bei dem Meeting besprochen wurde, scheint Außenminister Forrestal psychisch so mitgenommen zu haben, dass er eine Stunde später einen Waffenschein beantragte. Er verfiel in Depressionen und musste als Minister zurücktreten. Am 22. Mai 1949 sprang er aus dem achtzehnten Stock des Bethesda-Hospitals.

Als nächsten Schritt machte sich Friedman an die Verifizierung (oder Falsifizierung) der Urheberschaft des alles entscheidenden „Eisenhower-Briefing-Dokumentes". Um klarzustellen, ob der als Einweisungsoffizier (briefing officer) aufscheinende Admiral tatsächlich der Verfasser des Dokumentes ist, legte er es, zusammen mit zwanzig von Hillenkoetter verfassten Briefen und Memoranden, dem renommierten Sprachwissenschaftler Professor Dr. Roger W. Wescott von der Drew-Universität vor. Der Experte erklärte in seinem Gutachten, es gebe keinen Grund, im Briefing-Memorandum vom 18. 11. 1952 eine Fälschung zu sehen.

Auch der Schreibmaschinentyp, Format, äußere Form des Dokumentes und Standardschreibweisen entsprachen den in der Truman-Ära gängigen Gepflogenheiten. Gerade die von Skeptikern angeführte, für Amerika unübliche Schreibweise des Datums, nämlich 18. November 1952, spricht *für* Hillenkoetters Urheberschaft. Er hatte sich diese Art der Datierung vor dem Zweiten Weltkrieg in seiner Tätigkeit als Marineattaché in Frankreich angewöhnt.

In einem Interview, das Stanton T. Friedman 1997 der englischen Zeitschrift „THE X FACTOR" gab, bekräftigte er nochmals seine sachliche Überzeugung der Echtheit der ge-

samten acht Seiten der so genannten „MJ-12-Dokumente",
bestehend aus dem „Eisenhower-Briefing-Paper", dem „Tru-
man-Forrestal-Memo" und dem „Cutler-Twining-Memo".
Friedmann erwähnte in dem Zusammenhang, dass er von einem fanatischen Gegner tausend Dollar kassiert hatte, weil er
ein Argument des Betreffenden über „nicht richtige" Schreib-
maschinentypen auf einem Dokument klar widerlegen konnte.

Das einzige bis dato in einem Archiv aufgefundene Dokument mit einem konkreten Bezug auf MJ-12 wurde von William Moore ausgegraben. Einem Hinweis von Mastersergeant
Richard Doty folgend, fand Moore in der Box 341 der US-Air
Force-Akten im Nationalarchiv von Washington die Kohlepa-
pierkopie eines Memorandums vom Präsidentensekretär Nathan Cutler an den möglichen MJ-12-Angehörigen und zeit-
weiligen ATIC-Chef General Nathan F. Twining. Darin geht
es um die Verlegung einer Besprechung des „National Security Council NSC/MJ-12-Special Studies"-Projektes, angesetzt
für den 16. Juli 1954. Es trägt sämtliche offiziellen Stempel
und Archivnummern des Nationalarchivs. Tatsächlich findet
sich in den Twining-Akten der Kongressbibliothek von Washington eine Einladung des Präsidenten an den General für
den 16. Juli 1954, 9.oo Uhr, zu einer „Außerordentlichen Zusammenkunft des NSC".

Am 29. 11. 1983 soll der damalige Leiter des renommierten „Washington Institutes of Technology" mit einem Büro
im Pentagon, Professor Dr. Robert I. Sarbacher, dem UFO-
Forscher William Steinmann brieflich bestätigt haben, Dr.
Bush und andere Spitzenwissenschaftler seien in die Untersuchung geborgener „Fliegender Untertassen" und ihrer Insassen verwickelt.

Am 30. 8. 1987, vierzehn Jahre nach dem Tod von Dr.
Vannevar Bush, interviewte Steinmann einen Dr. Eric A.
Walker, der eine Zeit lang Vizedirektor des von Dr. Bush ge-

leiteten „Research and Development Board" des Pentagon gewesen war. Bei dem Telefoninterview kam es auch zu folgenden Fragen und Antworten:

Steinmann: „Haben Sie jemals von der MJ-12-Gruppe und der „Operation Majestic 12" gehört? Ich beziehe mich dabei auf das mir vorliegende Briefingpapier an Präsident Eisenhower vom 8. 11. 1952.

Dr. Walker: „Ja, ich weiß von MJ-12. Ich kenne sie seit vier Jahrzehnten ..."

Die Vertuschung wird löchrig
In der Februarausgabe 1995 des größten und seriösesten US-UFO-Magazins „UFO" liefern John Regher und Lee Graham, zwei Ingenieure der Aerojet-Corporation, die Rüstungstechnologie für das Pentagon produziert, einen Mehr-als-Indizien-Beweis für die Echtheit der Majestic-Dokumente.

Sie hatten die Dokumente im Jahr 1985 von William Moore erhalten, waren aber damals als Mitarbeiter der Rüstungsindustrie Geheimnisträger mit hoher Sicherheitsstufe. Bei ihrer Anstellung hatten sie eine „Sicherheitsvereinbarung" unterzeichnen müssen, die sie unter anderem verpflichtete, jede „tatsächliche oder mögliche Verletzung der militärischen Geheimhaltung" sofort der zuständigen Dienststelle im Pentagon zu melden. Davon gibt es keine Ausnahme. Da die Dokumente, die Graham von Moore erhalten hatte, mit „Top Secret/Eyes Only" klassifiziert waren und niemals offiziell freigegeben wurden, waren Regher und Graham verpflichtet, ihr Auftauchen der zuständigen Dienststelle, dem „Defensive Investigative Service DIS" zu melden. Was die beiden pflichtschuldigst taten. Danach vergaßen sie die Sache. Fünf Jahre später erfolgte ein sensationelles Nachspiel.

Wie in mindestens einer Fachpublikation nachzulesen ist, erhielt Lee Graham am 24. Mai 1990 unter dem Aktenzeichen 89311-DKI-3408-1W9 ziemlich verspätet eine verblüffende

Antwort auf seine und Reghers Meldung an das DIS von 1985: „Anbei Kopien aller freizugebenden Dokumente in Ihrer Akte beim DIS." Die Anlage waren die Majestic-12-Dokumente, nunmehr mit dem Stempel „declassified" (freigegeben) versehen.

Graham und Regher konnten das fast nicht glauben. Zur Sicherheit riefen sie den zuständigen Beamten beim DIS an und wollten wissen, wie es um die Echtheit der Dokumente bestellt sei. „Sie können damit sicher sein, dass das ‚Briefing-Dokument ‚Operation Majestic 12' authentisch ist", antwortete ihnen Agent Dale Hartig am Telefon. In einem offiziellen Brief vom 29. April 1993 soll er diese sensationelle Aussage auch schriftlich bestätigt haben. Graham und Regher dazu lakonisch: „Nach den gesetzlichen Sicherheitsbestimmungen im Umgang mit klassifizierten Dokumenten gibt es nur zwei mögliche Schlussfolgerungen: Das ‚Briefing-Dokument Operation Majestic 12' ist echt oder Agent Hartig macht sich der Verletzung der Bestimmung 5200.1-R des Verteidigungsministeriums schuldig." Besagte Bestimmung sieht vor, dass der DIS im Falle einer möglichen Verletzung der Geheimhaltung wahrheitsgemäß Auskunft erteilen muss, was im Klartext heißt, dass sich ein DIS-Agent strafbar macht, der ein unechtes Dokument fälschlich als echt bezeichnet.

Die beiden Ingenieure sollen ferner bestätigt haben, das Aerojet-eigene DSP-Satellitensystem würde fast schon routinemäßig zwei bis drei UFOs im Monat entdecken, die aus dem Weltraum in die Atmosphäre der Erde eindringen. Auch andere Beobachtungssysteme melden Derartiges.

Die nordamerikanische Verteidigungszentrale „North American Air Defense Command NORAD" tief im Inneren der Cheyenne Mountains von Colorado verfügt interessanterweise unter der Bezeichnung „NORADs Unknown Track Reporting System NUTR" über ein Meldesystem für unbekannte Objekte. NORAD soll jährlich etwa fünfhundert unbekannte Eindringlinge registrieren, die als „fastwalker" bereits einen offiziellen Terminus erhalten haben.

Als bizarrer Schnörkel im Zusammenhang mit NORAD sei erwähnt, dass am 6. Juli 1975 nahe dem Eingangstor besagter Verteidigungseinrichtung eine auf die bekannte Weise verstümmelte Kuh aufgefunden wurde – und das, obwohl das gesamte Gelände militärisches Sperrgebiet ist und zu einem der bestbewachten Areale der Welt gehört.

Mit dieser Kuh könnte sich der Kreis wieder schließen, denn im Umfeld der Viehverstümmelungen machen sich auch immer wieder im wahrsten Wortsinn „dunkle Gestalten" bemerkbar, die mit all dem in Zusammenhang stehen könnten, mit dem wir uns auseinander gesetzt haben – von den MK-Programmen über den Mord an Kennedy bis zur möglichen UFO-Connection geheimer Regierungsstellen …

MiB – Agenten der Finsternis

Sie sind dunkel gekleidet und ebenso dunkel ist die Natur der unheimlichen Besucher im Leichenträger-Look, die rund um die Welt ihr Unwesen treiben, sogar in China, was allerdings wenig bekannt ist. Die unheimlichen „Männer in Schwarz" scheinen ein fixer Bestandteil im Umfeld des UFO-Rätsels zu sein. Sie tauchen oftmals bei UFO-Zeugen kurz nach der Sichtung auf, meist als Paare oder zu dritt. Üblicherweise über den Vorgang selbst bestens informiert, wie auch über intimste Details aus dem Leben der von ihnen Besuchten, legen sie den Betreffenden ans Herz, die ganze Sache zu vergessen. In hartnäckigen Fällen zeigen sie Ausweise bekannter oder unbekannter Bundesdienststellen oder beschatten die Einzuschüchternden in riesigen schwarzen Limousinen älterer Bauart, die auffälliger nicht sein könnten. Zwischendurch rufen sie auch immer wieder an. Zeugen, die länger mit ihnen zu tun haben, beschreiben sie als „nicht ganz menschlich".

Der Psychiater Dr. Hopkins, der in den siebziger Jahren

zwei UFO-Entführte betreute, wurde ein Jahr danach von einem Mann in Schwarz besucht, der buchstäblich vom Himmel gefallen sein musste. Der Unbekannte hatte angerufen, sich als UFO-Forscher deklariert und war eine Minute später vor dem Haus des Psychiaters gestanden. Dr. Hopkins konnte keinen Wagen des Fremden entdecken. Selbst mit einem Fahrzeug hätte der Mann in Schwarz in diesen tristen handylosen Tagen vom nächsten, meilenweit entfernten öffentlichen Telefon nicht so schnell da sein können.

Der kahlköpfige Besucher ohne Augenbrauen forderte den Arzt auf, alle Unterlagen des Entführungsfalles zu zerstören. Während des Gesprächs begann die Sprache des dunkel Gekleideten zu versagen. Zitternd stand er auf und schwankte auf die Türe zu. „Entschuldigen Sie," sagte er mit unterschiedlicher Lautstärke, „meine Energie geht aus ... Muss jetzt gehen." Weg war er.

Trotz aller Surrealität, die Episoden wie dieser anhaftet, wird nicht nur im Zusammenhang mit UFOs vom Auftreten der seltsamen Männer in Schwarz berichtet. Man will sie beispielsweise vor dem tödlichen Motorradunfall von Lawrence von Arabien an der Todesstrecke gesehen haben. Sie sollen nach dem Unfalltod der Sekretärin von Senator Ted Kennedy, Mary Jo Kopechne, in der Nacht zum 19. Juli 1969 bei der Insel Chappaquiddick (Massachusetts), Marys Eltern aufgesucht und sie dazu bewegt haben, die Obduktionserlaubnis für Mary zurückzuziehen.

Mit den mysteriösen Umtrieben im Umfeld der wohl berühmtesten US-Politikerfamilie sind wir wieder bei dem Mann, mit dem wir unsere Rundreise durch geheime Bünde und Verschwörungen begonnen haben. Einem Mann, der über eine Reihe brisanter Umtriebe Bescheid gewusst haben soll und im Begriff gewesen sein soll, sie ein für allemal zu unterbinden. Mächtig genug wäre er ja gewesen, John F. Kennedy, der 35. Präsident der Vereinigten Staaten, an dessen Tod mehr als eine Gruppe von „Dunkelmännern" größtes Interesse gehabt haben dürfte. Viele ernst zu nehmende Fachleute betrachten das Kennedy-Attentat ohne Übertreibung als *das* Musterbeispiel für eine Verschwörung von weltbewegenden Ausmaßen. Auch dabei präsent: die Men in Black.

R. B. Cutler schrieb in der „Grassy Knoll Gazette" über den berühmten Zapruder-Film: „In den ersten zwei Kadern ist ein Mann auf dem Rasen zu sehen (Anmerkung: auf dem Grashügel, von dem nach mehreren Zeugenaussagen die tödlichen Schüsse gekommen sein sollen). Er ist groß und völlig in Schwarz gekleidet." Nach dem Mord an Kennedy sollen schwarz gekleidete Männer seine alte Militäreinheit besucht und Zugang zu seinen Dienstunterlagen erhalten haben.

Testgebiet oder Brennpunkt?
Mit einem Ausflug nach West Virginia wollen wir den Bogen abschließen. Diese begrenzte Region der Vereinigten Staaten von Amerika scheint Brennpunkt für bizarre Heimsuchungen unterschiedlichster Natur zu sein – Tummelplatz der sinistren „Men in Black" und Spielwiese jener „geheimen Mächte zwischen Licht und Finsternis", denen dieses Buch auf der Spur ist.

Seit Jahren treibt sich hier der berüchtigte „Mottenmann" herum, der manchen Lesern aus meinen Büchern und aus anderen Veröffentlichungen kein Unbekannter sein dürfte. Er steht düster am Straßenrand und starrt Vorbeifahrende mit riesigen, rot leuchtenden Augen an, verfolgt Autos mühelos im Flug, auch wenn sie mit Höchstgeschwindigkeit dahinrasen, und dreht selbst verfolgenden Flugzeugen eine lange Nase (sofern er eine solche besitzt). Ein Etwas, für das es im irdischen Stammbaum der Arten keinen Platz zu geben scheint.

1897 kam es zu einem massierten Auftreten der mysteriösen „Luftschiffe über Amerika", die damals gehörigen Staub aufwirbelten. Diese frühe UFO-Welle traf West Virginia voll. Es verzeichnete weit mehr als einen „normalen Anteil" an den Besuchen von anachronistischen Flugpionieren, die gegen Ende des neunzehnten Jahrhunderts überall in den Vereinigten Staaten schimmernden Flugmaschinen entstiegen, mit Farmern, Polizisten, Tankwarten und anderen Durchschnittsmenschen triviale Gespräche führten, um dann wieder in lichten Höhen zu entschwinden. Mysteriöse Lichterscheinungen und über den Himmel huschende Objekte gehören in West Virginia seit jeher fast zum Lokalkolorit.

Seit es Funkgeräte und Radios gibt, spielen sie in diesem Fleckchen Erde regelmäßig verrückt. Tiere sterben unerklärliche Tode bzw. fallen jener rätselhaften Metzelei zum Opfer, die unter dem Schlagwort „Rinderverstümmelung" in Amerika seit Jahrzehnten bekannt ist, obwohl auch die verstümmelten Leichen von Haustieren, Pferden und anderen Vierbeinern regelmäßig aufgefunden werden. In West Virginia seit Jahren in großer Zahl. Auch die Natur selbst präsentiert sich nicht, wie wir es gewöhnt sind. So entstehen aus heiterem Himmel eng begrenzte Rätselzonen, die ein Mensch nicht ungeschoren betreten kann. Es kommt in diesen Arealen zu Panikanfällen, Nasen- und Ohrenbluten etc.

Interessanterweise dürfte bereits den amerikanischen Ureinwohnern, den heute in Reservaten ihr Dasein fristenden Indianern, dieses Gebiet nicht ganz geheuer gewesen sein. Ehe die Europäer den Kontinent blutig an sich rissen, war ganz Nordamerika von Indianerstämmen – man könnte fast sagen Nationen – bedeckt. Mit Ausnahme des heutigen West Virginia. Anthropologen und Historiker, die Karten der ehemaligen Indianer-Populationen erarbeiteten, stellten überrascht fest, dass West Virginia tabu gewesen war, und zwar ganz exakt abgegrenzt. Sachliche Gründe gibt es dafür keine. Die Region ist reich an Wald und Wild. Ein ideales Siedlungsgebiet für die genügsamen Rothäute, die sogar die menschenfeindlichsten Wüsten im tiefen nordamerikanischen Westen bewohnten.

Der rote Faden des Geheimnisses von West Virgina ist sehr fein und schwer zu fassen, aber unleugbar existent. Das Sichten von UFOs stellt hier ebenso wenig eine Sensation dar wie die im Schlepptau der Unbekannten Flugobjekte auftretenden „Men in Black". Ein besonders krasser Fall von MiB-Aktivitäten ereignete sich nach einer an sich unbedeutenden lokalen Katastrophe.

In der Redaktion des „Messenger" ist am Freitag, dem 22. September 1967, die Hölle los. Mary Hyre weiß nicht, wo ihr der Kopf steht. Über zwanzig Jahre lang hat sie in der kleinen Lokalzeitung des Städtchens Point Pleasant im amerikanischen West Virgina beschaulich gewerkt. Berichte über Heiraten, Geburten und Todesfälle, ganz selten über ein Skandälchen oder gar ein Verbrechen, waren ihr tägliches Brot gewesen. Gelegentlich auch eine rätselhafte Begebenheit, aber an die war man hierorts fast schon gewöhnt. Es gehörte bereits zum Lokalkolorit. Mit dieser Normalität ist es jetzt vorbei.

Seit die Silver Bridge vor einer Woche in den Ohio-River gestürzt ist, hat sich das Städtchen in einen Hexenkessel und die Redaktion in ein Tollhaus verwandelt. Reporter, Kamerateams, Regierungsbeauftragte, Untersuchungskommissionen, Katastrophentouristen und ein Sortiment von Fremden aller Couleurs sorgen für unentwegtes Chaos. Sie geben einander auch in der Redaktion des „Messenger" die Klinke in die Hand. Dazu kommen noch zahlreiche verzweifelte Stadtbewohner, die jede mögliche Stelle belagern, wo sie Informationen über vermisste Angehörige zu erhalten hoffen, die in den Fluss gestürzt und nicht wieder aufgetaucht sind.

Zwei Besucher, die in Mrs Hyres Büro kommen, gehören zu keiner der gewohnten Kategorien. Im ersten Moment fällt der Redakteurin an den beiden Männern in den schwarzen Mänteln nichts Besonderes auf. Vielleicht die extrem dicken

Schuhsohlen (ein durchgängiges Charakteristikum bei den Men in Black) und die dunkle Gesichtsfarbe. Als die zwei Fremden, die wie Zwillinge aussehen und aus der Nähe wie Orientalen wirken, abwechselnd Fragen zu stellen beginnen, macht sich bei der Redakteurin Unmut breit. Es sind seltsame, ja geradezu unpassende Fragen, die sie jäh an den Besuch eines ähnlich gekleideten Mannes im Jänner des Jahres erinnern. Damals war sie von einer anderen dunklen Gestalt mit ähnlichen Fragen belästigt worden, nachdem ein UFO über ihren Hinterhof geflogen war.

„Stimmt es, dass in dieser Gegend häufig UFOs beobachtet werden?", will der eine „Zwilling" wissen. Was soll das? Eine Brücke ist zusammengekracht und hat Menschen in den Tod gerissen. Himmelsphänomene sind das Letzte, das die Bewohner von Point Pleasant derzeit bewegt, Mrs Hyre eingeschlossen. Sie bringt das ruhig, aber nachdrücklich zum Ausdruck. Die Männer in Schwarz lassen nicht locker. Um die offensichtlichen Spinner wieder loszuwerden, holt die Redakteurin einen dicken Ordner mit Berichten über Seltsames aller Art aus ihrem Karteikasten. Einer der beiden wirft einen schnellen Blick auf den darin befindlichen Wust an Zeitungsausschnitten über UFOs und sonstige bizarre Aktivitäten und fragt: „Sind Sie aufgefordert worden, nicht mehr über Sichtungen zu berichten?" Die Redakteurin verneint.

„Was würden Sie tun, wenn jemand Ihnen befehlen würde, nicht mehr über UFOs zu berichten?", lässt der Mann nicht locker.

„Ich würde ihm sagen, er soll sich zum Teufel scheren", erwidert die mittlerweile ergrimmte Redakteurin, wobei sie die zwei dunkel gekleideten Gestalten mit einbezieht. Demonstrativ wendet sie sich wieder ihren Vermisstenberichten zu. Als sie Sekunden später aufblickt, sind die Besucher gegangen.

Am selben Nachmittag erscheint der nächste „Spinner". In

Kleidung und Gesichtsschnitt ähnelt er seinen Vorgängern, lediglich seine Haut ist noch dunkler. Er stellt sich als UFO-Forscher namens Jack Brown vor. Mary Hyre, die langsam genug hat von Brückenzusammenbrüchen und UFO-Interessenten und sich nur noch nach einer Mütze Schlaf sehnt, will den neuen Belästiger mit dem Hinweis loswerden, seine „Kollegen" seien bereits hier gewesen. Der Mann verneint, mit den „Zwillingen" irgendetwas zu tun zu haben. Nach einem kurzen, ebenso unergiebigen wie mühsamen Gespräch befreit sich die Redakteurin von dem Quälgeist, indem sie ihn an einige der zahlreichen Einwohner des Ortes verweist, die UFOs gesehen und Unerklärliches erlebt haben.

Der schwarz gekleidete Mann verschwand, um anderen auf die Nerven zu fallen. Unter diesen den Wamsleys und Scarberrys, die kurz zuvor dem unheimlichen Mottenmann begegnet waren. Auch in anderen Teilen von West Virginia machte „Jack Brown" so manchem Bürger seine Aufwartung. Beispielsweise einer Familie Carpenter in New Haven, deren Haus von Poltergeisterscheinungen heimgesucht wurde.

Der amerikanische Autor und Journalist John Keel, der sich dem Mottenmann besonders gewidmet hat, hält es für denkbar, dass der Ort Point Pleasant für das gesamte Jahr 1967, in dem sich die Unerklärlichkeiten geradezu überschlagen haben, so etwas wie ein Psycho-Testgebiet für eine Art Psychokrieg gegen die eigene Bevölkerung war. Ein geheimer Krieg schwarz gekleideter Regierungssoldaten, geführt mit Drogen, Bewusstseinsveränderungsprogrammen, Non-lethal-Weapons aller Art, Blendwaffen, elektronischen Telefonstörungssystemen, stroboskopischen Lichteffekten und den unterschiedlichsten Leichtflugzeugen, die ebenso UFOs wie Riesenmotten darstellen sollten. Eine interessante Theorie, die aber nach Meinung anderer Forscher viel zu kurz greift. Sowohl lokal als auch was den Zeitrahmen betrifft.

Mit diesem Besuch einer Region, in der sich eine ganze

Reihe von Umtrieben und dunklen Gestalten aller Couleurs ein Stelldichein zu geben scheinen, hat sich der Kreis geschlossen. Ich bin am Ende meiner Ausführungen, die bestenfalls ganz wenig am Verputz der Fassade kratzen konnten, die den Olymp möglicher irdischer und nicht irdischer Weltordner von den Blicken Unberufener schützt.

Ist er ein Außerirdischer, der unheimliche Gleiter, der West Virginia vor Jahrzehnten heimsuchte?

Fazit und Denkanstoß

„Erwartet euch nicht zu viel vom Weltuntergang. "

Stanislaw Jerzy Lec (polnischer Philosoph,
1977 in „Unfrisierte Gedanken") 197

Vom Weltuntergang wurde immer geredet, so lautet das *dümmste* Beschwichtigungsargument, wenn auf menschengemachte Selbstvernichtungsmechanismen hingewiesen wird. Jetzt ist der Untergang nämlich in greifbare Nähe gerückt. Wie es scheint, wird die Erde tatsächlich ein immer heißeres Pflaster für Schöngeister, reif für etwas noch Morbideres als *Alternative 3*. Die unmittelbare Zukunft wird zeigen, ob Langzeitpläne in der Tat auf eine selektive Auswanderung von der untergehenden Erde hinarbeiten – wie eine Fraktion von Verschwörungstheoretikern mutmaßt – oder ob vielmehr die Weltherrschaft von irdischen Eliten, vielleicht verbündet mit Aliens, *durch* und *nach* einem globalen Bürgerkrieg das Endziel ist, was eine andere Fraktion glaubt. Indizien gibt es für beide und noch für eine Reihe weiterer Hypothesen. Erfreulich dürfte keine davon sein. Damit wollen wir es gut bzw. nicht gut sein lassen.

Ich bin mir sicher, dass selbst für Insider und Skeptiker vieles in diesem Buch schockierend, einiges neu und manches verblüffend sein dürfte. Selbst „politisch Unkorrektes" mag der eine oder andere entdecken, was von mir nicht beabsichtigt ist. Die Wirklichkeit ist aber nun mal nicht immer so, wie wir sie gern hätten. Ich hoffe, dass ich allen meinen Lesern mit dieser Lektüre den Anstoß zum Nachdenken geben kann.

Nachwort und Dank des Herausgebers

Die umstrittene Thematik in diesem Buch bezieht sich im weitesten Sinn auf verborgenes Wissen, obskure Geheimgesellschaften und diverse Verschwörungstheorien, die von der Antike bis in unsere Zeit Nachwirkungen zeigen. Dass dabei zahlreiche geheime Vereinigungen und ihre Machenschaften gar nicht erwähnt werden konnten, liegt auf der Hand.

Wie jedes andere Buch wäre auch dieses ohne der Mitwirkung und Hilfe vieler nicht möglich gewesen. Mit herzlichem Dank im Namen der Autoren seien nachfolgend einige hilfsbereite Unterstützer und Reisebegleiter alphabetisch genannt. Die Nennung ihrer Namen besagt jedoch nicht, dass sie mit allen von den Autoren aufgestellten Ideen und Theorien übereinstimmen müssen. Die Nicht-Nennung eines Namens besagt umgekehrt ebenso nicht, dass die betreffende Person einer Verschwörung zum Opfer fiel.

Rodney Dale, Erich von Däniken, Klaus Dona, Ulrich Dopatka, Horst und Anke Dunkel, Dr. Algund Eenboom, Walter Ernsting alias Clark Darlton (†), Claudia Fiebag, John Fisch (†), Walter Förster, Willy und Ingrid Grömling, Dr. Elmar Gruber, Rainer Holbe, Walter-Jörg Langbein, Hans-Werner Sachmann, George Sassoon, Armin Schrick, Wolfgang Siebenhaar und Andrea Weiss.

Ein aufrichtiges Dankeschön schulden wir unserem geduldigen Hersteller Johann Pröll sowie dem Verlagsteam im Hause Tosa. Nicht zuletzt gilt unser Dank dem Programmchef Matthäus Salzer und dem Verleger Thomas von Sacken. Ohne deren einsatzfreudige Unterstützung wäre dieses Buch über ungelöste Mysterien, Mythen und Manipulationen wohl vergeblich gewesen.

Reinhard Habeck und die Autoren

Literaturhinweise

I. Artus, Avalon und der Gral

Adolf, H.: New light on oriental sources for Wolfram's Parzival. *Public of the Modern Language Association*, 62, 1974.

Ashe, G.: König Arthur. Düsseldorf 1986.

Barnard, M.: Treasure Island! *Imperial Oil Review*, August 1963.

Bertau, K.: Wolfram von Eschenbach. München 1983.

Birch-Hirschfeld, A.: Die Sage vom Gral. München 1923.

Bond, F. B.: Glastonbury Abbey. Wellingborough 1909, 1981.

Bradley, M.: Holy Grail across the Atlantic. Willowdale, Kanada, 1993.

Bumke, J.: Wolfram von Eschenbach. München 1970, Stuttgart 1991.

Burdach, K.: Der Gral. Darmstadt 1974.

Büsching, J. G.: Der Heilige Gral und seine Hüter. Museum für Altdeutsche Literatur und Kunst, 1, 1809.

Charpentier, J.: Die Templer. Stuttgart 1965.

Cooper-Oakley, I.: The Comte de St Germain. Mailand 1912.

Coudert, A.: Alchemy: The Philospher's Stone.

Crooker, W. S.: The Oak Island Quest. Hantsport 1985.

Evans, M.: Oak Island. The unsolved Mystery. Tantallon 1993.

Ferrari, M.: Von dem Stein der Weisen. Frankfurt 1673.

Fiebag, J. und P.: Die Entdeckung des Heiligen Grals. Luxemburg 1984.

Fiebag, J. und P.: Die Ewigkeits-Maschine. München 1998.

Fiebag, J., Fiebag, P., und H. W. Sachmann: Der Gesandte des Alls. Essen 1993.

Finnan, M.: Oak Island Secrets. Halifax 1997.

Fiore, S.: Les origines orientales de la légende du Graal. Cahiers de civilisation médiévale, 10, 1967.

Foerster, W.: Kristian von Troyes. Halle 1914.

Frantzen, E.: Der heidnische Mythos vom Stein des Lebens. *Germanische-Romanische Monatszeitschrift*, 8/9, 1910.

Gelbhaus, S.: Über den Parzival Wolframs von Eschenbach. Frankfurt 1890.

Geoffrey von Monmouth: The History of the Kings of Britain. London 1966.

Godwin, M.: Der Heilige Gral. Augsburg 1996.

Goodrich, N. L.: Die Ritter von Camelot. München 1994.

Gottzmann, C. L.: Artusdichtung. Stuttgart 1989.

Harris, R. V.: The Oak Island Mystery. Toronto 1967.

Heinzel, R.: Über die französischen Gralsromane. Kaiserl. Akademie der Wissenschaften, Wien 1891.

Hilka, A. (Hg.): Li Contes del Graal. Halle 1932.

Hofer, S.: Chrétien de Troyes. Graz und Köln 1954.

Holland, J.: Tractatus de lapside philosoophico. Frankfurt 1669.

Iselin, L. E.: Der morgenländische Ursprung der Grallegende. Halle 1909.

Jung, E.: Psychologie und Alchemie. Zürich 1944.

Jung, E.: Die Gralslegende in psychologischer Sicht. Stuttgart 1960.

Kahane, H. und R.: Proto-Perceval and Proto-Parzival. *Zeitschrift für romanische Philologie*, 79, 1963.

Kautzsch, E.: Die Apokryphen und Pseudepigraphen des Alten Testaments. Tübingen 1900.

Kellermann, W.: Aufbaustil und Weltbild Chrétien von Troyes im Percevalroman. Halle 1963.

Kircher, B. (Hg.): Das Buch vom Gral. München 1989.

Kluge, M. (Hrsg.): Das Buch Merlin. München 1988.

Knorr von Rosenroth, C.: Kabbalah Denudata. Sulzbach und Frankfurt, 1677–1684.

Kolb, H.: Schola Humilitatis. Beitr., 78, München 1956.

Kolb, H.: Munsalvaesche. München 1963.

Krassa, P.: Der Wiedergänger. München 1998.

Krueck v. Poturzyn, M. J.: Der Prozeß gegen die Templer. Stuttgart 1963.

Lacy, N. J. (Hg.): The Arthurian Encyclopedia. Suffolk 1986.

Lewis, L. S.: St. Joseph of Arimathea at Glastonbury. Cambridge 1922, 1955.

Lincoln, H., Baigent, M., und Leigh, R.: Der Heilige Gral und seine Erben. München 1984.

Louis, R.: Une source islamisante du Parzival du Wolfram von Eschenbach. Paris 1959.

Loomis, Sherman, Roger: The Grail from celtic myth to christian Symbol. University of Wales Press, Cardiff 1953.

Loomis, Sherman, Roger (Hrsg.): Arthurian literatur in the Middle Ages. Oxford University Press 1959.

Lullus, R.: L'ars compendiosa. ed. C. Ottaviano, Paris 1930.

Mandel, G., und Eisele, P.: König Salomo. München und Zürich 1981.

Martin, E.: Zur Gralssage. 1880.

Martin, E.: Wolfram von Eschenbach. Halle 1903.

Mergell, B.: Wolfram von Eschenbach und seine französischen Quellen, II. Münster, 1943.

Mergell, B.: Der Gral in Wolframs Parzival. München, MCMLX.

Metthews, J.: Der Gral. Die Suche nach dem Ewigen. Frankfurt a. M. 1981.

Moura, J., u. Louvet, P.: Saint-Germain. Paris 1969.

Nell von Nellenberg, F. Frhr. v.: Baphomet. Wien 1820.

Nette, H.: Friedrich II. von Hohenstaufen. Hamburg 1975.

Nennius. In: History from the Sources. Abd. 8. British History. Chichester 1980.

O'Conner, D.: The Money Pit. New York 1978.

Owen, D. D. R.: The evolution of the Grail legend. Evanston, Illinois 1969.

Palgen, R.: Der Stein der Weisen. Breslau 1922.

Phillips, G.: Parzivals Heiliger Gral. München 1997.

Piekalkiewicz, J.: Da liegt Gold. München 1971.

Piper, P.: Wolfram von Eschenbach – Parzival. Stuttgart 1890.

Pollmann, L.: Chrétien de Troyes und der Conte del Graal. Tübingen 1965.

Ponsoye, P.: L'Islam et 'le Graal'. Paris 1957.

Prutz, H.: Untersuchungen zur Geschichte des Templerordens. Göttingen 1979.

Robert de Boron: Die Geschichte vom Heiligen Gral. Stuttgart 1958.

Rupp, H.: Wolfram von Eschenbach. Darmstadt 1966.

Sandkühler, K.: Chrétien de Troyes – Perceval oder Die Geschichte vom Gral. Rastatt 1963.

Sandkühler, K.: Chrétien de Troyes – Irrfahrt und Prüfung des Ritters Perceval. Stuttgart 1964.

San-Marte (Albert Schulz): Die Sage von Merlin. Halle 1953.

Sassoon, G., und Dale, R.: Die Manna-Maschine. Rastatt 1979.

Schafarschick, W.: Wolfram von Eschenbach, Bd. 19., Salzburg 1983.

Schäfer, H.-W.: Kelch und Stein. Frankfurt und Bern 1983.

Schirmer, W. F.: Die frühen Darstellungen des Arthurstoffes. Köln 1958.

Schottmüller, K.: Der Untergang des Templerordens. Wiesbaden 1970.

Schröder, L. v.: Die Wurzel der Sage vom Heiligen Gral. Wien 1910.

Schwarzenfeld, G. v.: Cornwall – König Arthurs Land. München und Wien 1977.

Seligmann, K.: Das Weltreich der Magie. New York 1948.

Sendivogius, M.: Tractatus de sulphure altero naturae principio. o. O., 1616.

Snellmann, W.: Das Haus Anjou und der Orient in Wolrams 'Parzival'. Uitgever-Nijkerk 1941.

Stapel, W.: Parzival. München 1977.

Taylor, J.: Rosslyn. Glasgow, o. D.

Theuer, F.: Burg Lockenhaus. Burgverwaltung Lockenhaus im Burgenland, 1990.

Tolstoy, N.: Auf der Suche nach Merlin. Köln 1987.

Valentinus, B.: Azoth, sive Aureliae occultae Philosophorum. o. O., 1616.

Wapnewski, P.: Wolframs Parzival – Studien zur Religiösität und Form. Heidelberg 1955.

Wilcke, W. F.: Geschichte des Tempelherrenordens. Leipzig 1926.

Diesem Buch liegt eine ausführliche Studie über den Gral zu Grunde, die in J. u. P. Fiebag: Die Ewigkeits-Maschine, Langen Müller Verlag, München 1998, veröffentlicht wurde.

II. Geheime Forschungen & verdeckte Experimente

Krassa, Peter: „*Phantome des Schreckens*" Wien 1980

Krassa, Peter: „*... und kamen auf feurigen Drachen*" Wien 1984 und 1998

Krassa, Peter/Habeck, Reinhard: „*Die Palmblatt-Bibliothek*" München 1993 und 1998

Krassa, Peter/Hausdorf, Hartwig: „*Satelliten der Götter*" München 1995 und 1997

Krassa, Peter: „*Dein Schicksal ist vorherbestimmt*" München 1997

Krassa, Peter: „*Wunder oder Psycho-Test?*" UFO-Kurier, Rottenburg 1996

Krassa, Peter: „*Und wieder gelogen!*" UFO-Nachrichten, Obergünzburg-Kempten 1997

Allen Gary: Die Rockefeller-Papiere (Wiesbaden 1978)
Allen Gary: Die Insider (Wiesbaden 1980)
Asimov Isaac/McCall Robert: Unsere Welt im All (Luzern 1974)
Baden Dr. Michael M./Hennessee Judith Adler Hennessee „Unnatural Death. Confessions of a Medical Examiner (New York 1989)
Barnes Harry Elmer: Entlarvte Heuchelei (Wiesbaden 1961)
Barth von Wehrenalp Erwin: Man sollte es nicht für möglich halten – Unglaubliches aus der Weltgeschichte (Düsseldorf 1988)
Berlitz Charles/Moore William: Der Roswell Zwischenfall, Die UFOs und der CIA (Hamburg 1980)
Blackwood Peter: Die Netzwerke der Insider (Leonberg 1986)
Blakey G. Robert: The Plot to Kill the President (New York 1981)
Blumenthal Sid/Yazitian Harvey: Government by Gunplay (New York 1976)
Blundell Nigel/Boar Roger: The World's Greatest UFO Mysteries (London 1989)
Borgese Giuseppe Antonia: Foundations of the World Republic (Chicago 1953)
Boveri Margret: Der Verrat im XX. Jahrhundert (Hamburg 1956)
Bowart Walter: Operation Mind Control (New York 1978)
Bramley William: Die Götter von Eden (Burggen 1989)
Burkel Ernst: Der Aids-Komplex (Frankfurt 1988)
Buttlar Johannes von: Die Außerirdischen von Roswell – Protokoll einer Verschwörung (Bergisch Gladbach 1996)
Carmin E. F.: Das schwarze Reich (München 1997)
Carmin E. R.: Guru Hitler (Zürich 1984)
Carr William Guy: The Conspiracy to Destroy All Existing Governments and Religions (Metaire 1960)
Coleman Dr. John (Dok.): Conspirators Hierarchy (Carson City 1989)
Condon Edward J.: Scientific Study of Unidentified Flying Objects (New York 1969)
Constance Arthur: The inexplicable Sky (London 1956)
Cooper Milton William: Behold a Pale Horse (Sedona 1982)
Corino Karl (Hrsg.): Gefälscht (Nördlingen 1988)
Corrales Scott: Black Cars in the Night: The Men in Black Reanimated (Georgia 1995)
Devney Sean: Beware of the Diabolical Men-in-Black (Washington 1989)
Deyo Stan: The Cosmic Conspiracy (South Pasadena 1989)
Doucet Friedrich W.: Im Banne des Mythos (Esslingen 1979)
Drucker Peter. F.: The new Realities (London 1990)
Duesberg P./Yiamouyiannis: AIDS (Peiting 1993)
Edwards Frank: Flying Saucers – Serious Business (New York 1966)
Edwards Frank: Flying Saucers – Here and Now! (New York 1967)
English William: Project Grudge/Blue Book Report 13 (New York 1989)
Epperson Ralph A.: The Unseen Hand (Stelle 1981)
Evans Hilary: Who are The Men in Black? (Connecticut 1992)

Farkas Viktor: Das Science Fiction Quizbuch (München 1984)

Farkas Viktor: Unerklärliche Phänomene (Frankfurt 1988)

Farkas Viktor: „Wer beherrscht die Welt?" (Wien 1997)

Farkas Viktor: Jenseits des Vorstellbaren (München 1998)

Farkas Viktor: „Zukunftsfalle – Zukunftschance" (Frankfurt 2000)

Fawcett Lawrence/Greenwood Barry J.: Clear Intent: The Government Cover-Up of the UFO-Experience (New Jersey 1984)

Fenwick Lawrence J./Muskat Joseph: Alien Abductions & The Sinister, Men in Black (New York 1996)

Ferguson Marilyn: The Aquarian Conspiracy (London 1981)

Flammonde Paris: The Kennedy Conspiracy (New York 1969)

Forbes B. O.: Men Who are Making America (New York 1922)

Ford Franklin: Der politische Mord (Hamburg 1990)

Friedman Stanton: „Final Report on Operation Majestic 12" (Mount Rainier 1990)

Garrison Jim: Wer erschoß John F. Kennedy? (Bergisch Gladbach 1992)

Gerhard Prause Gerhard: Niemand hat Kolumbus ausgelacht – Fälschungen und Legenden der Geschichte richtiggestellt (Düsseldorf 1986)

Good Timothy: Above Top Secret – the worldwide UFO cover-up (Chatham 1989)

Good Timothy: Sie sind da. UFO-Dokumentation (Frankfurt 1992)

Good Timothy (Ed.): Alien Update (New York 1993)

Greene Carol: Mörder aus der Retorte (Wiesbaden-Nordenstadt 1992)

Greider William: How the Federal Reserve Runs the Country (New York 1987)

Griffin Des: Die Herrscher. Luzifers 5. Kolonne (Vaduz 1980)

Griffin Des: Die Absteiger. Planet der Sklaven (Wiesbaden 1981)

Griffin Des: Wer regiert die Welt? (Vaduz 1986)

Groder Robert. J./Livingstone Harrison Edward: High Treason – The Assassination of President John F. Kennedy and the New Evidence of Conspiracy (New York 1990)

Harbinson W. A.: Project UFO (London 1995)

Hearings Before the Committee on Science and Astronautics, House of Representatives: Symposium on U.F.O.s (Springfield 1968)

Herrholz Eduard: Die geheime Macht. USA unter dem Einfluß Außerirdischer (Bausendorf 1991)

Hesemann Michael: UFOS: Neue Beweise (Düsseldorf 1994)

Hesemann Michael: Geheimsache UFO (Neuwied 1995)

Hesemann Michael: Jenseits von Roswell (Neuwied 1996)

Hillenkoetter Roscoe: Briefing Document: Operation Majestic 12 (Washington 1952)

Hoar William B.: Architects of Conspiracy: An Intriguing History (Western Islands 1984)

Hoerner Sebastian von: Population Explosion and Interstellar Expansion (Göttingen 1979)

Hoffman II Michael A.: Secret Societies and Psychological Warfare (Lilburn 1991)

Holmes Donald: Die Verschwörung der Illuminaten (München 1989)

Howard Michael: The Occult Conspiracy: Secret Societies – Their Influence and Power in World History (Rochester 1989)

Huxley Aldous: Schöne Neue Welt (Leipzig 1932)

Huxley Aldous: Ape and Essence (London 1936)

Huxley Aldous: The Perennial Philosophy (London 1958)

Huxley Aldous: Dreißig Jahre danach oder Wiedersehen mit der wackeren Neuen Welt (München 1960)

Huxley Aldous: Die Pforten der Wahrnehmung (München 1989)

Hynek Dr. Allen J.: The UFO Experience: A Scientific Inquiry (New York 1972)

Hynek Dr. Allen J.: The Hynek UFO Report (New York 1977)

Jacobs David Michael: The UFO Controversy in America (New York 1975)

Jasper William F.: Global Tyranny ... Step by Step (Western Islands 1992)

Kah Gary H.: En Route to Global Occupation (Lafayette 1991)

Keel John: The Mothman Prophecies (Georgia 1991)

Keith Jim (Ed.): Secret and Suppressed; Banned Ideas and Hidden History (Portland 1993)

Keith Jim: Casebook on Alternative 3; UFOs, Secret Societies and World Control (Lilburn 1994)

Keith Jim: Casebook on the Man in Black (Lilburn 1997)

Keith Jim: Alternative 3 – Die Beweise (Peiting 1999)

Kemmerer E. W.: ABC of the Federal Reserve System (Princeton 1919)

Keyhoe Donald E.: Der Weltraum rückt uns näher (Berlin 1954)

Keyhoe Donald E.: The Flying Saucer Conspiracy (London 1957)

Keyhoe Donald E.: Flying Saucers: Top Secret (New York 1960)

Koch Dr. med. Michael G.: AIDS – die lautlose Explosion (Baden-Baden 1988)

Krämer Walter/Trenkler Götz: Lexikon der populären Irrtümer (Frankfurt 1996)

Krupey G. J.: AIDS, Act of God or the Pentagon? (Portland 1993)

Kursbuch Verschwörungstheorien (Berlin 1996)

Kurtz: Crime of the Century Michael L. (Knoxville 1982)

Lammer Helmut/Sidla Oliver: UFO-Geheimhaltung (München 1995)

Landolt Roman: Das Spiel mit dem Feuer einer neuen Weltordnung (Verax-V. 1999)

Lane Mark: Possible Denial (New York 1991)

Lee Martin A./Shlain Bruce: Acid Dreams. The CIA and Mind Control (New York 1979)

Lichtenfels Karl L. von: Lexikon der Prophezeiungen (München 2000)

Lifton David: Disguise and Deception in the Assassination of John F. Kennedy (New York 1988)

Lorenzen Coral and Jim: UFOs over the Americas (New York 1968)

Maler Juan: Verschwörung (Buenos Aires 1978)

Maliz H.: AIDS – die unbesiegbare Seuche (Bad Nenndorf 1992)

Marks John: The CIA and Mind Control (New York 1979)

Marks John: The Search for the Manchurian Candidate (New York 1979)

Marrs Jim: Crossfire (New York 1988)

McCoy Alfred W.: The Politics of Heroin: CIA Complicity in the Global Drug Trade (New York 1991)

McManus John F.: The Insiders: Architects of the New World Order (Appleton 1992)

Meagher Sylvia/Owens Gary: Master Index to the J.F.K. Assassination Investigations (Methuchen 1980)

Mikoletzky Hanns Leo (Hrsg.): Geschichte lebt (Wien 1958)

Moench Doug/Stang Rev. Ivan: The Big Book Of Conspiracies (New York 1995)

Moore William: The Majestic-12-Documents – An Analytical Report (Burbank 1990)

Moore William/Shandere Jaime: The MJ-12 Documents (Burbank 1990)

Mullins Eustace: The World Order (Boring 1984)

Mullins Eustace/Bohlinger Roland: Die Bankierverschwörung (Struckum 1980)

Myers Bill: The Secret Government (Washington 1988)

Packard Vance: The People Shapers (London 1978)

Pakraduny T.: Die Welt der geheimen Mächte (Wiesbaden 1981)

Patton Cindy: Sex and Germs: The Politics of AIDS (Boston 1988)

Pfeiffer Heinz: Brüder des Schattens (Zürich 1984)

Pipes Daniel: Verschwörung (München 1998)

Popkin Richard: The Second Oswald (New York 1966)

Prouty Fletcher: The Guns of Dallas (New York 1978)

Ranelagh John: The Agency (London 1986)

Rappoport Jon: AIDS Inc., Scandal of the Century (Foster City 1988)

Reed Douglas: Der große Plan der Anonymen (Zürich 1952)

Rétyi Andreas von: Das Alien Imperium – UFO-Geheimnisse der USA (München 1995)

Roach Franklin E.: Visual Observations Made by Astronauts (New York 1969)

Roberts J. M: The Mythology of Secret Societies (New York 1972)

Robertson Pat: The New World Order (Dallas 1991)

Roszak Theodore: The Making of a Counter Culture (New York 1968)

Ruppelt Edward J.: The Report on Unidentified Flying Objects (New York 1956)

Sagan Carl: Aufbruch in den Kosmos (München 1982)

Sagan Carl/Agel Jeremy: The Cosmic Connection (New York 1973)

Schmitz Dr. Emil-Heinz: Unsterblichkeit im All (Genf 1977)

Scott Peter: Deep Politics and the Death of JFK (Berkeley 1993)

Smoot Dan: The Invisible Government (Boston 1965)

St. Clair David: The Psychic World of California (New York 1972)

Stableford Brian: Future Man (London 1984)

Stableford Brian/Langford David: The Third Millennium (London 1985)

Steiger Brad (Ed.): Project Blue Book (New York 1976)

Steiger Brad/Writhenour Joan: Flying Saucers are Hostile (New York 1967)

Stevens Jay: LSD and the American Dream (London 1989)

Stringfield Leonard H.: Situation Red, the UFO Siege (New York 1977)

Stringfield Leonard H.: Im Allerheiligsten der Geheimdienste und des U.S. Militärs (Rottenburg 1996)

Summers Anthony: Conspiracy (New York 1989)

Thomas Gordon: Journey into Madness, The True Story of CIA Mind Control and Medical Abuse (New York 1989)

Toffler Alvin: Power Shift (Aylesbury 1991)

Unglaublich, aber wahr (Stuttgart 1976)

Vallèe Jacques: The Invisible College (New York 1975)

Vallèe Jacques: Enthüllungen – Begegnungen mit Außerirdischen und menschlichen Manipulationen (Frankfurt am Main 1994)

Vankin Jonathan: Conspiracies, Cover-Ups and Crimes – From Dallas to Waco (Lilburn 1996)

Vankin Jonathan/Whalen John: The 60 Greatest Conspiracies of all Time (Secaucus 1996)

Wallace William: The Transformation of Western Europe (London 1990)

Watkins Leslie: Alternative Three (London 1978)

Watson Lyall: Geheimes Wissen (Frankfurt 1976)

Webster Nesta H. The Plot Against Civilisation (London 1921)

Webster Nesta: Secret Societies (New York 1924)

Weiner Tim: Blank Cheque – The Pentagon's Black Budget (New York 1991)

Weiner Tim: The CIA opens it's Safe (New York 1993)

Wells H. G.: The New World Order (New York 1940)

Wie geschah es wirklich? Den Geheimnissen der Weltgeschichte auf der Spur (Stuttgart 1990)

Wilgus Neal: The Illuminoids (New York 1979)

Wilkins Harold T.: Flying Saucers Uncensored (New York 1967)

Williamson George Hunt/McCoy John: UFO Confidential! The Meaning Behind the Most Closely Guarded Secret Of All Time (Corpus Christi 1958)

Wilson Colin: Mysteries (St. Alban 1978)

Wilson Colin: A Criminal History Of Mankind (London 1986)

Wilson Robert Anton: Das Lexikon der Verschwörungstheorien (Frankfurt 2000)

Wise David/Ross Thomas B.: The Invisible Government (New York 1965)

Yoxen Edward J.: Constructing Genetic Diseases (Norwood 1984)

Zachary Ted (Todd Zechel): The CIA has Proof that UFOs exist! (New York 1977)

Zachary Ted (Todd Zechel): NI-CIA-AP or NICAP (New York 1979)

Autorenbiografien

Dr. Johannes Fiebag (1956–1999),

geboren in Northeim, Niedersachsen, studierte Geologie, Paläontologie, Physik und Geophysik an der Universität Würzburg und promovierte 1988 über ein Spezialgebiet der Planetenforschung. Abhandlungen über Meteoritenkrater und die Genese von Impaktstrukturen erschienen in verschiedenen geologischen und planetologischen Fachzeitschriften.

Dr. Fiebag galt als einer der renommiertesten und gleichzeitig publizistisch aktivsten deutschen Forscher auf dem Gebiet „Kontakte mit außerirdischer Intelligenz". Als Naturwissenschaftler und Autor, Koautor und Herausgeber von etlichen Büchern näherte er sich dem Thema ebenso kritisch wie spannend. Er ist Begründer der „Mimikry-Hypothese", die Verhalten und Aktivitäten extraterrestrischer Intelligenzen erstmals sinnvoll erklären konnte. Zusammen mit seinem Bruder Peter war er 1985 Herausgeber der ersten wissenschaftlichen Anthologie zur Paläo-SETI-Hypothese.

Der deutsche Schriftsteller war auch Chefredakteur der Zeitschriften „Ancient Skies" und „Scientific Ancient Skies" der „Ancient Astronaut Society" und der Zeitschrift „Sagenhafte Zeiten" der Forschungsgesellschaft für Archäologie, Astronautik und SETI.

Johannes Fiebag schrieb zahlreiche Bücher: „Rätsel der Menschheit", „Die geheime Botschaft von Fatima", „Die Anderen", „Kontakt", „Sternentore", „Mars - Planet des Lebens", „Mission Pathfinder", „Das UFO-Syndrom", „Von Aliens entführt", „Besucher aus dem Nichts" und zusammen mit seinem Bruder Peter: „Die Entdeckung des Grals", „Himmelszeichen" sowie „Die Ewigkeits-Maschine" avancierten zu Bestsellern.

In Anerkennung seiner „objektiv-kritischen Untersuchungen von Phänomen im Zusammenhang mit UFO-Beobachtungen, der gründlichen Darstellung vieler Erklärungshypothesen und der erfolgreichen Öffentlichkeitsarbeit" wurde Dr. Johannes Fiebag am 7. Februar 1996 im Auditorium Maximum der Universität Bern mit dem Dr.-A.-Hedri-Preis der Schweizer Hedri-Stiftung ausgezeichnet.

Johannes Fiebag lebte mit seiner Frau und seinen drei Kindern in Bad Neustadt, Unterfranken.

Dipl.-Hdl. Peter Fiebag,

geboren 1958 in Northeim, Deutschland, ist Oberstudienrat mit den Fächern Geschichte und Deutsch an einem wirtschaftswissenschaftlichen Gymnasium in Niedersachsen. Er studierte Philologie, Wirtschaftspädagogik und Kommunikationswissenschaften an der Universität Göttingen. Mehrere Semester widmete er sich dabei auch dem Studium der Mediävistik, der Erforschung mittelalterlicher Literatur und Sprache. Dies ermöglichte ihm, zusammen mit seinem Bruder Dr. Johannes Fiebag die Spuren des legendären „Heiligen Gral" durch die Jahrhunderte hindurch in der Literatur zu verfolgen und eine vielbeachtete Interpretation dieses mystischen Gegenstandes vorzunehmen.

Peter Fiebag führte zahlreiche Forschungsreisen nach Nordafrika, Mittel- und Südamerika sowie in den indonesisch-pazifischen Raum durch. Linguistische Fragestellungen führten ihn in das Forschungsfeld der Entzifferung der Maya-Hieroglyphen. Von ihm liegen eine Fülle von Publikationen zur Paläo-SETI-Hypothese vor. Als Sachbuchautor geht er den Rätseln der menschlichen Vergangenheit nach. Seine Bücher: „Der Götterplan", „Zeitreisen zur Apokalypse", „Geheimnisse der Naturvölker"; gemeinsam mit J. Fiebag: „Aus den Tiefen des Alls", „Die Entdeckung des Grals", „Zeichen am Himmel" und „Die Ewigkeitsmaschine"; zusammen mit Rainer Holbe und Dr. Elmar Gruber verfasste er das fünfbändige Werk „Mystica" sowie „Diálogos con otros mundos"; mit den Co-Autoren Dr. Algund Eenboom und Peter Belting: „Flugzeuge der Pharaonen". Die Bücher der Gebrüder Fiebag wurden in 16 Sprachen veröffentlicht.

Peter Fiebag ist Mitglied der Planetary Society, USA, und der Forschungsgesellschaft für Archäologie, Astronautik und SETI, Schweiz. In Anerkennung seiner Forschungsarbeiten wurde er gemeinsam mit seinem Bruder 1996 im Auditorium Maximum der Universität Bern mit dem Dr.-A.-Hedri-Preis ausgezeichnet. Als Referent hielt er auf zahlreichen Konferenzen Vorträge. Peter Fiebag lebt und arbeitet heute gemeinsam mit seiner Frau Claudia in Northeim.

Peter Krassa

wurde 1938 in Wien geboren. Der Österreicher ist seit Mitte der Sechzigerjahre als Schriftsteller und Journalist tätig. Krassa verfasste bislang 17 Sachbücher und ist als Spezialist auf dem Gebiet grenzwissenschaftlicher Phänomene mit seinen Arbeiten international bekannt. Seine Sachbücher wurden bisher in 16 Fremdsprachen übersetzt. Zu seinen bekanntesten Werken zählen „Gott kam von den Sternen", „Als die gelben Götter kamen", „Phantome des Schreckens", „Feuer fiel vom Himmel", „Das Licht der Pharaonen", „Die Palmblattbibliothek und andere geheimnisvolle Schauplätze dieser Welt", „Satelliten der Götter", „Dein Schicksal ist vorherbestimmt", „Der Wiedergänger" und zuletzt „Men in Black".

Ferner veröffentlichte er drei Biografien, darunter „Däniken intim" und „Erich von Däniken – Der Besessene". Krassa schrieb ebenso zwei Zeitungsromane, ein Kinderbuch und war Mitautor mehrerer Anthologien. Zudem publizierte er unzählige grenzwissenschaftliche Beiträge in internationalen Zeitschriften und Magazinen. Er ist Mitglied der Karl-May-Gesellschaft und der Forschungsgesellschaft für Archäologie, Astronautik und SETI.

Für die Recherchen zu seinen Büchern unternahm der Autor mehrere Studienreisen, darunter nach Ägypten, Indien, China, Russland und Lateinamerika. Peter Krassa ist ledig, lebt und arbeitet in Wien.

Viktor Farkas,

Jahrgang 1945, ist Journalist, Kommunikationsfachmann und renommierter Sachbuchautor. Seine Bücher umfassen ein breites Spektrum brisanter und aktueller Themen. Ihm gelingt die Verbindung von sachlicher Information mit kühner, aber nicht abwegiger Spekulation. Selbst bei umstrittenen Themen schafft er den Spagat, Unseriöses beiseite zu lassen und gleichzeitig aufzurütteln. Seine Stärke ist, dass er selbst schwierige Zusammenhänge in leicht verständlicher Sprache packend darzustellen weiß und verborgene Hintergründe enthüllt.

Die weltweite Auflage der in vielen Ländern veröffentlichten Bücher des Beststellerautors geht in die Hunderttausende. Sein jahrzehntelanger Erfolg belegt, dass er mehr als kompetent ist, über Themen zu schreiben, an denen andere scheitern.

Zu seinen bekanntesten Werken zählen die in mehreren Sprachen und Ausgaben erschienenen Titel „Sciene Fiction Quizbuch", „Unerklärliche Phänomene", „Lasset uns Menschen machen", „Esoterik, eine verborgene Wirklichkeit", „Jenseits des Vorstellbaren", „Rätselhafte Wirklichkeiten", „Vertuscht - Wer die Welt beherrscht", „Zukunfts*falle* – Zukunft*schance* – Leben und Überleben im Dritten Jahrtausend", „Geheimsache Zukunft – Von Atlantis zur Hohlen Erde", „Schatten der Macht", „Lügen in Krieg und Frieden – Die geheime Macht der Meinungsmacher" und brandaktuell „Mythos Informationsgesellschaft".

Mehr Infos: Siehe die Homepage www.farkas.at.

Im Buchhandel vergriffene Bücher sind unter www.weltbild.de (in Österreich www.aum.at) oder als e-Books unter seinem Namen bei www.readersplanet.de erhältlich.

Mehr zum Thema bei *tosa* erschienen:

ISBN 3-85492-775-4

ISBN 3-85492-924-2